LAS MORADAS

LIBRO DE SU VIDA

SANTA TERESA DE JESUS

(Retrato auténtico, propiedad de la familia Ahumada.
Siglo xvi. Autor anónimo.)

SANTA TERESA DE JESUS

LAS MORADAS

LIBRO DE SU VIDA

BIOGRAFIA

DE

JUANA DE ONTAÑON

QUINTA EDICIÓN

EDITORIAL PORRÚA, S. A.
AV. REPÚBLICA ARGENTINA. 15
MEXICO, 1983

Primera edición: *Obras*, Salamanca, 1588
Primera edición en la Colección "Sepan Cuantos...", 1966

ISBN-968-432-362-X

IMPRESO EN MÉXICO
PRINTED IN MEXICO

BIOGRAFIA

SIGLO XVI. Siglo de Carlos V y de Felipe II que por encima de todos sus intereses como monarcas, situaban el problema religioso. La religión era lo primero y lo mejor y Carlos V renuncia al imperio más extenso que conoció la historia, para encerrarse en el monasterio de Jerónimos de Yuste, en plena sierra de Extremadura y lejos de cualquier interés mundano; y su hijo Felipe II, que recibe aquella codiciada herencia, prefiere a todas sus glorias la más humilde celda del Monasterio de El Escorial; y el pueblo sigue a sus reyes, participa de aquella preocupación religiosa, solamente se piensa en la salvación del alma; las órdenes monásticas se multiplican y toda España parece un gran convento donde los problemas de la religión eran los primeros y siempre conseguían dimensiones insospechadas. Es el siglo en que España tiene cinco santos de la talla de San Ignacio de Loyola que organiza la orden de los jesuitas militarmente; es época de lucha, los enemigos amenazan por todas partes, pero el protestantismo no atravesará los Pirineos; en este siglo vive San Francisco de Borja, duque de Gandía, íntimo de Carlos V, que todo lo tiene: nobleza, mando, fama, riqueza, y a todo renuncia para hacerse religioso, ingresando en la Orden de los jesuitas; nada valen los bienes del mundo frente a los valores de la religión. Y vive en aquella época San Francisco Javier que se dedica a extender la fe por los lugares más alejados de Oriente, para morir en la desolada isla de Chang Chuen en demanda de la China; y en este privilegiado siglo XVI pasa su vida el dulcísimo San Juan de la Cruz, toda ella amor; es el más tierno y al mismo tiempo intelectual de los poetas místicos, que al conocer la orden carmelita reformada, a ella se entrega como lo más próximo a su ideal religioso; y Santa Teresa de Jesús, la mujer que encarna todas las perfecciones humanas y divinas y que con Isabel I de Castilla, Isabel la Católica, son las figuras femeninas más recias de la historia de España. Nunca se dieron tantos valores en un solo siglo, y en ninguna nación de Europa la religión consiguió igual importancia, y este espíritu que todo lo dominaba se recogió en Avila de los Caballeros, ciudad de santos y de cantos en los que dice Santa Teresa que aprendió más que en los libros; sus murallas, valioso monumento románico construidas "a espejo", encerraron aquel ambiente de religión y de lucha, que uno de sus cubos es el ábside de la catedral. ¿Templo?, ¿fortaleza?; ambas cosas, pues cuando se construyeron las catedrales románicas, se pensaba en Dios, pero no se podía olvidar la tierra, pisada por el invasor, y no vencido todavía.

Y en aquella ciudad y en aquel ambiente, el 28 de marzo de 1515 nació Teresa, la quinta de los once hijos que tuvo don Alonso Sánchez de Cepeda, aunque los dos primeros fueron de un primer matrimonio, siendo la segunda esposa doña Beatriz de Ahumada; pero para honrar a la familia materna alguno de aquellos niños tendría primero

el apellido de la madre y así Teresa llevó los de Ahumada y Cepeda.
Y la niña abre sus ojos a la vida en aquel medio en que todo le habla
de religión y de lucha, y no piensa en otra cosa que en luchar por
Dios, y se divierte jugando a construir ermitas y quiere ir a tierra de
moros para sufrir martirio; lo que ve, lo que oye, lo que lee la afir-
man en aquella preocupación religiosa; su inteligencia clarísima y su
sensibilidad exquisita captarán el ambiente que domina en la ciudad,
y empieza a pensar que el ser monja es el estado perfecto, aunque se
da cuenta de los sacrificios que supone conseguirlo; pero desde muy
pequeña la idea le ronda por la mente y todo ayudará a realizar el
ideal soñado. ¡Qué paisaje contemplará de la inmensa Castilla desde
las almenas de la muralla!, paisaje que es fuerza y es espíritu y es vida
interior y que mucho contribuirá a la formación de aquella mujer que
ha de asombrar al mundo por sus virtudes extraordinarias; no olvidemos que Castilla es cuna de héroes, artistas y místicos, y por tierras
castellanas viajó la Santa de Avila años y años. Aunque la vida, su
experiencia de la que siempre parte es su principal maestra, la lectura
ayudará a su formación espiritual; todo le servirá, hasta el Amadís de
Gaula y otros libros de caballería que frecuenta en su juventud y que
exaltarán su imaginación y ella los trasladará a los problemas divinos.
No es mucha su erudición ni le es necesaria para la obra que ha de
realizar, pero sus lecturas son abundantes, destacando el Antiguo y el
Nuevo Testamento que conoce, analiza y cita frecuentemente; la *Vida
de Cristo* del Cartujano que aumentará su sensibilidad, las *Confesiones*
de San Agustín que presentarán ante sus ojos el valor de la Confi-
dencia, y los libros de Laredo y Osuna que le enseñarán la técnica de
las tres vías de la mística: además, conoce *Las Epístolas*, de San
Jerónimo; las *Morales,* de San Gregorio; la *Imitación de Cristo,* de la
que había dos traducciones anónimas; los *Tratados de la Oración y
Meditación*, de fray Luis de Granada; el *Oratorio de religiosos,* de
fray Antonio de Guevara; la *Escala espiritual,* de San Juan Clímaco,
traducida por orden del cardenal Cisneros.

Irá creciendo y se afirmará más y más en el amor a Cristo; poco
puede satisfacerle el de los hombres; y las graves enfermedades que
padece sublimarán con el dolor físico el refugio en Dios; los sufrimientos del cuerpo le servirán para sostenerse en los sufrimientos del
alma y formarán en ella una voluntad inquebrantable, tan recia como
las murallas que rodean la ciudad de su nacimiento; con voluntad de
mando, conseguirá lo que se propone; es el más recio temple castellano forjado en aquella llanura inmensa que llena su pupila de luz,
de color, de dimensión; recia como una encina y hábil política que le
permitirá adueñarse de la voluntad de los demás; apasionada entusias-
ta de sus proyectos, que ha de ver cumplidos cueste lo que cueste; le
permitirá triunfar, en primer lugar, su fe inquebrantable, la seguridad
de que Dios está con ella, su sentido del deber, el valor extraordinario
que concede a la obediencia, la necesidad de actuar, siempre actuar;
¡qué temple de mujer! Al mismo tiempo es humilde, constantemente
hace referencia en sus obras al valor de la humildad; es afectuosa, po-
pular, encantadoramente ingenua, llena de gracia; para todo tiene una

salida inteligente, siempre un razonamiento que convence; todos los problemas los enfrenta y todos los resuelve, nada la rinde, y decidida a realizar la reforma de la orden del Carmelo, llega a conseguirlo plenamente; pero ¡qué camino tan largo y tan espinoso!

Desde bien joven su salud es mala, y quizá fuera la causa de que le gustase la soledad, aunque durante los años en que frecuentó la sociedad tuviera verdadero éxito, pues era una bella muchacha, alta y robusta, afectuosa, discreta, alegre y franca; pero siempre se criticó a sí misma con extraordinaria dureza, al recordar aquellos años en que parecía atraerle la vida mundana. Sin embargo, su padre, quizá demasiado severo, decidió llevarla al convento Agustiniano de Nuestra Señora de la Gracia, donde la muchacha sintió una gran paz en su espíritu y escribe en el libro de las *Fundaciones:* "Estaba muy más contenta que en casa de mi padre." Empezaba a iniciarse en ella una nueva vida; pero no había decidido todavía ser monja y, desde luego, no era aquella orden donde estaba la preferida, pues siempre pensó en las Carmelitas y en el convento de la Encarnación que tenían en Avila; había leído y oído hablar de la rigidez de aquella regla, del monje cuya vida interior le hizo olvidarse de hablar, de aquel otro que en el momento de morir pidió que le dejaran levantar los ojos de la tierra para conocer el cielo; no concebía la vida religiosa en otra forma, dedicación absoluta a Dios, renunciar a todo por el amor divino.

Tuvo que salir del Convento de Nuestra Señora de la Gracia por haber sufrido una grave enfermedad; empezó a flaquear su salud y el resto de su vida necesitó luchar contra las dolencias. Fue necesario llevarla al campo y su padre eligió Castellanos de la Cañada, donde habitaba su hermana María. La fina sensibilidad de aquella niña de 18 años sabía apreciar las bellezas inagotables de la Naturaleza que le ayudaban a acercarse a Dios, comparaba las perfecciones del paisaje con su pequeñez y nuevamente la idea de ser monja rondaba su espíritu. "En esta batalla estuve tres meses forzándome a mí misma con esta razón, que los trabajos y pena de ser monja no podía ser mayor que la del purgatorio, y que yo había bien merecido el infierno, que después me iría derecho al cielo, que éste era mi deseo." No se repone del todo en casa de su hermana; sufre ataques y desmayos, quizá las flaquezas físicas contribuyeron a su decisión, sería monja, ingresaría en el Convento de Carmelitas de la Encarnación; de nada serviría la oposición de su padre, y sin su permiso marchó allá donde probablemente profesó el 2 de noviembre de 1536; tenía 21 años.

Pero la orden del Carmelo había sido muy dulcificada; las monjas no estaban sometidas a una severa clausura; podían salir y recibir visitas, además, eran demasiadas, hasta 180 en alguna ocasión y no era conveniente para una finalidad contemplativa; muchas monjas pertenecían a familias linajudas y disfrutaban de privilegios que otras no tenían, y todo esto molestaba a la joven profesa, cuya idea de la vida conventual era bien distinta y, sin embargo, en nada se parecía a la que llevó en el mundo y pronto se resintió su salud. El primer año estuvo casi siempre enferma, se desmayaba con frecuencia y se puso tan grave que su padre decidió llevarla a Becedas, que estaba a unas quince leguas de Avila, donde había una curandera de gran fama: ¡Cuánto viaje a través del páramo castellano que irá forjando su espíritu! Comprende y se recrea con la maravillosa obra de Dios, ¡qué bella es la Naturaleza!, el agua le ofrece los mayores atractivos y a través de toda su obra hace con frecuencia referencia a ella y le sirve en muchas ocasiones para hacer bellas metáforas; pero no le basta la obra de Dios, hay que llegar a Dios mismo como lo hacen fray Luis de Granada, San Juan de la Cruz, fray Luis de León; y se inicia con su vida en el campo el estado contemplativo de la Santa.

En aquel viaje descansa en casa de su tío don Pedro y llega a sus manos el *Tercer abecedario,* de fray Francisco de Osuna, obra difícil que trata de explicar lo que la oración significa y pretende analizar lo que hasta entonces no se había ensayado, la diferencia entre la oración vocal y la oración mental, es decir, la elevación del espíritu hasta la comunicación con Dios, que llegan a conseguir los contemplativos. Y Santa Teresa se siente feliz cuando entra en posesión de aquella obra, que tanto le sirvió para ayudarla a conseguir aquel estado al que constantemente aspiraba sin haber llegado todavía a lograr; pero bien claramente advierte en el libro el padre Francisco de Osuna, que ese grado perfecto de la oración no se puede alcanzar sin el silencio y la soledad. Y parece que Dios ayudaba a la monja, pues tuvo que pasar el invierno en casa de su hermana María para llegar a Becedas en la primavera; y en la soledad del campo encontró el silencio que necesitaba y la paz indispensable para conseguir la oración mental, por lo menos, para darse cuenta de lo que aquel estado significaba y analizarlo con todo detenimiento, y en Becedas se sometió a curaciones que empeoraron su situación y tuvo de nuevo que volver a Avila, donde quedó medio paralítica en su casa más de tres años; la oración era su consuelo; la lectura de las *Morales,* de San Gregorio, la historia de Job y alguna otra obra que llegaba hasta ella. Estuvo unos días como muerta, pero se repuso lo suficiente para volver al convento, donde no se encontraba en condiciones tan favorables para dedicarse a la contemplación como lo había estado en el campo. Sin embargo, mejora aunque no consigue recobrar totalmente la salud, y desde los 24 años hasta los 44 pasó terribles sufrimientos físicos y espirituales con extraordinaria resignación y fortaleza. Y no era menor la lucha de su alma, pues convencida de que Dios quiere que le siga, padeció todos los desfallecimientos imaginables, hasta llegar a olvidarse de la oración sin palabras, de la oración mental; y creyó, en su afán de análisis que siempre tuvo, que en su oración mental sólo había presunción y orgullo, puesto que no era lo suficientemente perfecta para practicarla, y se deja arrastrar por la vida de las otras monjas, gastando su tiempo en visitas y conversaciones, hasta que un día, y por vez primera, advierte la presencia de Cristo: "Vile con los ojos del alma más claramente que le pudiera ver con los del cuerpo." Ella trata de explicarse aquel hecho; no concebía que se pudiera ver más que con los ojos del cuerpo; seguramente había sufrido una alucinación, puesto que aquella visión de Cristo enfadado no tenía razón de ser.

Su padre la visitaba con frecuencia, y hablaba con ella de problemas religiosos, pero cayó enfermo de muerte y Teresa consiguió permiso para volver a su casa y atenderlo en sus últimos momentos, y como tenía por él inmenso cariño, al ver tan próxima su muerte, sintió vergüenza por haber abandonado la oración mental y aprovechó las visitas del padre Barrón, fraile dominico, para confesarse con él y recoger sus sabias enseñanzas. Durante veinte años cae y se levanta, le atrae lo espiritual, pero no se olvida del mundo; influyen mucho en ella las *Confesiones* de San Agustín y se va perfeccionando en la oración mental, de la que se pasa a un segundo grado que puede llamarse oración de quietud, para llegar a un tercero, la oración parcial, y hacia los 40 años consigue la oración de "unión completa". En el *Libro de su vida* realiza un maravilloso análisis de estos cuatro grados de la oración, y aprovecha, como siempre lo hacía para ofrecer claridad en conceptos tan complejos, una preciosa metáfora, y dice que se precisa el agua, ¡siempre el agua!, para hacer crecer cualquier cosa deliciosa, y considerando el alma como un jardín deleitoso en el que el Señor pueda recrearse, no bastará con mullir la tierra y arrancar las malas hierbas, es preciso regarle, y esto puede hacerse en cuatro formas: "Paréceme a mí que se puede regar de cuatro maneras; u con sacar el agua de un pozo que es a nuestro gran trabajo; u con noria y arcaduces que se saca con un torno (yo la he sacado algunas veces) es a menos trabajo que estotro y sácase más agua; u del río u arroyo, esto se riega muy mejor que queda la tierra más harta de agua y no se ha menester regar tan a menudo y es a menos trabajo mucho de hortelano; u con llover mucho que lo riega el Señor sin trabajo ninguno nuestro y es muy sin comparación mejor que todo lo que queda dicho." Así escribe en el *Libro de su vida*, comparando en forma deliciosa los cuatro grados de la oración mental con las diversas maneras de regar un huerto. No se escapa a su agudísima inteligencia la dificultad para conseguir aquellas perfecciones y cree que los confesores que no están preparados para su alta misión son en muchos casos la causa de la confusión y dificultades que el alma encuentra, fundándose en su propia experiencia al analizar el tiempo y el esfuerzo que necesitó para llegar a la oración perfecta, que por fin consigue y que trata de explicar y poner por escrito, al obedecer a sus superiores; y asombra la habilidad con que realiza tarea tan difícil. Sus experiencias místicas, sus éxtasis, el haber conseguido aquel estado de perfección le producían gran temor de estar equivocada, pues siempre mostró mucha humildad para aceptar sus propias perfecciones; y la inquietud amargaba su alma, tratando de tranquilizarse en las conversaciones con los confesores, y entre otras autoridades se puso en comunicación con don Pedro Gaspar Daza, maestro en Teología que no llegó a tranquilizar a la monja; pero se acercó más para intentar analizar sus estados anímicos, con la lectura del libro *Subida al Monte Sión por la vida contemplativa,* de Bernardino de Laredo; sin embargo, ni el confesor ni el teólogo estaban muy seguros de que los estados místicos de la monja no fuesen obra del demonio, y le aconsejaron que consultase con un padre de la Compañía de Jesús, y la Santa se pone por primera vez en contacto con aquella orden religiosa que en bien poco tiempo consiguió tanta reputación, pues había nacido con verdadera oportunidad, ya que la época requería una reforma de la Iglesia y San Ignacio de Loyola creyó que el mejor camino era el ejemplo, practicando lo que predicaban, y aunque los principios fueron duros, bien pronto consiguieron triunfar y acallar a tanto enemigo. Y uno de aquellos frailes, joven, muy bien preparado y de gran inteligencia, probablemente el padre Diego de Cetina, oyó a Santa Teresa y acalló todos sus escrúpulos; comprendió perfectamente el alma de la monja, ya que estaba por experiencia propia en posesión de la oración mental y proporcionó a su penitente una entrevista con San Francisco de Borja, que pasaba por Avila para inaugurar un nuevo colegio. También el padre Francisco oyó en confesión a la Madre, que quedó tranquila respecto de su situación espiritual; Dios vivía en ella y sus manifestaciones no eran tentaciones del demonio; acordando escribir al padre siempre que tuviese algún problema, cartas que San Francisco contestaba siempre y que se han perdido; nada se ha conservado de aquella correspondencia. Para la Santa de Avila su trato con los jesuitas fue un período de serenidad, de reposo espiritual, que buena falta le hacía; y poco a poco se alejó de los intereses mundanos pasando una temporada en casa de doña Guiomar de Ulloa; pero no olvidó la acción, siempre el obrar en beneficio de los demás, y cuando sus servicios eran necesarios estaba pronta para acudir a los que la solicitaban.

Conforme pasan los años, sus arrobamientos se hicieron más frecuentes y llegó a la convicción de que Cristo en su Santa Humanidad estaba cerca de ella; asombra su poder de autoanálisis al relatar en el *Libro de su vida* aquellas situaciones inexplicables por palabras, pero que en muy diversas ocasiones le sucedían, y siempre encuentra forma verbal para explicarlas, acudiendo muchas veces a su comparación con el agua: "Es como ver un agua muy clara que corre sobre cristal y reverbera en ella el sol, a una muy turbia y con gran nublado que corre por encima de la tierra. No porque se le representa sol, ni la luz es como la del sol, parece, en fin, luz natural y esta otra artificial. Es luz que no tiene noche, sino que como siempre es luz no la turba nada. En fin, es de suerte que por grande entendimiento que una persona tuviese en todos los días de su vida podría imaginar cómo es." En el *Libro de su vida* se manifiesta constante el esfuerzo para explicar aquellas situaciones que eran frecuentes e irresistibles. No es de extrañar que en aquella época en que la Inquisición vigilaba con tanta severidad, y buenos motivos tenía para hacerlo, hubiera quien dudase de aquellas situaciones de la monja de Avila. Fueron años muy duros para la Santa, pues las visiones que tan sospechosa la hacían, eran cada vez más frecuentes y sus mismos consejeros y confesores estaban desorientados, y ella sentía vacilaciones constantes, temores que la hacían sufrir hasta lo indecible; el tormento de aquella alma era angustioso.

Hacia el año 1560 parece que la tranquilidad fue volviendo a su espíritu y trataba de convencerse de que todos los fenómenos sobrenaturales que sentía eran obra de Dios, influyó mucho en ella el fraile

Pedro de Alcántara, que había restablecido la austeridad original de la regla de San Francisco y que al ponerse en comunicación con la Madre se dio cuenta de que la monja era una verdadera santa y así lo comunicó a su confesor y consejeros. Había una verdadera angustia por la rápida propagación del protestantismo, y el rigor de la vida monástica parecía el arma más eficaz contra la nueva posición religiosa y en el *Camino de perfección* escribe la Santa: "Venida a saber los daños de Francia de estos luteranos (para Santa Teresa todos eran luteranos) y cuánto iba en crecimiento esta desventurada seta, fatigueme mucho y como si yo pudiera algo o fuera algo, lloraba con el Señor y le suplicaba remediase tanto mal." Frente a tanto enemigo, ella debía ser perfecta, y para llegar a conseguirlo le pareció que el mejor camino era vivir como los primeros fundadores de la orden del Carmelo; la regla primitiva había sido fundada para personas contemplativas, formando pequeños grupos, pues se requería soledad para la oración mental; nada de esto se observaba en el Convento de la Encarnación y en alguna reunión que tuvo con otras monjas y señoras devotas, plantearon el problema de la reforma de la Orden, hacían falta muchas cosas, pero Santa Teresa, convencida de que a Dios complacía la obra, decidió arrostrar todas las dificultades. Consultó con varias autoridades religiosas, y aunque alguna no estaba conforme con el proyecto, fray Pedro de Alcántara alentó a la monja y a las personas que ofrecieron su ayuda para fundar un pequeño convento de la Orden reformada; pero al trascender al público la idea, fue rechazada en la forma más violenta y dice la Santa en el *Libro de su vida:* "Y es ansí que gente de oración y todo en fin el lugar, no había casi persona que entonces no fuese contra nosotras y le pareciese grandísimo disparate."

Su más activa y eficaz colaboradora en el proyecto era doña Guiomar de Ulloa, que ofreció su pequeña fortuna y que el convento no fuese una carga para la ciudad, y al consultar el caso con el prior de los dominicos, el padre Pedro Ibáñez, a pesar de las presiones que sufrió en contra, aprobó la idea; pero no hizo lo mismo el provincial carmelita, que cediendo a las violentísimas protestas que habían surgido en el Convento de la Encarnación, retiró su permiso para que la fundación se llevase a cabo, aumentando la angustia de la monja la actitud negativa de su confesor, el jesuita padre Baltasar Alvarez, que obedecía órdenes de su superior. Y así pasaron unos cuantos meses en los que Santa Teresa esperaba siempre sin perder la fe en que su obra se llevaría a cabo, viniendo a confirmar esta esperanza su confesión con el padre Gaspar de Salazar, nuevo rector del colegio de San Gil, que oyó a la monja, comprendió su situación e influyó en el padre Alvarez, que finalmente se declaró partidario de la reforma. Había llegado el momento en que la madre Teresa pusiera por obra toda su habilidad política, pues todavía faltaban muchos trámites que resolver, y decidió que su cuñado, el marido de su hermana Juana, comprase una casa que doña Guiomar de Ulloa había encontrado y que se fuera a vivir a ella con su familia y, poco a poco, hacer las obras necesarias para transformarla en convento, sin despertar sospechas de la gente. Mil incidentes suceden durante aquellas obras; falta dinero que logra conseguirse y se realiza el primer milagro de la Santa que devuelve la vida a su pequeño sobrino que había quedado bajo un trozo de tabique derrumbado. Más dificultades, nuevos obstáculos, pero nada hará detener a la Madre cuya fe sigue inquebrantable, aunque surgen cada día más inconvenientes, pues para que interrumpa la obra es enviada a Toledo por su provincial, con el pretexto de que acompañe a doña Luisa de la Cerda, hermana del duque de Medinaceli que había quedado viuda y solicitaba el consuelo de la "Beata", que así se llamaba por aquellos tiempos a Santa Teresa. Y aunque la voluntad de la Santa era bien contraria al viaje, no tuvo otro remedio que obedecer y en los primeros días de enero y teniendo que sufrir innumerables obstáculos al atravesar la Paramera, llegó a la ciudad condal, relicario de la historia de España en la que reinaba un ambiente de recogimiento y serenidad. No podía ser ajena la Santa ni a la emoción que le producía la Naturaleza, pues siempre la acercaba a Dios, ni a la contemplación de tantos monumentos religiosos que la ciudad le ofrecía; romanos, visigodos, árabes han dejado en ella los restos de sus civilizaciones, pero principalmente el espíritu cristiano que se conserva en sus numerosas iglesias, desde la maravillosa catedral hasta la más humilde ermita, y todas fueron visitadas por la monja durante los seis meses que vivió en el palacio de doña Luisa de la Cerda.

Pero si la mandaron a Toledo para que olvidase el proyecto de la fundación es que no conocían bien a la Santa, pues no piensa en otra cosa que en la ansiada reforma; disponía de tiempo suficiente para meditar y para consultar con otras autoridades que en Toledo encuentra; y uno de los problemas fundamentales que la preocupan es el de fundar los conventos sin renta, con absoluta pobreza las monjas vivirán de la caridad y de su propio trabajo. No escapaba a la Madre las dificultades que suponía esta decisión a la que hicieron mil objeciones las autoridades consultadas, pero se confirmó en ella por haber conocido a una monja carmelita, llamada María de Jesús, que había concebido la idea de fundar un pequeño convento para contemplativas y trató de llevarla a cabo marchando a pie y descalza, con otra monja, desde Granada hasta Roma donde el papa Pío IV la recibió, se admiró de su fortaleza y de su fe y le concedió autorización para fundar en la forma deseada y la mandó a un monasterio carmelita de Mantua, donde se seguía la regla con su rigor primitivo. La monja sacó una copia del reglamento y consiguió el Breve del Papa para fundar un convento bajo aquellas condiciones tan severas. Las dos carmelitas, María de Jesús y Santa Teresa discutieron durante quince días la regla del Convento de Mantua, y cuando la Santa se enteró de que la orden primitiva mandaba no tener bienes propios, se afirmó más y más en su criterio, aunque bien convencida de que la disposición había de proporcionarle las mayores contrariedades; pero jamás pensó en todo lo que pudiera suponer problemas para ella; la seguridad de que Dios estaba con su obra, la decide en uno de los más graves problemas que se le presentaban en la reforma: los conventos se fundarían sin renta, y resolvió no hacer nuevas consultas.

Esta decisión la confirmó en su ideal de amar la pobreza, su amor hacia los pobres aumentó; hubiera querido darles hasta las miserables ropas que llevaba, y los meses que pasó en Toledo le permitieron completar su aprendizaje espiritual; allí terminó su maravillosa biografía. Las circunstancias la obligaron a volver a su ciudad natal y al Convento de la Encarnación; dificultades y más dificultades en todo momento; porque se recibe un Breve en nombre del Papa Pío IV autorizando la fundación de un convento de la orden reformada, pero sin detalles respecto de la pobreza y otros rigores de la primitiva regla del Carmelo que la Santa iba a restaurar y que era una de las más severas en la historia de la Iglesia; fue formulada por San Alberto, pero distintas disposiciones la habían dulcificado mucho y estas modificaciones la alejaban de lo que Santa Teresa creía que debía ser una comunidad religiosa dedicada a la vida contemplativa; y con este criterio rectificó en la orden vigente del Carmelo hasta el hábito, que ella misma cortó y cosió, ayudando a otras compañeras que estaban dispuestas a seguir el rigor de aquella reforma, cuya tendencia era el mayor alejamiento de las cosas humanas para dedicarse a la vida contemplativa; quizá este criterio fue la razón de que los libros de Santa Teresa hagan poca referencia a los trascendentales sucesos que en toda Europa estaban sucediendo por aquellos tiempos.

Con el mayor esmero eligió la Reformadora a sus primeras compañeras; no le gustaban las mujeres melancólicas, tenía en gran estima la inteligencia y consideraba fundamental que tuviesen verdadera vocación; con esta base ella las enseñaría a orar; lo que no podía darles era la inteligencia, y dice en *Camino de perfección:* Un buen entendimiento si comienza a aficionarse al bien, ásese a él con fortaleza, porque ve es lo más acertado, y cuando no aprovecha para mucho espíritu, aprovechará para buen consejo y para hartas cosas sin cansar a nadie, antes es recreación. Cuando éste falta, yo no sé para qué en comunidad puede aprovechar, y dañar podría mucho." Eran demasiadas las condiciones que Santa Teresa deseaba, y quizá fuese ello la razón para que solamente eligiera a pocas monjas, y con ellas y escasos invitados, casi en verdadero secreto, se inauguró el primer convento de la orden reformada que recibiría el nombre de Carmelitas descalzas, estando la pequeña fundación bajo la advocación de San José; al fin había triunfado la Santa; tantos disgustos, tanta angustia, tantos sinsabores fueron coronados por el éxito. La confirmación de que el nuevo convento se había fundado contra la opinión y autoridades, produjo verdadero escándalo en la ciudad y la priora de la Encarnación la amonestó con el mayor rigor; mandó llamar al padre provincial fray Angel de Salazar, que también estaba indignado contra la Madre y la obligó a que diese explicaciones ante toda la comunidad. Y la Santa habló, y habló con tanta seguridad, con tanta razón, con argumentos tan claros, que todos quedaron convencidos de que había actuado por orden de Dios y para su gloria.

Pero era necesario convencer también a la ciudad, lo que suponía

mayor problema, pues no estaba la gente de acuerdo con la creación
de nuevos conventos, había más que suficientes, y el hecho del secreto
con que la fundación se llevó a cabo, parecía muy sospechoso, en
aquellos momentos de las famosas "iluminadas" y de tantos autos de
fe como habían tenido lugar, el triunfo de Lutero; todo se prestaba
a suspicacias y era preciso actuar de alguna manera. Se reunieron las
autoridades de la ciudad y llamaron en su auxilio a los letrados; el
Corregidor llegó al nuevo Convento de San José, una gran muchedumbre le seguía, y hubieran arrojado de allí a las monjas, pero le
detuvo ver frente a la puerta al Santísimo Sacramento, y como buen
católico que era, desistió de la violencia. Al día siguiente convocó a
todos los que en Avila tenían algún prestigio, incluso al obispo, y
relató el suceso con el mayor dramatismo; pero el licenciado Brizuela,
provisor del obispo, enteró a la reunión de que todo se había hecho
con la autorización obispal y leyó el Breve del Papa Pío IV que permitía la fundación. No calmaron a la gente aquellos razonamientos
y Santa Teresa se asombraba después de que la muchedumbre no
hubiera ido a destruir el modestísimo convento, y dice en el *Libro de
su vida:* "Espantábame yo de lo que ponía el demonio contra unas
mujercitas y cómo les parecía a todos era un gran daño para el lugar
solas doce mujeres y la priora... y de vida tan estrecha." Solamente
el padre Báñez, dominico que llegó a ser uno de los teólogos de más
prestigio, defendió el proyecto de Santa Teresa, aunque no estuviese
conforme con que las fundaciones se hicieran sin renta; pero no era
la ciudad la que podía suprimir el convento, se necesitaba la opinión
del señor obispo; y la autoridad religiosa se puso de parte de Santa
Teresa y con ella otra serie de personalidades que llegaron a un acuerdo con los enemigos de la fundación, siempre que el convento tuviese
una renta. La madre Teresa dudó ante la idea de que si accedía quedaba asegurada la fundación, pero convencida de que Dios estaba con
su primitivo proyecto se negó a ceder, ya cederían los demás; y así
fue, poco a poco y durante largos meses se calmaron los ánimos y se
permitió a la monja que volviese al Convento de San José, pues había
sido retenida durante aquel tiempo en la Encarnación. Empezaba para
ella una nueva vida a la que tantos años había aspirado, el número de
monjas llegó a 13, no se admitirían más ni habría hermanas legas, todas
alternarían en los trabajos de la casa "que si es en la cocina, entre
los pucheros se encuentra Dios". Recibían alguna limosna, no muchas, pero jamás pidieron nada; para ayudarse un poco hilaban y la
madre Teresa, que fue impuesta como priora, daba ejemplo en todo.
Siempre tuvo predilección por las mansiones pequeñas, las capillas chi-
cas, los oratorios diminutos, que se prestaban más al recogimiento,
pero hubo necesidad de ir ensanchando poco a poco el convento, se
logró algún jardincillo donde las monjas pudieran recrearse, se construyeron varios oratorios a los que dieron distintos nombres, entre los
que se encontraba el de Nuestra Señora de Nazaret, predilecto de la
Santa y en el que guardaba el libro de las *Morales,* de San Gregorio,
que estaba traducido al español; se plantaron árboles aunque el agua
faltaba, hasta que se consiguió en abundancia después de acudir a mil

artificios; todo lo armonizaban con la vida austera, la más rígida y severa que en alguna casa santa se había conseguido. En San José la comunión fue mucho más frecuente de lo que en aquellos tiempos se acostumbraba, y como la madre Teresa daba al acto extraordinaria importancia, trataba de enseñar a las monjas la manera de que fuese provechoso y les aconsejaba que después de haber recibido al Señor, cerrasen los ojos del cuerpo para abrir los del alma y entrar en sus propios corazones; por aquel camino podrían llegar a ver a Dios. Las comidas del convento eran pobrísimas, siempre sin carne, excepto en caso de enfermedad, y la Santa dice en sus *Constituciones:* "El que quiera comer tiene que trabajar." Con toda minuciosidad organizó la vida de las monjas, incluso indicando la forma de conversar con los visitantes, eludiendo los temas mundanos salvo en los casos en que hicieran con ello algún bien, que por encima de todo estaba ayudar al prójimo en sus tribulaciones. También fijó las relaciones entre las monjas, todo rigor le parecía poco para escapar a las penas y contrariedades de la vida mundana tratando de llegar a la vida contemplativa en la que se consiguen los mayores goces.

A Santa Teresa, el estado de exaltación cuando oraba no la sumía en quietud, indiferencia, pereza, que eran situaciones negativas; por el contrario se traducía en acción, actividad beneficiosa: y ella misma confesó a San Francisco de Borja que era capaz de cumplir todas sus obligaciones durante la oración de quietud. Fue más que pura coincidencia el que Santa Teresa fundase su convento el año 1563, pues su posición se oponía a la de Lutero, levantando en contra de su criterio una verdadera muralla con la oración; si trece pobres monjas no podían hacer otra cosa en aquellos terribles tiempos, podían orar; pero la oración sin la acción no está completa; la contemplación requiere al mismo tiempo acción, sin las buenas acciones no son eficaces los decretos, aunque provengan de los concilios, ni siquiera del Concilio de Trento; la perfección que exige la Iglesia ha de manifestarse en las buenas obras: oración y acción. Y bien claramente lo analiza en aquellos libros maravillosos, el *Libro de su vida* y el *Camino de perfección;* no puede decirse que los escribiera totalmente en San José, era muy poco tiempo el que tenía y fue en Toledo, en la quietud de la ciudad dormida donde escribió la mayor parte del primer borrador del libro de su vida, pero durante los cinco años de permanencia en el Convento de San José ambas obras fueron completadas ¡y en qué condiciones! En una celda sin comodidad alguna, con malestares físicos constantes, aprovechando las horas en que sus compañeras descansaban; es una voluntad que asombra, una fe inextinguible, una inteligencia privilegiada y una potencia de análisis única; nada le importaba la forma material, la corrección del lenguaje, pero era capaz de expresar en la forma más clara sus estados anímicos más hondos, más difíciles. Por obediencia escribe el *Libro de su vida,* lo mismo que el *Camino de perfección,* que es más asequible para todo el que quiera llegar a ser espiritualmente perfecto, y como la perfección puede conseguirse sin la contemplación, el campo de lectores es mucho más amplio, pues aunque lo escribe para sus monjas, la perfección humana puede conseguirse fuera del claustro, sin necesidad de llegar a la contemplación; pues todo cristiano puede lograr la oración mental y Santa Teresa enseña en el libro los caminos para conseguirla; y lo hace con tanta claridad, con tanto donaire, tan profundamente, que la obra es un verdadero tesoro, pues en él está reflejado el espíritu de la Santa, en el que no hay nada de vago o disparatado en su misticismo, y si se eleva hasta lo más alto, sus pies están sólidamente asentados en la tierra.

Cuando Santa Teresa terminó *Camino de perfección* tenía 52 años y se lo envió al padre Báñez al convento de los dominicos y ella se dedicó a enseñar a sus monjas lo que en sus libros planteaba; sentía profundo amor por sus compañeras de claustro y este amor era correspondido; procuraba para ellas cuanto era posible dentro de su pobreza y deseaba que fueran felices en aquella vida de constante sacrificio. Tenía una gran habilidad, un instinto asombroso para tratarlas según las circunstancias y el carácter de cada una; en ocasiones, era terriblemente rigurosa, en especial con las de espíritu rebelde, pero con las obedientes y humildes era muy tolerante; para ella, la virtud esencial era la obediencia, y se cuentan mil anécdotas que demuestran hasta qué punto se seguía esta virtud. Conocía espiritualmente a cada una de sus monjas, lo mismo que conocía a las gentes, condición que le permitió no solamente elegir con acierto a sus novicias sino triunfar en los problemas humanos, cuya finalidad era siempre divina; estaba bien convencida de que en mil ocasiones se ingresaba a los conventos por razones muy distintas de la vocación, sólo por amor a Dios se debían tomar los hábitos, y eran bien perjudiciales las religiosas que obedeciendo a otras circunstancias entraban en las órdenes religiosas, y esta creencia le exigía un estudio minucioso de las aspirantes y rechazaba a las que no tenían condiciones adecuadas aunque perteneciesen a la nobleza, tuvieran dinero, fuesen parientes o amigas.

Por aquella época llegó a la ciudad el padre general de la orden del Carmelo, que por consejo del obispo visitaría el Convento de San José, lo que produjo gran emoción entre las monjas, el padre Rubeo llevaba la misión, pedida al Papa por Felipe II, de visitar los conventos de España, para obligar a que se cumpliera en ellos las disposiciones del Concilio de Trento, y el padre Rubeo realizaba su trabajo con la mayor severidad. En Sevilla reunió a los Carmelitas de Andalucía que precisaban una reforma, condenando a calabozo a uno de ellos, a otros a galeras y a varios al destierro; entre otras relajaciones de la regla estaba la de la ostentación y el lujo, anulando el voto de pobreza que era la base de la orden, y el padre Rubeo se mostró inflexible con aquellos abusos y se propuso visitar todos los conventos; llegó a la ciudad de Ávila y al convento de San José, que le produjo la mejor impresión y mucho mayor la personalidad de la madre Teresa, que le hizo un minucioso relato de su vida y de su obra. Volvió varias veces por el interés que en él había despertado la personalidad de Santa Teresa, que aprovechó la ocasión, como hacía siempre, para exponerle su deseo de que se fundasen otros conventos de la orden reformada, y la ventaja que supondría el que fuesen los descalzos los que dirigieran a las monjas; y nuevamente, como sucedía siempre, la madre Teresa convence al prelado y consigue el permiso para nuevas fundaciones y se dispone que no podrán tener más de 25 monjas que debían vivir conforme a la regla primitiva, que en cada convento habría do.. monjas de la Encarnación, que se pudiera recibir en nombre de la Orden, casas, iglesias, solares y cualquier otra clase de bienes, y que en todos los casos se consiguiera la aprobación del arzobispo o del obispo de la diócesis; pero cuando Santa Teresa pedía, no se conformaba con poco y solicitó también permiso para fundar un convento de frailes descalzos, lo que no pareció bien al padre Rubeo por el temor de que pudiera haber discusiones en la orden, ya que habían caído tan mal las reformas por él impuestas; y aunque se marchó sin dar la autorización, la Madre le escribe una carta antes de que saliera de España, y las razones que en ella exponía fueron tan eficaces que consigue el permiso para fundar dos conventos. Se encontró con dificultades para realizar aquel deseo, pues no disponía de casa y no sabía de algún fraile capaz de ponerse al frente del primer convento; pero no tuvo inconveniente alguno en encontrar las mujeres que quisieran entrar en el segundo de monjas; tampoco tenía para ellas casa, pero ya se encontraría. "El ánimo no desfallecía, ni la esperanza, pues el Señor dado lo uno, daría lo otro, ya que todo me parecía muy posible y ansí lo comencé a poner por obra", dice en el libro de las *Fundaciones*.

Decide Santa Teresa hacer la segunda fundación en Medina del Campo, quizá porque allí tenía amigos, quizá pensando en sus monjas, pues aquella ciudad era rica y no les faltaría ayuda; se celebraban en ella cuatro ferias al año, a las que acudían mercaderes de toda Europa, y el dinero abundaba; pero lo más importante y lo que probablemente decidió a la monja fue que allí había un colegio de jesuitas y su rector, el padre Baltasar Alvarez había sido su confesor, y se decide a escribirle, contestando el religioso que haría cuanto pudiese para complacerla; envió, además, al padre Julián de Avila para que encontrase alojamiento adecuado a las necesidades de la nueva institución. En toda su obra contó siempre la Santa con la ayuda del padre Julián, que, además, escribió su biografía; también estaba en aquella ciudad el padre Báñez, que siempre la defendió de los ataques que con frecuencia era molestada; y entre todos consiguieron el permiso para fundar, y el padre Julián alquiló una casa en 51,000 maravedíes por año, aunque tenía la seguridad de que la Madre no disponía de aquella suma, pero las virtudes de Santa Teresa eran contagiosas para los que trataba y el buen fraile se dejó arrastrar por su fe y se convenció de que ya se las arreglarían para encontrar el dinero. Y Medina del Campo fue el primer lugar escogido por la monja, fuera de Avila, y de allí en adelante, viajará sin parar asombrando cómo fue posible aquella obra emprendida a los 53 años, siempre enferma, teniendo que resolver inacabables problemas; pero la fe lo puede todo y especialmente en un alma como la suya. A Medina marcha con seis monjas profesas elegidas con el mayor cuidado para que formasen la base de la comunidad, y otras cuantas que completarían en el primer

momento el claustro del monasterio, emprendiendo la marcha en uno
de aquellos claros amaneceres de Castilla que dan ánimo y fuerza
para toda clase de empresa heroica; y en unos cuantos carros de los
que usan los campesinos, cubiertos con toldos y cortinas se organizó
el viaje. Si se exceptúan las expediciones de San Vicente Ferrer y
los viajes de San Pablo, la obra que realizó Santa Teresa no tiene
igual en la Historia; dentro de los carros se hacía la vida del convento,
oían misa, comulgaban, rezaban, pues no faltaba algún capellán que
realizase tales deberes y en aquella ocasión fue el padre Julián de
Ávila. El que haya viajado por Castilla en el mes de agosto, recordará
que según avanza el día, el calor es sofocante, pero el paisaje compen-
sa la molestia al poder disfrutar de una luz maravillosa, del embrujo
de la llanura inmensa, del color infinitamente azul del cielo, de los
montones de oro del cereal ya limpio y preparado para ser recogido,
del rojo de las amapolas y el morado de la arenaria que invaden el
rastrojo; en un espíritu tan sensible como el de la Santa nada pasará
inadvertido y gozará de aquella infinita belleza, todo la llevará hacia
el Creador que tantas perfecciones ha puesto en la tierra; y en más
de una ocasión levantará del rostro su espeso velo negro para contemplar a su gusto aquel derroche de perfección; y al ponerse frente a
la Naturaleza se pone también en contacto con el pueblo, con los
mozos de mulas que guían los carros y que cantando o blasfemando
acaban por dejarse influir ante las observaciones de aquella monja que
con tanta habilidad les critica o elogia su conducta y entretiene con
su amena charla. Hacia la mitad del camino entre Ávila y Medina se
encuentra Arévalo, donde pasó su niñez Isabel la Católica. ¡Cuántas
virtudes semejantes se pueden apreciar entre aquellas dos mujeres extraordinarias! También Isabel era creyente profunda, también tenía
un sentido del deber al que todo supeditaba, también realizó una obra
tan extraordinaria que solamente una inteligencia privilegiada, un no-
bilísimo corazón, una voluntad inflexible pudo conseguir; también sufrió infinitas amarguras que jamás quebrantaron su espíritu; hasta en
la importancia que concedían a la cultura se parecieron Isabel y
Teresa.

La segunda fundación produjo a la Santa contrariedades sin cuento que parecían advertir lo difícil de aquella misión y los riesgos de
todos órdenes a que se exponía; pero ella estaba bien segura de que
Dios deseaba la obra y a Medina llegó con todo su acompañamiento
antes de que amaneciese, y dice el padre Julián que la casa preparada
para las monjas era una verdadera ruina; pero allí estaba la Madre
para disponer lo que debía hacerse, quitar escombros, lavar pisos, col-
gar algún repostero que les proporcionaron, conseguir autorización para
fundar, todo parecía obra de milagro, pues a las cinco de la mañana
se pudo decir misa; ya había otro lugar en el que se honraba a Cristo;
pero tantos peligros entrañaba el estar instalados en aquella forma,
que la Santa se acongojó sobremanera y los jesuitas se encargaron de
buscar un alojamiento más conveniente, y consiguieron trasladar a la
comunidad a la casa de don Blas de Medina, donde permanecieron
hasta el otoño de 1567, y después se mudaron a un edificio de doña

María Suárez; se donaron otras propiedades próximas y hasta se logró un hermoso jardín, suprema aspiración de la Santa.

La Reforma estaba sólidamente fundamentada, ya no había más que seguir el camino emprendido, pero se necesitaba completar la obra y fundar también conventos de frailes, idea que ya había sido planteada al padre Rubeo y aceptada por él; faltaba encontrar al religioso que reuniera condiciones para ello, y providencialmente, como siempre la sucedía, tuvo ocasión de conocer al fraile Juan de Matías que luego será San Juan de la Cruz, con el que sostuvo una larga conversación y fue por el resto de su vida el más leal colaborador que tuvo. La personalidad de Juan de Matías, que por su nacimiento se llamó Juan de Yepes, era la figura más adecuada para interpretar la obra de Santa Teresa; desde muy joven conoció la amargura de la pobreza, ejerció en Arévalo el oficio de tejedor y marchó con su anciana madre y su hermano Francisco a Medina del Campo, y allí, a cambio de que las monjas del Colegio de las Niñas de la Doctrina le diesen alguna enseñanza, pedía limosna para los pequeños que se encontraban en la mayor pobreza; después consiguió trabajo en un hospital ayudando a cuidar enfermos de viruela, sin dejar de pedir limosna para los necesitados; se hizo fraile carmelita y fue enviado con otros de su Orden a Salamanca cuya universidad estaba en la cumbre de la gloria, gracias al padre Francisco de Vitoria y a sus sucesores, y el padre Yepes estudió allí un curso de Teología; al mismo tiempo era inspirado poeta y toda su obra giraba alrededor de Dios, una de sus frases preferidas era: "Donde no hay amor, poned amor y encontraréis amor"; nada puede ofrecer una imagen más exacta de San Juan de la Cruz, y no es de extrañar que al conocer a Santa Teresa quedasen ambos identificados espiritualmente, y aceptado por la Santa para que fundase el primer convento de la orden reformada de frailes, de acuerdo en todo ambos santos, no quedaba más que buscar el lugar y la casa para realizar la obra.

El trabajo de Santa Teresa iba en aumento, pues tenía en proyecto fundar en Malagón, donde le había sido ofrecida una casa, y le pidieron que fuese a Alcalá para enseñar a las monjas la regla primitiva; como su labor en Medina estaba en marcha y ya no la necesitaban, volvería a Avila y desde allí haría el viaje a Alcalá, pasando por Madrid donde se alojó con dos compañeras en el Convento de Monjas Franciscanas. La fama de la Santa se había extendido por todas partes y su llegada a una ciudad, a un pueblo, era objeto de curiosidad en muchos, de veneración en otros; y con su extraordinaria habilidad y conocimiento de las gentes sabía tratarlas como era conveniente en tantas visitas como en todo momento la asediaban; y a los quince días de estar en Madrid partió hacia Alcalá después de haber obtenido la autorización necesaria para realizar la misión que allí la llevaba, y en dos meses que permaneció en la ciudad cambió totalmente la vida del convento que estaba bajo el mando de una priora excesivamente severa y muy poco comprensiva; asombra la personalidad de aquella mujer invencible a cuantas dificultades pudieran presentarse, infatigable ante tanta contrariedad, feliz y alegre siempre por realizar una

obra de la que estaba bien convencida que no le faltaría el apoyo de
Dios; pero también tenía que sobreponerse a dolores morales y recibe
la noticia de que don Bernardino de Mendoza, que le había ofrecido
una casa cerca de Valladolid para que fundase en ella, estaba gravemente enfermo y moría sin confesión; por su gusto, hubiera marchado
inmediatamente a Valladolid, pero su misión en Alcalá no estaba
terminada, y la esperaba en Toledo doña Luisa de la Cerda con el
ofrecimiento de una casa en Malagón y una suma anual para su mantenimiento. A Toledo marcha sin que la detenga el frío, el agua, las
infinitas incomodidades que aquellos terribles viajes le proporcionaban; su fuerza era la de la fe, y siempre la tenía. La fundación de
Malagón plantea el problema de la pobreza, que era la base de su
criterio en la reforma, pero ante el dilema de no fundar si no se
admitía renta, y en Malagón no era posible otra cosa, accede muy
contra su voluntad a que el convento recibiese una suma; y llega al
pueblo con doña Luisa de la Cerda y el día 11 de abril de 1568, domingo de Ramos, se dijo la primera misa, y cuando dejó en marcha
la fundación vuelve a Toledo donde el calor agobiador la hace caer
en cama durante varios días, y apenas repuesta vuelve a su querido
convento de San José de Avila, donde recibe la grata noticia de que
un pariente le ofrecía una casa en Duruelo para fundar el deseado
convento de frailes descalzos. Está Duruelo entre Avila y Medina del
Campo, siempre en el corazón de Castilla, y la monja aceptó el ofrecimiento sin pensar en que la casa podía no reunir condiciones, pero
era tanto el afán que sentía por comenzar las fundaciones de frailes,
que no duda un momento, y a Duruelo marcha, pensando que lo más
importante ya lo tenía, pues allí estaba fray Juan de San Matías, su
"Senequita" como ella llamaba a San Juan de la Cruz; y pensó aprovechar el viaje para ir después a Valladolid, para hacer la fundación
de don Bernardino de Mendoza y recoger en Medina a Juan de San
Matías y prepararlo para que dirigiese la primera casa de Descalzos.
Muy fácil es hacer el relato de estos viajes, pero realizarlos en aquella época y en condiciones tan desfavorables, suponía toda clase de
sacrificios, que jamás detuvieron a la Santa en sus decisiones. Cuando
llegó a Duruelo con el padre Juan encontraron que el edificio no
reunía condición alguna, pero no se desanimaron por ello; buena pa-
reja hacen los dos santos para desfallecer en sus proyectos y volvieron
a Medina dispuestos a esperar lo que fuese necesario, y allí pasaron
cuatro semanas, y como urgía el viaje a Valladolid, otra vez a los
caminos y peripecias de los cuarenta kilómetros que había que reco-
rrer, y vuelta a resolver mil dificultades en la casa que había donado
don Bernardino, donde el padre Julián pudo decir la primera misa;
y en aquella ciudad permaneció Santa Teresa varios meses del año
1568; pero no fueron meses de descanso, pues el convento era muy
húmedo y habían caído enfermas casi todas las monjas y ella misma
se resintió por aquel aire helado y lleno de humedad que llegaba a
la casa, hasta que consiguieron cambiarse a otro edificio que reunía
condiciones más favorables, y en marcha la fundación, decide la Santa
visitar el convento de Duruelo en el que ya había dicho la primera

misa San Juan de la Cruz, y realizar allí una labor de apostolado; buena falta hacía en aquel lugar en que las gentes estaban totalmente abandonadas sin preparación religiosa de ninguna clase, y cuando vieron que los frailes hacían vida de verdaderos santos, empezaron a llevarles comida y escuchar sus enseñanzas. Bien satisfecha pudo quedar Santa Teresa por aquella visita, pues la reforma de los frailes había empezado con base sólida, y siguió su camino hasta Toledo, pasando por Madrid; y como coincidiera este viaje con el cambio espiritual que se produjo por aquella época en Felipe II la tradición carmelita atribuye este cambio a la intercesión de la Santa, que en Toledo empieza las gestiones para fundar una nueva casa; siempre los mismos problemas que resolver, pero a la fundadora le sobran recursos y poco a poco todo se arregla y la monja pensó que podía descansar algún tiempo, pues la fatiga la agobiaba; pero Dios no había dispuesto así las cosas, necesitaba todavía de su colaboración.

Por aquella época, su fama se había extendido y sus enemigos aumentaban tanto como sus partidarios; la idea de que por primera vez en la historia de la Iglesia fuese una mujer la fundadora de una orden monástica, era muy criticada por no pocos; y la obra de la monja llegó a conocimiento de la famosa princesa de Eboli que pertenecía a una de las familias más ilustres de España, y pidió a la Santa de Avila que fuese a Pastrana para fundar un convento de contemplativas. Después de muchas dudas, pesando siempre las circunstancias, acepta Santa Teresa el ofrecimiento, y en aquel viaje puede disfrutar de las comodidades de una carroza, aunque su humildad sintiera remordimientos; y al pasar por Madrid, conoció a dos hombres, un ingeniero y un pintor que habían abandonado el mundo para hacerse ermitaños en Pastrana; ambos se pusieron en contacto con la fundadora, que pronto apreció sus virtudes y les propuso que se hiciesen Carmelitas; sin dificultad aceptaron ingresar en la Orden y ya tenía la Santa base para un segundo convento de frailes descalzos; la estancia en Madrid había sido provechosa. Mucho complació a la monja el aspecto de Pastrana, lleno de huertas y de verdor por todas partes; siempre sensible a la Naturaleza se recreó en el paisaje de aquella región que contrastaba con la sequedad del páramo; y tiene allí la satisfacción de asistir a la toma del hábito carmelita de los dos ermitaños que conoció en Madrid, aunque todas sus alegrías se amargaban siempre con otros tantos sinsabores, y no fueron pocos los que le proporcionó la fundación de Pastrana, pues era muy difícil ponerse de acuerdo con la princesa de Eboli; que se escandalizó al ver que la fundadora defendía una renta para el convento, convencida de que en semejante lugar no podría subsistir de otra manera y temió que la protección de la princesa faltase algún día; para la gran dama de la aristocracia no era suficiente razón comprobar la vida pobrísima de las monjas, principalmente de la Madre, que apenas comía ni dormía, vistiendo siempre un hábito lleno de remiendos, aunque limpísimo, pues nunca toleró la suciedad en ninguna de sus monjas, había que ser tan limpia por fuera como por dentro. Y en Pastrana triunfa, como siempre, y vuelve a Toledo, donde también tenía

mil problemas que resolver y que le obligaron a pasar en la ciudad
más de un año, que aprovechó para escribir, pues su correspondencia
era abundantísima, escribía cartas sin cesar en todas partes, hasta en
los incómodos coches en los que hacía aquellos inacabables viajes;
necesitaba estar en comunicación constante con los conventos funda-
dos, los problemas familiares también le proporcionaban inquietud; no
podía olvidar a sus autoridades, a sus amigos, consejeros y protectores; cartas y más cartas de las que, desdichadamente, se han perdido
muchísimas; por algunas de las que se conservan puede apreciarse su
preocupación familiar, y la ayuda que prestaba a su obra Lorenzo,
el hermano que vivía en América.

Terminada su misión en Toledo, volvió a su ciudad natal para
preparar una fundación en Salamanca, a la que no estaba muy dispuesta, pensando que allí había demasiados conventos y muchos estudiantes, ambiente que no parecía muy propicio para que se sostuviese
un convento sin renta; pero era necesario hacer la prueba, y después
de conseguida la autorización del obispo, marcha a la ciudad univer-
sitaria acompañada de una sola monja de San José. En ninguno de
sus viajes puede descansar, pues los incidentes se suceden sin cuento
y en aquella ocasión el frío, la lluvia, los caminos encharcados, un
terrible dolor de muelas le amargan el recorrido de aquellos cien kilómetros; si su alma está llena de compensaciones su pobre cuerpo le
proporciona amarguras constantes de las que nunca se queja y sufre
siempre con admirable resignación y buen humor. La casa que encuentran en Salamanca necesita reparaciones y es preciso limpiarla,
pues todo estaba abandonado y en el desorden propio de estudiantes
que acaban de salir de ella; ayudada por los jesuitas y un buen obrero,
la casa quedó en disposición de ser habitada; la Madre llevaba dos
noches sin dormir, pero siguió barriendo y lavando hasta que el local
estuvo más aceptable y las dos monjas pasaron la primera noche solas, durmiendo sobre un montón de paja y tratando de dominar el
miedo que aquella situación les producía. La humildad de la Santa
no le permite relatar en el libro de las *Fundaciones* los grandes trabajos que pasa en los caminos y los que sufre por su poca salud, pues
consideraba que era Dios el que le daba resistencia y no virtud suya;
pero el que se entera de su capacidad para el padecer, no puede por
menos de admirar aquel temple único, que también la fe tiene sus desfallecimientos y jamás se perciben en la monja que escribe: "A lo que
ahora me acuerdo, nunca dejé fundación por miedo del trabajo, aunque de los caminos en especial largos, sentía gran contradicción, más
en comenzándolos a andar me parecía poco viendo en servicio de
quién se hacía y considerando que en aquella casa se había de alabar
al Señor y haber Santísimo Sacramento." A pesar de todos los esfuer-
zos realizados fue necesario trasladar a las monjas a otra casa que
reuniese mejores condiciones, y en ella tuvo varios éxtasis y escribió
aquella poesía tan conocida que empieza:

> Vivo sin vivir en mí
> y tan alta vida espero
> que muero porque no muero.

La Reforma seguía progresando, y los frailes descalzos fundaron otro Convento en Alcalá de Henares que consiguió los mayores éxitos, pues estaba dirigido por fray Juan de la Cruz; mientras tanto, Santa Teresa recibe un ofrecimiento para fundar en Alba de Tormes, pero temía que allí no pudiera sostenerse un monasterio sin renta, que era el ideal; de todas maneras allá marcha con unas cuantas monjas, muy feliz de que la pudiese ayudar en la obra fray Juan de la Cruz, que iba camino de Alcalá, y el año 1571 pudo instalarse el Santísimo Sacramento; todavía se conserva aquel pequeño convento como lo había dejado la Santa, que vuelve a Salamanca para resolver algunas dificultades y desde allí marcha a Medina del Campo, donde tuvo que enfrentarse al provincial de los Carmelitas, fray Angel de Salazar, y dar la razón a las monjas en una cuestión de intereses materiales. El provincial pensaba que la Madre se estaba haciendo demasiado independiente y que era preciso darle una lección; en tantos años de tratar a la monja no había llegado a conocerla y nombró priora del convento a una monja de las Calzadas de la Encarnación de Avila, sin respetar el reglamento que regía para conceder tales cargos; pero la comunidad, con la aprobación de Santa Teresa, celebró la elección legal y fue nombrada la madre Inés de Jesús reelegida para el cargo. El hecho produjo la mayor indignación al provincial que ordenó a Santa Teresa y a la monja que la acompañaba, volviesen inmediatamente a Avila; tal disposición era inhumana, pues la Madre estaba totalmente agotada y medio paralítica; pero obedeció en el acto y como no se encontrase medio alguno para realizar el viaje tuvieron que hacerlo en mulas, cabalgando dos días por aquellos páramos inhóspitos. Bien apuraba el cáliz la Santa, pero tenía la seguridad de que Dios le daría fuerzas, y así fue, pues terminó felizmente aquella terrible prueba, y en San José de Avila pudo descansar algún tiempo.

Por aquella época fue a visitarla un delegado del Papa Pío V, que llevaba el encargo de inspeccionar los conventos de España, y pronto recibió noticias de la vida y obra de la reformadora; era fray Pedro Fernández, que tenía reputación de ser uno de los teólogos más destacados y quiso entrevistarse lo antes posible con aquella carmelita de la que tantas cosas se decían. No fue defraudado en la primera conversación que sostuvo con la monja a la que después llamó "la mujer de la gran cabeza". Pero en todo momento su tranquilidad se perturbaba por los problemas que en las fundaciones se presentaban y el padre Fernández la mandó ir a Medina, donde las cosas no marchaban bien; y otra vez por caminos y veredas que ni una persona sana y fuerte podría resistir y que la Santa soporta con la mayor resignación; y en Medina resuelve todas las dificultades que se habían presentado y recibe la orden de volver a Avila con una de las misiones más amargas que la madre tuvo que realizar, pues el padre Fernández le pide que se ponga al frente del Convento de la Encarnación, comunidad de la regla mitigada que no sentía el menor afecto por Santa Teresa, y allí tendría que permanecer durante tres años y suspender las fundaciones; y en octubre de 1571 vuelve a su ciudad natal.

Es indispensable en una biografía de Santa Teresa no omitir ninguno de los viajes que hizo, pues ellos muestran claramente al lector la resistencia de aquella mujer única, ya que en todos ellos sufrió penalidades sin cuento, aceptando siempre lo que se le mandaba; pero en aquella ocasión tenía que recobrar alguna fuerza, pues la tarea parecía superior a sus flacas energías físicas, y al ser recibida en el Convento de la Encarnación con la máxima hostilidad y hasta con violencia, no perdió la calma un solo momento y consiguió que las monjas la escuchasen, bastando sus palabras para calmar los ánimos y empezar la organización de aquel convento, por otra parte, tan querido para ella. Atendió lo primero a la manutención de la comunidad, pues no teniendo alimento suficiente salían las monjas a casa de sus amistades o familiares, para comer, lo que suponía gran indisciplina; y solicitando ayuda de unos y de otros mejoró aquella situación; se, ocupó de que las visitas fuesen menos frecuentes y mayor el recogimiento, y todo lo hacía con una habilidad, un tacto, un cariño, que al mes de haberse puesto al frente de la comunidad las cosas cambiaron totalmente. Pero faltaba la reforma espiritual, que no podía conseguirse si no se prescindía de los confesores de la regla mitigada, y decidió sustituirlos por frailes Descalzos, pensando en San Juan de la Cruz, al que mandó llamar, y a otro de los del Convento de Pastrana; pero el tacto político de Santa Teresa, le hizo no prescindir al principio de los confesores que ya había en el convento, convencida de que los Descalzos realizarían una labor eficaz; y así fue, pues poco a poco las monjas prefirieron a sus nuevos directores y se pudo renunciar a los antiguos; el progreso espiritual de la comunidad fue manifiesto, y el triunfo de la Santa frente a 130 monjas asombró a las autoridades, ya que consiguió que un convento tan numeroso viviera como lo hacían diez o doce monjas de los reformados; y al mismo tiempo resuelve por carta problemas y más problemas que en otras fundaciones se presentaban, sin olvidar los familiares que constantemente la preocupaban; su mente no descansa un momento, en ella están presentes todos los que quiere, que por amor labora la Madre.

Durante el tiempo que está en el Convento de la Encarnación su salud se resiente mucho, padece fiebre, dolor de garganta, calenturas, cuartanas, tos muy pertinaz, dolor de costado, molestísimo dolor en la mandíbula; tuvieron que sangrarla varias veces, pero nada impidió que siguiera su vida normal y cumpliese los deberes que la regla imponía, y siempre le quedaba tiempo para sostener largas conversaciones con San Juan de la Cruz. Pero el angustioso trabajo del Convento de la Encarnación va a terminar, pues Felipe II dio la orden al padre Fernández de que la fundadora se presente en Alba de Tormes para conversar con la duquesa de Alba. No fue muy larga la visita y vuelve a la Encarnación, y luego marcha a Salamanca, donde le ofrecen medios para realizar una segunda fundación; y otra vez emprende la anciana monja aquellos terribles viajes de los que salía con bien por verdadero milagro y en esta ocasión realiza la caminata de kilómetros y kilómetros, ¡en mula!; no era la primera vez que lo hacía y fueron tantas las peripecias que le sucedieron en este viaje que el padre Julián de

Avila relata en su *Vida de Santa Teresa,* que asombra quedasen fuerzas a la mujer extraordinaria para no fenecer en alguna de ellas. Llegan, por fin a Salamanca y empieza la Santa a resolver problemas hasta que puso las cosas en marcha; y en aquella ocasión, el padre Bartolomé de Medina, dominico de gran prestigio como teólogo y catedrático de la Universidad, se permitió criticarla duramente en una conferencia pública; no importaban mucho a la Santa las censuras que de su conducta se hacían, en la seguridad de que nadie podía destruir su obra, pero otra vez su habilidad política le aconsejó que visitase al fraile y tratara de convencerlo para que no estorbase su trabajo.

Las fundaciones eran ya muchas, la semilla había fructificado, la Santa tenía una edad avanzada y las enfermedades habían agotado sus fuerzas, pero cuando le ofrecieron organizar un nuevo Convento en Segovia no dudó en iniciar los trabajos, que se llevaban a cabo sin oposición de las autoridades religiosas, y a Segovia marcha desde Salamanca; otra vez atravesar el páramo sin salud, con los caminos cubiertos de nieve, sufriendo mil contrariedades, los tormentos físicos no le dejaron un momento de reposo; aprovechó el viaje para detenerse en Alba de Tormes unos días y llegó a Segovia en marzo de 1574, consiguiendo fundar el convento el día de San José, y llevó a él a las monjas de Pastrana, después de resolver muchas dificultades con la princesa de Eboli, que por primera vez en su vida se veía vencida por una humilde monja vestida de estameña.

El tiempo que Santa Teresa permaneció en Segovia le proporcionó algún descanso que aprovechó, como hacía siempre, para escribir cartas y recapacitar en la obra realizada; había fundado conventos en Avila, Medina, Malagón, Valladolid, Toledo, Salamanca, Alba de Tormes y Segovia; tenía conventos de frailes en Mancera, Pastrana, Alcalá, Altamira, La Roda, Granada, y la fama de aquellas fundaciones se iba extendiendo por toda la nación, y aunque algunos criticaban su obra, la mayoría de la gente admiraba el espíritu cristiano de las fundaciones, y los ofrecimientos de nuevos conventos se sucedían constantemente, aceptando la Madre el de Beas de Segura, en el límite con Andalucía. La Providencia había dispuesto que la Santa, con más de 60 años, emprendiera nuevas aventuras, y atravesó la llanura de la Mancha por aquellos caminos polvorientos frecuentados por mercaderes, estudiantes, mendigos, soldados, frailes; caminos que años antes había recorrido Cristóbal Colón y que don Quijote recorrería años después: Colón, Teresa, don Quijote, toda la España maravillosa encarnada en aquellas figuras eternas. Se cuentan mil anécdotas de aquella expedición, entre ellas la de que a una posadera, observando con asombro cómo la Santa se recreaba con apetito en unas perdices, pues tenía la idea de que vivía de sus arrobamientos y visiones, le dijo la monja: "las penitencias son penitencias y las perdices son perdices". Al llegar a la vega del río Guadalimar el panorama que se presentó a los ojos de la fundadora fue bellísimo; huertas por todas partes, riachuelos y acequias que regaban y fecundaban la tierra, montañas llenas de verdor, un cielo azul maravilloso; ¡cómo la acercaban a Dios aquellas manifestaciones de su infinita bondad para con los hombres! Todo el pueblo de

Beas salió regocijado para recibir a la comitiva y sin incidentes se
hizo la fundación del Convento de San José; quiso Santa Teresa seguir
a Caravaca, pero no se habían conseguido las licencias para fundar allí
y tuvo que esperar y esta espera le permitió conocer a fray Jerónimo
de la Madre de Dios, Gracián, con el que había de unirle profunda
amistad.

Por entonces se planteó el problema de reformar a los Carmelitas
del sur de España, y Felipe II sugirió la idea de que fueran los frailes
descalzos de Pastrana los que realizasen la misión y el padre Gracián
el encargado de cumplir la orden; pero los frailes calzados hicieron lo
posible para que aquella inspección no se realizase, surgiendo una
pugna muy violenta entre las dos Ordenes, aunque Felipe II defendió
a Gracián y le confirmó en el cargo, y al dirigirse a Sevilla se detuvo
en Beas y allí conoció a Santa Teresa. Pronto juzgó la Madre al joven
fraile, y aunque le encontró algunas limitaciones le interesaba mucho
que gente preparada se pusiese al frente de las fundaciones y Gracián
era graduado en Teología, por lo que aceptó su amistad y fue defi-
nitiva la influencia que en él ejerció, aunque siempre dispuesta a obedecerle como superior y aceptar su criterio; la realidad es que la Madre obedecía siempre a los superiores, pero ellos no ordenaban más
que lo deseado por la Fundadora, que terminada su misión en Beas
desea volver a Avila, pero el padre Gracián le propuso que fundase en
Sevilla. Muchos inconvenientes encuentra Santa Teresa para realizar
aquel proyecto, pero el interés por conseguir nuevos conventos se im-
pone a las dificultades y prepara el viaje a la ciudad, y el día 18 de
mayo sale la expedición con un tiempo muy caluroso que pronto produce en la monja altísima fiebre y que obliga a sus acompañantes a
buscar un refugio bajo techado; pudo beber un poco de agua y acos-
tarse en una durísima cama; la habitación estaba muy sucia, sin ven-
tilación alguna y los huéspedes de aquella especie de mesón, groseros
y escandalosos, contribuían al tormento que en aquel lugar sufrió la
comitiva; pero al amanecer refrescó un poco y pudieron reanudar la
marcha hasta Córdoba, donde permanecieron el tiempo justo para oír
misa y comulgar, y al noveno día de haber salido de Beas llegaron a
Sevilla, era el 26 de mayo de 1575, después de haber sufrido dos o
tres días sin comer más que unas pocas sardinas saladas, y como no
tenían agua para mitigar la sed, preferían no tomar nada. En malas
condiciones llegaba la Santa a la ciudad del Guadalquivir para poder
gozar del cambio de paisaje que la región le ofrecía siempre en más
armonía con su espíritu la grandiosidad y dureza de la meseta castellana.

No fue la fundación de Sevilla menos angustiosa que todas las demás, pues la casa que el padre Mariano le había buscado no era conveniente y si esperaban ayuda de la gente rica y caritativa que debía
residir en la ciudad, nadie se presentó para ofrecer alguna cosa, y Santa
Teresa escribe en el libro de las *Fundaciones*: "Nadie pudiera juzgar
que en una ciudad tan caudalosa como Sevilla y de gente tan rica debía
de haber menos aparejo de fundar que en las todas partes que había
estado. Húbole tan menos que pensé algunas veces que no nos estaba

bien tener monasterio en aquel lugar." Efectivamente, no disponían para comer más que de manzanas y pan, y hubo algún día que una sola ración se repartió entre las siete; bien acostumbradas estaban las monjas a privaciones y sacrificios que siempre eran compensados por la conversación de la Santa, unas veces haciendo profundas observaciones, otras contando cosas entretenidas, muchas componiendo versos para los que tenía gran habilidad y profunda inspiración. Y se agravaron los problemas cuando el arzobispo dispuso que las monjas se repartieran entre los distintos conventos de la ciudad para reformarlos, a lo que se opuso Santa Teresa, que esperó con paciencia a que las cosas se arreglasen, y el arzobispo acabó por hablar con ella y quedó profundamente impresionado ante mujer tan extraordinaria, concediendo los permisos necesarios para la fundación, y poco a poco se fueron consiguiendo amigos que ayudaron a la comunidad, y el mismo arzobispo envió trigo y dinero.

A pesar de tantos éxitos, las amarguras no se acababan para aquella santa mujer, pues se desató una furia violentísima contra la Reforma carmelita, por los frailes Calzados que lanzaron toda clase de calumnias contra ella y contra el padre Gracián, que se enfrentó furioso a sus enemigos, sin escuchar las recomendaciones conciliadoras de Santa Teresa, también dolida por lo que de ella se decía, pero con el criterio de que no se podía responder con la violencia. Tanta preocupación no la impidió fundar en Caravaca y disfrutar de otra casa en Sevilla, que le proporcionó su hermano Lorenzo que había vuelto del Perú. Y es motivo de nueva inquietud otra denuncia que se había hecho a la Inquisición del *Libro de su vida,* del que circulaban ya muchas copias, y, como siempre, todo se arregla y la comunidad se traslada al nuevo edificio asistiendo la ciudad entera que presenció cómo el arzobispo se arrodillaba ante Santa Teresa pidiendo que le diese su bendición; y todo resuelto decide ir a Toledo para descansar algún tiempo, pero le volvieron los achaques con terribles ruidos en la cabeza que no le permitían escribir, y el padre Gracián le había pedido que terminase el libro de las *Fundaciones* y aprovechando los ratos que las terribles molestias de la cabeza le permitían siguió aquellos relatos tan llenos de valiosas enseñanzas. Una vez terminado el libro empezó con el *Castillo interior,* obra que completaba las escritas anteriormente, el *Libro de su vida* y el *Camino de Perfección;* además, escribía cartas sin cesar y sostenía conversaciones con personas letradas que gustaban oír a la mujer extraordinaria, para la que no había llegado todavía el reposo completo, y en vista de la triste situación en que se encuentra el Convento de San José de Avila, tiene que marchar a la ciudad desde Toledo. Y nuevas contrariedades le produce el haber sido elegida priora del Convento de la Encarnación, que por pertenecer a la Orden de los Calzados, produce el nombramiento terribles protestas, llegando a tratar de excomulgar a las monjas que habían dado el voto a la Madre, concentrándose las iras en San Juan de la Cruz, capellán del convento, que fue encarcelado por dos veces, y que escapó milagrosamente de la prisión. Escribió Santa Teresa a Felipe II para informarle de la situación entre Calzados y Descalzos y cuando el rey recibió la carta pidió a la monja que fuese a El Escorial; y otra vez la anciana fundadora emprendió el viaje en pleno invierno y habló con el monarca, que le dijo: "Estad tranquila porque se hará todo como queréis."

A la vuelta de su entrevista con Felipe II se alojó en su querido Convento de San José de Ávila y en víspera de Navidad cayó por una escalera, y se rompió un brazo que, mal compuesto, la dejó inutilizada para vestirse sola durante el resto de su vida. Y nuevas amarguras entristecieron la vejez de la Santa, pues tuvo serios disgustos con los jesuitas, y la fraternal amistad que había reinado entre las dos Ordenes se enfrió y produjo verdaderos sinsabores a la Madre; pero todas las dificultades se resolvieron, pues las dos Ordenes estaban llamadas a desempeñar grandes misiones en la cristiandad. Y la monja no descuida sus deberes y tan anciana, tan enferma, mutilada, el 25 de junio de 1579 salió para Malagón donde se necesitaba su presencia; después de pocos días allí marchó a Valladolid y luego a Salamanca; en todas partes era necesaria su autoridad, su consejo; pero ¿es posible que una naturaleza tan agotada pudiera resistir aquellos viajes que siempre se hacían en las condiciones más angustiosas? Y de Salamanca vuelve a San José de Ávila, kilómetros y kilómetros por aquella estepa cuyo duro paisaje le dará alientos para no desfallecer. Poco tiempo permanece en Ávila, donde tiene un ataque de perlesía y otro al corazón y sin reponerse del todo sale otra vez para Malagón, se detiene en Toledo y llega a Malagón en las peores condiciones físicas; apenas puede sostenerse en pie, pero consigue el traslado de la comunidad a una casa más conveniente con un gran jardín y bellos árboles, todo a lo que podía aspirar la Santa, que no disfruta del nuevo edificio porque tiene que salir para Villanueva de la Jara, en la provincia de Toledo, donde ocho mujeres estaban dispuestas a someterse a la regla de los Descalzos. Durante aquel viaje, como su fama de santa se había extendido ya por todas partes, la gente salía para verla y pedir su bendición; los tiempos habían cambiado mucho, ya no se dudaba de su santidad, su obra estaba consolidada y la Madre pasó unos días felices en Villanueva de la Jara, pues aquella fundación estaba en marcha, pero no podía permanecer mucho tiempo en el pueblo y volvió a Toledo, donde estuvo en cama más de un mes con otro ataque de perlesía, y a partir de aquella época necesitó una enfermera, Ana de San Bartolomé, que también fue secretaria de la Santa y ayudó a reconstruir su biografía. Nada impidió que en aquellas condiciones fuese a Medina, después a Valladolid y luego a Segovia, viajando siempre con las mismas incomodidades, aunque en aquella ocasión el buen tiempo mitigó las molestias; pero las preocupaciones y dolores morales nunca cesaron, pues murieron su hermano Lorenzo, el padre fray Francisco de Salcedo y el padre Baltasar Alvarez, todos ellos ligados a Santa Teresa por el mayor afecto.

Y los viajes no han terminado, tiene que volver a Ávila para arreglar asuntos de su hermano Lorenzo y después se reclama su presencia en Valladolid, donde cae gravemente enferma; tiene 65 años, pero ninguna cosa doblega su espíritu animoso; es ya una anciana a la que nada impide seguir su obra y piensa en fundar nuevos conventos en Palencia y en Burgos, y en la primera de estas ciudades se enteró de que el Papa Gregorio XIII había decretado la permanencia de la Reforma estableciendo una provincia separada para los Descalzos; asegurada la vida de la Orden, se podían seguir haciendo fundaciones; San Juan de la Cruz había realizado una en Baeza y después en Valladolid, Valencia y Salamanca; Santa Teresa, tan animada como el primer día, aceptó marchar a Soria donde le habían ofrecido una casa y allá llegó con el padre Doria y siete monjas; no tuvo grandes dificultades en aquella fundación que era la décimoquinta, y en la ciudad del Duero sostuvo su última conversación con el padre Francisco de Ribera, que fue el primero y uno de sus mejores biógrafos, y en Burgos de Osma se encontró con el padre Yepes, su segundo biógrafo; parece que el destino la ponía frente a los dos frailes, cuando ya le quedaba poco tiempo la vida. Y camino de Avila se irán agotando las pocas fuerzas que le quedan, pues el viaje fue tan terrible que en algunos lugares tuvieron que bajarse de los carros y seguir a pie, y llegó a Segovia tan agotada que fue necesario obligarle a descansar unos días; pero el viaje termina y entra en el Convento de San José de Avila, donde su presencia era necesaria para resolver mil problemas, y en su ciudad natal se encuentra por última vez con San Juan de la Cruz, que le propone una fundación en Granada, pero no puede aceptar la sugerencia porque está ya comprometida para hacerlo en Burgos.

Cuando se comprueba que el viaje a Burgos fue el más peligroso de todos los que había realizado, si frente a un mapa de España se observan los miles de kilómetros que ha recorrido en las peores condiciones, no puede por menos que producir asombro el temple de aquella mujer indomable, que otra vez atraviesa la meseta castellana para llegar a Burgos, la tierra del Cid, otro símbolo de España. Y en aquella ocasión tuvieron nuevas dificultades que ahondan más y más los malentendidos entre jesuitas y descalzos, por desavenencias de tipo económico, las que más molestaban a la monja, que en su última fundación padece las mismas tribulaciones que en la primera y cuando todo se resuelve y piensa descansar en San José de Avila, pasa por Valladolid y por Medina, donde la enteran de que su presencia en Alba de Tormes es necesaria. El viaje fue tan angustioso como todos, y en una ocasión se desmayó de debilidad, llegando a la ciudad tan agotada que las monjas del convento comprendieron que su fin estaba próximo y se le proporcionó toda clase de cuidados y atenciones; bien segura estaba la Santa de que terminaban sus tribulaciones y pidió confesión al padre Antonio de Jesús, primer fraile de la Reforma; después solicitó que se le administrase el Viático, no dejó de hacer constantes observaciones y dar consejos a las monjas que la rodeaban, pidió la Extremaunción, y cuando le preguntaron dónde quería ser enterrada, contestó: ¿No querrán darme un poco de tierra aquí?. Pasó la noche con muchos dolores, y a la mañana siguiente quedó tranquila; siguió así todo el día hasta que a las nueve de la noche dejó escapar un leve suspiro, con el que terminó aquella vida que siempre servirá de estímulo para todo el que quiera conseguir alguna perfección; fueron 67 años de ejemplo constante. Había fundado 32 conventos y al recordar su biografía, el lector, sea o no sea creyente, se emocionará ante aquellas virtudes que la llevaron a la santidad.

El Papa Paulo V declaró Beata a Santa Teresa el año 1614, y en 1622 era canonizada por el Papa Gregorio XV, siendo declarada patrona de España, después del apóstol Santiago, por el Papa Urbano VIII. En el Vaticano se encuentra una estatua suya, y en la iglesia de Santa María de la Victoria, también en Roma, el *Extasis de Santa Teresa* de Gian Lorenzo Bernini.

OBRAS

Misticismo. Si puede admitirse como definición exacta de la mística: "Sentimiento cierto y sobrenatural de la presencia de Dios en el alma", nadie como Santa Teresa llega a conseguir este sentimiento y a tratar de darle expresión en el lenguaje. Para Unamuno el misticismo es: "Un estado espiritual que arrebata al creyente de la tierra y lo lanza a los cielos en una aspiración ideal." "Mientras menos lo entiendo, más lo creo", dice Santa Teresa en *Mercedes de Dios,* y en el *Libro de su vida* escribe: "El entendimiento si se entiende, no se entiende cómo entiende, al menos no puede comprender nada de lo que entiende. A mí no me parece que entienda porque, como digo, no se entiende; yo no acabo de entender esto." Y a pesar de tales declaraciones es, precisamente, Santa Teresa la que hace un mayor esfuerzo porque sea comprensible lo incomprensible, confirmando una nota del misticismo español, que se eleva al cielo, pero no se olvida de la tierra. El hombre necesita deshumanizarse, desprenderse de lo corporal, porque no hay otro camino para llegar a Dios; pero al mismo tiempo necesita humanizar a Dios, y apreciamos esta situación en Santa Teresa, que no busca a Dios en el cielo, sino que le encuentra en la Tierra, y es constante la presencia de Jesús ante la Santa. El amor divino la satisface plenamente, pero ha de armonizarse con el realismo, ese realismo tan característico de España y que se ofrece en todas sus manifestaciones; recordemos los Cristos agonizantes de la pintura y esculturas españolas que tanto emocionaban a la Santa. "Era de un Cristo muy llagado y tan devota que en mirándola toda me turbó al verle tal." "Cristo comenzóme a mostrar la llaga de la mano izquierda y con la otra sacaba un clavo grande que en ella tenía metido, parecíame que a vuelta del clavo sacaba la carne, veíase bien el gran dolor que me lastimaba mucho."

No se contenta el místico con la presencia de Dios en su alma, no le basta la soledad con Dios, necesita gozar de El en su obra, en la naturaleza; es preciso abrir los ojos ante las maravillas que el Creador ha puesto en la Tierra y llegar a su presencia a través de las infinitas bellezas que la creación ofrece, y es Santa Teresa, la más mística, la que sufre los éxtasis más frecuentes, quien se recrea en los ríos y en las fuentes, en los bosques, en las flores, en el infinito cielo azul que la eleva hasta la Suprema belleza. No admite que la pura vida contemplativa sea la perfección, y con un admirable sentido práctico escribe: "¿Y piensan que allí, en la contemplación está todo el negocio? Que no, hermanas, no; obras quiere el Señor, y que si ves alguna enferma a quien puedes dar algún alivio no se te dé nada de perder esa devoción y te compadezcas de ella; y si tiene algún dolor, te duela a ti, y si fuere menester lo ayunes porque ella lo coma." La tierra y el cielo, la realidad y el éxtasis; le gusta la soledad, pero "gran cosa es tener contento".

Puede asegurarse que la Santa no sabía Teología, en el sentido de no emplear, quizá tampoco conocer, los términos técnicos de esta ciencia, aunque es posible que por su infinita humildad trate de huir de los tecnicismos, no proponiéndose otra cosa que analizar, y lo hace en forma asombrosa, lo que pasaba en su espíritu y conseguir exteriorizarlo con palabras de manera tan clara, que llega a explicar lo inexplicable, lo inefable, mejor que cualquier otro místico que tuviese preocupaciones intelectuales, por ello puede considerarse a la Santa como el punto de partida en la escuela del misticismo español; fueron los carmelitas Santa Teresa de Jesús y San Juan de la Cruz los que iniciaron el movimiento místico de España que tantos valores consiguió con las figuras de fray Luis de Granada, fray Luis de León, Malón de Chaide y otros muchos. Y a esta característica tan destacada de los místicos españoles que se elevan al cielo sin abandonar la tierra, puede añadirse la de su independencia de criterio en el análisis de los problemas religiosos, independencia que en ocasiones llega a rozar el dogma; por esto la Inquisición vigilaba siempre y el *Libro de su vida* fue revisado por aquel tribunal, y San Juan de la Cruz estuvo dos veces en la cárcel y fray Luis de León pasó varios años en ella.

La personalidad de Santa Teresa se refleja en sus fundaciones y en sus libros, que ofrecen un esfuerzo por escribir como habla; ese abismo que existe entre la lengua hablada y la lengua escrita, trata de salvarlo la Santa para ofrecer la mayor claridad en la exposición de los conceptos, pues no olvida que escribe para sus monjas, que no tienen gran cultura; y en aquella época, cuando todo escritor se esforzaba por conseguir complicaciones lingüísticas, Santa Teresa nos ofrece el habla sencilla de Castilla de persona más culta que el pueblo, aunque utiliza muchas formas populares que probablemente recoge de su trato con las gentes en posadas y mesones, con carreteros que guían los carros en sus infinitos viajes, con los que conversa siempre, que si estuvo en contacto constante con la Naturaleza, también lo estuvo con el pueblo, y no es de extrañar que tomase de él algunas de sus formas de expresión. Enfrentarse con un libro de Santa Teresa es como sostener una conversación con ella, y hablar con una mujer santa y sabia supone el mayor privilegio, gozando de todo el atractivo que ofrece la lengua hablada, siempre llena de emoción; aunque el hablar sea más incorrecto que el escribir, pues se emplean repeticiones, digresiones, incorrecciones gramaticales, la interpretación de los pensamientos es más clara, más viva, más atractiva. Se ha dicho de Ortega y Gasset que habla como escribe y de Santa Teresa de Jesús que escribe como habla.

Por lo que se refiere a la ortografía que emplea la Santa en sus libros, obedece más bien al oído que a la vista, descartando el uso constante de la "v" que el pueblo castellano no pronuncia; y se encuentran en sus escritos cambios fonéticos que no ha visto en los libros que ha leído, como por ejemplo el de la "i" en "e" cuando escribe: enquieto, deligencia, desgusto, nengún. No aparecen con tanta frecuencia los cambios de la "e" en "i": conviniente, espiriencia, obidiencia, divirtirse. Algunas veces cambia la "u" en "o": mormuración, sepoltura, sospiro, sotileza. En muchas ocasiones suprime el sonido suave de la "g": repunancia, resinación, inorar. Y a veces, suprime también la "p": preceto, aceto. Rechaza el sonido áspero de la "j": relisión, ilesia, esecutar. Es característico en sus escritos hacer el superlativo repitiendo la palabra y decir, luego, luego, por muy pronto. Algunas de sus formas son propias del siglo XVI, pues "quien" carecía de plural en aquella época. Sustituye la conjunción disyuntiva "o" por "u". En algunas ocasiones no contrae la preposición y el artículo: de el hombre, a el principio, y es muy típico de su estilo la supresión de la preposición "que" en complementos oracionales: parecía tenía rabia. Emplea con mucha frecuencia el hipérbaton violento que en ocasiones hace difícil la interpretación del pensamiento, pero también es característico de los escritos de aquel siglo. Contrariamente, el diminutivo que tan poco se utilizaba es muy frecuente en los libros de Santa Teresa: "El amor divino jamás está ocioso en el alma, como no lo está el agua de la fuentecica que mana y corre y hace saltar allá desde el fondo, sus arenitas de oro". Muchos de sus errores gramaticales provienen de la rapidez con que escribía, siempre menor que la rapidez con que pensaba: "Ojalá que pudiera yo escribir con muchas manos", dice en *Camino de perfección*. Realmente habla por escrito y jamás vuelve a leer lo que escribió; nunca corrige, y en todo momento se muestra alejada de afán literario; es absolutamente original y nada influye en ella el estilo de los libros que ha leído, pues aunque en ocasiones aprovecha algunos términos de ellos, como por ejemplo de las novelas caballerescas: castillos, muros aportillados, artillería, en nada se parece su manera de escribir a la empleada por aquellas obras, y si bien es verdad que todo escritor ha tenido una formación; y lo mismo sucede con Santa Teresa, ella interpreta, aclara, modifica, siempre con la preocupación por la claridad; tienen las monjas, para las que escribe, que entender bien lo que dice, y ésa es la razón de emplear tantas imágenes, tantas metáforas, tantos ejemplos, tantas digresiones y aclaraciones, todo lo cual lleva a la extraordinaria originalidad que tienen sus libros, tan comunicativos, tan sugerentes: y se observa en ellos el esfuerzo que hace para conseguir exactitud, claridad a sus pensamientos, a sus estados místicos, y cuando hace referencia a los estados de oración, trata de analizar sus propias situaciones psíquicas, de nada le sirven las explicaciones y definiciones que ha leído; todo es suyo, todo es original.

Fray Luis de León dice de sus libros: "Asombra la alteza de las cosas que trata; la delicadeza y claridad con que las trata excede a muchos ingenios, y en la forma del decir, y en la pureza y facilidad del estilo y en la gracia y buena compostura de las palabras y en su elegancia desafeitada."

Y dice fray Julián de Avila: "Me consta que no escribió sacando de otros libros cosa alguna, sino que es todo lo que pasaba por su alma. Y sé que era persona que ni por todo el mundo añadiría cosa que ella no hubiese experimentado."

Para Menéndez Pidal, Santa Teresa, obligada por la obediencia a escribir, adopta como garantía de humildad el estilo descuidado, y este total renunciamiento a la curiosidad nos explica cómo, aunque había sido la Santa apasionada lectora de los libros de caballería, que eran entonces el manual de habla discreta, no tomó de ellos el menor rasgo estilístico, por más que alguna vez recuerde sus castillos y sus gigantes. De igual modo, aunque Teresa fue en toda su vida voraz lectora de los doctos libros religiosos, no aspira a igualarse con los autores "que tienen letras". Así, en Teresa el escribir como se habla llega a la más completa realización; pero la austera espontaneidad de la Santa es una espontaneidad hondamente artística. Aunque quiere evitar toda gala en el escribir, es una brillante escritora de imágenes. Las expresiones figuradas acuden abundantes. Algunas revisten una riqueza de variantes extraordinaria, acaso a veces inspirada en tratadistas anteriores, pero siempre matizadas y adaptadas al propósito especial que la Santa expone *(El lenguaje del siglo XVI* —Colección Austral—, 1942, pp. 89-91).

Y dice de su estilo José María Salaverría: "La sintaxis y el vocabulario son al mismo tiempo femeninos y robustos, tiene su habla sabor a tierra castellana, ruda y finamente sabrosa como un pan de la tierra. Son las suyas palabras que 'saben' como el buen vino y la harina sincera. Y en vano perseguimos en ellas la melosidad, porque aquellos vocablos de mujer se densifican entre sus labios y pierden lo frívolo o sensual de lo femenino. Es un hablar denso y nutrido de mujer fuerte, pero ¡tan insinuante y tierno a la vez! *(Retrato de Santa Teresa,* Madrid, 1939, IX, pp. 122-124.)

Por lo que se refiere a M. Menéndez Pelayo, dice: "No hay en el mundo prosa ni verso que basten a igualar ni aún de lejos se acerquen a cualquiera de los capítulos de la *Vida,* autobiografía a ninguna semejante, en que con la más peregrina modestia se narran las singulares mercedes que Dios la hizo, y se habla y discurre de las más altas revelaciones místicas con una sencillez y un sublime descuido de frases que deleitan y enamoran. Y como aquel estilo no se imita y fuera vana pretensión el intentarlo y las más ricas preseas del tesoro literario no son suficientes para compensar su falta... la distancia es la que separa el ciclo de la tierra y que todas las fuerzas humanas no traspasarán jamás *(Estudios y discursos de crítica histórica y literaria,* en *Obras).* Ed. Nac. Tomo IV, pp. 259-260."

Doña Blanca de los Ríos de Sampérez comenta el estilo de la Santa en la forma siguiente: "La prosa de Santa Teresa es inseparable de su espíritu, es la estética de su santidad, conserva la impronta de su alma, es humildad sin afeites, es anhelo generoso de que todos gustasen el bien de que ella gustaba vertiéndolo con palabras claras como la luz... Con la reverencia de quien maneja riquezas de Dios aparta la Santa de su estilo todo arrequive profano, toda reminiscencia gentílica...; poseída de su misión renovadora en todo, echa a rodar los viejos trastos de escribir, la balumba de su erudición antigua que desde el siglo XIII agobiaba las espaldas de la literatura y entorpecía los pasos a la naturalidad gallarda; suprime el pedantismo de las autoridades (cita de memoria como dudando o haciéndose perdonar el saber), rompe con los vicios atávicos de la raza (el conceptismo, el cultismo y el énfasis), huye como de la peste de los discreteos alambicados y de las empalagosas dulcedumbres, y como si en el sólido tintero de loza talaverana bebiese su pluma en vez de tinta luz y jugo de verdad, rompe a escribir como se habla en la vida, familiar, sencilla, entrañablemente." (Discurso en el Ateneo de Salamanca el 27 de abril de 1914.)

Y Azorín expone: "No sabe muchas veces ni el día ni el mes en que escribe, se olvida de todo; el tiempo y el espacio no existen para ella. Pero del fondo de su espíritu, directamente, espontáneamente, va surgiendo una prosa primaria, pura, sin elemento alguno de estilización. A un extremo en el problema del estilo, está Juan de Mariana, retórico literario, artista; al otro se halla Teresa, humana, profundamente humana, directa, elemental, tal como el agua pura y pristina..." *(Los clásicos redivivos.* Colección Austral, pp. 40-41.)

Santa Teresa escribió sus libros por obediencia: "¿Para qué quieren que escriba? Escriban los letrados que han estudiado que yo soy una tonta y no sabré lo que me digo, pondré un vocablo por otro con lo que haré daño. Hartos libros hay de cosas de oración. Por amor de Dios que me dejen hilar mi rueca y seguir mi coro y oficios religiosos como las demás hermanas, que no soy para escribir ni tengo salud ni cabeza para ello." Siempre infinita humildad y modestia que a través de toda su vida se manifestaban; pero le mandaban escribir y debía obedecer, siendo el primer libro que debió salir de su pluma, por lo menos el primero que fue conocido, el que ella tituló *Libro de las Misericordias de Dios,* llamado después *Libro de su Vida.* De él dice Azorín: "La 'Vida' de Santa Teresa escrita por ella misma es el libro más hondo, más denso, más penetrante que existe en ninguna literatura europea: a su lado, los más agudos analistas del Yo —un Stendhal, un Benjamín Constant— son niños inexpertos y eso que ella no ha puesto en este libro sino un poquito de su espíritu. Pero todo en esas páginas, sin formas del mundo exterior, sin color, sin exterioridades, todo puro, denso, escueto, es de un dramatismo, de un interés, de una ansiedad trágicos..."

Cuando Santa Teresa se planteó el problema de narrar los estados de su alma, se llenó de confusión y de inquietudes; no sabía por dónde empezar, consultó con varias personalidades que no alentaron demasiado a la monja, hasta que un padre de la Compañía de Jesús, fray Diego de Cetina, la orientó en su trabajo. "Comencé a tratar de mi confesión general y poner por escrito todos los males y bienes; un discurso de mi vida lo más claramente que yo entendí y supe, sin dejar nada por decir." Esta fue la primera narración escrita de su vida, que debió entregar como secreto de confesión al padre Cetina y, como tal, de nadie fue conocida, no ha llegado a la posteridad. Años después en 1562, viviendo en Toledo en el palacio de doña Luisa de la Cerda, terminó otro relato que escribió obedeciendo órdenes, probablemente del padre Pedro Báñez. Sus confesores consideraron el escrito como obra de trascendental importancia. "Fue de suerte esta relación (escribe ella misma), que todos los letrados que la han visto (que eran sus confesores) decían que era de gran provecho para aviso de cosas espirituales y mandáronle que la trasladase e hiciese otro libro para sus monjas." El nuevo libro era *Camino de perfección* y el traslado que hizo era una copia del primer relato al que añadió la historia de la fundación de San José de Avila y alguna otra cosa. Esta segunda relación escrita de su vida también se perdió, pero fue la base del manuscrito que se conserva y que tardó varios años en redactar, ampliando el trabajo anterior y dividiendo la materia en capítulos. Cuando terminó la copia, escrita en folios grandes y con una claridad que no se observa en otros manuscritos, quiso enviarla al beato Juan de Avila para su aprobación, y como no consiguió que en seguida la conociera el apóstol de Andalucía, tuvo que acudir a doña Luisa de la Cerda, pues le interesaba que en el menor tiempo posible fuese el manuscrito aceptado, quizá por cumplir el deseo del inquisidor Soto, que le aconsejó fuese el trabajo examinado por el maestro Juan de Avila, contra la opinión del padre Báñez, que creía estaba ya suficientemente aprobado y no convenía que anduviera de mano en mano; pero Santa Teresa no desistió de su idea hasta conseguir que la obra fuese leída por el padre Avila, que la aprobó con el mayor elogio, lo que devolvió la tranquilidad a la Santa. Sin embargo, su deseo y el del padre Báñez de que el manuscrito no pasara por demasiadas manos, no pudo realizarse; confesores y letrados, señoras piadosas, la misma princesa de Eboli que no tuvo inconveniente en mostrarlo a la gente de su palacio, leyeron el libro, que llegó hasta la Inquisición, pero llevaba una nota del padre Báñez elogiando la obra y defendiendo el espíritu de su autora; y a partir de entonces, el manuscrito fue comentado y elogiado por todos los que le conocieron, y el Cardenal Quiroga, arzobispo de Toledo y presidente de la General Inquisición, dijo a su autora en una entrevista que con ella tuvo: "Le hago saber que ha algunos años que presentaron a la Inquisición un su libro y se ha examinado aquella doctrina con mucho rigor. Yo lo he leído todo; es doctrina muy segura, verdadera y provechosa. Bien puede enviar por él cuando quisiere y doy la licencia que pide (para fundar) y ruégola me encomiende siempre a Dios." Es el manuscrito que por orden de Felipe II fue guardado en el monasterio de El Escorial, donde se conserva todavía.

El libro es la historia del alma de la fundadora desde que tuvo uso de razón hasta que la obra fue terminada el año 1566, y ofrece la nota de hacer muy poca referencia a su vida exterior; muestra una ingenuidad, una sinceridad admirables, analizando con asombrosa exactitud las crisis de su espíritu y confesando las temporadas de tibieza por las que tuvo que pasar hasta conseguir el estado de oración perfecto. Sigue con minuciosidad el origen y desarrollo de sus sentimientos con una habilidad que asombra, no solamente en el conocerse a sí misma, sino en el acierto para exteriorizar las situaciones más hondas, más difíciles, más inefables. Se ha comparado este libro con las *Confesiones* de San Agustín, y el lector puede aprender en él a realizar el propio análisis de su alma; es un estudio psicológico tan certero, tan claro, tan asombrosamente comprensible, que siempre será muestra del dominio que tenía la Santa en el análisis de sus propios estados anímicos. Ofrece también la obra un interés literario del mayor valor, pues mezcla los elementos anecdóticos con los favores sobrenaturales y con las derivaciones teóricas de la mística; acude con frecuencia a bellas imágenes: "Me era gran deleite considerar ser mi alma un huerto y el Señor que se paseaba por él. Suplicaba le aumentase el olor de las florecitas." Es constante el ofrecer poesía hasta en los momentos en que hace referencia a los favores y visiones celestes. "Veo sobre mi cabeza una paloma bien diferente de las de acá, porque no tenía estas plumas sino las alas de unas conchicas que echaban de sí gran resplandor." Exterioriza estados del alma en forma muy bella: "Hame dado una manera de sueño en la vida que casi siempre me parece estar soñando lo que veo."

La última obra fundamental que Santa Teresa escribe es *Las Moradas,* que también recibe el nombre de *Castillo interior,* y es el libro doctrinal más importante de la Santa, en el que expone su teoría mística. Se inicia el trabajo con las siguientes palabras de su autora: "Pocas cosas que me ha mandado la obediencia se me han hecho tan dificultosas como escribir ahora cosas de oración; lo uno porque no me parece que me da el Señor espíritu para hacerlo, ni deseo; lo otro por tener la cabeza tres meses ha con un ruido y flaqueza tan grande que han los negocios forzosos los escribo con pena, mas entiendo que la fuerza de la obediencia suele allanar cosas que parecen imposibles, la voluntad se determina a hacerlo muy de buena gana." Efectivamente, en el libro que escribió a los 62 años en 1577 nada manifiesta de cansancio ni amargura, aunque fue escrito en las peores condiciones, pues Santa Teresa estaba recluida en el Convento de Toledo, agotada por tantos viajes y tantos problemas que resolver y con mala salud, aunque nunca la tuvo buena; pero en aquella ocasión padecía de molestísimos ruidos en la cabeza y los médicos la habían prohibido escribir y ordenado reposo; al mismo tiempo sufría una campaña muy violenta de calumnias, contra ella y contra la Reforma, aunque tuvo el consuelo de la visita del padre Gracián, y en sus conversaciones se alentaron mutuamente; la obra triunfaría de tanto enemigo. Y cuando el Carmelita se dio cuenta del ánimo que la Santa tenía, le ordenó que escribiese otro libro, *Las Moradas,* y que lo consultase con el padre Velázquez, que también insistió en que la obra fuese realizada. La monja se opone. Recuérdense sus palabras, ya citadas arriba, que revelan su humildad y su desconcierto: "¿Para qué quieren que escriba? Escriban los letrados que han estudiado que yo soy una tonta y no sabré lo que me digo... Por amor de Dios que me dejen hilar mi rueca y seguir mi coro y oficios religiosos como las

demás... que no soy para escribir ni tengo salud ni cabeza para ello."
Pero allí estaba el doctor Velázquez, canónigo de Toledo que ejercía
gran influencia sobre la Santa y consiguió que se pusiera a escribir el
día 2 de junio de 1577, rodeando la realización del trabajo una serie
de prodigios que se relataban de muy distintas maneras, coincidiendo
todos los que presenciaron su labor en que escribía con extraordinaria
rapidez, sin detenerse a borrar ni a rectificar, lo que no hizo en ninguno de sus escritos. Dio al libro el título de *Castillo interior,* y en lugar
de dividirlo en capítulos lo dividió en *Moradas,* por lo que también
se conoce la obra como *Las Moradas,* que es el nombre que gene-
ralmente se da al trabajo; y si se atiende al tema del escrito ambos
títulos pueden ser aceptados, puesto que hace referencia a las moradas
o aposentos que hay en el alma, aceptando la alegoría del castillo
que considera al alma como un magnífico castillo en cuyo centro, en
la morada más rica y secreta se halla Dios. Dios es la suprema aspiración del misticismo, el acicate es el amor y el conocimiento de sí
mismo es el camino; llégase a El ahondando en nuestro espíritu, entrando en nosotros mismos; analizando nuestra conciencia, y Santa
Teresa guía el alma en este conocerse, y la conduce desde la cerca
del castillo hasta la última morada. Está el libro dividido en siete
moradas, unas que están junto a la cerca del castillo en los arrabales;
hay otras más próximas al centro y otras situadas en lo alto, en los
torreones de la fortaleza; moradas y castillo, por lo tanto, cualquiera
de los dos nombres puede ser aceptado.

La obra refleja una serenidad asombrosa, un equilibrio moral extraordinario: el alma y Dios; los caminos que ha de seguir el alma para
llegar a Dios; la única hermosura que tiene el alma es recibida de Dios,
quien no quiere ser templo de Dios ha de ser morada del demonio.
Analiza la posición de "dentro" y "fuera" del alma, advirtiendo que
siempre se está dentro, pero es preciso entrar dentro de sí, que es
dirigirse hacia Dios, dentro de sí, y la puerta para entrar es la oración; una vez dentro, franqueada la puerta, cada acto de la voluntad
es un paso que mueve al alma que va adoptando nuevas posiciones
hacia Dios, y cada una de estas posiciones es una morada, por lo tanto, existen gran cantidad de moradas, son infinitas las estancias del
alma, pero pueden reducirse a siete principales.

En las *Moradas primeras* las almas están todavía metidas en los
negocios y preocupaciones del mundo, aunque procuran hacer obras
buenas y sienten deseos de oración.

En las *Moradas segundas* las almas se han decidido a ser buenas,
hacen oración y alguna mortificación, pero les cuesta mucho tener recogimiento, sufren tentaciones y no se determinan a dejarlo todo de
una vez.

En las *Moradas terceras* las almas son de mucha oración y sólidamente virtuosas, pero les domina el amor propio y deben ejercitarse
en la humildad y en la obediencia.

En las *Moradas cuartas* aparece la oración de recogimiento y se va
formando la oración de quietud. Hay un sentimiento de la presencia
de Dios que todavía es confuso, pero ya no entran allí las pasiones del

alma, y si penetran es para que el alma quede más fortalecida al resistirlas. Para hacer entender los favores de este grado se vale la autora de la comparación con un brasero de perfumes: "Ni se ve la lumbre ni dónde está, mas el calor y el humo oloroso penetra todo el alma."

En las *Moradas quintas* la presencia de Dios aparece como cierta, indudable, y es una merced que Dios da a quien quiere y cuando quiere, "pero podemos hacer mucho disponiéndonos". Aumentan los tesoros y deleites, en ellos hay que creer más en Dios.

En las *Moradas sextas* el alma va a ser totalmente purificada, pero esta limpieza profunda solamente se consigue con terribles y hondos dolores y, preparada el alma, Dios da arrobamientos, sólo un tenue velo la separa de la última morada, que es donde está Dios.

Las *Moradas séptimas* son la última morada, la de Dios "porque ansi como la tiene en el cielo deve tener en el alma una estancia donde solo su Majestad mora y digamos otro cielo." Pero en la morada de Dios se obra un fenómeno de duplicación: el alma está en contacto con la Divinidad, pero al mismo tiempo permanece entera en sus sentidos y cesan los raptos y arrobamientos; queda el alma, su espíritu, identificada con Dios, se realiza el divino y espiritual matrimonio, la unión del alma y Dios. "Es como si dos velas de cera se juntasen tan en extremo que toda luz fuese una, u que el pabilo y la luz y la cera es todo uno, u como si cayera agua del cielo en un río u fuente adonde queda hecho todo agua que no podrán ya dividir ni apartar cuál es el agua del río u la que cayó del cielo, u como si un arroíco pequeño entra en el mar no habría remedio de apartarse, u como si en una pieza estuviesen dos ventanas por donde entrase gran luz, aunque entra dividida se hace todo una luz." No puede negarse la belleza literaria que ofrece el libro, y en todas sus obras nos muestra la Santa este contraste entre su sentido práctico y sus éxtasis y arrobamientos; nada se encuentra en ella de barroquismo, es la sencillez de una mujer castellana cuyo paisaje esencial es el cielo, la inmensidad de la llanura, la dureza del frío de Avila, la grandiosidad de las cordilleras que atraviesa en sus viajes.

El manuscrito quedó interrumpido en el capítulo tres de las *Moradas quintas,* y a los cinco meses pudo reanudar el trabajo, que fue terminado poco tiempo después, pudiendo considerarse como superior a todos los demás que escribió; es la historia de su conciencia bajo artística forma; encerró la síntesis de sus experiencias espirituales y puede clasificarse como una obra de Teología mística. Terminado el trabajo lo puso en manos del padre Gracián, deseando su aprobación, y después de leído y comentado por el religioso delante de su autora, fue entregado a la priora del Convento de Sevilla, Sor María de San José, que lo guardó con el mayor cuidado, y en aquel convento se conserva el manuscrito. Existen algunas copias muy buenas de la obra, siendo la más importante la que se hizo en Toledo casi al mismo tiempo que la Santa escribía el libro y que se conserva en la Biblioteca Nacional de Madrid.

La obra titulada *Camino de perfección* recoge sustancialmente la doctrina del *Libro de su vida* y no ha podido ponerse en claro la fecha exacta en que fue escrito; lo que sí puede asegurarse es que lo redactó a trozos, unas veces cortos y otros más largos, y que probablemente lo estaba escribiendo el año 1562, el de la fundación de San José de Avila, aunque el trabajo se interrumpiese muchas veces, ya que fue un año terrible para la Santa por todas las dificultades que le significó la fundación del primer convento. Existen dos redacciones autobiográficas de la obra: una se conserva en el Monasterio de El Escorial y la otra en el Convento de Carmelitas Descalzos de Valladolid; puede ser que este libro se escribiese antes que la copia que hoy existe del manuscrito de su *Vida* y en Toledo redactó la segunda relación de la obra. Era la ciudad condal donde la Santa conseguía la máxima serenidad, pues allí también escribió parte del libro de *Las Moradas,* y algunos otros trabajos cortos.

La finalidad de *Camino de perfección* es instruir a las monjas en la manera de realizar una oración eficaz, conseguir que sean unas buenas Descalzas, sin profundizar en problemas sobrenaturales, iniciando apenas los principales grados de la vida mística; es la oración el tema fundamental del libro, pero insiste mucho en que debe ir acompañada del ejercicio de las virtudes, sin las cuales la oración no tiene eficacia. Son bellísimas las observaciones que hace acerca del perdón de las injurias, del valor de la humildad y de la afabilidad con que debe ir acompañado el ejercicio de las virtudes. No es la manera de oración lo que importa: activa o contemplativa, lo que importa es lo que aproveche a Dios; cuando la atención espiritual se logra poner sólo en Dios, aun la oración vocal tendrá forzosamente que ser oración mental, que lleva por el camino para conseguir la oración de quietud. Como Santa Teresa escribió este libro para orientar a las monjas en la vida conventual, era necesario sacar diversas copias para que en cada convento tuviesen un ejemplar y fueron muchas las que se hicieron de *Camino de perfección,* algunas de las cuales llegaron a manos de la Santa, a las que hizo correcciones, y parece que solamente tres copias fueron enmendadas personalmente por su autora, la de Salamanca, la de Toledo y la de Madrid. Pero el gran número de copias que ya existía hizo pensar en publicar una edición para unificarlas, lo que no se consiguió hasta después de muerta Santa Teresa; esta primera edición salió con multitud de erratas, decidiendo el padre Gracián publicar otra más esmerada, que tampoco llegó a satisfacer, y entonces se encomendó a fray Luis de León que hiciese una nueva edición en la que se incluyeran otras obras de la Santa; posteriormente se publicaron muchas más.

Uno de los libros fundamentales de Santa Teresa es el titulado *Las fundaciones.* En el *Libro de su vida,* había descrito la fundación de San José de Avila; a ella habían seguido ya otras varias, pero no pensaba escribir acerca de ellas, hasta que el padre Jerónimo de Ripalda, su confesor de la Compañía de Jesús en Salamanca, le mandó que relatase las fundaciones que ya había realizado y obedeciendo, como siempre, empezó el trabajo, que era interrumpido constantemente. Inició el libro en Salamanca en 1573; siguió el relato en Ávila en 1574, después en Toledo, en 1576 y, finalmente, en su última fundación en Burgos, en 1582. Pronto empezaron a circular copias del manuscrito, muchas de ellas antes de estar terminado, otras del libro completo, como la que hizo don Pedro Manso, sobrino del doctor Manso, obispo después de Calahorra, que recibió el original de manos de la autora, y otra copia del obispo de Palencia, don Alvaro de Mendoza, en cuyo poder quedó el original cuando murió Santa Teresa, y que lo devolvió al Convento de Alba de Tormes, donde quedaron sus otros libros. También la primera edición de esta obra, hecha en Bruselas, fue muy deficiente, lo mismo que otras publicadas después, y hasta el año 1918 el texto no fue depurado del todo.

Los más graves problemas que la sucedieron en las fundaciones fueron causados por dos hechos: la violentísima oposición de la Orden de los Calzados y el afán de la Santa de que los conventos no tuvieran renta, a lo que en alguna ocasión tuvo necesidad de ceder para poder realizar la fundación. El libro ofrece un interés extraordinario porque alrededor del relato incluye una serie de observaciones respecto de la vida religiosa, que tienen la mayor importancia, puesto que siempre insiste en que el verdadero valor no está en pensar mucho sino en amar mucho; tiene verdadera preocupación por hacer comprender a sus monjas que es preciso armonizar el trabajo activo con la oración; las obras, la acción, son lo fundamental; insiste constantemente en la importancia de la obediencia, que durante toda su vida fue esencial para ella, aunque explique la forma en que ha de realizarse, lo mismo para el que manda que para el que obedece. Una vez más, pues en todas sus obras se advierte, hace referencia a la cultura y a la necesidad de tener confesores letrados que orienten a las monjas. "Siempre os informad; hijas, de quien tenga letras, que en éstas hallaréis el camino de la perfección con discreción y verdad. Esto han menester mucho las perladas si quieren hacer bien su oficio, confesarse con letrados y aun procurar que sus monjas se confiesen con quien tenga letras." También es constante en la obra de Santa Teresa exaltar la necesidad de la humildad. "Porque en otra parte dije mucho del daño que nos hace, hijas, no entender esto de la humildad." *(Las Moradas),* y en las primeras líneas del prólogo de *Las fundaciones,* escribe: "En esto (la obediencia) está el irse adelantando en la virtud y el ir cobrando la de la humildad." Y lo que decía en sus libros lo confirmaba con su conducta, pues obediencia y humildad fueron las características de su vida. Realmente *Las fundaciones* es un tratado de conducta, una obra pedagógica en la que el lector aprende a comportarse en la vida; como en el *Telémaco* de Fenelón, *El Emilio* de Rousseau, el *Maestro Guillermo* de Goethe, la obra muestra al lector los caminos que ha de seguir para llegar al cumplimiento del deber, a conseguir una formación humana.

El libro titulado *Conceptos del amor de Dios* puede considerarse como un complemento de *Las Moradas,* y nos ofrece alguno de los aspectos más típicos de su tierno entusiasmo religioso. En el *Libro de las Constituciones,* ofrece una serie de rasgos muy interesantes de la

Fundadora, entre otros el de la humildad, que siempre practicaba y hacía observar a sus monjas: "La tabla del barrer se comience desde la Madre priora para que en todo dé buenos ejemplos." El *Libro de las Relaciones* completa el *Libro de su vida,* consta de diez partes o relaciones referentes a estados de su alma y a diferentes hechos de la Orden. Escribió también los titulados: *Modos de visitar los conventos, Cuentas de conciencia, Apuntaciones, Meditaciones sobre los Cantares, Exclamaciones, Visita de Descalzas, Avisos, Desafío espiritual, Vejamen, Ordenanzas de una cofradía.*

Y no puede olvidarse la importancia extraordinaria que ofrecen sus *Cartas,* tienen un valor filológico extraordinario, además de histórico, pues no solamente recogen datos de la vida de la Santa, sino de muchos personajes importantes, principalmente religiosos. Escribe cientos de cartas de las que solamente se conservan 457; están dirigidas a sus monjas, a las autoridades religiosas y civiles, a sus familiares, a sus confesores, consejeros, amigos, protectores, desde el rey Felipe II hasta a los carreteros que intervienen en sus innumerables viajes; son el diálogo que sostuvo con las gentes; en ellas está su alma plasmada en hechos concretos que reflejan su asombrosa personalidad, porque los temas que recoge son infinitos: deudas, enfermos, enfermedades, cuestiones de herencias, traiciones, malentendidos, compromisos, calumnias, falsedades, casos de conciencia y muchos más. No hay un detalle en ellas que no tenga significado, que no acuse su carácter. Las cartas eran su mayor angustia, nunca le llega el tiempo para tantas como tiene que escribir, se lo roba al sueño: "Son tantos los tormentos de estas cartas y cuando alguna es sólo para mi contento, siempre me falta tiempo." Piedad y cortesía, jamás en ellas una palabra dura; se muestra agradecida y jubilosa ante la menor atención que recibe y cuando solicita un favor lo hace con infinita discreción, con extraordinaria suavidad; son infinitos los matices que nos ofrece su correspondencia: entereza, valentía, claridad de juicio, tino, intuición, feminidad.

Y la Santa es también poetisa, su obra en verso es inferior a sus libros en prosa, pero ofrece siempre una profunda inspiración, aunque no domine plenamente la forma; destacan entre sus composiciones los villancicos populares que manifiestan una infinita ternura como:

> Véante mis ojos
> dulce Jesús mío.

CRONOLOGIA

1515. Nacimiento de Teresa Ahumada de Cepeda.

1516. Advenimiento de Carlos V.

1519. Carlos V emperador de Alemania.

1521. Conquista de México por Hernán Cortés.

1521. Excomunión de Lutero.

1521. Se inicia la primera guerra entre Francisco I y Carlos V.

1521. Descubrimiento de las Filipinas.

1522. Vuelta a España de la expedición de Magallanes.

1525. Batalla de Pavía. Francisco I prisionero en Madrid.

1525. Osuna publica su 1er. *Abecedario Espiritual,* cuyo 3º y último salió en 1554.

1527. Nacimiento de Felipe II.

1529. Coronación imperial de Carlos V.

1531. Aparición en México, de la Imagen de Ntra. Sra. de Guadalupe.

1531. Teresa entra como pensionista en el convento de Nuestra Señora de la Gracia. (Avila.)

1531-41. Conquista del Perú y Chile.

1536. Teresa entra en la Encarnación (Avila) y toma el hábito el 2 de noviembre.

1537. Teresa profesa el 3 de noviembre. Cae gravemente enferma.

1538. Salida de Teresa para Castellanos de la Cañada y Becedas. Se le da por muerta.

1539. Conversión de San Francisco de Borja.

1539. Organización de la Compañía de Jesús.

1541. Felipe II investido del gobierno de las Españas.

1541. Ignacio de Loyola es nombrado general de los jesuitas.

1542. Nacimiento de San Juan de la Cruz.

1543. Muerte de D. Alonso de Cepeda, padre de Teresa.

1543. Garcilaso de la Vega escribe sus *Eglogas* y Boscán introduce en España la métrica de la poesía italiana.

1545. Apertura del Concilio de Trento.

1547. Nacimiento de Cervantes.

1549. San Francisco Javier en el Japón.

1549. Se publica en México la *Mistica Theologia,* de San Juan Eustaquio Buena Ventura, que se reimprime en 1575.

1554. Encuentro de Teresa con San Francisco de Borja.

1554. Los jesuitas se instalan en Avila.

1554. Se publica *Lazarillo de Tormes.*

1555. Abdicación de Carlos V y su retiro al Monasterio de Yuste.

1556. Fray Luis de Granada escribe *Guía de pecadores.*

1556. Muerte de San Ignacio de Loyola.

1557. Batalla de San Quintín.

1558. Encuentro de Teresa con fray Pedro de Alcántara.

1558. Muerte de Carlos V.

1560. Teresa de Jesús y sus compañéras deciden fundar un convento del Carmelo conforme a la primitiva regla de la Orden.

1560. La Inquisición en Toledo y en Sevilla.

1561. Nacimiento de Góngora.

1562. Teresa termina el *Libro de su Vida* en Toledo, en casa de doña Luisa de la Cerda, y el mismo año funda el convento de San José.

1562. Muerte de fray Pedro de Alcántara y nacimiento de Lope de Vega.

1563. Clausura del Concilio de Trento.

1567. El padre Rubeo llega a Avila. Fundación del convento de Medina del Campo. Primer encuentro con fray Juan de la Cruz.

1568. Redacción de las *Constituciones* de Carmelitas descalzas. Fundación del convento de Malagón (11 de abril). Fundación del convento de Valladolid (15 de agosto). Fundación por fray Juan de la Cruz del primer convento de Descalzos en Duruelo (28 de noviembre).

1568-70. Sublevación de los moriscos en Andalucía y su represión por don Juan de Austria.

1569. Fundación del convento de Toledo (14 de mayo). Fundación del convento de Pastrana (9 de julio). Fundación de otro de Descalzos el 13 de julio.

1570. Fundación del convento de Salamanca el 29 de septiembre.

1571. Victoria de Lepanto. Nacimiento de Tirso de Molina.

1571. Fundación del convento de Alba de Tormes.

1572. Teresa comienza la redacción de *Conceptos del amor de Dios,* y fray Juan de la Cruz es nombrado capellán de la Encarnación.

1572. Fray Luis de León es encarcelado por la Inquisición.

1573. Teresa de Jesús firma la conformidad de la copia de *Camino de perfección.* El padre Gracián profesa en Pastrana. La princesa de Eboli entra como religiosa en el convento de Pastrana. Teresa de Jesús comienza el relato de sus *Fundaciones.*

1574. Fundación del convento de Segovia el día de San José.

1575. Fundación del convento de Beas (24 de febrero). Primer encuentro de Teresa de Jesús con Gracián. Comienzan las luchas entre Descalzos y Calzados. Fundación del convento de Sevilla (29 de mayo). Orden de que Teresa de Jesús suspenda las fundaciones.

1576. Nacimiento de San Vicente de Paúl.

1577. Teresa de Jesús comienza a escribir *Las Moradas* el 2 de junio y las termina el 5 de noviembre. Fray Juan de la Cruz es raptado y Teresa de Jesús se rompe un brazo.

1580. Fundación del convento de Villanueva de la Jara (21 de febrero). Teresa cae gravemente enferma en Toledo y en Valladolid. El 29 de diciembre, fundación del Convento de Valencia.

1580. Felipe II se hace proclamar rey de Portugal. Montaigne publica la primera edición de sus *Ensayos* y el Tasso *Jerusalem liberada.*

1581.   Felipe II da las instrucciones para la ejecución del Breve que cons-
        tituye en provincias separadas a Descalzos y Calzados. El 14 de
        junio, fundación del Convento de Soria.

1581.   Los Estados de La Haya proclaman la destitución de Felipe II.

1581.   En el Capítulo general de la Orden reformada del Carmelo, y al
        parecer bajo la influencia de Teresa, se resuelve enviar religiosos
        para la fundación de Nueva España.

1582.   El 19 de abril se funda el Convento de Burgos. El 4 de octubre,
        a las 9 de la noche, muere Teresa de Jesús en Alba de Tormes.

LAS MORADAS

J H S

ESTE TRATADO LLAMADO CASTI-
LLO INTERIOR ESCRIBIÓ TERESA DE
JESÚS, MONJA DE NUESTRA SEÑO-
RA DEL CARMEN, A SUS HERMANAS
Y HIJAS LAS MONJAS CARMELITAS
DESCALZAS.

J H S

Pocas cosas que me ha mandado la obediencia se me han hecho tan dificultosas como escribir ahora cosas de oración; lo uno, porque no me parece me da el Señor espíritu para hacerlo, ni deseo; lo otro, por tener la cabeza tres meses ha con un ruido y flaqueza tan grande, que an los negocios forzosos escribo con pena; mas entendiendo que la fuerza de la obediencia suele allanar cosas que parecen imposibles, la voluntad se determina a hacerlo muy de buena gana, anque el natural parece que se aflige mucho; porque no me ha dado el Señor tanta virtud, que el pelear con la enfermedad contino y con ocupaciones de muchas maneras, se pueda hacer sin gran contradición suya. Hágalo el que ha hecho otras cosas más dificultosas por hacerme merced, en cuya misericordia confío.

Bien creo he de saber decir poco más que lo que he dicho en otras cosas que me han mandado escribir; antes temo que han de ser casi todas las mesmas, porque ansí como los pájaros que enseñan a hablar, no saben más de lo que les muestran u oyen, y esto repiten muchas veces, so yo al pie de la letra. Si el Señor quisiere diga algo nuevo, su Majestad lo dará u será servido traerme a la memoria lo que otras veces he dicho, que an con esto me contentaría, por tenerla tan mala, que me holgaría de atinar a algunas cosas, que decían estaban bien dichas, por si se hubieren perdido. Si tampoco me diere el Señor esto, con cansarme y acrecentar el mal de cabeza, por obediencia, quedaré con ganancia, anque de lo que dijere no se saque ningún provecho. Y ansí comienzo a cumplir hoy día de la Santísima Trenidad, año de MDLXXVII, en este monesterio de San Josef del Carmen en Toledo, adonde al presente estoy, sujetándome en todo lo que dijere a el parecer de quien me lo manda escribir, que son personas de grandes letras. Si alguna cosa dijere, que no vaya conforme a lo que tiene la santa Ilesia Católica Romana, será por inorancia y no por malicia. Esto se puede tener por cierto, y que siempre estoy y estaré sujeta por la bondad de Dios, y lo he estado a ella. Sea por siempre bendito, amén, y glorificado.

Díjome quien me mandó escribir, que como estas monjas de estos monasterios de Nuestra Señora del Carmen tienen necesidad de quien algunas dudas de oración las declare, y que le parecía, que mejor se entienden el lenguaje unas mujeres de otras, y con el amor que me tienen les haría más al caso lo que yo les dijese, tiene entendido por esta causa, será de alguna importancia si se acierta a decir alguna cosa, y por esta causa iré hablando con ellas en lo que escribiré; y porque parece desatino pensar que puede hacer al caso a otras personas, harta merced me hará Nuestro Señor si a alguna dellas se aprovechare para alabarle algún poquito. Mas bien sabe su Majestad que yo no pretendo otra cosa; y está muy claro que cuando algo se atinare a decir, entenderán no es mío, pues no hay causa para ello, si no fuere tener tan poco entendimiento como yo habilidad para cosas semejantes, si el Señor por su misericordia no la da.

MORADAS PRIMERAS

CAPITULO PRIMERO

Estando hoy suplicando a Nuestro Señor hablase por mí, porque yo no atinaba a cosa que decir ni como comenzar a cumplir esta obediencia, se me ofreció lo que ahora diré, para comenzar con algún fundamento: que es, considerar nuestra alma como un castillo todo de diamante u muy claro cristal, adonde hay muchos aposentos, ansí como en el cielo hay muchas moradas. Que si bien lo consideramos, hermanas, no es otra cosa el alma del justo, sino un paraíso, adonde dice Él tiene sus deleites. Pues ¿qué tal os parece que será el aposento a donde un Rey tan poderoso, tan sabio, tan limpio, tan lleno de todos los bienes se deleita? No hallo yo cosa con que comparar la gran hermosura de un alma y la gran capacidad. Y verdaderamente, apenas deben llegar nuestros entendimientos, por agudos que fuesen, a comprenderla; ansí como no pueden llegar a considerar a Dios, pues Él mesmo dice que nos crió a su imagen y semejanza. Pues si esto es, como lo es, no hay para qué nos cansar en querer comprender la hermosura de este Castillo; porque puesto que hay la diferencia de él a Dios, que del Criador a la criatura, pues es criatura, basta decir su Majestad, que es hecha a su imagen, para que apenas podamos entender la gran divinidad y hermosura del ánima. No es pequeña lástima y confusión, que por nuestra culpa nos entendamos a nosotros mesmos, ni sepamos quién somos. ¿No sería gran inorancia, hijas mías, que preguntasen a uno quién es, y no se conociese, ni supiese quién fué su padre, ni su madre, ni de qué tierra? Pues si esto sería gran bestialidad, sin comparación es mayor la que hay en nosotras, cuando no procuramos saber qué cosa somos, sino que nos detenemos en estos cuerpos, y ansí a bulto, porque lo hemos oído y porque nos lo dice la fe, sabemos que tenemos almas; mas qué bienes puede haber en esta alma, u quién está dentro de esta alma, u el gran valor de ella, pocas veces lo consideramos, y ansí se tiene en tan poco procurar con todo cuidado conservar su hermosura. Todo se nos va en la grosería del engaste u cerca de este Castillo, que son estos cuerpos. Pues consideremos que este Castillo tiene, como he dicho, muchas Moradas, unas en lo alto, otras en bajo, otras a los lados; y en el centro y mitad de todas éstas tiene la más principal, que es adonde pasan las cosas de mucho secreto entre Dios y el alma. Es menester que vais advertidas de esta comparación; quizá será Dios servido pueda por ella daros algo a entender de las mercedes que es Dios servido hacer a las almas, y las diferencias que hay en ellas, hasta donde yo hubiere entendido que es posible, que todas será imposible entenderlas nadie, sigún son muchas, cuanto más quien es tan ruin como yo. Porque os será gran consuelo, cuando el Señor os las hiciere, saber que es posible; y a quien no, para alabar su gran bondad: que ansí como no nos hace daño considerar las cosas que hay en el cielo, y lo que gozan los bienaventurados, antes nos alegramos y procuramos alacanzar lo que ellos gozan, tampoco nos hará ver que es posible en este destierro comunicarse un tan gran Dios con unos gusanos tan llenos de mal olor, y amar una bondad tan buena, y una misericordia tan sin tasa. Tengo por cierto, que a quien hiciere daño entender que es posible hacer Dios esta merced en este destierro, que estará muy falta de humildad y del amor del prójimo; porque si esto no es, ¿cómo nos podemos dejar de holgar de que haga Dios estas mercedes a un hermano nuestro, pues no impide para hacérnoslas a nosotras, y de que su Majestad dé a entender sus grandezas, sea en quien fuere? Que algunas veces será sólo por mostrarlas, como dijo del ciego que dió vista, cuando le preguntaron los apóstoles si era por sus pecados u de sus padres. Y ansí acaece, no las hacer por ser más santos a quien las hace que a los que no, sino porque se conozca su grandeza, como vemos en San Pablo y la Magdalena, y para que nosotros le alabemos en sus criaturas. Podráse decir que parecen cosas imposibles y que es bien no escandalizar los flacos: menos se pierde en que ellos no lo crean, que no en que se dejen de aprovechar a los que Dios las hace; y se regalarán y despertarán a más amar a quien hace tantas misericordias, siendo tan grande su poder y majestad. Cuanto más que sé que hablo con quien no habrá este peligro, porque saben y creen que hace Dios an muy mayores muestras de amor. Yo sé que quien esto no creyere, no lo será por espiriencia; porque es muy amigo de que no pongan tasa a sus obras; y ansí, hermanas, jamás os acaezca a las que el Señor no llevare por este camino.

Pues tornando a nuestro hermoso y deleitoso Castillo, hemos de ver cómo podremos entrar en él. Parece que digo algún disbarate; porque si este Castillo es el ánima, claro está que no hay para qué entrar, pues se es él mesmo: como parecería desatino decir a uno que entrase en una pieza, estando ya dentro. Mas

habéis de entender que va mucho de estar a estar; que hay muchas almas que se están en la ronda del Castillo, que es adonde están los que le guardan, y que no se les da nada de entrar dentro, ni saben qué hay en aquel tan precioso lugar, ni quién está dentro, ni an qué piezas tiene. Ya habréis oído en algunos libros de oración aconsejar a el alma que éntre dentro de sí; pues esto mesmo es. Decíame poco a un gran letrado que son las almas que no tienen oración como un cuerpo con perlesía o tollido, que anque tiene pies y manos, no los puede mandar; que ansí son, que hay almas tan enfermas y mostradas a estarse en cosas esteriores, que no hay remedio, ni parece que pueden entrar dentro de sí; porque ya la costumbre la tiene tal de haber siempre tratado con las sabandijas y bestias que están en el cerco del Castillo, que ya casi está hecha como ellas; y con ser de natural tan rica, y poder tener su conversación, no menos que con Dios, no hay remedio. Y si estas almas no procuran entender y remediar su gran miseria, quedarse han hechas estatuas de sal, por no volver la cabeza hacia sí, ansí como lo quedó la mujer de Lod por volverla. Porque a cuanto yo puedo entender, la puerta para entrar en este Castillo es la oración y consideración; no digo más mental que vocal, que como sea oración, ha de ser con consideración; porque la que no advierte con quién habla, y lo que pide, y quién es quien pide, y a quien, no la llamo yo oración, anque mucho menee los labrios; porque anque algunas veces sí será anque no lleve este cuidado, más es habiéndole llevado otras; mas quien tuviese de costumbre hablar con la majestad de Dios, como hablaría con su esclavo, que ni mira si dice mal, si no lo que se le viene a la boca y tiene desprendido, por hacerlo otras veces, no la tengo por oración, ni plega a Dios que ningún cristiano la tenga de esta suerte; que entre vosotras, hermanas, espero en su Majestad no lo habrá, por la costumbre que hay de tratar de cosas interiores, que es harto bueno para no caer en semejante bestialidad. Pues no hablemos con estas almas tullidas, que si no viene el mesmo Señor a mandarlas se levanten, como al que había treinta años que estaba en la picina, tienen harta mala ventura, y gran peligro, sino con otras almas, que, en fin, entran en el Castillo, porque anque están muy metidas en el mundo, tienen buenos deseos, y alguna vez, anque de tarde en tarde, se encomiendan a nuestro Señor, y consideran quién son, anque no muy de espacio; alguna vez en un mes rezan llenos de mil negocios, el pensamiento casi lo ordinario en esto, porque están tan asidos a ellos, que, como adonde está su tesoro se va allá el corazón, ponen por sí algunas veces de desocuparse, y es gran cosa el propio conocimiento y ver que no van bien para atinar a la puerta. En fin entran en las primeras piezas de las bajas, mas entran con ellas tantas sabandijas, que ni le dejan ver la hermosura del Castillo, ni sosegar: harto hace en haber entrado.

Pareceros ha, hijas, que es esto impertinente, pues por la bondad del Señor no sois de éstas. Habéis de tener paciencia, porque no sabré dar a entender como yo tengo entendido algunas cosas interiores de oración, sino es ansí, y an plega el Señor, que atine a decir algo; porque es bien dificultoso lo que querría daros a entender, si no hay espiriencia; si la hay, veréis que no se puede hacer menos de tocar en lo que, plega a el Señor, no nos toque por su misericordia.

CAPITULO SEGUNDO

Antes que pase adelante, os quiero decir que consideréis qué será ver este Castillo, tan resplandeciente y hermoso, esta perla oriental, este árbol de vida, que está plantado en las mesmas aguas vivas de la vida, que es Dios, cuando cay en un pecado mortal; no hay tinieblas más tenebrosas ni cosa tan oscura y negra, que no lo esté mucho más. No queráis más saber de que con estarse el mesmo Sol, que le daba tanto resplandor y hermosura, todavía en el centro de su alma, es como si allí no estuviese para participar de Él, con ser tan capaz para gozar de su Majestad como el cristal para resplandecer en él el sol. Ninguna cosa le aprovecha, y de aquí viene que todas las buenas obras que hiciere, estando ansí en pecado mortal, son de ningún fruto para alcanzar gloria; porque no procediendo de aquel principio que es Dios, de donde nuestra virtud es virtud, y apartándonos de Él, no puede ser agradable a sus ojos; pues, en fin, el intento de quien hace un pecado mortal, no es contentarle, sino hacer placer al Demonio, que como es las mesmas tinieblas, ansí la pobre alma queda hecha una mesma tiniebla. Yo sé de una persona a quien quiso nuestro Señor mostrar cómo quedaba un alma cuando pecaba mortalmente. Dice aquella persona que le parece, si lo entendiesen, no sería posible ninguno pecar, anque se pusiese a mayores trabajos que se pueden pensar, por huir de las ocasiones. Y ansí le dió mucha gana, que todos lo entendieran; y ansí os la dé a vosotras, hijas, de rogar mucho a Dios por los que están en este estado, todos hechos una escuridad, y ansí son sus obras;

porque ansí como de una fuente muy clara lo son todos los arroícos que salen della, como es un alma que está en gracia, que de aquí le viene ser sus obras tan agradables a los ojos de Dios y de los hombres, porque proceden de esta fuente de vida, adonde el alma está como un árbol plantado en ella, que la frescura y fruto no tuviera, si no le procediere de allí, que esto le sustenta y hace no secarse, y que dé buen fruto; ansí el alma que por su culpa se aparta desta fuente y se planta en otra de muy negrísima agua y de muy mal olor, todo lo que corre della es la mesma desventura y suciedad. Es de considerar aquí que la fuente y aquel sol resplandeciente que está en el centro del alma no pierde su resplandor y hermosura, que siempre está dentro de ella y cosa no puede quitar su hermosura; mas si sobre un cristal que está a el sol se pusiese un paño muy negro, claro está que anque el sol dé en él, no hará su claridad operación en el cristal.

¡Oh, almas redemidas por la sangre de Jesucristo! ¡entendeos y habed lástima de vosotras! ¿Cómo es posible que entendiendo esto no procuráis quitar esta pez de este cristal? Mirá que si se os acaba la vida, jamás tornaréis a gozar de esta luz. ¡Oh Jesús! ¡Qué es ver a un alma apartada de ella! ¡Cuáles quedan los pobres aposentos del Castillo! ¡Qué turbados andan los sentidos, que es la gente que vive en ellos! Y las potencias, que son los alcaides y mayordomos y mastresalas, ¡con qué ceguedad, con qué mal gobierno! En fin, como adonde está plantado el árbol, que es el Demonio, ¿qué fruto puede dar? Oí una vez a un hombre espiritual que no se espantaba de cosas que hiciese uno que está en pecado mortal, sino de lo que no hacía. Dios, por su misericordia, nos libre de tan gran mal, que no hay cosa mientra vivimos que merezca este nombre de mal, sino ésta, pues acarrea males eternos para sin fin. Esto es, hijas, de lo que hemos de andar temerosas, y lo que hemos de pedir a Dios en nuestras oraciones; porque si Él no guarda la ciudad, en vano trabajaremos, pues somos la mesma vanidad. Decía aquella persona que había sacado dos cosas de la merced que Dios le hizo; la una, un temor grandísimo de ofenderle, y ansí siempre le andaba suplicando no la dejase caer, viendo tan terribles daños; la segunda, un espejo para la humildad, mirando cómo cosa buena que hagamos no viene su principio de nosotros, sino de esta fuente adonde está plantado este árbol de nuestras almas, y de este sol, que da calor a nuestras obras. Dice que se le representó esto tan claro, que en haciendo alguna cosa buena, u viéndola hacer, acudie a su principio, y entendía como sin esta ayuda no podíamos nada; y de aquí le procedía ir luego a alabar a Dios, y lo más ordinario, no se acordar de sí en cosa buena que hiciese. No sería tiempo perdido, hermanas, el que gastásedes en leer esto, ni yo en escribirlo, si quedásemos con estas dos cosas, que los letrados y entendidos muy bien las saben, mas nuestra torpeza de las mujeres todo lo ha menester, y ansí, por ventura quiere el Señor que vengan a nuestra noticia semejantes comparaciones; ¡plega a su bondad nos dé gracia para ello!

Son tan escuras de entender estas cosas interiores, que a quien tan poco sabe como yo, forzado habrá de decir muchas cosas superfluas y an desatinadas, para decir alguna que acierte. Es menester tenga paciencia quien lo leyere, pues yo la tengo para escribir lo que no sé; que cierto algunas veces tomo el papel, como una cosa boba, que ni sé qué decir ni cómo comenzar. Bien entiendo que es cosa importante para vosotras declarar algunas interiores como pudiere, porque siempre oímos cuán buena es la oración, y tenemos de costitución tenerla tantas horas; y no se nos declara más de lo que podemos nosotras; y de cosas que obra el Señor en su alma, declárase poco, digo sobrenatural. Diciéndose y dándose a entender de muchas maneras, sernos ha mucho consuelo considerar este artificio celestial interior, tan poco entendido de los mortales, antes que vayan muchos por él. Y anque en otras cosas que he escrito ha dado el Señor algo a entender, entiendo que algunas no las había entendido como después acá, en especial de las más dificultosas. El trabajo es que para llegar a ellas, como he dicho, se habrán de decir muchas muy sabidas, porque no puede ser menos para mi rudo ingenio.

Pues tornemos ahora a nuestro Castillo de muchas Moradas. No habéis de entender estas Moradas una en pos de otra, como cosa en hilada, sino poné los ojos en el centro, que es la pieza u palacio adonde está el Rey, y considerad como un palmito, que para llegar a lo que es de comer tiene muchas coberturas que todo lo sabroso cercan; ansí acá en rededor de esta pieza están muchas, y encima lo mesmo, porque las cosas del alma siempre se han de considerar con plenitud y anchura y grandeza, pues no le levantan nada, que capaz es de mucho más que podremos considerar, y a todas partes de ella se comunica este sol, que está en este palacio. Esto importa mucho a cualquier alma que tenga oración, poca o mucha, que no la arrincone ni apriete; déjela andar por estas Moradas, arriba y abajo y a los lados, pues Dios la dió tan gran divinidad; no se estruje en estar mucho tiempo en una pieza sola, u que si es en el propio conocimiento, que con cuan necesario es esto, miren que me entiendan, an a las que las tiene el Señor en la mesma Morada que Él está, que

jamás por encumbrada que esté le
cumple otra cosa, ni podrá anque
quiera; que la humildad siempre labra como la abeja en la colmena la
miel, que sin esto todo va perdido.
Mas consideremos que la abeja no
deja de salir a volar para traer flores,
ansí el alma en el propio conocimiento; créame, y vuele algunas veces a considerar la grandeza y majestad de su Dios. Aquí hallará su
bajeza mejor que en sí mesma y más
libre de las sabandijas adonde entran
en las primeras piezas, que es el
propio conocimiento, que anque, como digo, es harta misericordia de
Dios que se ejercite en esto, tanto es
lo de más como lo de menos, suelen
decir. Y créanme, que con la virtud
de Dios obraremos muy mejor virtud
que muy atadas a nuestra tierra. No
sé si queda dado bien a entender,
porque es cosa tan importante este
conocernos, que no querría en ello
hubiese jamás relajación, por subidas
que estéis en los cielos; pues mientra
estamos en esta tierra, no hay cosa
que más nos importe que la humildad. Y ansí torno a decir que es muy
bueno y muy rebueno tratar de entrar primero en el aposento adonde
se trata de esto, que volar a los demás, porque este es el camino; y si
podemos ir por lo seguro y llano,
¿para qué hemos de querer alas para
volar?; mas que busque cómo aprovechar más en esto. Y a mi parecer,
jamás nos acabamos de conocer, si
no procuramos conocer a Dios; mirando su grandeza acudamos a nuestra bajeza, y mirando su limpieza
veremos nuestra suciedad; considerando su humildad, veremos cuán
lejos estamos de ser humildes. Hay
dos ganancias de esto: la primera
está claro que parece una cosa blanca muy más blanca cabe la negra, y
al contrario la negra cabe la blanca;
la segunda es porque nuestro entendimiento y voluntad se hace más
noble y más aparejado para todo
bien, tratando, a vueltas de sí, con
Dios; y si nunca salimos de nuestro
cieno de miserias es mucho incon-

veniente. Ansí como decíamos de los
que están en pecado mortal cuán negras y de mal olor son sus corrientes, ansí acá, anque no son como
aquellas, Dios nos libre, que esto es
comparación, metidos siempre en la
miseria de nuestra tierra, nunca el
corriente saldrá de cieno de temores,
de pusilaminidad y cobardia, de mirar si me miran no me miran, si
yendo por este camino me sucederá
mal, si osaré comenzar aquella obra,
si será soberbia, si es bien que una
persona tan miserable trate de cosa
tan alta como la oración, si me ternán por mejor, si no voy por el camino de todos, que no son buenos
los estremos, aunque sea en virtud,
que como soy tan pecadora será caer
de más alto, quizá no iré adelante y
haré daño a los buenos, que una como yo no ha menester particulari-
dades. ¡Oh, válame Dios, hijas, qué
de almas debe el Demonio de haber
hecho perder mucho por aquí! que
todo esto les parece humildad, y otras
muchas cosas que pudiera decir, y
viene de no acabar de entendernos;
tuerce el propio conocimiento, y si
nunca salimos de nosotros mesmos,
no me espanto que esto y más se
puede temer. Por eso digo, hijas, que
pongamos los ojos en Cristo nuestro
bien, y allí deprenderemos la verdadera humildad, y en sus santos, y
ennoblecerse ha el entendimiento como he dicho, y no hará el propio
conocimiento ratero y cobarde; que
anque es la primera Morada, es muy
rica, y de tan gran precio, que si se
descabulle de las sabandijas de ella,
no se quedará sin pasar adelante.
Terribles son las ardides y mañas del
Demonio para que las almas no se
conozcan ni entiendan sus caminos.

Destas Moradas primeras podré yo
dar muy buenas señas de espiriencia;
por eso digo que no consideren pocas
piezas, sino un millón, porque de
muchas maneras entran almas aquí,
unas y otras con buena intención;
mas como el Demonio siempre la
tiene tan mala, debe tener en cada
una muchas legiones de demonios

para combatir que no pasen de unas a otras, y como la pobre alma no lo entiende, por mil maneras nos hace trampantojos. Lo que no puede tanto a las que están más cerca de donde está el Rey; que aquí, como an se están embebidas en el mundo, y engolfadas en sus contentos, y desvanecidas en sus honras y pretensiones, no tienen la fuerza los vasallos del alma, que son los sentidos y potencias que Dios les dió de su natural, y fácilmente estas almas son vencidas, anque anden con deseos de no ofender a Dios, y hagan buenas obras. Las que se vieren en este estado, han menester acudir a menudo, como pudieren, a su Majestad, tomar a su bendita Madre por intercesora y a sus santos, para que ellos peleen por ellas, que sus criados poca fuerza tienen para se defender. A la verdad, en todos estados es menester que nos venga de Dios. Su Majestad nos la dé por su misericordia, amén. ¡Qué miserable es la vida en que vivimos! Porque en otra parte dije mucho del daño que nos hace, hijas, no entender bien esto de la humildad y propio conocimiento, no os digo más aquí, anque es lo que más nos importa; y an plega el Señor haya dicho algo que os aproveche.

Habéis de notar que en estas Moradas primeras an no llega casi nada la luz que sale del palacio donde está el Rey, porque anque no están escurecidas y negras, como cuando el alma está en pecado, está escurecida en alguna manera, para que no la pueda ver, el que está en ella digo, y no por culpa de la pieza, que no sé darme a entender, sino porque con tantas cosas malas de culebras y víboras y cosas emponzoñosas, que entraron con él, no le dejan advertir a la luz. Como si uno entrase en una parte adonde entra mucho sol, y llevase tierra en los ojos, que casi no los pudiese abrir; clara está la pieza, mas él no lo goza por el impedimento u cosas de estas fieras y bestias, que le hacen cerrar los ojos para no ver sino a ellas. Ansí me parece debe ser un alma, que anque no está en mal estado, está tan metida en cosas del mundo, y tan empapada en la hacienda u honra u negocios, como tengo dicho, que anque en hecho de verdad se querría ver y gozar de su hermosura, no le dejan, ni parece que puede descabullirse de tantos impedimentos. Y conviene mucho para haber de entrar a las segundas Moradas, que procure dar de mano a las cosas y negocios no necesarios, cada uno conforme a su estado. Que es cosa que le importa tanto para llegar a la Morada principal, que si no comienza a hacer esto, lo tengo por imposible, y an estar sin mucho peligro en la que está, anque haya ésta entrado en el Castillo, porque entre cosas tan ponzoñosas, una vez u otra es imposible dejarle de morder.

¿Pues qué sería, hijas, si a las que ya están libres de estos tropiezos, como nosotras, y hemos ya entrado muy más dentro a otras Moradas secretas del Castillo, si por nuestra culpa tornásemos a salir a estas baraúndas, como por nuestros pecados debe haber muchas personas, que las ha hecho mercedes, y por su culpa las echan a esta miseria? Acá libres estamos en lo esterior: en lo interior plega el Señor que lo estemos, y nos libre. Guardaos, hijas mías, de cuidados ajenos. Mirá que en pocas Moradas de este Castillo dejan de combatir los demonios. Verdad es que en algunas tienen fuerza las guardas para pelear, como creo he dicho, que son las potencias; mas es mucho menester no nos descuidar para entender sus ardides, y que no nos engañe hecho ángel de luz, que hay una multitud de cosas con que nos puede hacer daño entrando poco a poco, y hasta haberle hecho no le entendemos. Ya os dije otra vez, que es como una lima sorda, que hemos menester entenderle a los principios. Quiero decir alguna cosa para dároslo mejor a entender. Poned a una hermana varios ímpetus de penitencia, que le parece no tiene descanso, sino cuando se está atormentando. Este principio bueno es; mas si la priora ha mandado que no hagan penitencia sin licencia, y le hace parecer que en cosa tan buena bien se puede atrever, y escondidamente se da tal vida que viene a perder la salud, y no hacer lo que manda su Regla, ya veis en qué paró este bien. Poné a otra un celo de la perfección muy grande; esto muy bueno es; mas podría venir de aquí, que cualquier faltita de las hermanas le pareciese una gran quiebra, y un cuidado de mirar si las hacen, y acudir a la priora; y an a las veces podría no ver las suyas, por el gran celo que tiene de la relisión: como las otras no entienden lo anterior y ven el cuidado, podría ser no la tomar tan bien. Lo que aquí pretende el Demonio no es poco, que es enfriar la caridad y el amor de unas con otras, que sería gran daño. Entendamos, hijas mías, que la perfección verdadera es amor de Dios y del prójimo, y mientra con más perfección guardaremos estos dos mandamientos, seremos más perfetas. Toda nuestra Regla y Costituciones, no sirven de otra cosa sino de medios para guardar esto con más perfección. Dejémonos de celos indiscretos, que nos pueden hacer mucho daño: cada cual se mire a sí. Porque en otra parte os

he dicho harto sobre esto, no me alargaré. Importa tanto este amor de unas con otras, que nunca querría que se os olvidase; porque de andar mirando en las otras unas naderías, que a las veces no será imperfeción, sino como sabemos poco quizá lo echaremos a la peor parte, puede el alma perder la paz y an inquietar la de las otras: mirá si costaría caro la perfeción. También podría el Demonio poner esta tentación con la priora, y sería más peligrosa. Para esto es menester mucha discreción; porque si fuesen cosas que van contra la Regla y Costitución, es menester que no todas veces se eche a buena parte, sino avisarla; y si no se enmendare, a el perlado: esto es caridad. Y también con las hermanas, si fuese alguna cosa grave; y dejarlo todo por miedo si es tentación, sería la mesma tentación. Mas hase de advertir mucho, porque no nos engañe el Demonio, no lo tratar una con otra, de que aquí puede sacar el Demonio gran ganancia y comenzar costumbre de mormuración, sino con quien ha de aprovechar, como tengo dicho. Aquí, gloria a Dios, no hay tanto lugar, como se guarda tan contino silencio, mas bien es que estemos sobre aviso.

MORADAS SEGUNDAS

CAPITULO UNICO

Ahora vengamos a hablar cuáles serán las almas que entran a las segundas Moradas y qué hacen en ellas. Querría deciros poco, porque lo he dicho en otras partes bien largo, y será imposible dejar de tornar a decir otra vez mucho de ello, porque cosa no se me acuerda de lo dicho; que si se pudiera guisar de diferentes maneras, bien sé que no os enfadárades, como nunca nos cansamos de los libros que tratan de esto, con ser muchos.

Es de los que han ya comenzado a tener oración y entendido lo que les importa, no se quedar en las primeras Moradas; mas no tienen an determinación para dejar muchas veces de estar en ella, porque no dejan las ocasiones, que es harto peligro. Mas harta misericordia es que algún rato procuren huír de las culebras y cosas emponzoñosas y entiendan que es bien dejarlas. Estos, en parte, tienen harto más trabajo que los primeros, anque no tanto peligro; porque ya parece lo entienden, y hay gran esperanza de que entrarán más adentro. Digo que tienen más trabajo, porque los primeros son como mudos, que no oyen, y ansí pasan mejor su trabajo de no hablar, lo que no pasarían sino muy mayor, los que oyesen y no pudiesen hablar; mas no por eso se desea más lo de los que no oyen, que, en fin, es gran cosa entender lo que nos dicen. Ansí éstos entienden los llamamientos que les hace el Señor; porque, como van entrando más cerca de donde está su Majestad es muy buen vecino, y tanta su misericordia y bondad, que an estándonos en nuestros pasatiempos y negocios y contentos y baraterías del mundo, y an cayendo y levantando en pecados, porque estas bestias son tan ponzoñosas, y peligrosa su compañía, y bulliciosas, que por maravilla dejarán de tropezar en ellas para caer, con todo esto, tiene en tanto este Señor nuestro que le queramos y procuremos su compañía, que una vez u otra no nos deja de llamar, para que nos acerquemos a Él; y es esta voz tan dulce, que se deshace la pobre alma en no hacer luego lo que le manda; y ansí, como digo, es más trabajo que no nó lo oír. No digo que son estas voces y llamamientos como otras que diré después, sino con palabras que oyen a gente buena, u sermones, u con lo que leen en buenos libros, y cosas muchas que habéis oído, por donde llama Dios, u enfermedades, trabajos, y también con una verdad que enseña en aquellos ratos que estamos en la oración, sean cuan flojamente quisierdes, tiénelos Dios en mucho. Y vosotras, hermanas, no tengáis en poco esta primer merced, ni os desconsoléis, anque no respondáis luego al Señor, que bien sabe su Majestad aguardar muchos días y años en especial cuando ve perseverancia y buenos deseos. Esta es lo más necesario aquí, porque con ellas jamás se deja de ganar mucho. Mas es terrible la batería que aquí dan los demonios, de mil maneras, y con más pena del alma que an en la pasada; porque acullá estaba muda y sorda, al menos oír muy poco y resestía menos, como quien tiene, en parte, perdida la esperanza de vencer. Aquí está el entendimiento más vivo y las potencias más hábiles: andan los golpes y la artillería de manera que no lo puede el alma dejar de oír. Porque aquí es el representar los demonios estas culebras de las cosas del mundo y el hacer los contentos de él casi eternos: la estima en que está tenido en él, los amigos y parientes, la salud en las cosas de penitencia, que siempre comienza el alma que entra en esta Morada a desear hacer alguna, y otras mil maneras de impedimentos. ¡Oh Jesús, qué es la baraúnda que aquí ponen los demonios y las aflicciones de la pobre alma, que no sabe si pasar adelante u tornar a la primera pieza! Porque la razón, por otra parte, le representa el engaño que es pensar que todo esto vale nada en comparación de lo que pretende; la fe la enseña cuál es lo que le cumple; la memoria le representa en lo que paran todas estas cosas, trayéndole presente la muerte de los que mucho gozaron estas cosas que ha visto: cómo algunas ha visto súpitas, cuán presto son olvidados de todos, cómo ha visto a algunos que conoció en gran prosperidad pisar debajo de la tierra, y an pasado por la sepultura él muchas veces, y mirar que están en aquel cuerpo hirviendo muchos gusanos, y otras hartas cosas que le puede poner delante. La voluntad se inclina a amar adonde tan innumerables cosas y muestras ha visto de amor, y querría pagar alguna; en especial se le pone delante, cómo nunca se quita de con él este verdadero amador, acompañándole, dándole vida y ser. Luego el entendimiento acude con darle a entender que no puede cobrar mejor amigo, anque viva muchos años; que todo el mundo está lleno de falsedad, y estos contentos que le pone el Demonio de trabajos y cuidados y contradiciones, y le dice que esté cierto, que fuera de este Castillo no hallará siguridad ni paz; que se deje de andar por casas ajenas, pues la suya es tan llena de bienes, si la quiere gozar, que quién hay que halle todo lo que ha menester como en su casa, en especial teniendo tal huésped que le hará señor de todos los bienes, si él quiere no andar perdido, como el hijo pródigo, comiendo manjar de puercos. Razones son éstas para vencer los demonios. Mas, ¡oh Señor y Dios mío, que la costumbre en las cosas de vanidad, y el ver que todo el mundo trata de esto, lo estraga todo! Porque está tan muerta la fe, que queremos más lo que vemos que lo que ella nos dice. Y, a la verdad, no vemos sino harta mala ventura en los que se van tras estas cosas visibles; mas eso han hecho estas cosas emponzoñosas que tratamos, que, como si a uno muerde una víbora, se emponzoña todo y se hincha, ansí es acá: no nos guardamos; claro está que es menester muchas curas para sanar, y harta merced nos hace Dios si no morimos de ello. Cierto pasa el alma aquí grandes trabajos, en especial si entiende el Demonio que tiene aparejo en su condición y costumbres para ir muy adelante; todo el infierno juntará para hacerle tornar a salir fuera. ¡Ah, Señor mío, aquí es menester vuestra ayuda, que sin ella no se puede hacer nada! Por vuestra misericordia, no consintáis que esta alma sea engañada para dejar lo comenzado. Dadle luz para que vea cómo está en esto todo su bien y para que se aparte de malas compañías; que grandísima cosa es tratar con los que tratan de esto; allegarse no sólo a los que viere en estos aposentos que él está, sino a los que entendiere que han entrado a los de más cerca; porque le será gran ayuda, y tanto les puede conversar, que le metan consigo. Siempre esté con aviso en no se dejar vencer; porque si el Demonio le ve con una gran determinación de que antes perderá la vida y el descanso y todo lo que le ofrece que tornar a la pieza primera, muy más presto le dejará. Sea varón, y no de los que se echaban a beber de buzos cuando iban a la batalla, no me acuerdo con quién, sino que se determine, que va a pelear con todos los demonios, y que no hay mejores armas que las de la Cruz.

Anque otras veces he dicho esto, importa tanto, que lo torno a decir aquí; es que no se acuerde que hay regalos en esto que comienza, porque es muy baja manera de comenzar a labrar un tan precioso y grande edificio; y si comienza sobre arena, darán con todo en el suelo; nunca acabarán de andar desgustados y tentados; porque no son estas las Moradas adonde se llueve la maná; están más adelante, adonde todo sabe a lo que quiere un alma, porque no quiere sino lo que quiere Dios. Es cosa donosa, que an nos estamos con mil embarazos y imperfeciones, y las virtudes que an no saben andar, sino que ha poco que comenzaron a nacer, y an plega a Dios estén comenzadas, ¿y no habemos vergüenza de querer gustos en la oración y quejarnos de sequedades? Nunca os acaezca, hermanas; abrazaos con la Cruz que vuestro esposo llevó sobre sí y entended que esta ha de ser vuestra empresa: la que más pudiere padecer, que padezca más por Él y será la mejor librada. Lo demás, como cosa acesoria, si os lo diere el Señor, dadle muchas gracias. Pareceros ha que para los trabajos esteriores bien determinadas estáis, con que os regale Dios en lo interior. Su Majestad sabe mejor lo que nos conviene; no hay para qué le aconsejar lo que nos ha de dar, que nos puede con razón decir que no sabemos lo que pedimos. Toda la pretensión de quien comienza oración, y no se os olvide esto, que importa mucho, ha de ser trabajar y determinarse y desponerse con cuantas diligencias pueda a hacer su voluntad conformar con la de Dios, y, como diré después, estad muy cierta que en esto consiste toda la mayor perfeción que se puede alcanzar en el camino espiritual. Quien más perfetamente tuviere esto, más recebirá del Señor y más adelante está en este camino; no penséis que hay aquí más algarabías, ni cosas no sabidas y entendidas, que en esto

consiste todo nuestro bien. Pues si erramos en el principio quiriendo luego que el Señor haga la nuestra, y que nos lleve como imaginamos, ¿qué firmeza puede llevar este edificio? Procuremos hacer lo que es en nosotros, y guardarnos de estas sabandijas ponzoñosas, que muchas veces quiere el Señor que nos persigan malos pensamientos y nos aflijan, sin poderlos echar de nosotras, y sequedades, y an algunas veces primite que nos muerdan, para que nos sepamos mejor guardar después, y para probar si nos pesa mucho de haberlo ofendido. Por eso no os desaniméis si alguna vez cayerdes, para dejar de procurar ir adelante, que an de esa caída sacará Dios bien, como hace el que vende la triaca para probar si es buena, que bebe la ponzoña primero. Cuando no viésemos en otra cosa nuestra miseria, y el gran daño que nos hace andar derramados, sino en esta batería que se pasa para tornarnos a recoger, bastaba. ¿Puede ser mayor mal que no nos hallemos en nuestra mesma casa? ¿Qué esperanza podemos tener de hallar sosiego en otras cosas, pues en las propias no podemos sosegar? Sino que tan grandes y verdaderos amigos y parientes, y con quien siempre, anque no queramos, hemos de vivir, como son las potencias, esas parecen nos hacen la guerra, como sentidas de las que a ellas les han hecho nuestros vicios. Paz, paz, hermanas mías, dijo el Señor, y amonestó a sus apóstoles tantas veces; pues creéme que si no la tenemos y procuramos en nuestra casa, que no la hallaremos en los estraños. Acábese ya esta guerra; por la sangre que derramó por nosotros lo pido yo a los que no han comenzado, a entrar en sí, y a los que han comenzado, que no baste para hacerlos tornar atrás. Miren que es peor la recaída que la caída; ya ven su pérdida; confíen en la misericordia de Dios y no nada en sí, y verán cómo su Majestad le lleva de unas Moradas a otras, y le mete en la tierra adonde estas fieras ni le puedan tocar ni cansar, sino que él las sujete a todas y burle de ellas, y goce de muchos más bienes que podría desear, an en esta vida digo. Porque, como dije al principio, os tengo escrito cómo os habéis de haber en estas turbaciones, que aquí pone el Demonio, y cómo no ha de ir a fuerza de brazos el comenzarse a recoger, sino con suavidad, para que podáis estar más continuamente, no lo diré aquí, mas de que mi parecer hace mucho al caso tratar con personas espirimentadas; porque en cosas que son necesario hacer, pensaréis que hay gran quiebra: como no sea el dejarlo, todo lo guiará el Señor a nuestro provecho, anque no hallemos quién nos enseñe, que para este mal no hay remedio, si no se torna a comenzar, sino ir perdiendo poco a poco cada día más el alma, y an plega a Dios que lo entienda. Podría alguna pensar, que si tanto mal es tornar atrás, que mejor será nunca comenzarlo, sino estarse fuera del Castillo. Ya os dije al principio, y el mesmo Señor lo dice, que quien anda en el peligro en él perece, y que la puerta para entrar en este Castillo es la oración. Pues pensar que hemos de entrar en el Cielo y no entrar en nosotros, conociéndonos y considerando nuestra miseria y lo que debemos a Dios, y pidiéndole muchas veces misericordia, es desatino. El mesmo Señor dice: Ninguno subirá a mi Padre sino por mí (no sé si dice así, creo que sí), y quien me ve a mí, ve a mi Padre. Pues si nunca le miramos y consideramos lo que le debemos, y la muerte que pasó por nosotros, no sé cómo le podemos conocer ni hacer obras en su servicio. Porque la fe sin ellas y sin ir llegadas al valor de los merecimientos de Jesucristo, bien nuestro, ¿qué valor pueden tener? ¿Ni quién nos despertará a amar a este Señor? Plega a su Majestad nos dé a entender lo mucho que le costamos y cómo no es más el siervo que el Señor, y que hemos menester obrar para gozar su gloria y que para esto nos es necesario orar, para no andar siempre en tentación.

MORADAS TERCERAS

CAPITULO PRIMERO

A los que por la misericordia de Dios han vencido estos combates y, con la perseverancia, entrado a las terceras Moradas, ¿qué les diremos, sino: *bienaventurado el varón que teme al Señor?* No ha sido poco hacer su Majestad que entienda yo ahora qué quiere decir el romance de este verso a este tiempo, según soy torpe en este caso. Por cierto, con razón le llamaremos bienaventurado, pues si no torna atrás, a lo que podemos entender, lleva camino seguro de su salvación. Aquí veréis, hermanas, lo que importa vencer las batallas pasadas; porque tengo por cierto que nunca deja el Señor de ponerle en seguridá de conciencia, que no es poco bien. Digo en seguridad, y dije mal, que no hay en esta vida, y por eso siempre entended que digo: si no torna a dejar el camino comenzado. Harto gran miseria es vivir en vida que siempre hemos de andar como los que tienen los enemigos a la puerta, que ni pueden dormir ni comer sin armas, y siempre con sobresalto, si por alguna parte pueden desportillar esta fortaleza. ¡Oh Señor mío y bien mío! ¡Cómo queréis que se desee vida tan miserable, que no es posible dejar de querer y pedir nos saquéis de ella, si no es con esperanza de perderla por Vos, u gastarla muy de veras en vuestro servicio, y, sobre todo, entender que es vuestra voluntad! Si lo es, Dios, Dios mío, muramos con Vos, como dijo Santo Tomás, que no es otra cosa, sino morir muchas veces, vivir sin Vos y con estos temores de que puede ser posible perderos para

siempre. Por eso digo, hijas, que la bienaventuranza que hemos de pedir es estar ya en siguridad con los bienaventurados; que con estos temores, ¿qué contento puede tener quien todo su contento es contentar a Dios? Y considerá que éste y muy mayor tenían algunos santos que cayeron en graves pecados, y no tenemos seguro que nos dará Dios la mano para salir de ellos y hacer la penitencia que ellos (entiéndese del ausilio particular). Por cierto, hijas mías, que estoy con tanto temor escribiendo esto que no sé cómo lo escribo ni cómo vivo cuando se me acuerda, que es muy muchas veces. Pedidle, hijas mías, que viva su Majestad en mí siempre, porque si no es ansí, ¿qué siguridad puede tener una vida tan mal gastada como la mía? Y no os pese de entender que esto es ansí, como algunas veces lo he visto en vosotras cuando os lo digo, y procede de que quisiérades que hubiera sido muy santa, y tenéis razón: también lo quisiera yo; ¡mas qué tengo que hacer, si lo perdí por sola mi culpa!; que no me quejaré de Dios, que dejó de darme bastantes ayudas para que se cumplieran vuestros deseos: que no puedo decir esto sin lágrimas y gran confusión de ver que escriba yo cosa para las que me puedan enseñar a mí. ¡Recia obidiencia ha sido! Plega el Señor que, pues se hace por Él, sea para que os aprovechéis de algo, porque le pidáis que perdone a esta miserable atrevida. Mas bien sabe su Majestad que sólo puedo presumir de su misericordia, y ya que no puedo dejar de ser la que he sido, no tengo otro re-

medio sino llegarme a ella y confiar
en los méritos de su Hijo y de la
Virgen, Madre suya, cuyo hábito indinamente trayo y traéis vosotras.
Alabadle, hijas mías, que lo sois de
esta Señora verdaderamente; y ansí
no tenéis para qué os afrentar de que
sea yo ruin, pues tenéis tan buena
Madre. Imitadla y considerad qué tal
debe ser la grandeza de esta Señora
y el bien de tenerla por patrona, pues
no han bastado mis pecados, y ser
la que soy, para dislustrar en nada
esta sagrada Orden. Mas una cosa os
aviso: que no por ser tal y tener tal
Madre estéis siguras, que muy santo
era David, y ya veis lo que fué Salomón; ni hagáis caso del encerramiento y penitencia en que vivís, ni
os asegure el tratar siempre de Dios
y ejercitaros en la oración tan contino y estar tan retiradas de las cosas
del mundo y tenerlas a vuestro parecer aborrecidas. Bueno es todo esto,
mas no basta, como he dicho, para
que dejemos de temer, y ansí conti-
núa este verso y traedle en la memoria muchas veces: *beatus vir, qui
timed Dominum.*

Ya no sé lo que decía, que me he
divertido mucho, y en acordándome
de mí, se me quiebran las alas para
decir cosa buena, y ansí lo quiero
dejar por ahora, tornando a lo que
os comencé a decir, de las almas
que han entrado a las terceras Moradas, que no las ha hecho el Señor
pequeña merced en que hayan pasado las primeras dificultades, sino muy
grande. De éstas, por la bondad del
Señor, creo hay muchas en el mundo: son muy deseosas de no ofender
a su Majestad, an de los pecados
veniales se guardan, y de hacer penitencia amigas, sus horas de recogimiento, gastan bien el tiempo, ejer-
cítanse en obras de caridad con los
prójimos, muy concertadas en su
hablar y vestir y gobierno de casa
los que las tienen. Cierto, estado
para desear, y que, al parecer, no
hay por qué se les niegue la entrada
hasta la postrera Morada, ni se la
negará el Señor, si ellos quieren, que

linda dispusición es para que les haga toda merced. ¡Oh Jesús! y ¿quién
dirá que no quiere un tan gran bien,
habiendo ya en especial pasado por
lo más trabajoso? No, ninguna. Todas decimos que lo queremos; mas
como an es menester más, para que
del todo posea el Señor el alma, no
basta decirlo, como no bastó a el
mancebo cuando le dijo el Señor que
si quería ser perfecto. Desde que comencé a hablar en estas Moradas le
trayo delante, porque somos ansí al
pie de la letra, y lo más ordinario
vienen de aquí las grandes sequedades en la oración, anque también hay
otras causas, y dejo unos trabajos interiores que tienen muchas almas
buenas, intolerables, y muy sin culpa
suya, de los cuales siempre las saca
el Señor con mucha ganancia, y de
las que tienen melancolía y otras
enfermedades. En fin, en todas las
cosas hemos de dejar aparte los juicios de Dios. De lo que yo tengo
para mí que es lo más ordinario, es
lo que he dicho; porque como estas
almas se ven, que por ninguna cosa
harían un pecado, y muchas que an
venial, de advertencia, no le harían,
y que gastan bien su vida y su hacienda, no pueden poner a paciencia
que se les cierre la puerta para entrar adonde está nuestro Rey, por
cuyos vasallos se tienen, y lo son:
mas anque acá tenga muchos el rey
de la tierra, no entran todos hasta su
cámara. Entrad, entrad, hijas mías,
en lo interior; pasá adelante de vuestras obrillas, que por ser cristianas
debéis todo eso y mucho más, y os
basta que seáis vasallas de Dios: no
queráis tanto que os quedéis sin nada. Mirad los santos que entraron a
la cámara de este Rey, y veréis la
diferencia que hay de ellos a nosotras. No pidáis lo que no tenéis
merecido ni había de llegar a nuestro
pensamiento, que por mucho que sir-
vamos, lo hemos de merecer los que
hemos ofendido a Dios. ¡Oh humildad, humildad! No sé qué tentación
me tengo en este caso, que no puedo
acabar de creer a quien tanto caso

hace de estas sequedades, sino que es un poco de falta de ella. Digo que dejo los trabajos grandes interiores que he dicho, que aquéllos son mucho más que falta de devoción. Probémonos a nosotras mesmas, hermanas mías, u pruébenos el Señor, que lo sabe bien hacer, anque muchas veces no queremos entenderlo, y vengamos a estas almas tan concertadas; veamos qué hacen por Dios, y luego veremos como no tenemos razón de quejarnos de su Majestad; porque si le volvemos las espaldas y nos vamos tristes, como el mancebo del Evangelio, cuando nos dice lo que hemos de hacer para ser perfetos, ¿qué queréis que haga su Majestad, que ha de dar el premio conforme a el amor que le tenemos? Y este amor, hijas, no ha de ser fabricado en nuestra imaginación, sino probado por obras, y no penséis que ha menester nuestras obras, sino la determinación de vuestra voluntad. Parecernos ha que las que tenemos hábito de relisión y le tomamos de nuestra voluntad, y dejamos todas las cosas del mundo y lo que teníamos por Él (anque sea las redes de San Pedro, que harto le parece que da quien da lo que tiene), que ya está todo hecho. Harto buena dispusición es, si persevera en aquello y no se torna a meter en las sabandijas de las primeras piezas, anque sea con el deseo, que no hay duda, sino que si persevera en esta desnudez y dejamiento de todo, que

alcanzará lo que pretende. Mas ha de ser con condición, y mirá que os aviso de esto, que se tenga por siervo sin provecho, como dice San Pablo, u Cristo, y crea que no ha obligado a nuestro Señor para que le haga semejantes mercedes; antes, como quien más ha recibido, queda más adeudado. ¿Qué podemos hacer por un Dios tan generoso que murió por nosotros, y nos crió y da ser, que no nos tengamos por venturosos en que se vaya desquitando algo de lo que le debemos, por lo que nos ha servido (de mala gana dije esta palabra, mas ello es ansí, que no hizo otra cosa todo lo que vivió en el mundo), sin que le pidamos mercedes de nuevo y regalos? Mirad mucho, hijas, algunas cosas que aquí van apuntadas, anque arrebujadas, que no lo sé más declarar; el Señor os lo dará a entender, para que saquéis de las sequedades humildad, y no inquietud, que es lo que pretende el Demonio; y creé que adonde la hay de veras, que anque nunca dé Dios regalos, dará una paz y conformidad con que anden más contentas que otros regalos, que muchas veces, como habéis leído, los da la divina Majestad a los más flacos, anque creo de ellos que no los trocarían por las fortalezas de los que andan con sequedad. Somos amigos de contentos más que de cruz. Pruébanos tú, Señor, que sabes las verdades para que nos conozcamos.

CAPITULO SEGUNDO

Yo he conocido algunas almas, y an creo puedo decir hartas, de las que han llegado a este estado, y estado y vivido muchos años en esta retitud y concierto alma y cuerpo, a lo que se puede entender, y después de ellos, que ya parece habían de estar señores del mundo, al menos bien desengañados dél, probarlos su Majestad en cosas no muy grandes y andar con tanta inquietud y apretamiento de corazón, que a mí me trayan tonta, y an temerosa harto. Pues darles consejo no hay remedio, porque como ha tanto que tratan de virtud, paréceles que pueden enseñar a otros y que les sobra razón en sentir aquellas cosas. En fin, que yo no he hallado remedio, ni le hallo para consolar a semejantes personas, si no es mostrar gran sentimiento de su pena, y a la verdad se tiene de verlos sujetos a tanta miseria, y no contradecir su razón, porque todas las conciertan en su pensamiento, que por Dios las sienten, y ansí no le acaban de entender que es imperfeción; que es otro engaño para gente tan aprovechada, que de que lo sientan no hay que espantar, anque a mi parecer había de pasar presto el sentimiento de cosas semejantes. Porque muchas veces quiere Dios que sus escogidos sientan su miseria, y aparta un poco su favor, que no es menester más, que ausadas que nos conozcamos bien presto. Y luego se entiende esta manera de probarlos, porque entienden ellos su falta muy claramente, y a las veces les da más pena ésta de ver que sin poder más, sienten cosas de la tierra, y no muy pesadas, por lo mesmo de que tienen pena. Esto téngolo yo por gran misericordia de Dios, y anque es falta, muy gananciosa para la humildad. En las personas que digo no es ansí, sino que canonizan, como he dicho, en sus pensamientos, estas cosas, y ansí querrían que otros las canonizasen. Quiero decir alguna de ellas, porque nos entendamos y nos probemos a nosotras mesmas antes que nos pruebe el Señor, que sería muy gran cosa estar apercebidas y habernos entendido primero.

Viene a una persona rica sin hijos ni para quien querer la hacienda, una falta della; mas no es de manera que en lo que le queda le puede faltar lo necesario para sí y para su casa, y sobrado; si éste anduviese con tanto desasosiego y inquietud, como si no le quedara un pan que comer, ¿cómo ha de pedirle nuestro Señor que lo deje todo por Él? Aquí entra el que lo siente porque lo quiere para los pobres. Yo creo que quiere Dios más que yo me conforme con lo que su Majestad hace, y anque lo procure, tenga quieta mi alma, que no esta caridad. Y ya que no lo hace, porque no ha llegádole el Señor a tanto, enhorabuena; mas entienda que le falta esta libertad de espíritu, y con esto se disporná para que el Señor se la dé, porque se la pedirá. Tiene una persona bien de comer, y an sobrado; ofrécesele poder adquirir más hacienda: tomarlo si se lo dan, enhorabuena, pase; mas procurarlo, y después de tenerlo procurar más y más, tenga cuan buena intención quisiere, que sí debe tener, porque, como he dicho, son estas personas de oración y virtuosas, que no hayan miedo que suban a las Moradas más juntas a el Rey. De esta manera es, si se les ofrece algo de que los desprecien u quiten un poco de honra, que anque les hace Dios merced de que lo sufran bien muchas veces, porque es muy amigo de favorecer la virtud en público, porque no padezca la mesma virtud en que están tenidos, y an será porque le han servido, que es muy bueno este Bien nuestro, allá les queda una inquietud, que no se pueden valer ni acaba de acabarse tan presto. ¡Válame Dios! ¿No son éstos los que ha tanto que consideran como padeció el Señor y cuán bueno es padecer y an lo desean? ¿Querrían a todos tan concertados como ellos train sus vidas, y plega a Dios que no piensen que la pena que tienen es de la culpa ajena y la hagan en su pensamiento meritoria? Pareceros ha, hermanas, que hablo fuera de propósito y no con vosotras, porque estas cosas no las hay acá, que ni tenemos hacienda, ni la queremos, ni procuramos, ni tampoco nos injuria nadie; por eso las comparaciones no es lo que pasa, mas sácase de ellas otras muchas cosas que pueden pasar, que ni sería bien señalarlas ni hay para qué; por éstas entenderéis si estáis bien desnudas de lo que dejastes, porque cosillas se ofrecen, anque no tan de esta suerte, en que os podéis muy bien probar y entendé si estáis señoras de vuestras pasiones. Y créeme que no está el negocio de tener hábito de relisión u no, sino en procurar ejercitar las virtudes y rendir nuestra voluntad a la de Dios en todo, y que el concierto de nuestra vida sea lo que su Majestad ordenare de ella, y no queramos nosotras que se haga nuestra voluntad, sino la suya. Ya que no hayamos llegado aquí, como he dicho, humildad, que es el ungüento de nuestras heridas; porque si la hay de veras, anque tarde algún tiempo, verná el zurujano, que es Dios, a sanarnos.

Las penitencias que hacen estas almas son tan concertadas como su vida; quiérenla mucho, para servir a Ntuestro Señor con ella, que todo esto no es malo, y ansí tienen gran discreción en hacerlas, porque no dañen a la salud. No hayáis miedo que se maten, porque su razón está

muy en sí. No está an el amor para sacar de razón; mas querría yo que la tuviésemos para no nos contentar con esta manera de servir a Dios siempre a un paso a paso que nunca acabaremos de andar este camino. Y como nuestro parecer siempre andamos y nos cansamos, porque creed que es un camino brumador, harto bien será que nos perdamos. Mas ¿paréceos, hijas, si yendo a una tierra desde otra pudiésemos llegar en ocho días, que sería bueno andarlo en un año, por ventas y nieves y aguas y malos caminos? ¿No valdría más pasarlo de una vez?, porque todo esto hay y peligros de serpientes. ¡Oh, qué buenas señas podré yo dar de esto! Y plega a Dios que haya pasado de aquí, que hartas veces me parece que no. Como vamos con tanto seso, todo nos ofende, porque todo lo tememos, y ansí, no osamos pasar adelante, como si pudiésemos nosotras llegar a estas Moradas y que otros anduviesen el camino. Pues no es esto posible, esforcémonos, hermanas mías, por amor del Señor: dejemos nuestra razón y temores en sus manos; olvidemos esta flaqueza natural, que nos puede ocupar mucho. El cuidado de estos cuerpos téngale los perlados; allá se avengan; nosotras de sólo caminar apriesa para ver este Señor, que anque el regalo que tenéis es poco u nenguno, el cuidado de la salud nos podría engañar. Cuanto más, que no se terná más por esto, yo lo sé, y también sé que no está el negocio en lo que toca a el cuerpo, que esto es lo menos, que el caminar que digo es con una grande humildad; que si habéis entendido, aquí creo está el daño de las que no van adelante, sino que nos parezca que hemos andado pocos pasos, y lo creamos ansí, y los que andan nuestras hermanas nos parezcan muy presurosos, y no sólo deseemos, sino que procuremos nos tengan por la más ruin de todas. Y con esto este estado es ecelentísimo, y si no, toda nuestra vida nos estaremos en él, y con mil penas y mi-

serias; porque, como no hemos dejado a nosotras mesmas, es muy
trabajoso y pesado, porque vamos
muy cargadas desta tierra de nuestra
miseria, lo que no van los que suben
a los aposentos que faltan. En éstos
no deja el Señor de pagar como justo, y an como misericordioso, que
siempre da mucho más que merecemos con darnos contentos harto mayores que los podemos tener en los
que dan los regalos y destraimientos
de la vida. Mas no pienso que da
muchos gustos, si no es alguna vez
para convidarlos con ver lo que pasa en las demás Moradas, porque se
dispongan para entrar en ellas. Pareceros ha que, contentos y gustos,
todo es uno; ¿que para qué hago
esta diferencia en los nombres? A
mí paréceme que la hay muy grande; ya me puedo engañar. Diré lo
que en esto entendiere en las Moradas cuartas, que vienen tras éstas,
porque como se habrá de declarar
algo de los gustos que allí da el Señor, viene mejor. Y aunque parece
sin provecho, podrá ser de alguno,
para que, entendiendo lo que es cada
cosa, podáis esforzaros a seguir lo
mejor, y es mucho consuelo para las
almas que Dios llega allí, y confusión para las que les parece que lo
tienen todo, y si son humildes mo-
verse han a hacimiento de gracias.
Si hay alguna falta de esto, darles ha
un desabrimiento interior y sin propósito, pues no está la perfeción en
los gustos, sino en quien ama más,
y el premio lo mesmo, y en quien
mejor obrare con justicia y verdad.
Pareceros ha qué ¿de qué sirve tratar
destas mercedes interiores y dar a
entender cómo son, si es esto verdad,
como lo es? Yo no lo sé; pregún-
tese a quien me lo manda escribir,
que yo no soy obligada a disputar
con los superiores, sino a obedecer,
ni sería bien hecho. Lo que os puedo decir con verdad es que cuando
yo no tenía, ni an sabía por esperiencia, ni pensaba saberlo en mi vida, y con razón, que harto contento
fuera para mí saber u por conjeturas

entender que agradaba a Dios en algo, cuando leía en los libros de estas
mercedes y consuelos que hace el
Señor a las almas que le sirven, me
le daba grandísimo, y era motivo
para que mi alma diese grandes alabanzas a Dios. Pues si la mía, con
ser tan ruin, hacía esto, las que son
buenas y humildes le alabarán mucho más, y por sola una que le alabe una vez, es muy bien que se diga
a mi parecer, y que entendamos el
contento y deleites que perdemos por
nuestra culpa. Cuanto más que, si
son de Dios, vienen cargados de amor
y fortaleza, con que se puede caminar más sin trabajo y ir creciendo
eu las obras y virtudes. No penséis
que importa poco que no quede por
nosotros, que cuando no es nuestra
la falta, justo es el Señor, y su Majestad os dará por otros caminos
lo que os quita por éste, por lo que
su Majestad sabe, que son muy ocultos sus secretos; al menos será lo
que más nos conviene, sin duda
nenguna.

Lo que me parecer nos haría mucho provecho a las que, por la bondad del Señor, están en este estado,
que, como he dicho, no les hace poca
misericordia, porque están muy cerca
de subir a más, es estudiar mucho
en la prontitud de la obediencia, y
anque no sean relisiosos, sería gran
cosa, como lo hacen muchas personas, tener a quien acudir, para no
hacer en nada su voluntad, que es
lo ordinario en que nos dañamos y
no buscar otro de su humor, como
dicen, que vaya con tanto tiento en
todo, sino procurar quien esté con
mucho desengaño de las cosas del
mundo, que en gran manera aprovecha tratar con quien ya le conoce,
para conocernos. Y porque algunas
cosas que nos parecen imposibles,
viéndolas en otras tan posibles, y
con la suavidad que las llevan, anima
mucho y parece que con su vuelo
nos atrevemos a volar, como hacen
los hijos de las aves cuando se enseñan, que anque no es de presto
dar un gran vuelo, poco a poco imi-

tan a sus padres, en gran manera aprovecha esto: yo lo sé. Acertarán, por determinadas que estén, en no ofender a el Señor personas semejantes, no se meter en ocasiones de ofenderle; porque como están cerca de las primeras Moradas, con facilidad se podrán tornar a ellas, porque su fortaleza no está fundada en tierra firme, como los que están ya ejercitados en padecer, que conocen las tempestades del mundo, cuán poco hay que temerlas ni que desear sus contentos, y sería posible con una persecución grande volverse a ellos, que sabe bien urdirlas el Demonio para hacernos mal, y que. yendo con buen celo, quiriendo quitar pecados ajenos, no pudiese resistir lo que sobre esto se le podría suceder. Miremos nuestras faltas y dejemos las ajenas, que es mucho de personas tan concertadas espantarse de todo; y, por ventura, de quien nos espantamos podríamos bien deprender en lo principal, y en la compostura esterior y en su manera de trato le hacemos ventajas; y no es esto lo de más importancia, anque es bueno, ni hay para qué querer luego que todos vayan por nuestro camino, ni ponerse a enseñar el del espíritu quien por ventura no sabe qué cosa es, que con estos deseos que nos da Dios, hermanas, del bien de las almas, podemos hacer muchos yerros, y ansí, es mejor llegarnos a lo que dice nuestra Regla: en silencio y esperanza procurar vivir siempre, que el Señor terná cuidado de sus almas; como no nos descuidemos nosotras en suplicarlo a su Majestad, haremos harto provecho con su favor. Sea por siempre bendito.

MORADAS CUARTAS

CAPITULO PRIMERO

Para comenzar a hablar de las cuartas Moradas bien he menester lo que he hecho, que es encomendarme a el Espíritu Santo, y suplicarle de aquí adelante hable por mí para decir algo de las que quedan, de manera que lo entendáis, porque comienzan a ser cosas sobrenaturales, y es dificultosísimo de dar a entender, si su Majestad no lo hace, como en otra parte que se escribió, hasta donde yo había entendido, catorce años ha, poco más u menos; anque un poco más luz me parece tengo destas mercedes que el Señor hace a algunas almas, es diferente el saberlas decir. Hágalo su Majestad, si se ha de seguir algún provecho, y si no, no. Como ya estas Moradas se llegan más adonde está el Rey, es grande su hermosura, y hay cosas tan delicadas que ver y que entender, que el entendimiento no es capaz para poder dar traza cómo se diga siquiera algo que venga tan al justo que no quede bien escuro para los que no tienen espiriencia, que quien la tiene muy bien lo entenderá, en especial si es mucha. Parecerá que para llegar a estas Moradas se ha de haber vivido en las otras mucho tiempo, y anque lo ordinario es que se ha de haber estado en la que acabamos de decir, no es regla cierta, como ya habréis oído muchas veces, porque da el Señor cuando quiere y como quiere y a quien quiere, como bienes suyos, que no hace agravio a nadie. En estas Moradas pocas veces entran las cosas ponzoñosas, y si entran, no hacen daño, antes dejan con ganancia; y tengo por muy mejor cuando entran y dan guerra en este estado de oración, porque podría el Demonio engañar, a vueltas de los gustos que da Dios, si no hubiese tentaciones, y hacer mucho más daño que cuando las hay, y no ganar tanto el alma, por lo menos apartando todas las cosas que la han de hacer merecer, y dejarla en un embebecimiento ordinario. Que cuando lo es en un ser, no le tengo por siguro, ni me parece posible estar en un ser el espíritu del Señor en este destierro. Pues hablando de lo que dije que diría aquí de la diferencia que hay entre contentos en la oración, u gustos, los contentos me parece a mí se pueden llamar los que nosotros adquirimos con nuestra meditación y peticiones a nuestro Señor, que procede de nuestro natural, anque, en fin, ayuda para ellos Dios, que hase de entender en cuanto dijere que no podemos nada sin Él, mas nacen de la mesma obra virtuosa que hacemos, y parece a nuestro trabajo lo hemos ganado, y con razón nos da contento habernos empleado en cosas semejantes. Mas si lo consideramos, los mesmos contentos ternemos en muchas cosas que nos pueden suceder en la tierra. Ansí en una gran hacienda que de presto se provea alguno; como de ver una persona que mucho amamos, de presto; como de haber acertado en un negocio importante y cosa grande, de que todos dicen bien; como si a alguna le han dicho que es muerto su marido u hermano u hijo, y le ve venir vivo. Yo he visto derramar lágrimas de un gran contento, y an me ha acaecido alguna vez. Paréceme a mí que ansí como estos contentos son naturales, ansí en los que nos dan las cosas de Dios, sino que son de linaje más noble, anque estotros no eran tampoco malos; en fin, comienzan de nuestro natural mesmo y acaban en Dios; los gustos comienzan de Dios, y siéntelos el natural, y goza tanto dellos como gozan los que tengo dichos y mucho más. ¡Oh Jesús, y qué deseo tengo de saber declararme en esto! Porque entiendo a mi parecer muy conocida diferencia, y no acanza mi saber a darme a entender, hágalo el Señor. Ahora me acuerdo en un verso que decimos a Prima al fin del postrer Salmo, que al cabo del verso dice: *Cun dilatasti cor meun.* A quien tuviere mucha espiriencia, esto le basta para ver la diferencia que hay de lo uno a lo otro, a quien no, es menester más. Los contentos que están dichos, no ensanchan el corazón, antes lo más ordinariamente parece aprietan un poco, anque con contento todo de ver que se hace por Dios; mas vienen unas lágrimas congojosas que en alguna manera parece 'las mueve la pasión. Yo sé poco destas pasiones del alma, que quizá me diera a entender, y lo que procede de la sensualidad y de nuestro natural, porque soy muy torpe; que yo me supiera declarar, si como he pasado por ello lo entendiera. Gran cosa es el saber y las letras para todo. Lo que tengo de espiriencia de este estado, digo de estos regalos y contentos en la meditación, es que si comenzaba a llorar por la Pasión, no sabía acabar hasta que se me quebraba la cabeza; si por mis pecados, lo mesmo; harta merced me hacía nuestro Señor, que no quiero yo ahora esaminar cuál es mejor lo uno u lo otro, sino la diferencia que hay de lo uno a lo otro querría saber decir. Para estas cosas, algunas veces van estas lágrimas y estos deseos ayudados del natural y como está la despusición; mas en fin, como he dicho, vienen a parar en Dios,

anque sea esto. Y es de tener en mucho, si hay humildad, para entender que no son mejores por eso; porque no se puede entender si son todos efetos del amor, y cuando sea, es dado de Dios. Por la mayor parte tienen estas devociones las almas de las Moradas pasadas, porque van casi contino con obra de entendimiento empleadas en discurrir con el entendimiento y en meditación; y van bien, porque no se les ha dado más, anque acertarían en ocuparse un rato en hacer atos, y en alabanzas de Dios, y holgarse de su bondad, y que sea el que es, y en desear su honra y gloria, esto como pudiere, porque despierta mucho la voluntad; y estén con gran aviso, cuando el Señor les diere estotro, no lo dejar por acabar la meditación que se tiene de costumbre. Porque me he alargado mucho en decir esto en otras partes no lo diré aquí; sólo quiero que estéis advertidas, que para aprovechar mucho en este camino y subir a las Moradas que deseamos, no está la cosa en pensar mucho, sino en amar mucho, y ansí, lo que más os dispertare a amar, eso haced. Quizá no sabemos qué es amar, y no me espantaré mucho, porque no está en el mayor gusto, sino en la mayor determinación de desear contentar en todo a Dios y procurar en cuanto pudiéremos no le ofender, y rogarle que vaya siempre adelante la honra y la gloria de su Hijo y el aumento de la Ilesia Católica. Estas son las señales del amor, y no penséis que está la cosa en no pensar otra cosa y que si os divertís un poco va todo perdido. Yo he andado en esto de esta baraúnda del pensamiento bien apretada algunas veces, y habrá poco más de cuatro años que vine a entender por espiriencia que el pensamiento, u imaginación, porque mejor se entienda, no es el entendimiento, y preguntélo a un letrado, y díjome que era ansí, que no fue para mí poco contento; porque como el entendimiento es una de las potencias del alma, hacíaseme recia cosa estar tan tortolito a veces, y lo ordinario vuela el pensamiento de presto, que sólo Dios puede atarle, cuando nos ata ansí, de manera que parece que estamos en alguna manera desatados de este cuerpo. Yo vía a mi parecer las potencias del alma empleadas en Dios y estar recogidas en Él, y, por otra parte, el pensamiento alborotado: traíame tonta. ¡Oh Señor, tomad en cuenta lo mucho que pasamos en este camino por falta de saber! Y es el mal que, como no pensamos que hay que saber más que pensar en Vos, an no sabemos preguntar a los que saben, ni entendemos qué hay que preguntar, y pásanse terribles trabajos, porque no nos entendemos, y lo que no es malo, sino bueno, pensamos que es mucha culpa. De aquí proceden las afliciones de mucha gente que trata de oración, y el quejarse de trabajos interiores, a lo menos mucha parte en gente que no tiene letras, y vienen las melancolías y a perder la salud, y an a dejarlo del todo, porque no consideran que hay un mundo interior acá dentro, y ansí como no podemos tener el movimiento del cielo, sino que anda apriesa con toda velocidad, tampoco podemos tener nuestro pensamiento; y luego metemos todas las potencias del alma con él, y nos parece que estamos perdidas, y gastamos mal el tiempo que estamos delante de Dios, y estáse el alma por ventura toda junta con Él en las Moradas muy cercanas, y el pensamiento en el arrabal del Castillo, padeciendo con mil bestias fieras y ponzoñosas, y mereciendo con este padecer. Y ansí, ni nos ha de turbar ni lo hemos de dejar, que es lo que pretende el Demonio, y por la mayor parte, todas las inquietudes y trabajos vienen de este no nos entender. Escribiendo esto, estoy considerando lo que pasa en mi cabeza del gran ruido de ella, que dije al principio, por donde se me hizo casi imposible poder hacer lo que me mandaban de escribir. No parece sino que están en ella muchos ríos

caudalosos, y, por otra parte, que estas aguas se despeñan; muchos pajarillos y silbos, y no en los oídos, sino en lo superior de la cabeza, adonde dicen que está lo superior del alma; yo estuve en esto harto tiempo, por parecer que el movimiento grande del espíritu haciarriba subía con velocidad. Plega a Dios que se me acuerde en las Moradas de adelante decir la causa desto, que aquí no viene bien, y no será mucho que haya querido el Señor darme este mal de cabeza para entenderlo mejor, porque con toda esta baraúnda de ella no me estorba a la oración ni a lo que estoy diciendo, sino que el alma se está muy entera en su quietud y amor y deseos y claro conocimiento. Pues si en lo superior de la cabeza está lo superior del alma, ¿cómo no la turba? Eso no lo sé yo, mas sé que es verdad lo que digo. Pena da cuando no es la oración con suspensión, que entonces, hasta que se pasa, no se siente ningún mal, mas harto mal fuera si por este impedimento lo dejara yo todo. Y ansí, no es bien que por los pensamientos nos turbemos ni se nos dé nada, que si los pone el Demonio, cesarán con esto, y si es, como lo es, de la miseria que nos quedó del pecado de Adán, con otras muchas, tengamos paciencia y suframoslo por amor de Dios. Pues estamos también sujetas a comer y dormir, sin poderlo escusar, que es harto trabajo, conozcamos nuestra miseria y deseemos ir adonde naide nos menosprecia. Que algunas veces me acuerdo haber oído esto que dice la Esposa en los *Cantares,* y verdaderamente que no hallo en todo la vida cosa adonde con más razón se pueda decir, porque todos los menosprecios y trabajos que puede haber en la vida no me parece que llegan a estas batallas interiores. Cualquier desasosiego y guerra se puede sufrir con hallar paz adonde vivimos, como ya he dicho; mas que queremos venir a descansar de mil trabajos que hay en el mundo, y que quiera el Señor aparejarnos el descanso, y que en nosotras mesmas esté el estorbo, no puede dejar de ser muy penoso y casi insufridero. Por eso, ¡llévanos, Señor, adonde no nos menosprecien estas miserias, que parecen algunas veces que están haciendo burla del alma! An en esta vida la libra el Señor de esto, cuando ha llegado a la postrera Morada, como diremos si Dios fuere servido. Y no darán a todos tanta pena estas miserias ni las acometerán, como a mí hicieron muchos años por ser ruin, que parece que yo mesma me quería vengar de mí. Y como cosa tan penosa para mí, pienso que quizá será para vosotras ansí, y no hago sino decirlo en un cabo y en otro, para si acertase alguna vez a daros a entender como es cosa forzosa, y no os traiga inquietas y afligidas, sino que dejemos andar esta tarabilla de molino, y molamos nuestra harina, no dejando de obrar la voluntad y entendimiento. Hay más y menos en este estorbo, conforme a la salud y a los tiempos. Padezca la pobre alma, anque no tenga en esto culpa, que otras haremos, por donde es razón que tengamos paciencia. Y porque no basta lo que leemos y nos aconsejan, que es que no hagamos caso de estos pensamientos, para las que poco sabemos no me parece tiempo perdido todo lo que gasto en declararlo más y consolaros en este caso; mas hasta que el Señor nos quiera dar luz poco aprovecha. Mas es menester y quiere su Majestad que tomemos medios y nos entendamos, y lo que hace la flaca imaginación y el natural demonio no pongamos ni echemos la culpa a el alma.

CAPITULO SEGUNDO

¡Válame Dios, en lo que me he metido! Ya tenía olvidado lo que trataba, porque los negocios y salud me hacen dejarlo al mejor tiempo, y como tengo poca memoria, irá todo desconcertado, por no poder tornarlo a leer. Y an quizá se es todo desconcierto cuanto digo; al menos es lo que siento. Paréceme queda dicho de los consuelos espirituales, como algunas veces van envueltos con nuestras pasiones. Train consigo unos alborotos de sollozos, y an a personas he oído que se les aprieta el pecho, y an vienen a movimientos esteriores, que no se pueden ir a la mano, y es la fuerza de manera que les hace salir sangre de narices, y cosas ansí penosas. Desto no sé decir nada, porque no he pasado por ello, mas debe quedar consuelo, porque, como digo, todo va a parar en desear contentar a Dios y gozar de su Majestad. Los que yo llamo gusto de Dios, que en otra parte lo he nombrado oración de quietud, es muy de otra manera, como entenderéis las que lo habéis probado por la misericordia de Dios. Hagamos cuenta para entenderlo mejor que vemos dos fuentes con dos pilas que se hinchen de agua, que no me hallo cosa más a propósito para declarar algunas de espíritu que esto de agua, y es, como sé poco y el ingenio no ayuda, y soy tan amiga de este elemento, que le he mirado con más advertencia que otras cosas; que en todas las que crió tan gran Dios, tan sabio, debe haber hartos secretos, de que nos podemos aprovechar, y ansí lo hacen los que lo entienden, anque creo que en cada cosita que Dios crió hay más de lo que se entiende, anque sea una hormiguita. Estos dos pilones se hinchen de agua de diferentes maneras: el uno viene de más lejos por muchos arcaduces y artificio; el otro está hecho en el mesmo nacimiento del agua, y vase hinchendo sin nengún ruido, y si es el manantial caudaloso, como éste que hablamos, después de henchido este pilón procede un gran arroyo; ni es menester artificio, ni se acaba el edificio de los arcaduces, sino siempre está procediendo agua de allí. Es la diferencia que lo que viene por arcaduces es, a mi parecer, los contentos que tengo dicho que se sacan con la meditación, porque traemos con los pensamientos, ayudándonos de las criaturas en la meditación y cansando el entendimiento, y como viene, en fin, con nuestras diligencias, hace ruido cuando ha de haber algún hinchimiento de provechos que hace en el alma, como quoda dicho.

Estotra fuente viene el agua de su mesmo nacimiento, que es Dios, y ansí como su Majestad quiere, cuando es servido, hacer alguna merced sobrenatural, produce con grandísima paz y quietud y suavidad de lo muy interior de nosotros mesmos, ya no sé hacia dónde ni cómo, ni aquel contento y deleite se siente como los de acá en el corazón, digo en su principio, que después todo lo hinche: vase revertiendo este agua por todas las Moradas y potencias, hasta llegar al cuerpo, que por eso dije que comienza de Dios y acaba en nosotros, que cierto, como verá quien lo hubiere probado, todo el hombre esterior goza de este gusto y suavidad.

Estaba yo ahora mirando, escribiendo esto, que en el verso que dije: *Dilatasti cor meum*, dice que se ensanchó el corazón, y no me parece que es cosa, como digo, que su nacimiento es del corazón, sino de otra parte an más interior, como una cosa profunda; pienso que debe ser el centro del alma, como después he entendido y diré a la postre, que cierto veo secretos en nosotros mesmos que me train espantada muchas veces, ¡y cuántos más debe haber! ¡Oh Señor mío y Dios mío, qué grandes son vuestras grandezas! Y andamos acá como unos pastorcillos bobos, que nos parece alcanzamos algo de Vos, y debe ser tanto como nonada, pues en nosotros mesmos están grandes secretos que no entendemos. Digo tanto como nonada, para lo muy mucho que hay en Vos, que no porque no son muy grandes las grandezas que vemos, an de lo que podemos alcanzar de vuestras obras. Tornando a el verso, en lo que me puede aprovechar, a mi parecer, para aquí, es en aquel ensanchamiento, que ansí parece que, como comienza a producir aquella agua celestial de este manantial que digo, de lo profundo de nosotros, parece que se va dilatando y ensanchando todo nuestro interior y produciendo unos bienes que no se pueden decir, ni an el alma sabe entender qué es lo que se le da allí. Entiende una fragancia, digamos ahora, como si en aquel hondón interior estuviese un brasero adonde se echasen olorosos perfumes; ni se ve la lumbre ni donde está, mas el calor y humo oloroso penetra todo el alma, y an hartas veces, como he dicho, participa el cuerpo. Mirá, entendedme, que ni se siente calor ni se huele olor, que más delicada cosa es que estas cosas, sino para dároslo a entender. Y entienden las personas que no han pasado por esto que es verdad que pasa ansí, y que se entiende y lo entiende el alma más claro que yo lo digo ahora; que no es esto cosa que se puede antojar, porque por diligencias que hagamos, no lo podemos adquirir, y en ello mesmo se ve no ser de nuestro metal, sino de aquel purísimo oro de la sabiduría divina.

Aquí no están las potencias unidas, a mi parecer, sino embebidas y mirando como espantadas qué es aquello.

Podrá ser que en estas cosas interiores me contradiga algo de lo que tengo dicho en otras partes; no es maravilla, porque en casi quince años que ha que lo escribí, quizá me ha dado el Señor más claridad en estas cosas, de las que entonces entendía, y ahora y entonces puedo errar en todo, mas no mentir, que por la misericordia de Dios antes pasaría mil muertes: digo lo que entiendo.

La voluntad bien me parece que debe estar unida en alguna manera con la de Dios; mas en los efetos y obras de después se conocen estas verdades de oración, que no hay mejor crisol para probarse. Harto gran merced es de nuestro Señor si la conoce quien la recibe, y muy grande, si no torna atrás. Luego querréis, mis hijas, procurar tener esta oración, y tenéis razón, que como he dicho, no acaba de entender el alma las que allí la hace el Señor y con el amor que la va acercando más a sí, que cierto está desear saber cómo alcanzaremos esta merced. Yo os diré lo que en esto he entendido. Dejemos cuando el Señor es servido de hacerla, porque su Majestad quiere y no por más; Él sabe el por qué; no nos hemos de meter en eso. Después de hacer lo que los de las Moradas pasadas, humildad, humildad; por ésta se deja vencer el Señor a cuanto dél queremos, y lo primero en que veréis si la tenéis es en no pensar que merecéis estas mercedes y gustos del Señor, ni los habéis de tener en vuestra vida. Diréisme que de esta manera que ¿cómo se han de alcanzar no los procurando? A esto respondo que no hay otra mejor de la que os he dicho, y no los procurar por estas razones: la primera, porque lo primero que para esto es menester es amar a Dios sin interese; la segunda, porque es un poco de poca humildad pensar que por nuestros servicios miserables se ha de alcanzar cosa tan grande; la tercera, porque el verdadero aparejo para esto es deseo de padecer y de imitar al Señor, y no gustos, los que, en fin, le hemos ofendido; la cuarta, porque no está obligado su Majestad a dárnoslos, como a darnos la gloria si guardamos sus mandamientos, que sin esto nos podremos salvar, y sabe mejor que nosotros lo que nos conviene y quién le ama de verdad, y ansí es cosa cierta, yo lo sé, y conozco personas que van por el camino del amor como han de ir, por sólo servir a su Cristo crucificado, que no sólo ni le piden gustos ni los desean, mas le suplican no se los dé en esta vida: esto es verdad; la quinta es porque trabajaremos en balde, que, como no se ha de traer esta agua por arcaduces, como la pasada, si el manantial no la quiere producir, poco aprovecha que nos cansemos. Quiero decir, que anque más meditación tengamos, anque más nos estrujemos y tengamos lágrimas, no viene este agua por aquí: sólo se da a quien Dios quiere y cuando más descuidada está muchas veces el alma. Suyas somos, hermanas; haga lo que quisiere de nosotras; llévenos por donde fuere servido; bien creo que quien de verdad se humillare y desasiere (digo de verdad, porque no ha de ser por nuestros pensamientos, que muchas veces nos engañan, sino que estemos desasidas del todo) que no dejará el Señor de hacernos esta merced y otras muchas que no sabremos desear. Sea por siempre alabado y bendito. Amén.

CAPITULO TERCERO

Los efectos de esta oración son muchos; algunos diré, y primero otra manera de oración, que comienza casi siempre primero que ésta, y por haberla dicho en otras partes, diré poco: Un recogimiento que también me parece sobrenatural, porque no es estar en escuro, ni cerrar los ojos, ni consiste en cosa esterior, puesto que sin quererlo se hace esto de cerrar los ojos y desear soledad; y sin artificio, parece que se va labrando el edificio para la oración que queda dicha, porque estos sentidos y cosas esteriores parece que van perdiendo de su derecho, porque el alma vaya cobrando el suyo, que tenía perdido. Dicen que el alma se entra dentro de sí y otras veces se sube sobre sí: por este lenguaje no sabré yo aclarar nada, que esto tengo malo, que por el que yo lo sé decir pienso que me habéis de entender, y quizá será sola para mí. Hagamos cuenta que estos sentidos y potencias, que ya he dicho que son la gente deste Castillo, que es lo que he tomado para saber decir algo, que se han ido fuera y andan con gente estraña, enemiga del bien de este Castillo días y años, y que ya se han ido, viendo su perdición, acercando a él, anque no acaban de estar dentro, porque esta costumbre es recia cosa, sino no son ya traidores y andan alrededor. Visto ya el gray Rey, que está en la Morada de este Castillo, su buena voluntad, por su gran misericordia quiérelos tornar a Él, y como buen pastor, con un silbo tan suave que an casi ellos mesmos no lo entienden, hace que conozcan su voz y que no anden tan perdidos, sino que se tornen a su Morada; y tiene tanta fuerza este silbo del pastor, que desamparan las cosas esteriores, en que estaban enajenados, y métense en el Castillo. Paréceme que nunca lo he dado a entender como ahora, porque para buscar a Dios en lo interior, que se halla mejor y más a nuestro provecho que en las criaturas (como dice san Agustín que le halló, después de haberle buscado en muchas partes) es gran ayuda cuando Dios hace esta merced. Y no penséis que es por el entendimiento adquirido, procurando pensar dentro de sí a Dios, ni por la imaginación, imaginándole en sí; bueno es esto y ecelente manera de meditación, porque se funda sobre verdad, que lo es estar Dios dentro de nosotros mesmos; mas no es esto, que esto cada uno lo puede hacer, con el favor del Señor, se entiende, todo. Mas lo que digo es en diferente manera; y que algunas veces antes que se comience a pensar en Dios, ya esta gente está en el Castillo, que no sé por dónde ni cómo oyó el silbo de su pastor, que no fue por los oídos, que no se oye nada, mas siéntese notablemente un encogimiento suave a lo interior, como verá quien pasa por ello, que yo no lo sé aclarar mejor; paréceme que he leído que como un erizo o tortuga cuando se retiran hacia sí, y debíalo de entender bien quien lo escribió; mas éstos, ellos se entran cuando quieren; acá no está en nuestro querer, sino cuando Dios nos quiere hacer esta merced. Tengo para mí que cuando su Majestad la hace, es a personas que van ya dando de mano a las cosas del mundo; no digo que sea por obra los que tienen estado, que no pueden sino por el deseo, pues los llama particularmente para que estén atentos a las interiores, y ansí creo que si queremos dar lugar a su Majestad, que no dará sólo esto a quien comienza a llamar para más. Alábele mucho quien esto entendiere en sí, porque es mucha razón que conozca la merced; y hacimiento de gracias por ella hará que se disponga para otras mayores. Y es dispusición para poder escuchar, como se aconseja en algunos libros, que procuren no discurrir, sino estarse atentos a ver qué obra el Señor en el alma; que si su Majestad no ha comenzado a embebernos, no puedo acabar de entender cómo se pueda detener el pensamiento de manera que no haga más daño que provecho, anque ha sido contienda bien platicada entre algunas personas espirituales; y de mí confieso mi poca humildad, que nunca me han dado razón para que yo me rinda a lo que dicen. Uno me alegró con cierto libro del santo fray Pedro de Alcántara, que yo creo lo es, a quien yo me rindiera, porque sé que lo sabía, y leímoslo, y dice lo mesmo que yo, anque no por estas palabras, mas entiéndese en lo que dice que ha de estar ya despierto el amor. Ya puede ser que yo me engañe, mas voy por estas razones:

La primera, que en esta obra de espíritu, quien menos piensa y quiere hacer, hace más; lo que habemos de hacer es pedir como pobres necesitados delante de un grande y rico emperador, y luego bajar los ojos y esperar con humildad; cuando por sus secretos caminos parece que entendemos que nos oye, entonces es bien callar, pues nos ha dejado estar cerca dél, y no será malo procurar no obrar con el entendimiento, si podemos, digo; mas si este Rey an no entendemos que nos ha oído, ni nos ve, no nos hemos de estar bobos; que lo queda harto el alma cuando ha procurado esto, y queda mucho más seca y, por ventura, más inquieta la imaginación con la fuerza que se ha hecho a no pensar nada; sino que quiere el Señor que le pidamos y consideremos estar en su presencia, que Él sabe lo que nos cumple. Yo no puedo persuadirme a

industrias humanas en cosas que parece puso su Majestad límite, y las quiso dejar para Sí; lo que no dejó otras muchas que podemos con su ayuda, ansí de penitencias, como de obras, como de oración, hasta adonde puede nuestra miseria.

La segunda razón es que estas obras interiores son todas suaves y pacíficas; y hacer cosa penosa, antes daña que aprovecha; llamo penosa cualquier fuerza que nos queramos hacer, como sería para detener el huelgo; sino dejarse el alma en las manos de Dios, haga lo que quisiere de ella, con el mayor descuido de su provecho que pudiere y mayor resinación a la voluntad de Dios.

La tercera es que el mesmo cuidado que se pone en no pensar nada, quizá despertará el pensamiento a pensar mucho.

La cuarta es que lo más sustancial y agradable a Dios es que nos acordemos de su honra y gloria y nos olvidemos de nosotros mesmos, y de nuestro provecho y regalo y gusto. Pues como está olvidado de sí el que con mucho cuidado está, que no se osa bullir, ni an deja a su entendimiento y deseos que se bullan a desear la mayor gloria de Dios ni que se huelgue de la que tiene, cuando su Majestad quiere que el entendimiento cese ocúpale por otra manera, y da una luz en el conocimiento tan sobre la que podemos alcanzar, que le hace quedar absorto, y entonces, sin saber cómo, queda muy mejor enseñado que no con todas nuestras diligencias para echarle más a perder; que pues Dios nos dio las potencias para que con ellos trabajásemos, y se tiene todo su premio, no hay para qué las encantar, sino dejarlas hacer su oficio hasta que Dios las ponga en otro mayor. Lo que entiendo que más conviene que ha de hacer el alma que ha querido el Señor meter a esta Morada, es lo dicho, y que sin ninguna fuerza ni ruido procure atajar el discurrir del entendimiento, mas no el suspenderle, ni el pensamiento, sino que es bien que se acuerde que está delante de Dios y quién es este Dios. Si lo mesmo que siente en sí le embebiere, enhorabuena; mas no procure entender lo que es, porque es dado a la voluntad; déjela gozar sin ninguna industria mas de algunas palabras amorosas, que anque no procuremos aquí estar sin pensar nada, se está muchas veces, anque muy breve tiempo. Mas, como dije en otra parte, la causa por que en esta manera de oración (digo en la que comencé esta Morada, que he metido la de recogimiento con ésta que había de decir primero, y es muy menos que la de los gustos que he dicho de Dios, sino que es principio para venir a ella, que en la del recogimiento no se ha de dejar la meditación ni la obra del entendimiento en esta fuente manantial, que no viene por arcaduces) él se comide, u le hace comedir ver que no entiende lo que quiere, y ansí anda de un cabo a otro como tonto, que en nada hace asiento. La voluntad le tiene tan grande en su Dios, que la da gran pesadumbre su bullicio, y ansí, no ha menester hacer caso de él, que la hará perder mucho de lo que goza, sino dejarse y dejarse a sí en los brazos del amor, que su Majestad la enseñará lo que ha de hacer en aquel punto, que casi todo es hallarse indina de tanto bien y emplearse en hacimiento de gracias.

Por tratar de la oración de recogimiento, dejé los efetos u señales que tienen las almas a quien Dios nuestro Señor da esta oración. Ansí como se entiende claro un dilatamiento u ensanchamiento en el alma, a manera de como si el agua que mana de una fuente no tuviese corriente labrada de una cosa, que mientra más agua manase, más grande se hiciese el edificio, ansí parece en esta oración, y otras muchas maravillas que hace Dios en el alma, que la habilita y va dispuniendo, para que quepa todo en ella. Ansí esta suavidad y ensanchamiento interior se ve en el que le queda, para no estar tan atada como antes en las cosas del servicio de Dios, sino con mucha más anchura; ansí en no se apretar con el temor del infierno, porque anque le queda mayor de no ofender a Dios, el servil piérdese aquí: queda con gran confianza que le ha de gozar. El que solía tener para hacer penitencia, de perder la salud, ya le parece que todo lo podrá en Dios; tiene más deseos de hacerla que hasta allí. El temor que solía tener a los trabajos, ya va más templado, porque está más viva la fe, y entiende que, si los pasa por Dios, su Majestad le dará gracia para que los sufra con paciencia, y an algunas veces los desea, porque queda también una gran voluntad de hacer algo por Dios. Como va más conociendo su grandeza, tiénese ya por más miserable; como ha probado ya los gustos de Dios, ve que es una basura lo del mundo; vase poco a poco apartando de ellos y es más señora de sí para hacerlo. En fin, en todas las virtudes queda mejorada, y no dejará de ir creciendo si no torna atrás ya a hacer ofensas a Dios, porque entonces todo se pierde, por subida que esté un alma en la cumbre. Tampoco se entiende que de una vez u dos que Dios haga esta merced a un alma, quedan todas estas hechas si no va perseverando en recibirlas, que en esta perseverancia está todo nuestro bien.

De una cosa aviso mucho a quien se viere en este estado: que se guarde muy mucho de ponerse en ocasiones de ofender a Dios, porque aquí no está an el alma criada, sino como un niño que comienza a mamar, que si se aparta de los pechos de su madre, ¿qué se puede esperar de él sino la muerte? Yo he mucho temor que a quien Dios hubiere hecho esta merced y se apartase de la oración, que será ansí, si no es con grandísima ocasión u si no retorna presto a ella, porque irá de mal en peor. Yo sé que hay mucho que temer en este caso, y conozco algunas personas que me tienen harto lastimada, y he visto lo que digo, por haberse apartado de quien con tanto amor se le quería dar por amigo y mostrárselo por obras. Aviso tanto que no se pongan en ocasiones, porque pone mucho el Demonio más por un alma de éstas que por muy muchas a quien el Señor no haga estas mercedes; porque le pueden hacer daño con llevar otras consigo y hacer gran provecho, podría ser, en la Ilesia de Dios. Y anque no haya otra cosa sino ver el que su Majestad las muestra amor particular, basta para que él se deshaga porque se pierdan; y ansí son muy combatidas, y an mucho más perdidas que otras, si se pierden. Vosotras, hermanas, libres estáis de estos peligros, lo que podemos entender; de soberbia y vanagloria os libre Dios; y de que el Demonio quiera contrahacer estas mercedes, conocerse ha en que no hará estos efetos, sino todo al revés. De un peligro os quiero avisar, anque os lo he dicho en otra parte, en que he visto caer a personas de oración, en especial mujeres, que como somos más flacas, ha más lugar para lo que voy a decir; y es, que algunas, de la mucha penitencia y oración y vigilias, y an sin esto, sonse flacas de complesión: en tiniendo algún regalo, sujétales el natural, y como sienten contento alguno interior, y caimiento en lo esterior, y una flaquedá, cuando hay un sueño que llaman espiritual, que es un poco más de lo que queda dicho, paréceles que es lo uno como lo otro, y déjanse embebecer; y mientra más se dejan, se embebecen más, porque se enflaquece más el natural, y en su seso les parece arrobamiento; y llámole yo abobamiento, que no es otra cosa más de estar perdiendo tiempo allí, y gastando su salud. A una persona le acaecía estar ocho horas, que ni están sin sentido ni sienten cosa de Dios; con dormir y comer y no hacer tanta penitencia, se le quitó a esta persona; porque hubo quien la entendiese, que a su confesor traía engañado, y a otras personas, y a sí mesma; que ella no quería engañar. Bien creo que haría el Demonio alguna diligencia para sacar alguna ganancia, y no comenzaba a sacar poca. Hase de entender que cuando es cosa verdaderamente de Dios, que anque hay caimiento interior y esterior, que no le hay en el alma, que tiene grandes sentimientos de verse tan cerca de Dios, ni tampoco dura tanto, sino muy poco espacio. Bien que se torna a embebecer, y en esta oración, si no es flaqueza, como he dicho, no llega a tanto que derrueque el cuerpo, ni haga ningún sentimiento esterior en él. Por eso tengan aviso, que cuando sintieren esto en sí, lo digan a la perlada, y diviértanse lo que pudieren, y hágalas no tener horas tantas de oración, sino muy poco, y procure que duerman bien y coman, hasta que se les vaya tornando la fuerza natural, si se perdió por aquí. Si es tan flaco natural que no le baste esto, créanme que no la quiere Dios sino para la vida ativa, que de todo ha de haber en los monesterios; ocúpenla en oficios, y siempre se tenga cuenta que no tenga mucha soledad, porque verná a perder del todo la salud. Harta mortificación será para ella; aquí quiere probar el Señor el amor que le tiene en cómo lleva esta ausencia, y será servido de tornarle la fuerza después de algún tiempo, y si no, con oración vocal ganará, y con obedecer, y merecerá lo que había de merecer por aquí, y por ventura más. También podría haber algunas de tan flaca cabeza y imaginación, como yo las he conocido, que todo lo que piensan les parece que lo ven; es harto peligroso, porque quizá se tratará de ello adelante, no más aquí; que me he alargado mucho en esta Morada, porque es en la que más almas creo entran: y como es también natural junto con lo sobrenatural, puede el Demonio hacer más daño; que en las que están por decir no le da el Señor tanto lugar. Sea por siempre alabado, amén.

MORADAS QUINTAS

CAPITULO PRIMERO

¡Oh hermanas! ¿cómo os podría yo decir la riqueza y tesoros y deleites, que hay en las quintas Moradas? Creo fuera mejor no decir nada de las que faltan, pues no se ha de saber decir, ni el entendimiento lo sabe entender, ni las comparaciones pueden servir de declararlo, porque son muy bajas las cosas de la tierra para este fin. Enviá, Señor mío, del Cielo luz, para que yo pueda dar alguna a estas vuestras siervas; pues sois servido de que gozen algunas de ellas tan ordinariamente de estos gozos, porque no sean engañadas, transfigurándose el Demonio en ángel de luz, pues sus deseos se emplean en desear contentaros.

Y anque dije algunas, bien pocas hay que entren en esta Morada que ahora diré. Hay más y menos, y a esta causa digo, que son las más las que entran en ellas. En algunas cosas de las que aquí diré, que hay en este aposento, bien creo que son pocas; mas anque no sea sino llegar a la puerta, es harta misericordia la que las hace Dios; porque puesto que son muchos los llamados, pocos son los escogidos. Ansí digo ahora que anque todas las que traemos este hábito sagrado del Carmen somos llamadas a la oración y contemplación, porque este fue nuestro principio, desta casta venimos, de aquellos santos padres nuestros del Monte Carmelo, que en tan gran soledad, y con tanto desprecio del mundo buscaban este tesoro, esta preciosa margarita de que hablamos, pocas nos disponemos para que nos la descubra el Señor. Porque cuanto a lo esterior vamos bien para llegar a lo que es menester en las virtudes; para llegar aquí hemos menester mucho, mucho, y no nos descuidar poco ni mucho; por eso, hermanas mías, alto a pedir al Señor, que pues en alguna manera podemos gozar del Cielo en la tierra, que nos dé su favor para que no quede por nuestra culpa, y nos muestre el camino y dé fuerzas en el alma para cavar hasta hallar a este tesoro escondido, pues es verdad que le hay en nosotras mesmas: que esto querría yo dar a entender, si el Señor es servido que sepa. Dije fuerzas en el alma, porque entendáis que no hacen falta las del cuerpo a quien Dios nuestro Señor nos las da; no imposibilita a ninguno para comprar sus riquezas; con que dé cada uno lo que tuviere se contenta. Bendito sea tan gran Dios. Mas mirá, hijas, que para esto que tratamos no quiere que os quedéis con nada; poco u mucho, todo lo quiere para sí, y conforme a lo que entendierdes de vos que habéis dado, se os harán mayores u menores mercedes. No hay mejor prueba para entender si llega a unión u si no nuestra oración. No penséis que es cosa soñada, como la pasada; digo soñada, porque ansí parece está el alma como adormizada, que ni bien parece está dormida ni se siente despierta. Aquí, con estar todas dormidas, y bien dormidas, a las cosas del mundo y a nosotras mesmas (porque en hecho de verdad, se queda como sin sentido aquello poco que dura, que ni hay poder pensar anque quieran), aquí no es menester con artificio suspender el pensamiento hasta el amar; si lo hace, no entiende cómo, ni qué es lo que ama, ni qué querría, en fin, como quien de todo punto ha muerto al mundo para vivir más en Dios; que ansí es una muerte sabrosa, un arrancamiento del alma de todas las operaciones que puede tener, estando en el cuerpo; deleitosa, porque anque de verdad parece se aparta el alma de él, para mejor estar en Dios; de manera, que an no sé yo si le queda vida para resolgar. Ahora lo estaba pensando y paréceme que no; al menos, si lo hace, no se entiende si lo hace. Todo su entendimiento se querría emplear en entender algo de lo que siente, y como no llegan sus fuerzas a esto, quédase espantado, de manera que, si no se pierde del todo, no menea pie ni mano, como acá decimos de una persona que está tan desmayada que nos parece está muerta. ¡Oh secretos de Dios! Que no me hartaría de procurar dar a entenderlos, si pensase acertar en algo, y ansí diré mil desatinos, por si alguna vez atinase, para que alabemos mucho a el Señor. Dije que no era cosa soñada, porque en la Morada que queda dicha, hasta que la espiriencia es mucha, queda el alma dudosa de qué fué aquello, si se le antojó, si estaba dormida, si fué dado de Dios, si se trasfiguró el Demonio en ángel de luz. Queda con mil sospechas, y es bien que las tenga, porque como dije, an el mesmo natural nos puede engañar allí alguna vez; porque anque no hay tanto lugar para entrar las cosas emponzoñosas, unas lagartijillas sí, que como son agudas, por do quiera se meten; y anque no hacen daño, en especial si no hacen caso de ellas, como dije, porque son pensamentillos que proceden de la imaginación, y de lo que queda dicho, importunan muchas veces. Aquí por agudas que son las lagartijas, no pueden entrar ∩n esta Morada; porque ni hay imaginación ni memoria ni entendimiento que pueda impedir este bien. Y osaré afirmar, que si verdaderamente

es unión de Dios, que no puede entrar el Demonio, ni hacer ningún daño; porque está su Majestad tan justo y unido con la esencia del alma, que no osará llegar, ni an debe de entender este secreto. Y está claro: pues dicen que no entiende nuestro pensamiento, menos entenderá cosa tan secreta, que an no lo fía Dios de nuestro pensamiento. ¡Oh, gran bien! ¡Estado adonde este maldito no nos hace mal! Ansí queda el alma con tan grandes ganancias, por obrar Dios en ella, sin que nadie le estorbe, ni nosotros mesmos. ¿Qué no dará quien es tan amigo de dar, y puede dar todo lo que quiere?

Parece que os dejo confusas en decir si es unión de Dios, y que hay otras uniones. ¡Y cómo si las hay! Anque sean en cosas vanas, cuando se aman mucho, también las trasportará el Demonio, mas no con la manera que Dios, ni con el deleite y satisfacción del alma y paz y gozo. Es sobre todos los gozos de la tierra, y sobre todos los deleites, y sobre todos los contentos, y más, que no tiene que ver adonde se engendran estos contentos u los de la tierra, que es muy diferente su sentir, como lo ternéis espirimentado. Dije yo una vez que es como si fuesen en esta grosería del cuerpo, u en los tuétanos, y atiné bien, que no sé como lo decir mejor. Paréceme que an no os veo satisfechas, porque os parecerá que os podéis engañar, que esto interior es cosa recia de esaminar; y anque para quien ha pasado por ello basta lo dicho, porque es grande la diferencia, quiéroos decir una señal clara, por donde no os podréis engañar, ni dudar si fue de Dios, que su Majestad me la ha traído hoy a la memoria, y a mi parecer, es la cierta. Siempre en cosas dificultosas, anque me parece que lo entiendo y que digo verdad, voy con este lenguaje de que "me parece", porque si me engañare, estoy muy aparejada a creer lo que dijeren los que tienen letras muchas. Porque anque no hayan pasado por estas cosas, tienen un no sé qué grandes letrados, que como Dios los tiene para luz de su Ilesia, cuando es una verdad, dásela para que se admita, y si no son derramados, sino siervos de Dios, nunca se espantan de sus grandezas, que tienen bien entendido que puede mucho más y más. Y en fin, anque algunas cosas no están declaradas, otras deben hallar escritas, por donde ven que pueden pasar éstas. De esto tengo grandísima espiriencia, y también la tengo de unos medio letrados espantadizos, porque me cuestan muy caro; al menos creo que quien no creyere que puede Dios mucho más, y que ha tenido por bien, y tiene algunas veces comunicarlo a sus criaturas, que tiene bien cerrada la puerta para recibirlas. Por eso, hermanas, nunca os acaezca, sino creer de Dios mucho más y más, y no pongáis los ojos en si son ruines u buenos a quien las hace, que su Majestad lo sabe, como os lo he dicho; no hay para qué nos meter en esto, sino con simpleza de corazón y humildad servir a su Majestad y alabarle por sus obras y maravillas.

Pues tornando a la señal que digo es la verdadera: ya veis esta alma que la ha hecho Dios boba del todo para imprimir mejor en ella la sabiduría, que ni ve ni oye ni entiende en el tiempo que está ansí, que siempre es breve, y an harto más breve le parece a ella de lo que debe de ser. Fija Dios a sí mesmo en lo interior de aquel alma de manera, que cuando torna en sí, ninguna manera pueda dudar que estuvo en Dios y Dios en ella; con tanta firmeza le queda esta verdad, que anque pase años sin tornarle Dios a hacer aquella merced, ni se le olvida, ni puede dudar que estuvo; an dejemos por los efetos con que queda, pues éstos diré después; esto es lo que hace mucho al caso. Pues diréisme, ¿cómo lo vio u cómo lo entendió, si no ve ni entiende? No digo que lo vió entonces, sino que lo ve después claro; y no porque es visión, sino una certidumbre que queda en el alma, que sólo Dios la

puede poner. Yo sé de una persona que no había llegado a su noticia que estaba Dios en todas las cosas por presencia y potencia y esencia, y de una merced que le hizo Dios de esta suerte, lo vino a creer de manera, que anque un medio letrado, de los que tengo dichos, a quien preguntó cómo estaba Dios en nosotros (él lo sabía tan poco como ella antes que Dios se lo diese a entender), le dijo que no estaba más de por gracia, ella tenía ya tan fija la verdad que no le creyó, y preguntólo a otros que le dijeron la verdad, con que se consoló mucho. No os habéis de engañar pareciéndoos que esta certidumbre queda en forma corporal, como el cuerpo de Nuestro Señor Jesucristo está en el Santísimo Sacramento, anque no le vemos; porque acá no queda ansí, sino de sola la Divinidad. Pues ¿cómo lo que no vimos se nos queda con esa certidumbre? Eso no lo sé yo, son obras suyas, mas sé que digo verdad, y quien no quedare con esta certidumbre, no diría yo que es unión de toda el alma con Dios, sino de alguna potencia y otras muchas maneras de mercedes que hace Dios a el alma. Hemos de dejar en todas estas cosas de buscar razones para ver cómo fue; pues no llega nuestro entendimiento a entenderlo, ¿para qué nos queremos desvanecer? Basta ver que es todo poderoso el que lo hace, y pues no somos ninguna parte, por diligencias que hagamos, para alcanzarlo, sino que es Dios el que lo hace, no lo queramos ser para entenderlo. Ahora me acuerdo sobre esto que digo de que no somos parte, de lo que habéis oído, que dice la Esposa en los *"Cantares"*: —Llevóme el rey a la bodega del vino (u metióme, creo que dice). Y no dice que ella se fué. Y dice también que andaba buscando a su Amado por una parte y por otra. Esta, entiendo yo es la bodega donde nos quiere meter el Señor, cuando quiere y como quiere, mas por diligencias que nosotros hagamos, no podemos entrar; su Majestad nos ha de meter y entrar en el centro de nuestra alma, y para mostrar sus maravillas mejor, no quiere que tengamos en ésta más parte de la voluntad, que del todo se le ha rendido, ni que se le abra la puerta de las potencias y sentidos, que todos están dormidos; sino entrar en el centro del alma sin ninguna, como entró a sus discípulos, cuando dijo: *Pas vobis,* y salió del sepulcro sin levantar la piedra. Adelante veréis cómo su Majestad quiere que le goce el alma en su mesmo centro, an más que aquí mucho en la postrera Morada. ¡Oh, hijas, qué mucho veremos si no queremos ver más de nuestra bajeza y miseria y entender que no somos dinas de ser siervas de un Señor tan grande, que no podemos alcanzar sus maravillas! Sea por siempre alabado, amén.

CAPITULO SEGUNDO

Pareceros ha que ya está todo dicho lo que hay que ver en esta Morada, y falta mucho, porque, como dije, hay más y menos. Cuanto a lo que es unión, no creo saber decir más; mas cuando el alma, a quien Dios hace estas mercedes, se dispone, hay muchas cosas que decir de lo que el Señor obra en ellas; algunas diré, y de manera que queda. Para darlo mejor a entender, me quiero aprovechar de una comparación que es buena para este fin; y también para que veamos cómo, anque en esta obra que hace el Señor no podemos hacer nada más, para que su Majestad nos haga esta merced, podemos hacer mucho dispuniéndonos. Ya habréis oído sus maravillas en cómo se cría la seda, que sólo Él pudo hacer semejante invención, y cómo de una simiente, que es a manera de granos de pimienta pequeños (que yo nunca le he visto, sino oído, y ansí si algo fuere torcido, no es mía la culpa), con el calor, en comenzando a haber hoja en los morares, comiénza esta simiente a vivir, que hasta que haya este mantenimiento de que se sustenta, se está muerta; y con hojas de morar se crían, hasta que, después de grandes, les ponen unas ramillas, y allí con las boquillas van en sí mesmos hilando la seda, y hacen unos capuchillos muy apretados, adonde se encierran; y acaba este gusano, que es grande y feo, y sale del mesmo capucho una mariposica blanca muy graciosa. Mas si esto no se viese sino que nos los contaran de otros tiempos, ¿quién lo pudiera creer? ¿Ni con qué razones pudiéramos sacar que una cosa tan sin razón como es un gusano, y una abeja, sean tan diligentes en trabajar para nuestro provecho y con tanta industria, y el pobre gusanillo pierda la vida en la demanda? Para un rato de meditación basta esto, hermanas, anque no os diga más, que en ello podéis considerar las maravillas y sabiduría de nuestro Dios. Pues ¿qué será si supiésemos la propiedad de todas las cosas? De gran provecho es ocuparnos en pensar estas grandezas y regalarnos en ser esposas de Rey tan sabio y poderoso. Tornemos a lo que decía. Entonces comienza a tener vida este gusano, cuando con la calor del Espíritu Santo se comienza a aprovechar del ausilio general que a todos nos da Dios, y cuando comienza a aprovecharse de los remedios que dejó en su Ilesia, ansí de acontinuar las confesiones, como con buenas liciones y sermones, que es el remedio que un alma, que está muerta en su descuido y pecados y medita en ocasiones, puede tener. Entonces comienza a vivir, y vase sustentando en esto y en buenas meditaciones, hasta que está crecida, que es lo que a mí me hace al caso, que estotro poco importa. Pues crecido este gusano, que es lo que en los principios queda dicho de esto que he escrito, comienza a labrar la seda y edificar la casa adonde ha de morir. Esta casa querría dar a entender aquí que es Cristo. En una parte me parece he leído u oído que nuestra vida está escondida en Cristo, u en Dios, que todo es uno, u que nuestra vida es Cristo. En que esto sea o no, poco va para mi propósito.

¡Pues veis aquí, hijas lo que podemos con el favor de Dios hacer! ¡Que su Majestad mesmo sea nuestra morada, como lo es en esta oración de unión, labrándola nosotras! Parece que quiero decir que podemos quitar y poner en Dios, pues digo que Él es la morada, y la podemos nosotros fabricar para meternos en ella. Y ¡cómo si podemos, no quitar de Dios ni poner, sino quitar de nosotros y poner como hacen estos gusanitos!; que no habremos acabado de hacer en esto todo lo que podemos, cuando este trabajillo, que no es nada, junte Dios con su grandeza y le dé tan gran valor que el mesmo Señor sea el premio de esta obra. Y ansí como ha sido el que ha puesto la mayor costa, ansí quiere juntar nuestros trabajillos con los grandes que padeció su Majestad y que todo sea una cosa. Pues, ea, hijas mías, priesa a hacer esta labor y tejer este capuchillo, quitando nuestro amor propio y nuestra voluntad, el estar asidas a ninguna cosa de la tierra, poniendo obras de penitencia, oración, mortificación, obediencia, todo lo demás que sabéis; que ansí obrásemos como sabemos y somos enseñadas de lo que hemos de hacer. Muera, muera este gusano, como lo hace en acabando de hacer para lo que fue criado, y veréis como vemos a Dios y nos vemos tan metidas en su grandeza como lo está este gusanillo en este capucho. Mirá que digo ver a Dios como dejo dicho que se da a sentir en esta manera de unión. Pues veamos qué se hace este gusano, que es para lo que he dicho todo lo demás; que cuando está en esta oración bien muerto está a el mundo, sale una mariposita blanca. ¡Oh, grandeza de Dios, y cuál sale un alma de aquí, de haber estado un poquito metida en la grandeza de Dios, y tan junta a Él, que, a mi parecer, nunca llega a media hora! Yo os digo de verdad que la mesma alma no se conoce a sí; porque mirá la diferencia que hay de un gusano feo a una mariposita blanca, que la mesma hay acá. No sabe de dónde pudo merecer tanto bien; de dónde le pudo venir, quise decir, que bien sabe que no le merece; vese con un deseo de alabar a el Señor, que se querría deshacer, y de morir por Él mil muertes.

Luego le comienza a tener de padecer grandes trabajos, sin poder hacer otra cosa. Los deseos de penitencia grandísimos, el de soledad, el de que todos conociesen a Dios; y de aquí le viene una pena grande de ver que es ofendido. Y anque en la Morada que viene se tratará más destas cosas en particular, porque anque casi lo que hay en esta Morada y en la que viene después es todo uno, es muy diferente la fuerza de los efetos; porque, como he dicho, si después que Dios llega a un alma aquí se esfuerza a ir adelante, verá grandes cosas. ¡Oh, pues ver el desasosiego de esta mariposita, con no haber estado más quieta y sosegada en su vida! es cosa para alabar a Dios, y es que no sabe adónde posar y hacer su asiento, que, como le ha tenido tal, todo lo que ve en la tierra le descontenta, en especial cuando son muchas las veces que la da Dios de este vino; casi de cada una queda con nuevas ganancias. Ya no tiene en nada las obras que hacía siendo gusano, que era poco a poco tejer el capucho; hanle nacido alas, ¿cómo se ha de contentar, pudiendo volar, de andar paso a paso? Todo se le hace poco cuanto puede hacer por Dios, según son sus deseos. No tiene en mucho lo que pasaron los santos, entendiendo ya por espiriencia cómo ayuda el Señor y transforma un alma, que no parece ella, ni su figura; porque la flaqueza que antes le parecía tener para hacer penitencia, ya la halla fuerte, el atamiento con deudos u amigos u hacienda, que ni le bastaban atos, ni determinaciones, ni quererse apartar, que entonces le parecía se hallaba más junta, ya se ve de manera que le pesa estar obligada a lo que, para no ir contra Dios, es menester hacer. Todo le cansa, porque ha probado que el verdadero descanso no le pueden dar las criaturas. Parece que me alargo, y mucho más podría decir, y a quien Dios hubiere hecho esa merced verá que quedo corta, y ansí no hay que espantar que esta mariposilla busque asiento de nuevo, ansí como se halla nueva de las cosas de la tierra. Pues ¿adónde irá la pobrecica?, que tornar adonde salió no puede, que, como está dicho, no es en nuestra mano, anque más hagamos, hasta que es Dios servido de tornarnos a hacer esta merced. ¡Oh, Señor, y qué nuevos trabajos comienzan a esta alma! ¿Quién dijera tal después de merced tan subida? En fin, de una manera u de otra ha de haber cruz mientras vivimos. Y quien dijere que después que llegó aquí siempre está con descanso y regalo, diría yo que nunca llegó, sino que por ventura fue algún gusto, si entró en la Morada pasada, y ayudado de flaqueza natural, y an por ventura, del Demonio, que le da paz para hacerle después mucha mayor guerra. No quiero decir que no tienen paz los que llegan aquí, que sí tienen y muy grande, porque los mesmos trabajos son de tanto valor y de tan buena raíz que, con serlo muy grandes, de ellos mesmos sale la paz y el contento. Del mesmo descontento que dan las cosas del mundo nace un deseo de salir dél, tan penoso, que si algún alivio tiene es pensar que quiere Dios viva en este destierro, y an no basta, porque an el alma, con todas estas ganancias, no está tan rendida en la voluntad de Dios, como se verá adelante, anque no deja de conformarse, mas es con un gran sentimiento, que no puede más, porque no le han dado más y con muchas lágrimas; cada vez que tiene oración es esta su pena. En alguna manera, quizá procede de la muy grande que le da de ver que es ofendido Dios, y poco estimado en este mundo, y de las muchas almas que se pierden, ansí de herejes como de moros; anque las que más la lastiman son las de los cristianos, que, anque ve es grande la misericordia de Dios, que por mal que vivan se pueden enmendar y salvarse, teme que se condenen muchos. ¡Oh, grandeza de Dios, qué pocos años antes estaba esta alma, y an quizá días, que no se acordaba sino de sí!

¿Quién la ha metido en tan penosos cuidados? Que anque queramos tener muchos años de meditación tan penosamente como ahora esta alma lo siente, no lo podremos sentir. Pues ¡válame Dios!, si muchos días y años yo me procuro ejercitar en el gran mal que es ser Dios ofendido, y pensar que estos que se condenan son hijos suyos y hermanos míos, y los peligros en que vivimos, cuán bien nos estará salir de esta miserable vida, ¿no bastará? Que no, hijas; no es la pena que se siente aquí como las de acá; que eso bien podríamos, con el favor del Señor, tenerla, pensando mucho esto; mas no llega a lo íntimo de las entrañas, como aquí, que parece desmenuza un alma y la muele, sin procurarlo ella, y an a veces sin quererlo. Pues ¿qué es esto? ¿De dónde procede? Yo os lo diré. ¿No habéis oído, que ya aquí lo he dicho otra vez, anque no a este propósito de la Esposa, que la metió Dios a la bodega del vino, y ordenó en ella la caridad? Pues esto es que, como aquel alma ya se entrega en sus manos y el gran amor la tiene tan rendida, que no sabe ni quiere más de que haga Dios lo que quisiere de ella. Que jamás hará Dios, a lo que yo pienso, esta merced, sino a alma que ya toma muy por suya; quiere que sin ella entienda cómo, salga de allí sellada con su sello; porque verdaderamente el alma allí no hace más que la cera cuando imprime otro el sello, que la cera no se le imprime a sí; sólo está dispuesta, digo blanda, y an para esta disposición tampoco se ablanda ella, sino que se está queda y lo consiente. ¡Oh, bondad de Dios, que todo ha de ser a vuestra costa! Sólo queréis nuestra voluntad y que no haya impedimento en la cera.

Pues veis aquí, hermanas, lo que nuestro Dios hace aquí para que esta alma ya se conozca por suya: da de lo que tiene, que es lo que tuvo su Hijo en esta vida: no nos puede hacer mayor merced. ¿Quién más debía querer salir desta vida? Y ansí lo dijo su Majestad en la Cena: —"Con deseo he deseado"—. Pues ¿cómo, Señor, no se os puso delante la trabajosa muerte que habéis de morir, tan penosa y espantosa? —No, porque el grande amor que tengo y deseo de que se salven las almas, sobrepujan sin comparación a esas penas; y las muy grandísimas que he padecido y padezco, después que estoy en el mundo, son bastantes para no tener ésas en nada en su comparación—. Es ansí que muchas veces he considerado en esto, y sabiendo yo el tormento que pasa y ha pasado cierta alma que conozco, de ver ofender a nuestro Señor, tan insufridero que se quisiera mucho más morir que sufrirlo, y pensando si un alma con tan poquísima caridad comparada a la de Cristo, que se puede decir casi nenguna en esta comparación, sentía este tormento tan insufridero, ¿qué sería el sentimiento de nuestro Señor Jesucristo, y qué vida debía pasar, pues todas las cosas le eran presentes, y estaba siempre viendo las grandes ofensas que se hacían a su Padre? Sin duda creo yo que fueron muy mayores que las de su sacratísima Pasión; porque entonces ya vía el fin de estos trabajos, y con esto, y con el contento de ver nuestro remedio con su muerte, y demostrar el amor que tenía a su Padre en padecer tanto por Él, moderaría los dolores, como acaece acá a los que con fuerza de amor hacen grandes penitencias: que no las sienten casi, antes querrían hacer más y más, y todo se le hace poco. ¿Pues que sería a su Majestad, viéndose en tan gran ocasión, para mostrar a su Padre cuán cumplidamente cumplía el obedecerle, y con el amor del prójimo? ¡Oh, gran deleite padecer en hacer la voluntad de Dios! Mas en ver tan contino tantas ofensas a su Majestad hechas, y ir tantas almas al Infierno, téngolo por cosa tan recia, que creo, si no fuera más de hombre, un día de aquella pena bastaba para acabar muchas vidas, cuanto más una.

CAPITULO TERCERO

Pues tornemos a nuestra palomica, y veamos algo de lo que Dios da en este estado. Siempre se entiende que ha de procurar ir adelante en el servicio de nuestro Señor y en el conocimiento propio; que si no hace más de recibir esta merced, y como cosa ya segura descuidarse en su vida y torcer el camino del cielo, que son los mandamientos, acaecerle ha lo que a la que sale del gusano, que echa la simiente para que produzcan otras, y ella queda muerta para siempre. Digo que echa la simiente, porque tengo para mí que quiere Dios que no sea dada en balde una merced tan grande, sino que ya que no se aprovecha de ella para sí, aproveche a otros. Porque como queda con estos deseos y virtudes dichas, el tiempo que dura en el bien, siempre hace provecho a otras almas, y de su calor le pega calor; y an cuando le tienen ya perdido, acaece quedar con esa gana de que se aprovechen otras, y gusta de dar a entender las mercedes que Dios hace a quien le ama y sirve. Yo he conocido persona que le acaecía ansí, que estando muy perdida gustaba de que se aprovechasen otras con las mercedes que Dios le había hecho, y mostrarles el camino de oración a las que no lo entendían, y hizo harto provecho, harto. Después la tornó el Señor a dar la luz. Verdad es que an no tenía los efetos que quedan dichos. Mas, ¡cuántos debe haber que los llama el Señor a el apostolado, como a Judas, comunicando con ellos, y los llaman para hacer reyes, como a Saúl, y después por su culpa se pierden! De donde sacaremos, hermanas, que para ir mereciendo más y más, y no perdiéndonos como éstos, la seguridad que podemos tener en la obediencia y no torcer de la ley de Dios; digo a quien hiciere semejantes mercedes, y an a todos. Paréceme que queda algo escura, con cuanto he dicho, esta Morada; pues hay tanta ganancia de entrar en ella, bien será que no parezca quedan sin esperanza a los que el Señor no da cosas tan sobrenaturales; pues la verdadera unión se puede muy bien alcanzar, con el favor de nuestro Señor, si nosotros nos esforzamos a procurarla, con no tener voluntad, sino atada con lo que fuere la voluntad de Dios. ¡Oh, qué dellos habrá que digamos esto, y nos parezca que no queremos otra cosa, y moriríamos por esta verdad, como creo ya he dicho! Pues yo os digo, y lo diré muchas veces, que cuando lo fuere que habéis alcanzado esta merced del Señor y ninguna cosa se os dé de estotra unión regalada que queda dicha, que lo que hay de mayor precio en ella es por proceder de esta que ahora digo, y por no poder llegar a lo que queda dicho, si no es muy cierta la unión de estar resinada nuestra voluntad en la de Dios. ¡Oh, qué unión ésta para desear! Venturosa el alma que la ha alcanzado, que vivía en esta vida con descanso, y en la otra también; porque ninguna cosa de los sucesos de la tierra la afligiría si no fuere, si se vee en algún peligro de perder a Dios, u ver si es ofendido, ni enfermedad, ni pobreza, ni muerte, si no fuere de quien ha de hacer falta en la Ilesia de Dios, que ve bien esta alma, que Él sabe mejor lo que hace que ello lo que desea. Habéis de notar, que hay penas y penas; porque algunas penas hay, producidas de presto de la naturaleza; y contentos lo mesmo, y an de caridad de apiadarse de los prójimos, como hizo nuestro Señor, cuando resucitó a Lázaro, y no quitan éstas el estar unidos con la voluntad de Dios, ni tampoco turban el ánima con una pasión inquieta, desasosegada, que dura mucho. Estas penas pasan de presto; que como dije de los gozos en la oración, parece que no llegan a lo hondo del alma, sino a estos sentidos y potencias. Andan por estas Moradas pasadas, mas no entran en la que está por decir postrera. Pues para esto es menester lo que queda dicho de suspensión de potencias, que poderoso es el Señor de enriquecer las almas por muchos caminos, y llegarlas a estas Moradas, y no por el atajo que queda dicho. Mas advertid mucho, hijas, que es necesario que muera el gusano, y más a vuestra costa; porque acullá ayuda mucho para morir el verse en vida tan nueva: acá es menester, que viviendo en ésta, le matemos nosotras. Yo os confieso que será a mucho o más trabajo, mas su precio se tiene; ansí será mayor el galardón si salís con vitoria; mas de ser posible no hay que dudar, como lo sea la unión verdaderamente con la voluntad de Dios. Esta es la unión que toda mi vida he deseado; esta es la que pido siempre a nuestro Señor, y la que está más clara y sigura. Mas ¡ay de nosotros, qué pocos debemos de llegar a ella! anque a quien se guarda de ofender al Señor, y ha entrado en relisión le parezca que todo lo tiene hecho. ¡Oh, que quedan unos gusanos que no se dan a entender, hasta que, como el que royó la yedra a Jonás, nos han roído las virtudes con un amor propio, una propia estimación, un juzgar los prójimos, anque sea en pocas cosas, una falta de caridad con ellos, no los quiriendo como a nosotros mesmos, que anque arrastrando cumplimos con la obligación para no ser pecado, no llegamos con mucho a lo que ha de ser, para estar del todo unidas con la voluntad de Dios! ¿Qué pensáis, hijas, que es su voluntad? Que seamos del todo perfetas, para ser unos con Él y con el Padre, como su Majestad le pidió. ¡Mirá

qué nos falta para llegar a esto! Yo os digo, que lo que estoy escribiendo con harta pena de verme tan lejos, y todo por mi culpa; que no ha menester el Señor hacernos grandes regalos para esto; basta lo que nos ha dado en darnos a su Hijo, que nos enseñase el camino. No penséis que está la cosa en si se muere mi padre u hermano, conformarme tanto con la voluntad de Dios, que no lo sienta, y si hay trabajos y enfermedades, sufrirlos con contento. Bueno es, y a las veces consiste en discreción; porque no podemos más, y hacemos de la necesidad virtud: ¡cuántas cosas de éstas hacían los filósofos, u anque no sea de éstas, de otras, de tener mucho saber! Acá solas estas dos que nos pide el Señor: amor de su Majestad y del prójimo, es en lo que hemos de trabajar; guardándolas con perfeción hacemos su voluntad, y ansí estaremos unidos con Él. Mas ¡qué lejos estamos de hacer como debemos a tan gran Dios estas dos cosas, como tengo dicho! Plega a su Majestad nos dé gracia, para que merezcamos llegar a este estado, que en nuestra mano está, si queremos. La más cierta señal que, a mi parecer, hay de si guardamos estas dos cosas, es guardando bien la del amor del prójimo; porque si amamos a Dios no se puede saber, aunque hay indicios grandes para entender que le amamos, mas el amor del prójimo sí. Y estad ciertas, que mientras más en éste os vierdes aprovechadas, más lo estáis en el amor de Dios; porque es tan grande el que su Majestad nos tiene, que en pago del que tenemos a el prójimo, hará que crezca el que tenemos a su Majestad por mil maneras: en esto yo no puedo dudar. Impórtanos mucho andar con gran advertencia cómo andamos en esto, que si es con mucha perfeción, todo lo tenemos hecho; porque creo yo, que según es malo nuestro natural, que si no es naciendo de raíz del amor de Dios, que no llegaremos a tener con perfeción el del prójimo. Pues tanto nos importa esto, hermanas, procuremos irnos entendiendo en cosas an menudas, y no haciendo caso de unas muy grandes, que ansí por junto vienen en la oración, de parecer que haremos y conteceremos por los prójimos, y por sola un alma que se salve; porque si no vienen después conformes las obras, no hay para qué creer que lo haremos. Ansí digo de la humildad también, y de todas las virtudes; son los grandes ardides del Demonio, que por hacernos entender que tenemos una, no la tiniendo, dará mil vueltas al Infierno. Y tiene razón, porque es muy dañoso, que nunca estas virtudes fingidas vienen sin alguna vanagloria, como son de tal raíz; ansí como las que da Dios están libres de ella ni de soberbia. Yo gusto algunas veces de ver unas almas, que cuando están en oración, les parece querrían ser abatidas y públicamente afrontadas por Dios, y después una falta pequeña encubrirían si pudiesen, u que si no la han hecho, y se la cargan, Dios nos libre. Pues mírese mucho quien esto no sufre, para no hacer caso de lo que a solas determinó a su parecer, que en hechó de verdad no fue determinación de la voluntad, que cuando ésta hay verdadera es otra cosa, sino alguna imaginación, que en esta hace el Demonio sus saltos y engaños, y a mujeres, u gente sin letras, podrá hacer muchos, porque no sabemos entender las diferencias de potencias y imaginación, y otras mil cosas que hay interiores. ¡Oh hermanas, cómo se ve claro adonde está de veras el amor del prójimo, en algunas de vosotras, y en las que no está con esta perfección! Si entendiésedes lo que nos importa esta virtud, no trairíades otro estudio. Cuando yo veo almas, muy diligentes a entender la oración que tienen, y muy encapotadas cuando están en ella, que parece que no se osan bullir ni menear el pensamiento, porque no se les vaya un poquito de gusto y devoción que han tenido, háceme ver cuán poco entienden del camino por donde se alcanza la unión. ¿Y piensan que allí está todo el negocio? Que no, hermanas, no; obras quiere el Señor; y que si ves una enferma a quien puedes dar algún alivio, no se te dé nada de perder esta devoción, y te compadezcas de ella, y si tiene algún dolor, te duela a ti, y si fuere menester lo ayunes porque ella lo coma, no tanto por ella como porque sabes que tu Señor quiere aquello. Esta es la verdadera unión con su voluntad; y que si vieres loar mucho a una persona, te alegres más mucho que si te loasen a ti; esto a la verdad fácil es, que si hay humildad, antes terná pena de verse loar. Mas este alegría de que se entiendan las virtudes de las hermanas es gran cosa, y cuando viéremos alguna falta en alguna, sentirla como si fuera en nosotras y encubrirla. Mucho he dicho en otras partes de esto porque veo, hermanas, que si hubiese en ello quiebra, vamos perdidas. Plega el Señor nunca la haya, que como esto sea, yo os digo que no dejéis de alzar de su Majestad la unión que queda dicha. Cuando os vierdes faltas en esto, anque tengáis devoción y regalos, que os parezca habéis llegado ahí, y alguna suspencioncilla en la oración de quietud, que a algunas luego les parece que está todo hecho, creéme, que no habéis llegado a unión, y pedid a nuestro Señor que os dé con perfección este amor del prójimo, y dejad hacer a su Majestad, que Él os dará más que sepáis desear, como vosotras os esforcéis y procuréis, en todo lo que pudierdes, esto, y forzar vuestra voluntad, para que se haga en todo la de las hermanas, aunque perdáis de vuestro derecho, y olvidar vuestro bien por el suyo, anque más contradición os haga el natural, y procurar tomar trabajo, por quitarle al prójimo, cuando se ofreciere. No penséis que no ha de costar algo y que os lo habéis de hallar hecho. Mira lo que costó a nuestro Esposo el amor que nos tuvo, que por librarnos de la muerte, la murió tan penosa, como muerte de cruz.

CAPITULO CUARTO

Paréceme que estáis con deseo de ver qué se hace esta palomica, y adónde asienta, pues queda entendido que no es en gustos espirituales ni en contentos de la tierra; más alto es su vuelo, y no os puedo satisfacer de este deseo hasta la postrera Morada, y an plega a Dios se me acuerde u tenga lugar de escribirlo, porque han pasado casi cinco meses desde que lo comencé hasta ahora, y como la cabeza no está para tornarlo a leer, todo debe ir desbaratado, y por ventura dicho algunas cosas dos veces. Como es para mis hermanas, poco va en ello.

Todavía quiero más declararos lo que me parece que es esta oración de unión: conforme a mi ingenio porné una comparación. Después diremos más desta mariposica, que no pára, anque siempre frutifica haciendo bien a sí y a otras almas, porque no halla su verdadero reposo. Ya ternéis oído muchas veces que se desposa Dios con las almas espiritualmente; ¡bendita sea su misericordia, que tanto se quiere humillar!, y anque sea grosera comparación, yo no hallo otra que más pueda dar a entender lo que pretendo, que el sacramento del matrimonio. Porque anque de diferente manera, porque en esto que tratamos jamás hay cosa que no sea espiritual (esto corpóreo va muy lejos, y los contentos espirituales que da el Señor, y los gustos, al que deben tener los que se desposan, van mil leguas lo uno de lo otro), porque todo es amor con amor, y sus operaciones son limpísimas, y tan delicadísimas y suaves que no hay cómo se decir; mas sabe el Señor darlas muy bien a sentir. Paréceme a mí que la unión an no llega a desposorio espiritual, sino como por

acá cuando se han de desposar dos, se trata si son conformes, y que el uno y el otro quieran, y an que se vean, para que más se satisfagan el uno del otro. Ansí acá, prosupuesto que el concierto está ya hecho, y que esta alma está muy bien informada, cuán bien le está, y determinada a hacer en todo la voluntad de su Esposo, de todas cuantas maneras ella viere que le ha de dar contento, y su Majestad, como quien bien entenderá si es ansí, lo está de ella, y ansí hace esta misericordia, que quiere que le entienda más, y que, como dicen, vengan a vistas, y juntarla consigo. Podemos decir que es ansí esto, porque pasa en brevísimo tiempo. Allí no hay más dar y tomar, sino un ver el alma por una manera secreta, quién es este Esposo que ha de tomar; porque por los sentidos y potencias en ninguna manera podía entender en mil años lo que aquí entiende en brevísimo tiempo; mas como es tal el Esposo, de sola aquella vista la deja más digna de que se vengan a dar las manos como dicen: porque queda el alma tan enamorada, que hace de su parte lo que puede para que no se desconcierte este divino desposorio. Mas si esta alma se descuida a poner su afición en cosa que no sea Él, piérdelo todo, y es tan grandísima pérdida, como lo son las mercedes que va haciendo, y mucho mayor que se puede encarecer. Por eso, almas cristianas, a las que el Señor ha llegado a estos términos, por Él os pido que no os descuidéis, sino que os apartéis de las ocasiones, que an en este estado no está el alma tan fuerte que se pueda meter en ellas, como lo está después de hecho el desposorio, que es en la Morada que diremos tras ésta, porque la comunicación no fue más de una vista, como dicen, y el Demonio andará con gran cuidado a combatirla, y a desviar este desposorio, que después, como ya la ve del todo rendida a el Esposo, no osa tanto, porque la ha miedo, y tiene espiriencia, que si alguna vez lo hace queda con gran pérdida y ella con más ganancia. Yo os digo, hijas, que he conocido personas muy encumbradas, y llegar a este estado, y con la gran sotileza y ardid del Demonio, tornarlas a ganar para sí, porque debe de juntarse todo el Infierno para ello; porque como muchas veces os digo, no pierden un alma sola, sino gran multitud. Ya él tiene espiriencia en este caso; porque, si miramos la multitud de almas que por medio de una tray Dios a sí, es para alabarle mucho, los millares que convertían los mártires. ¡Una doncella como santa Ursula! ¡Pues las que habrá perdido el Demonio por santo Domingo y san Francisco y otros fundadores de Órdenes, y pierde ahora por el padre Ignacio, el que fundó la Compañía, que todos, está claro, como lo leemos, recibían mercedes semejantes de Dios! ¿Qué fue esto, sino que se esforzaron a no perder por su culpa tan divino desposorio? ¡Oh, hijas mías, que tan aparejado está este Señor a hacernos merced ahora como entonces, y an en parte más necesitado de que las queramos recibir, porque hay pocos que miren por su honra, como entonces había! Querémonos mucho; hay muy mucha cordura para no perder de nuestro derecho. ¡Oh, qué engaño tan grande! El Señor nos dé luz para no caer en semejantes tinieblas, por su misericordia.

Podréisme preguntar, u estar con duda de dos cosas: la primera, que si está el alma tan puesta con la voluntad de Dios, como queda dicho, que cómo se puede engañar, pues ella en todo no quiere hacer la suya; la segunda, por qué vías puede entrar el Demonio tan peligrosamente que se pierda vuestra alma,

estando tan apartadas del mundo y tan llegadas a los Sacramentos y en compañía, podemos decir, de ángeles, pues la bondad del Señor, todas no train otros deseos, sino de servirle y agradarle en todo; que ya los que están metidos en las ocasiones del mundo no es mucho.

Yo digo que en esto tenéis razón que harta misericordia nos ha hecho Dios; mas cuando veo, como he dicho, que estaba Judas en compañía de los Apóstoles, y tratando siempre con el mesmo Dios, y oyendo sus palabras, entiendo que no hay seguridad en esto. Respondiendo a lo primero, digo que si esta alma se estuviese siempre asida a la voluntad de Dios que está claro que no se perdería; mas viene el Demonio con unas sotilezas grandes, y debajo de color de bien vala desquiciando en poquitas cosas de ella, y metiendo en algunas que él le hace entender que no son malas, y poco a poco escureciendo el entendimiento, y entibiando la voluntad, y haciendo crecer en ella el amor propio, hasta que de uno en otro la va apartando de la voluntad de Dios, y llegando a la suya. De aquí queda respondido a lo segundo, porque no hay encerramiento tan encerrado adonde él no pueda entrar, ni desierto tan apartado adonde deje de ir. Y an otra cosa os digo, que quizá lo primite el Señor para ver cómo se ha aquel alma a quien quiere poner por luz de otras, que más vale que en los principios si ha de ser ruin lo sea, que no cuando dañe a muchas. La diligencia que a mí se me ofrece más cierta, después de pedir siempre a Dios en la oración que nos tenga de su mano, y pensar muy continuo, como si Él nos deja, seremos luego en el profundo, como es verdad, y jamás estar confiadas en nosotras, pues será desatino estarlo, es andar con particular cuidado y aviso, mirando cómo vamos en las virtudes: si vamos mejorando u desminuyendo en algo, en especial en el amor unas con otras y en el deseo de ser tenida

por la menor y en cosas ordinarias;
que si miramos en ello, y pedimos al
Señor que nos dé luz, luego veremos
la ganancia u la pérdida. Que no
penséis que alma que llega Dios a
tanto la deja tan apriesa de su mano
que no tenga bien el Demonio que
trabajar, y siente su Majestad tanto
que se le pierda, que le da mil avisos interiores de muchas maneras;
ansí que no se le podrá asconder el
daño.

En fin, sea la conclusión en esto,
que procuremos siempre ir adelante,
y si esto no hay, andemos con gran
temor, porque sin duda, algún salto
nos quiere hacer el Demonio; pues
no es posible que habiendo llegado
a tanto, deje ir creciendo, que el
amor jamás está ocioso; y ansí será
harto mala señal. Porque alma que
ha pretendido ser esposa del mesmo
Dios, y tratádose ya con su Majestad, y llegado a los términos que
queda dicho, no se ha de echar a
dormir. Y para que veáis, hijas, lo
que hace con las que ya tiene por
esposas, comencemos a tratar de las
sestas Moradas, y veréis cómo es
poco todo lo que pudiéremos servir
y padecer y hacer para disponernos
a tan grandes mercedes; que podrá
ser haber ordenado nuestro Señor

que me lo mandasen escribir, para que, puestos los ojos en el premio, y viendo cuán sin tasa es su
misericordia, pues con unos gusanos
quiere ansí comunicarse y mostrarse,
olvidemos nuestros contentillos de
tierra, y puestos los ojos en su grandeza, corramos encendidas en su
amor. Plega a Él que acierte yo a
declarar algo de cosas tan dificultosas, que si su Majestad y el Espíritu
Santo no menea la pluma, bien sé
que será imposible; y si no ha de ser
para vuestro provecho, le suplico no
acierte a decir nada, pues sabe su
Majestad que no es otro mi deseo, a
cuanto puedo entender de mí, sino
que sea alabado su nombre, y que
nos esforcemos a servir a un Señor
que ansí paga an acá en la tierra, por
donde podemos entender algo de lo
que nos ha de dar en el Cielo, sin
los intrevalos y trabajos y peligros
que hay en este mar de tempestades,
porque a no le haber de perderle y
ofenderle, descanso sería que no se
acabase la vida hasta la fin del mundo, por trabajar por tan gran Dios
y Señor y Esposo. Plega a su Majestad merezcamos hacerle algún servicio, sin tantas faltas como siempre
tenemos, an en las obras buenas.
Amén.

MORADAS SESTAS

CAPITULO PRIMERO

Pues vengamos con el favor del Espíritu Santo a hablar en las sestas Moradas, adonde el alma ya queda herida del amor del Esposo, y procura más lugar para estar sola y quitar todo lo que puede, conforme a su estado, que la puede estorbar de esta soledad. Está tan esculpida en el alma aquella vista, que todo su deseo es tornarla a gozar. Ya he dicho que en esta oración no se ve nada que se pueda decir ver, ni con la imaginación; digo vista, por la comparación que puse. Ya el alma, bien determinada queda a no tomar otro esposo; mas el Esposo no mira a los grandes deseos que tiene de que se haga ya el desposorio, que an quiere que lo desee más y que le cueste algo, bien que es el mayor de los bienes. Y anque todo es poco para tan grandísima ganancia, yo os digo, hijas, que no deja de ser menester la muestra y señal que ya se tiene della para poderse llevar. ¡Oh, válame Dios, y qué son los trabajos interiores y esteriores que padece hasta que entra en la sétima Morada! Por cierto que algunas veces lo considero, y que temo que si se entendiesen antes sería dificultosísimo determinarse la flaqueza natural para poderlo sufrir ni determinarse a pasarlo, por bienes que se le representasen, salvo si no hubiese llegado a la sétima Morada, que ya allí nada no se teme, de arte que no se arroje muy de raíz el alma a pasarlo por Dios. Y es la causa, que está casi siempre tan junta a su Majestad, que de allí le viene la fortaleza. Creo será bien contaros algunos de los que yo sé que se pasan por certidumbre. Quizá no serán todas las almas llevadas por este camino, anque dudo mucho que vivan libres de trabajos de la tierra, de una manera u de otra, las almas que a tiempos gozan tan de veras de cosas del cielo. Anque no tenía por mí de tratar de esto, he pensado que algún alma que se vea en ello le será gran consuelo saber qué pasa en las que Dios hace semejantes mercedes, porque verdaderamente parece entonces que está todo perdido. No llevaré por concierto como suceden, sino como se me ofreciere a la memoria; y quiero comenzar de los más pequeños, que es una grita de las personas con quien se trata, y an con las que no se trata, sino que en su vida le pareció se podían acordar de ella: —¡Que se hace santa, que hace estremos para engañar el mundo, y para hacer a los otros ruines, que son mejores cristianos sin esas cerimonias!— y hase de notar que no hay ninguna, sino procurar guardar bien su estado. Los que tenía por amigos, se apartan della, y son los que le dan mejor bocado, y es de los que mucho se sienten: —¡Que va perdida aquel alma y notablemente engañada, que son cosas del Demonio, que ha de ser como aquella y la otra persona que se perdió, y ocasión de que caya la virtud, que tray engañados los confesores!— y ir a ellos y decírselo, puniéndole ejemplos de lo que acaeció a algunos que se perdieron por aquí: mil maneras de mofas y de dichos de éstos. Yo sé de una persona que tuvo harto miedo no había de haber quien la confesase, según andaban las cosas, que, por ser muchas, no hay para qué me detener; y es lo peor, que no pasan de presto, sino que es toda la vida; y el avisarse unos a otros que se guarden de tratar personas semejantes. Diréisme que también hay quien diga bien. ¡Oh, hijas, y qué pocos hay que crean ese bien, en comparación de los muchos que abominan! Cuanto más que ese es otro trabajo mayor que los dichos, porque como el alma ve claro que si tiene algún bien es dado de Dios, y en ninguna manera no suyo, porque poco antes se vio muy pobre y metida en grandes pecados, esle un tormento intolerable, al menos a los principios, que después no tanto, por algunas razones. La primera, porque la esperiencia le hace claro ver que tan presto dice bien como mal, y ansí no hace más caso de lo uno que de lo otro. La segunda, porque le ha dado el Señor mayor luz de que ninguna cosa buena es suya, sino dada de su Majestad, y como si la viese en tercera persona, olvidada de que tiene allí ninguna parte, se vuelve a alabar a Dios. La tercera, si ha visto algunas almas aprovechadas de ver las mercedes que Dios la hace, piensa que tomó su Majestad este medio de que la tuviesen por buena, no lo siendo, para que a ellas les viniese bien. La cuarta, porque como tiene más delante la honra y gloria de Dios, que la suya, quítase una tentación que da a los principios, de que esas alabanzas han de ser para destruírla, como ha visto algunas, y dásele poco de ser deshonrada, a trueco de que siquiera una vez sea Dios alabado por su medio: después, venga lo que viniere. Estas razones y otras aplacan la mucha pena que dan estas alabanzas, anque casi siempre se siente alguna, si no es cuando poco ni mucho se advierte, mas sin comparación es mayor trabajo verse ansí en público tener por buena sin razón, que nó los dichos; y cuando ya viene a no le tener mucho de es-

to, muy mucho menos le tiene de esotro, antes le huelga, y le es como una música muy suave. Esto es gran verdad, y antes fortalece el alma que la acobarda; porque ya la espiriencia la tiene enseñada la gran ganancia que le viene por este camino, y parécele que no ofenden a Dios los que la persiguen, antes que lo primite su Majestad para gran ganancia suya; y como la siente claramente, tómales un amor particular muy tierno, que le parece aquéllos son más amigos y que la dan más a ganar que los que dicen bien.

También suele dar el Señor enfermedades grandísimas. Este es muy mayor trabajo, en especial cuando son dolores agudos, que en parte si ellos son recios, me parece el mayor que hay en la tierra, digo esterior, anque entren cuantos quisieren, si es de los muy recios dolores, digo, porque descompone lo interior y esterior de manera que aprieta un alma que no sabe qué hacer de sí, y de muy buena gana tomaría cualquier martirio de presto que estos dolores; anque en grandísimo estremo no duran tanto, que, en fin, no da Dios más de lo que se puede sufrir, y da su Majestad primero la paciencia, mas de otras grandes en lo ordinario y enfermedades de muchas maneras. Yo conozco una persona que, desde que comenzó el Señor a hacerla esta merced que queda dicha, que ha cuarenta años, no puede decir con verdad que ha estado día sin tener dolores y otras maneras de padecer; de falta de salud corporal digo, sin otros grandes trabajos. Verdad es que había sido muy ruin, y para el Infierno que merecía todo se le hace poco. Otras que no hayan ofendido tanto a nuestro Señor las llevará por otro camino, mas yo siempre escogería el del padecer, siquiera por imitar a nuestro Señor Jesucristo, anque no hubiese otra ganancia, en especial, que siempre hay muchas. ¡Oh, pues si tratamos de los interiores! estotros parecerían pequeños, si éstos se acertasen a decir, sino que

; imposible darse a entender de la manera que pasan.

Comencemos por el tormento que da topar con un confesor tan cuerdo y poco espirimentado que no hay cosa que tenga por sigura; todo lo teme, en todo pone duda, como ve cosas no ordinarias. En especial si en el alma que las tiene ve alguna imperfeción, que les parece han de ser ángeles a quien Dios hiciere estas mercedes, y es imposible mientras estuvieren en este cuerpo, luego es todo condenado a Demonio u melencolía; y de ésta está el mundo tan lleno, que no me espanto; que hay tanta ahora en el mundo, y hace el Demonio tantos males por este camino, que tienen muy mucha razón de temerlo y mirarlo muy bien los confesores. Mas la pobre alma, que anda con el mesmo temor, y va al confesor como a juez, y éste la condena, no puede dejar de recibir tan gran tormento y turbación, que sólo entenderá cuán gran trabajo es quien hubiere pasado por ello. Porque éste es otro de los grandes trabajos que estas almas padecen, en especial si han sido ruines, pensar que por sus pecados ha Dios de primitir que sean engañadas, y anque cuando su Majestad les hace la merced, están seguras y no pueden creer ser otro espíritu sino de Dios, como es cosa que pasa de presto, y el acuerdo de los pecados se está siempre, y ve en sí faltas, que éstas nunca faltan, luego viene este tormento. Cuando el confesor la asigura, aplácase, anque torna; mas cuando él ayuda con más temor, es cosa casi insufrible, en especial cuando tras éstos vienen unas sequedades que no parece que jamás se ha acordado de Dios ni se ha de acordar, y que como una persona de quien oyó decir desde lejos, es cuando oye hablar de su Majestad.

Todo no es nada, si no es que sobre esto venga el parecer que no sabe informar a los confesores, y que los tray engañados, y aunque más piensa y ve que no hay primer movimiento que no los diga, no aprovecha; que está en entendimiento tan escuro, que no es capaz de ver la verdad, sino creer lo que la imaginación le representa; que entonces ella es la señora, y los desatinos que el Demonio la quiere representar, a quien debe nuestro Señor de dar licencia para que la pruebe, y an para que la haga entender que está reprobada de Dios; porque son muchas las cosas que la combaten con un apretamiento interior de manera tan sensible y intolerable, que yo no sé a qué se pueda comparar, sino a los que padecen en el Infierno; porque ningún consuelo se admite en esta tempestad. Si le quieren tomar con el confesor, parece han acudido los demonios a él para que la atormente más; y ansí, tratando uno con un alma que estaba en este tormento, después de pasado, que parece apretamiento peligroso, por ser de tantas cosas juntas, la decía le avisase cuando estuviese ansí, y siempre era tan peor, que vino él a entender que no era más en su mano. Pues si se quiere tomar un libro de romance, persona que le sabía bien leer, le acaecía no entender más de él que si no supiera letra, porque no estaba el entendimiento capaz. En fin, que ningún remedio hay en esta tempestad sino aguardar a la misericordia de Dios, que a deshora, con una palabra sola suya, u una ocasión, que acaso sucedió, lo quita todo tan de presto, que parece no hubo nublado en aquel alma, según queda llena de sol y de mucho más consuelo. Y como quien se ha escapado de una batalla peligrosa con haber ganado la vitoria, queda alabando a nuestro Señor, que fue el que peleó para el vencimiento; porque conoce muy claro que ella no peleó, que todas las armas con que se podía defender le parece que las ve en manos de su contrario, y ansí conoce claramente su miseria y lo poquísimo que podemos de nosotros si nos desamparase el Señor. Parece que ya no ha menester consideración para entender esto, porque la espiriencia de pasar por ello, habiéndose visto del todo inhabilitada, le hacía entender nuestra nonada y cuán miserable cosa somos; porque la gracia, anque no debe estar sin ella, pues con toda esta tormenta no ofende a Dios, ni le ofendería por cosa de la tierra, está tan ascondida, que ni an una centella muy pequeña le parece no ve de que tiene amor de Dios, ni que le tuvo jamás; porque si ha hecho algún bien, u su Majestad le ha hecho alguna merced, todo le parece cosa soñada, y que fue antojo: los pecados ve cierto que los hizo. ¡Oh, Jesús, y qué es ver un alma desamparada de esta suerte y, como he dicho, cuán poco le aprovecha ningún consuelo de la tierra! Por eso no penséis, hermanas, si alguna vez os vierdes ansí, que los ricos, y los que están con libertad, ternán para estos tiempos más remedio. No, no, que me parece a mí es como si a los condenados les pusiesen cuantos deleites hay en el mundo delante, no bastarían para darles alivio, antes les acreditaría el tormento: ansí acá viene de arriba, y no valen aquí nada cosas de la tierra. Quiere este gran Dios que conozcamos rey y nuestra miseria, y importa mucho para lo de adelante.

Pues ¿qué hará esta pobre alma cuando muchos días le durare ansí? Porque si reza es como si no rezase, para su consuelo, digo; que no se admite en lo interior, ni an se entiende lo que reza ella mesma a sí, anque sea vocal, que para mental no es este tiempo en ninguna manera, porque no están las potencias para ello. Antes hace mayor daño la soledad, con que es otro tormento por sí estar con naide, ni que la hablen; y ansí, por muy mucho que se esfuerce, anda con un desabrimiento y mala condición en lo esterior, que se le

echa mucho de ver. ¡Es verdad que sabrá decir lo que ha! Es indicible, porque son apretamientos y penas espirituales que no se saben poner nombre. El mejor remedio, no digo para que se quite, que yo no le hallo, sino para que se pueda sufrir, es entender en obras de caridad y esteriores y esperar en la misericordia de Dios, que nunca falta a los que en Él esperan. Sea por siempre bendito, amén.

Otros trabajos que dan los demonios, esteriores, no deben ser tan ordinarios, y ansí no hay para qué hablar en ellos ni son tan penosos con gran parte; porque por mucho que hagan, no llegan a inhabilitar ansí las potencias, a mi parecer, ni a turbar el alma de esta manera, que, en fin, queda razón para pensar que no pueden hacer más de lo que el Señor les diere licencia, y cuando ésta no está perdida, todo es poco en comparación de lo que queda dicho.

Otras penas interiores iremos diciendo en estas Moradas, tratando diferencias de oración y mercedes del Señor, que anque algunas son an más recio que lo dicho en el padecer, como se verán por cuál deja el cuerpo, no merecen nombre de trabajos ni es razón que se le pongamos, por ser tan grandes mercedes del Señor, y que en medio de ellos entiende el alma que lo son, y muy fuera de sus merecimientos. Viene ya esta pena grande para entrar en la sétima Morada, con otros hartos, que algunos diré, porque todos será imposible, ni an declarar cómo son; porque vienen de otro linaje que los dichos, muy más alto; y si en ellos, con ser de más baja casta, no he podido declarar más de lo dicho, menos podré en estotro. El Señor dé para todo su favor, por los méritos de su Hijo. Amén.

CAPITULO SEGUNDO

Parece que hemos dejado mucho la palomica, y no hemos; porque estos trabajos son los que an la hacer tener más alto vuelo. Pues comencemos ahora a tratar de la manera que se ha con ella el Esposo, y como antes que del todo lo sea, se lo hace bien desear, por unos medios tan delicados, que el alma mesma no los entiende, ni yo creo acertaré a decir para que lo entienda, si no fueren las que han pasado por ello; porque son unos impulsos tan delicados y sotiles, que proceden de lo muy interior del alma, que no sé comparación que poner que cuadre. Va bien diferente de todo lo que acá podemos procurar, y an de los gustos que quedan dichos, que muchas veces estando la mesma persona descuidada y sin tener la memoria en Dios, su Majestad la despierta, a manera de una cometa que pasa de presto, o un trueno, anque no se oye ruido; mas entiende muy bien el alma, que fue llamada de Dios, y tan entendido, que algunas veces, en especial a los principios, las hace estremecer y an quejar, sin ser cosa que le duele. Siente ser herida sabrosísimamente, mas no atina cómo ni quién la hirió; mas bien conoce ser cosa preciosa, y jamás querría ser sana de aquella herida. Quéjase con palabras de amor, an esteriores, sin poder hacer otra cosa a su Esposo, porque entiende que está presente, mas no se quiere manifestar de manera que deje gozarse, y es harta pena, anque sabrosa y dulce; y anque quiera no tenerla, no puede; mas esto no querría jamás. Mucho más le satisface que el embebecimiento sabroso, que carece de pena, de la oración de quietud.

Deshaciéndome estoy, hermanas, por daros a entender esta operación de amor, y no sé cómo; porque parece cosa contraria dar a entender el Amado claramente que está con el alma, y parecer que la llama con una seña tan cierta, que no se puede dudar, y un silbo tan penetrativo para entenderlo el alma, que no le puede dejar de oír; porque no parece sino que en hablando el Esposo, que está en la sétima Morada, por esta manera, que no es habla formada, toda la gente que está en las otras no se osan bullir, ni sentidos ni maginación ni potencias. ¡Oh, mi poderoso Dios, qué grandes son vuestros secretos y qué diferentes las cosas del espíritu a cuanto por acá se puede ver ni entender, pues con ninguna cosa se puede declarar ésta, tan pequeña para las muy grandes que obráis con las almas!

Hace en ella tan gran operación, que se está deshaciendo de deseo, y no sabe qué pedir, porque claramente le parece que está con ella su Dios. Diréisme, pues si esto entiende, ¿qué desea u qué le da pena? ¿Qué mayor bien quiere? No lo sé; sé que parece le llega a las entrañas esta pena y que, cuando de ellas saca la saeta el que la hiere, verdaderamente parece que se las lleva tras sí, según el sentimiento de amor siente. Estaba pensando ahora si sería que en este fuego del brasero encendido que es mi Dios, saltaba alguna centella y daba en el alma, de manera que se dejaba sentir aquel encendido fuego, y como no era an bastante para quemarla, y él es tan deleitoso, queda con aquella pena, y a el tocar hace aquella operación; y paréceme es la mejor comparación que he acertado a decir; porque este dolor sabroso, y no es dolor, no está en un ser; anque a veces dura gran rato, otras de presto se acaba, como quiere comunicarle el Señor, que no es cosa que se puede procurar por ninguna vía humana; mas anque está algunas veces rato, quítase y torna; en fin, nunca está estante, y por eso no acaba de abrasar el alma, sino ya que se va a encender, muérese la centella y queda con deseo de tornar a padecer aquel dolor amoroso que le causa. Aquí no hay pensar si es cosa movida del mesmo natural, ni causada de melencolía, ni tampoco engaño del Demonio, ni si es antojo; porque es cosa que se deja muy bien entender ser este movimiento de adonde está el Señor, que es inmutable; y las operaciones no son como de otras devociones, que el mucho embebecimiento del gusto nos puede hacer dudar. Aquí están todos los sentidos y potencias, sin ningún embebecimiento, mirando qué podrá ser, sin estorbar nada ni poder acrecentar aquella pena deleitosa ni quitarla, a mi parecer. A quien nuestro Señor hiciere esta merced, que si se la ha hecho, en leyendo esto lo entenderá, déle muy muchas gracias, que no tiene que temer si es engaño; tema mucho si ha de ser ingrato a tan gran merced, y procure esforzarse a servir y a mejorar en todo su vida, y verá en lo que para y cómo recibe más y más. Anque a una persona que ésta tuvo, pasó algunos años con ello, y con aquella merced estaba bien satisfecha, que si multitud de años sirviera a el Señor con grandes trabajos, quedaba con ella muy bien pagada. Sea bendito por siempre jamás, amén.

Podrá ser que reparéis en cómo más en esto que en otras cosas hay seguridad. A mi parecer por estas razones: La primera, porque jamás el Demonio debe dar pena sabrosa como ésta; podrá él dar el sabor y deleite que parezca espiritual; mas juntar pena, y tanta, con quietud y gusto del alma, no es de su facultad; que todos sus poderes están por las adefueras; y sus penas, cuando él las da, no son, a mi parecer, jamás sabrosas ni con paz, sino inquietas y con guerra. La segunda, porque esta tempestad sabrosa viene de otra región de las que él puede señorear. La tercera, por los grandes provechos que quedan en el alma, que es lo más ordinario determinarse a padecer por Dios y desear tener muchos trabajos, y quedar muy más determinada a apartarse de los contentos y conversaciones de la tierra, y otras cosas semejantes. El no ser antojo está muy claro; porque anque otras veces lo procure, no podrá contrahacer aquéllo; y es cosa tan notoria, que en ninguna manera se puede antojar, digo, parecer que es, no siendo, ni dudar de que es, y si alguna quedare, sepan que no son estos verdaderos ímpetus; digo, si dudare en si le tuvo u si no; porque ansí se da a sentir, como a los oídos una gran voz. Pues ser melancolía no lleva camino nenguno, porque la melencolía, no hace y fabrica sus antojos sino en la imaginación; estotro procede de lo interior del alma. Ya puede ser que yo me engañe, mas hasta oír otras razones a quien lo entienda, siempre estaré en esta opinión; y ansí sé de una persona harto llena de temor de estos engaños, que de esta oración jamás le pudo temer.

También suele nuestro Señor tener otras maneras de despertar el alma; que a deshora, estando rezando vocalmente, y con descuido de cosa interior, parece viene una inflamación deleitosa, como si de presto viniese un olor tan grande, que se comunicase por todos los sentidos (no digo que es olor, sino pongo esta comparación) u cosa de esta manera, sólo para dar a sentir que está allí el Esposo; mueve un deseo sabroso de gozar el alma de Él, y con esto queda dispuesta para hacer grandes atos y alabanzas a nuestro

Señor. Su nacimiento de esta merced es de donde lo que queda dicho, mas aquí no hay cosa que dé pena, ni los deseos mesmos de gozar a Dios son penosos; esto es más ordinario sentirlo el alma. Tampoco me parece que hay aquí que temer, por algunas razones de las dichas, sino procurar admitir esta merced con hacimiento de gracias.

CAPITULO TERCERO

Otra manera tiene Dios de despertar a el alma; y anque en alguna manera parece mayor merced que las dichas, podrá ser más peligrosa, y por eso me deterné algo en ella, que son unas hablas con el alma, de muchas maneras; unas parece vienen de fuera, otras de lo muy interior del alma, otras de lo superior della, otras tan en lo esterior, que se oyen con los oídos porque parece es voz formada. Algunas veces, y muchas, puede ser antojo, en especial en personas de flaca imaginación u melencólicas, digo de melencolía notable; de estas dos maneras de personas no hay que hacer caso, a mi parecer, anque digan que ven y oyen y entienden, ni inquietarlas con decir que es Demonio, sino oírlas como a personas enfermas, diciendo a la priora u confesor a quien lo dijere, que no haga caso de ello, que no es la sustancia para servir a Dios; y que a muchos ha engañado el Demonio por allí, anque no será quizá ansí a ella, por no la afligir más que tray con su humor. Porque si le dicen que es melancolía, nunca acabara, que jurará que lo ve y lo oye, porque le parece ansí. Verdad es, que es menester traer cuenta con quitarle la oración, y lo más que se pudiere, que no haga caso dello; porque suele el Demonio aprovecharse de estas almas ansí enfermas, anque no sea para su daño, para el de otros; y a enfermas y sanas, siempre de estas cosas hay que temer, hasta ir entendiendo el espíritu. Y digo que siempre es lo mejor a los principios deshacérsele; porque si es de Dios, es más ayuda para ir adelante, y antes crece cuando es probado. Esto es ansí, mas no sea apretando mucho el alma y inquietándola; porque verdaderamente ella no puede más.

Pues tornando a lo que decía de las hablas con el ánima, de todas las maneras que he dicho, pueden ser de Dios, y tamb’en del Demonio y de la propia imaginación. Diré, si acertare, con el favor del Señor, las señales que hay en estas diferencias y cuándo serán estas hablas peligrosas; porque hay muchas almas que las entienden entre gente de oración, y querría, hermanas, que no penséis hacéis mal en no las dar crédito, ni tampoco en dársele, cuando son solamente para vosotras mesmas de regalo, u aviso de faltas vuestras, dígalas quien las dijere, u sea antojo, que poco va en ello. De una cosa os aviso, que no penséis, anque sean de Dios, seréis por eso mejores, que harto habló a los fariseos, y todo el bien está como se aprovechan de estas palabras: y ninguna que no vaya muy conforme a la Escritura hagáis más caso de ellas, que si las oyésedes al mesmo Demonio; porque anque sean de vuestra flaca imaginación, es menester tomarse como una tentación de cosas de la fe, y ansí resistir siempre, para que se vayan quitando; y sí quitarán, porque llevan poca fuerza consigo. Pues tornando a lo primero, que venga de lo interior, que de lo superior, que de lo esterior, no importa para dejar de ser de Dios. Las más ciertas señales que se pueden tener, a mi parecer son éstas. La primera y más verdadera es el poderío y señorío que train consigo, que es hablando y obrando. Declárome más. Está un alma en toda la tribulación y alboroto interior que queda dicho, y escuridad del entendimiento y sequedad; con una palabra de éstas, que diga solamente: —"No tengas pena"—, queda sosegada, y sin ninguna, y con gran luz, quitada toda aquella pena, con que le parecía que todo el mundo y letrados que se juntaran a darle razones para que no la tuviese, no la pudieran, con cuanto trabajaran, quitar de aquella afición. Está afligida por haberle dicho su confesor, y otros, que es espíritu del Demonio el que tiene, y toda llena de temor; y con una palabra que se le diga sólo: —"Yo soy, no hayas miedo"—, se le quita del todo, y queda consoladísima, y pareciéndole que ninguno bastará a hacerla creer otra cosa. Está con mucha pena de algunos negocios graves, que no saben cómo han de suceder; entiende, que se sosiegue, que todo sucederá bien; queda con certidumbre, y sin pena; y desta manera otras muchas cosas.

La segunda razón, una gran quietud que queda en el alma, y recogimiento devoto y pacífico, y dispuesta para alabanzas de Dios. ¡Oh Señor! si una palabra enviada a decir con un paje vuestro, que a lo que dicen, al menos éstas, en esta Morada, no las dice el mesmo Señor, sino algún ángel, tienen tanta fuerza, ¿qué tal la dejaréis en el alma que está atada por amor con Vos, y Vos con ella?

La tercera señal es, no pasarse estas palabras de la memoria en muy mucho tiempo, y algunas jamás, como se pasan las que por acá entendemos, digo, que oímos de los hombres, que anque sean muy graves y letrados, no las tenemos tan esculpidas en la memoria, ni tampoco si son en cosas por venir, las creemos como a éstas, que queda una certidumbre grandísima, de manera que, anque algunas veces en cosas muy imposibles, a el parecer, no deja de venirle duda si será u no será, y anda con algunas vacilaciones el entendimiento, en la mesma alma está una seguridad, que no se puede rendir: anque le parezca que vaya todo al contrario de lo que entendió, y pasan años, no se le quita aquel pensar que Dios buscará otros medios que los hombres no entienden, mas que, en fin, se ha de hacer, y ansí es que se

hace. Anque, como digo, no se deja de padecer cuando ve muchos desvíos, porque como ha tiempo que lo entendió, y las operaciones y certidumbre, que al presente quedan ser Dios, es ya pasado, han lugar estas dudas, pensando si fue Demonio, si fue de la imaginación; ninguna de estas le queda al presente sino que moriría por aquella verdad. Mas, como digo, con todas estas imaginaciones, que debe poner el Demonio para dar pena, y acobardar el alma, en especial, si es en negocio que en el hacerse lo que se entendió ha de haber muchos bienes de almas, y es obras para gran honra y servicio de Dios, y en ellas hay gran dificultad, ¿qué no hará? Al menos enflaquece la fe, que es harto daño no creer que Dios es poderoso para hacer obras que no entienden nuestros entendimientos. Con todos estos combates, anque haya quien diga a la mesma persona que son disbarates, digo los confesores con quien se tratan estas cosas, y con cuantos malos sucesos hubiere para dar a entender que no se pueden cumplir, queda una centella no sé dónde, tan viva, de que será, anque todas las demás esperanzas estén muertas, que no podría, anque quisiese, dejar de estar viva aquella centella de siguridad. Y en fin, como he dicho, se cumple la palabra del Señor, y queda el alma tan contenta y alegre, que no querría sino alabar siempre a su Majestad, y mucho más, por ver cumplido lo que se le había dicho, que por la mesma obra, anque le vaya muy mucho en ella. No sé en qué va esto, que tiene en tanto el alma, que salgan estas palabras verdaderas, que si a la mesma persona la tomasen en algunas mentiras, no creo sentiría tanta; como si ella en esto pudiese más, que no dice sino lo que la dicen. Infinitas veces se acordaba cierta persona de Jonás, profeta, sobre esto, cuando temía no había de perderse Nínive. En fin, como es espíritu de Dios, es razón se le tenga esa fidelidad, en desear no le tengan por falso, pues es

la suma verdad. Y ansí es grande la
alegría cuando, después de mil rodeos y en cosas dificultosísimas, lo
ve cumplido; anque a la mesma persona se le hayan de seguir grandes
trabajos de ello, los quiere más pasar que no que deje de cumplirse lo
que tiene por cierto le dijo el Señor.
Quizá no todas personas ternán esta
flaqueza, si lo es, que no lo puedo
condenar por malo.

Si son de la imaginación, nenguna de estas señales hay, ni certidumbre, ni paz y gusto interior; salvo
que podría acaecer, y an yo sé de
algunas personas a quien ha acaecido, estando muy embebidas en
oración de quietud y sueño espiritual, que algunas son tan flacas de
complisión u imaginación, u no sé
la causa, que verdaderamente en
este gran recogimiento están tan fuera de sí, que no sienten en lo esterior,
y están tan adormecidos todos los
sentidos, que como una persona que
duerme, y an quizá es ansí que están
adormizadas, como manera de sueño
les parece que les hablan, y an que
ven cosas, y piensan que es Dios, y
deja los efetos, en fin, como de sueño. Y también podría ser, pidiendo
una cosa a nuestro Señor afetuosa-
mente, parecerles que le dicen lo que
quieren, y esto acaece algunas veces.
Mas a quien tuviere mucha espiriencia de las hablas de Dios, no se
podrá engañar en esto, a mi parecer,
de la imaginación. Del Demonio hay
más que temer, mas si hay las señales que quedan dichas, mucho se
puede asigurar ser de Dios, anque
no de manera, que si es cosa grave
lo que se le dice, y que se ha de
poner por obra de sí u de negocios
de terceras personas, jamás haga
nada ni le pase por pensamiento, sin
parecer de confesor letrado y avisado y siervo de Dios, anque más y
más entienda y le parezca claro ser
de Dios. Porque esto quiere su Majestad, y no es dejar de hacer lo que
Él manda, pues nos tiene dicho tengamos a el confesor en su lugar,
adonde no se puede dudar ser pala-

bras suyas; y éstas ayuden a dar
ánimo, si es necesario dificultoso, y
nuestro Señor le porná al confesor,
y le hará crea es espíritu suyo cuando Él lo quisiere, y si no, no están
más obligados. Y hacer otra cosa
sino lo dicho, y siguirse naide por
su parecer en esto, téngolo por cosa
muy peligrosa; y ansí, hermanas, os
amonesto de parte de nuestro Señor, que jamás os acaezca.

Otra manera hay, como habla el
Señor a el alma, que yo tengo para
mí ser muy cierto de su parte, con
alguna visión intelectual, que adelante diré como es. Es tan en lo íntimo
del alma, y parécele tan claro oír
aquellas palabras con los oídos del
alma a el mesmo Señor, y tan en
secreto, que la mesma manera de
entenderlas, con las operaciones que
hace la mesma visión, asegura y da
certidumbre no poder el Demonio
tener parte allí. Deja grandes afetos
para creer esto, al menos hay siguridad de que no procede de la imaginación, y también si hay advertencia la puede siempre tener de esto
por estas razones. La primera, porque debe ser diferente en la claridad
de la habla, que lo es tan clara, que
una sílaba que falte de lo que entendió, se acuerda, y si se dijo por un
estilo u por otro, anque sea todo
una sentencia; y en lo que se antoja
por la imaginación, será no habla
tan clara, ni palabras tan distintas,
sino como cosa medio soñada.

La segunda, porque acá no se
pensaba muchas veces en lo que
se entendió, digo que es a deshora,
y an algunas estando en conversación, anque hartas se responde a lo
que pasa de presto por el pensamiento u a lo que antes se ha pensado; mas muchas es en cosa que
jamás tuvo acuerdo de que habían
de ser ni serían, y ansí no las podía
haber fabricado la imaginación, para que el alma se engañase en anto-
jársele lo que no había deseado, ni
querido, ni venido a su noticia.

La tercera, porque lo uno es como
quien oye, y lo de la imaginación es

como quien va componiendo lo que él mesmo quiere que le digan poco a poco.

La cuarta, porque las palabras son muy diferentes, y con una se comprende mucho, lo que nuestro entendimiento no podría comprender tan de presto.

La quinta, porque junto con las palabras muchas veces, por un modo que yo no sabré decir, se da a entender mucho más de lo que ellas suenan sin palabras. En este modo de entender, hablaré en otra parte más, que es cosa muy delicada y para alabar a nuestro Señor; porque en esta manera y diferencias, ha habido personas muy dudosas, en especial alguna por quien ha pasado, y ansí habrá otras que no acababan de entenderse; y ansí sé que lo ha mirado con mucha advertencia, porque han sido muy muchas veces las que el Señor le hace esta merced, y la mayor duda que tenía era en esto, si se le antojaba, a los principios, que el ser Demonio más presto se puede entender; anque son tantas tan sotilezas, que sabe bien contrahacer el espíritu de luz; mas será, a mi parecer, en las palabras, decirlas muy claras, que tampoco quede duda si se entendieron como en el espíritu de verdad; mas no podrá contrahacer los efetos que quedan dichos, ni dejar esa paz en el alma, ni luz, antes inquietud y alboroto; mas puede hacer poco daño, u ninguno, si el alma es humilde, y hace lo que he dicho, de no se mover a hacer nada por cosa que entienda. Si son favores y regalos del Señor, mire con atención si por ellos se tiene por mejor, y si mientra mayor palabra de regalo, no quedare más confundida, crea que no es espíritu de Dios; porque es cosa muy cierta, que cuando lo es, mientra mayor merced le hace, muy más en menos se tiene la mesma alma, y más acuerdo tray de sus pecados, y más olvidada de su ganancia, y más empleada su voluntad, y memoria en querer sólo la honra de Dios, ni acordarse de su propio provecho, y con más temor anda de torcer en ninguna cosa su voluntad, y con mayor certidumbre de que nunca mereció aquellas mercedes, sino el Infierno. Como hagan estos efetos todas las cosas y mercedes que tuviere en la oración, no ande el alma espantada, sino confiada en la misericordia del Señor, que es fiel, y no dejará a el Demonio que la engañe, anque siempre es bien se ande con temor.

Podrá ser que a las que no lleva el Señor por este camino, les parezca que podrían estas almas no escuchar estas palabras que les dicen, y si son interiores, destraerse de manera que no se admitan, y con esto andarán sin estos peligros. A éstos respondo, que es imposible: no hablo de las que se les antoja que con no estar tanto apeteciendo alguna cosa ni quiriendo hacer caso de las imaginaciones, tienen remedio. Acá ninguno, porque de tal manera el mesmo espíritu que habla, hace parar todos los otros pensamientos y advertir a lo que se dice, que en alguna manera me parece, y creo es ansí, que sería más posible no entender a una persona que hablase muy a voces a otra que oyese muy bien, porque podría no advertir, y poner el pensamiento y entendimiento en otra cosa, mas en lo que tratamos no se puede hacer: no hay oídos que se atapar, ni poder para pensar, sino en lo que se dice, en ninguna manera; porque el que pudo hacer parar el sol, por petición de Josué creo era, puede hacer parar las potencias y todo el interior, de manera, que ve bien el alma, que otro mayor Señor gobierna aquel Castillo que ella, y hácela harta devoción y humildad; ansí en escusarlo no hay remedio ninguno. Dénosle la divina Majestad, para que sólo pongamos los ojos en contentarle y nos olvidemos de nosotros mesmos, como he dicho; amén. Plega Él, que haya acertado a dar a entender lo que en esto he pretendido, y que sea de algún aviso para quien lo tuviere.

CAPITULO CUARTO

Con estas cosas dichas de trabajos y las demás, ¿qué sosiego puede traer la pobre mariposica? Todo es para más desear gozar a el Esposo; y su Majestad, como quien conoce nuestra flaqueza, vala habilitando con estas cosas y otras muchas, para que tenga ánimo de juntarse con tan gran Señor, y tomarle por Esposo. Reíros heis de que digo esto, y pareceros ha desatino; porque cualquiera de vosotras os parecerá que no es menester, y que no habrá nenguna mujer tan baja, que no le tenga para desposarse con el Rey. Ansí lo creo yo con el de la tierra, mas con el del Cielo, yo os digo que es menester más de lo que pensáis; porque nuestro natural es muy tímido y bajo para tan gran cosa, y tengo por cierto, que si no lo diese Dios, con cuanto veis, u que nos está bien, sería imposible. Y ansí veréis lo que hace su Majestad para concluir este desposorio, que entiendo yo debe ser cuando da arrobamientos, que la saca de sus sentidos; porque estando en ellos se viese tan cerca desta gran Majestad, no era posible, por ventura, quedar con vida. Entiéndese arrobamientos que lo sean, y no flaquezas de mujeres, como por acá tenemos, que todo nos parece arrobamiento y éstasis. Y como creo dejo dicho, hay complesiones tan flacas, que con una oración de quietud se mueren. Quiero poner aquí algunas maneras que yo he entendido, como he tratado con tantas personas espirituales, que hay de arrobamientos, anque no sé si acertaré, como en otra parte que lo escribí: esto y algunas cosas de las que van aquí, que por algunas razones, ha parecido no va nada tornarlo a decir, anque no sea sino porque vayan las Moradas por junto aquí.

Una manera hay, que estando el alma, anque no sea en oración, tocada con alguna palabra, que se acordó u oye de Dios, parece que su Majestad, desde lo interior del alma, hace crecer la centella que dijimos ya, movido de piedad de haberla visto padecer tanto tiempo por su deseo, que abrasada toda ella como un ave Fenis, queda renovada, y piadosamente, se puede creer, perdonadas sus culpas. Hase de entender con la disposición y medios que esta alma habrá tenido, como la Iglesia lo enseña. Y ansí limpia, la junta consigo, sin entender an aquí naide sino ellos dos, ni an la mesma alma entiende de manera que lo puede después decir, anque no está sin sentido interior; porque no es como a quien toma un desmayo u parajismo, que ninguna cosa interior ni esterior entiende. Lo que yo entiendo en este caso, es que el alma nunca estuvo tan despierta para las cosas de Dios, ni con tan gran luz y conocimiento de su Majestad. Parecerá imposible, porque si las potencias están tan absortas, que podemos decir que están muertas, y los sentidos lo mesmo, ¿cómo se puede entender que entiende ese secreto? Yo no lo sé, ni quizá ninguna criatura, sino el mesmo Criador, y otras cosas muchas que pasan en este estado, digo en estas dos Moradas; que ésta, y la postrera se pudiera juntar bien, porque de la una a la otra no hay puerta cerrada: porque hay cosas en la postrera, que no se han manifestado a los que an no han llegado a ella, me pareció dividirlas.

Cuando estando el alma en esta suspensión, el Señor tiene por bien demostrarle algunos secretos, como de cosas del Cielo y visiones imaginarias, esto sábelo después decir, y de tal manera queda imprimido en la memoria que nunca jamás se olvida; mas cuando son visiones intelectuales tampoco las sabe decir; porque debe haber algunas en estos tiempos tan subidas, que no las convienen entender más los que viven en la tierra para poderlas decir, anque estando sana en sus sentidos, por acá se pueden decir muchas destas visiones intelectuales.

Podrá ser que no entendáis algunas qué cosa es visión, en especial las intelectuales. Yo diré a su tiempo, porque me lo ha mandado quien puede; y anque parezca cosa impertinente, quizá para algunas almas será de provecho. Pues diréisme, si después no ha de haber acuerdo de esas mercedes tan subidas que ahí hace el Señor a el alma, ¿qué provecho le train? ¡Oh hijas! que es tan grande, que no se puede encarecer, porque anque no las saben decir, en lo muy interior del alma quedan bien escritas, y jamás se olvidan. Pues si no tienen imagen ni las entienden las potencias, ¿cómo se pueden acordar? Tampoco entiendo eso: mas entiendo que quedan unas verdades en esta alma, tan fijas de la grandeza de Dios, que cuando no tuviera fe que le dice quién es, y que está obligada a creerle por Dios, le adorará desde aquel punto por tal, como hizo Jacob cuando vio la escala, que con ella debía de entender otros secretos que no los supo decir; que por sólo ver una escala que bajaban y subían ángeles, si no hubiera más luz interior, no entendiera tan grandes misterios. No sé si atino en lo que digo, porque anque lo he oído, no sé si se me acuerda bien. Ni tampoco Moysén supo decir todo lo que vio en la zarza, sino lo que quiso Dios que dijese; mas si no mostrara Dios a su alma secretos con certidumbre, para que viese y creyese que era Dios, no se pusiera en tantos y tan grandes trabajos; mas debía entender tan grandes cosas dentro de los espinos de aquella zarza, que le dieron ánimo para hacer lo que hizo por el pueblo de Israel. Ansí que, hermanas, las cosas ocultas de Dios no hemos de buscar razones para entenderlas, sino que como creemos que es poderoso, está claro que hemos de creer que un gusano de tan limitado poder como nosotros, que no ha de entender sus grandezas. Alabémosle mucho, porque es servido que entendamos algunas.

Deseando estoy acertar a poner una comparación para si pudiese dar a entender algo de esto que voy diciendo, y creo no la hay que cuadre; mas digamos ésta: Entráis en un aposento de un rey u gran señor, u creo camarín los llaman, adonde tienen infinitos géneros de vidrios y barros y muchas cosas, puestas por tal orden, que casi todas se ven en entrando. Una vez me llevaron a una pieza de éstas en casa de la Duquesa de Alba, adonde, viniendo de camino, me mandó la obediencia estar, por haberlos importunado esta señora, que me quedé espantada en entrando, y consideraba de qué podía aprovechar aquella baraúnda de cosas, y vía que se podía alabar al Señor de tantas diferencias de cosas; y ahora me cay en gracia cómo me ha aprovechado para aquí. Y anque estuve allí un rato, era tanto lo que había que ver, que luego se me olvidó todo, de manera que de nenguna de aquellas piezas me quedó más memoria que si nunca las hubiera visto, ni sabría decir de qué hechura eran: mas por junto acuérdase que lo vio. Ansí acá, estando el alma tan hecha una cosa con Dios, metida en este aposento de cielo impíreo que debemos tener en lo interior de nuestras almas; porque claro está que, pues Dios está en ellas, que tiene alguna de estas Moradas; y anque cuando está ansí el alma en éstasis, no debe siempre el Señor querer que vea estos secretos, porque está tan embebida en gozarle que le basta tan gran bien, algunas veces gusta que se desembeba y de presto vea lo que está en aquel aposento; y ansí queda después que torna en sí con aquel representársele las grandezas que vio: mas no puede decir nenguna, ni llega su natural a más de lo que sobrenatural ha querido Dios que vea. ¡Luego ya confieso que fue ver y que es visión imaginaria!—No quiero decir tal, que no es esto de que trato, sino visión intelectual; que como no tengo letras, mi torpeza no sabe decir nada; que lo que he dicho hasta aquí en esta oración entiendo claro que si va bien que no soy yo la que lo he dicho. Yo tengo para mí que si algunas veces no entiende de estos secretos en los arrobamientos el alma a quien los ha dado Dios, que no son arrobamientos, sino alguna flaqueza natural, que puede ser a personas de flaca complesión, como somos las mujeres, con alguna fuerza de espíritu sobrepujar al natural y quedarse ansí embebidas, como creo dije en la oración de quietud. Aquéllos no tienen que ver con arrobamientos; porque el que lo es cree que roba Dios toda el alma para sí y que, como a cosa suya propia y ya esposa suya, la va mostrando alguna partecita del reino que ha ganado por serlo; que, por poca que sea, es todo mucho lo que hay en este gran Dios, y no quiere estorbo de naide, ni de potencias, ni sentidos; sino de presto manda cerrar las puertas de estas Moradas todas, y sólo en la que Él está queda abierta para entrarnos. Bendita sea tanta misericordia y con razón serán malditos los que no quisieren aprovecharse de ella, y perdieren a este Señor. ¡Oh, hermanas mías! que no es nada lo que dejamos, ni es nada cuanto hacemos ni cuanto pudiéramos hacer, por un Dios que ansí se quiere comunicar a un gusano. Y si tenemos esperanza de an en esta vida gozar de este bien, ¿qué hacemos? ¿en qué nos detenemos? ¿qué es bastante para que un memento dejemos de buscar a este

Señor, como lo hacía la Esposa por barrios y plazas? ¡Oh, que es burlerío todo lo del mundo si no nos llega y ayuda a esto, anque duraran para siempre sus deleites y riquezas y gozos cuantos se pudieran imaginar! ¡Que es todo asco y basura comparado a estos tesoros que se han de gozar sin fin! Ni an éstos no son nada en comparación de tener por nuestro al Señor de todos los tesoros y del cielo y de la tierra. ¡Oh, ceguedad humana! ¿Hasta cuándo, hasta cuándo se quitará esta tierra de nuestros ojos? Que anque entre nosotras no parece no es tanta que nos ciegue del todo, veo unas motillas, unas chinillas, que si las dejamos crecer, bastarán hacernos gran daño; sino que por amor de Dios, hermanas, nos aprovechemos de estas faltas para conocer nuestra miseria, y ellas nos den mayor vista, como la dio el lodo del ciego que sanó nuestro Esposo; y ansí, viéndonos tan imperfetas, crezca más el suplicarle saque bien de nuestras miserias, para en todo contentar a su Majestad.

Mucho me he divertido sin entenderlo; perdonadme, hermanas, y creed que, llegada a estas grandezas de Dios, digo, a hablar en ellas, no puede dejar de lastimarme mucho ver lo que perdemos por nuestra culpa. Porque, anque es verdad que son cosas que las da el Señor a quien quiere, si quisiésemos a su Majestad como Él nos quiere, a todas las daría; no está deseando otra cosa, sino tener a quien dar, que no por eso se desminuyen sus riquezas.

Pues tornando a lo que decía, manda el Esposo cerrar las puertas de las Moradas, y an las del Castillo y cerca; que en quiriendo arrebatar esta alma, se le quita el huelgo de manera que, anque duren un poquito más algunas veces los otros sentidos, en ninguna manera puede hablar, anque otras veces todo se quita de presto, y se enfrían las manos y el cuerpo de manera que no parece tiene alma, ni se entiende algunas veces si echa el huelgo. Esto dura poco espacio, digo para estar en un ser, porque, quitándose esta gran suspensión un poco, parece que el cuerpo torna algo en sí y alienta para tornarse a morir y dar mayor vida a el alma, y con todo no dura mucho tan gran éstasi.

Mas acaece, anque se quita, quedarse la voluntad tan embebida y el entendimiento tan enajenado, y durar ansí día y an días, que parece no es capaz para entender en cosa que no sea para despertar la voluntad de amar, y ella se está harto despierta para esto y dormida para arrostrar a asirse a ninguna criatura.

¡Oh! cuando el alma torna ya del todo en sí, ¡qué es la confusión que le da y los deseos tan grandísimos de emplearse en Dios, de todas cuantas maneras se quiere servir de ella! Si de las oraciones pasadas quedan tales efetos como quedan dichos, ¿qué será de una merced tan grande como ésta? Querría tener mil vidas para emplearlas todas en Dios, y que todas cuantas cosas hay en la tierra fuesen lenguas para alabarle por ella. Los deseos de hacer penitencia, grandísimos; y no hace mucho en hacerla, porque con la fuerza del amor, siente poco cuanto hace, y ve claro que no hacían mucho los mártires en los tormentos que padecían, porque con esta ayuda de parte de nuestro Señor es fácil; y ansí se quejan estas almas a su Majestad cuando no se les ofrece en que padecer. Cuando esta merced les hace en secreto, tiénenla por muy grande; porque cuando es delante de algunas personas, es tan grande el corrimiento y afrenta que les queda, que en alguna manera desembebe el alma de lo que gozó, con la pena y cuidado que le da pensar qué pensarán los que lo han visto. Porque conocen la malicia del mundo y entienden que no lo echarán por ventura a lo que es, sino que, por lo que habían de alabar al Señor, por ventura les será ocasión para echar juicios. En alguna manera me parece esta pena y corrimiento falta de humildad; mas ello no es más en su mano; porque si esta persona desea ser vituperada, ¿qué se le da? Como entendió una que estaba en esta aflición de parte de nuestro Señor: "No tengas pena, que, u ellos han de alabarme a Mí u mormurar de ti, y en cualquiera cosa de éstas ganas tú". Supe después que esta persona se había mucho animado con estas palabras y consolado; y porque si alguna se viere en esta afleción, os las pongo aquí. Parece que quiere nuestro Señor que todos entiendan que aquel alma es ya suya, que no ha de tocar naide en ella; en el cuerpo, en la honra, en la hacienda, enhorabuena, que de todo se sacará honra para su Majestad; mas en el alma, eso no, que si ella, con muy culpable atrevimiento, no se aparta de su Esposo, Él la amparará de todo el mundo, y an de todo el Infierno. No sé si queda dado algo a entender de qué cosa es arrobamiento, que todo es imposible, como he dicho, y creo no se ha perdido nada en decirlo, para que se entienda lo que lo es, porque hay efetos muy diferentes en los fingidos arrobamientos; no digo fingidos porque quien los tiene no quiere engañar, sino porque ella lo está; y como las señales y efetos no conforman con tan gran merced, queda infamada de manera que con razón no se cree después a quien el Señor la hiciere. Sea por siempre bendito y alabado, amén, amén.

CAPÍTULO QUINTO

Otra manera de arrobamiento hay, u vuelo del espíritu le llamo yo, que anque todo es uno en la sustancia, en lo interior se siente muy diferente, porque muy de presto algunas veces se siente un movimiento tan acelerado del alma, que parece es arrebatado el espíritu con una velocidad que pone harto temor, en especial a los principios; que por eso os decía que es menester ánimo grande para a quien Dios ha de hacer estas mercedes, y an fe y confianza y resinación grande de que haga nuestro Señor del alma lo que quisiere. ¿Pensáis que es poca turbación estar una persona muy en su sentido y verse arrebatar el alma? Y an algunos hemos leído que el cuerpo con ella, sin saber adónde va u quién la lleva u cómo; que al principio de este momentáneo movimiento no hay tanta certidumbre de que es Dios. Pues ¿hay algún remedio de poder resistir? En ninguna manera; antes es peor; que yo le sé de alguna persona, que parece quiere Dios dar a entender al alma que, pues tantas veces con tan grandes veras se ha puesto en sus manos y con tan entera voluntad se le ha ofrecido toda, que entienda que ya no tiene parte en sí, y notablemente, con más impetuoso movimiento es arrebatada: y tomaba ya por sí no hacer más que hace una paja cuando la levanta el ámbar, si lo habéis mirado, y dejarse en las manos de quien tan poderoso es, que ve es lo más acertado hacer de la necesidad virtud. Y porque dije de la paja, es cierto ansí, que con la facilidad que un gran jayán puede arrebatar una paja, este nuestro gran gigante y poderoso arrebata el espíritu. No parece sino que aquel pilar de agua, que dijimos,

creo era la cuarta Morada, que no me acuerdo bien, que con suavidad y mansedumbre, digo sin ningún movimiento, se henchía: aquí desató este gran Dios que detiene los manantiales de las aguas, y no deja salir la mar de sus términos, los manantiales por donde venía a este pilar de agua; y con un ímpetu grande se levanta una ola tan poderosa, que sube a lo alto esta navecica de nuestra alma. Y ansí como no puede una nave, ni es poderoso el piloto, ni todos los que la gobiernan para que las olas, si vienen con furia, la dejen estar adonde quieren, muy menos puede lo interior del alma detenerse en donde quiere, ni hacer que sus sentidos ni potencias hagan más de lo que les tienen mandado, que lo esterior no se le hace aquí caso de ello.

Es cierto, hermanas, que de sólo irlo escribiendo me voy espantando de cómo se muestra aquí el gran poder de este gran Rey y Emperador; ¿qué hará quien pasa por ello? Tengo para mí que si los que andan muy perdidos por el mundo se les descubriese su Majestad, como hace a estas almas, que anque no fuese por amor, por miedo no le osarían ofender. Pues ¡oh, cuán obligadas estarán las que han sido avisadas por camino tan subido a procurar con todas sus fuerzas no enojar este Señor! Por Él os suplico, hermanas, a la que hubiere hecho su Majestad estas mercedes u otras semejantes, que no os descuidéis con no hacer más que recibir; mirá que quien mucho debe, mucho ha de pagar. Para esto también es menester gran ánimo, que es una cosa que acobarda en gran manera, y si nuestro Señor no se le diese andaría siempre con gran aflición; porque mirando lo que su

Majestad hace con ella, y tornándose a mirar a sí, cuán poco sirve para lo que está obligada, y eso poquillo que hace lleno de faltas y quiebras y flojedad, que por no se acordar de cuán imperfetamente hace alguna obra, si la hace, tiene por mejor procurar que se le olvide, y traer delante sus pecados, y meterse en la misericordia de Dios que pues no tiene con qué pagar, supla la piadad y misericordia que siempre tuvo con los pecadores. Quizá le responderá lo que a una persona que estaba muy afligida delante de un crucifijo en este punto, considerando que nunca había tenido qué dar a Dios ni qué dejar por Él: díjole el mesmo Crucificado consolándola, que Él la daba todos los dolores y trabajos que había pasado en su Pasión, que los tuviese por propios para ofrecer a su Padre. Quedó aquel alma tan consolada y tan rica, según de ella he entendido, que no se le puede olvidar, antes cada vez que se ve tan miserable, acordándosele, queda animada y consolada. Algunas cosas de éstas podría decir aquí, que, como he tratado tantas personas santas y de oración, sé muchas; porque no penséis que só yo me voy a la mano. Esta paréceme de gran provecho, para que entendáis lo que se contenta nuestro Señor de que nos conozcamos y procuremos siempre mirar y remirar nuestra pobreza y miseria, y que no tenemos nada, que no lo recibimos. Ansí que, hermanas mías, para esto y otras muchas cosas, que se ofrece a un alma, que ya el Señor la tiene en este punto, es menester ánimo; y, a mi parecer, para esto postrero más que para nada, si hay humildad; dénosla el Señor por quien es.

Pues tornando a este apresurado arrebatar el espíritu, es de tal manera, que verdaderamente parece sale del cuerpo, y, por otra parte, claro está que no queda esta persona muerta: al menos ella no puede decir si está en el cuerpo u si no, por algunos istantes. Parécele que toda junta ha estado en otra región muy diferente de en esta que vivimos, adonde se le muestra otra luz tan diferente de la de acá, que si toda su vida ella la estuviera fabricando junto con otras cosas, fuera imposible alcanzarlas; y acaece que en un instante le enseñan tantas cosas juntas, que en muchos años que trabajara en ordenarlas con su imaginación y pensamiento, no pudiera de mil partes la una. Esto no es visión intelectual, sino imaginaria, que se ve con los ojos del alma, muy mejor que acá vemos con los del cuerpo, y sin palabras se le da a entender algunas cosas; digo como si ve algunos santos: los conoce como si los hubiera mucho tratado. Otras veces, junto con las cosas que ve con los ojos del alma por visión inteletual, se le representan otras, en especial multitud de ángeles, con el Señor de ellos, y sin ver nada con los ojos del cuerpo ni del alma, por un conocimiento admirable que yo no sabré decir, se le representa lo que digo y otras muchas cosas que no son para decir. Quien pasare por ellas, que tenga más habilidad que yo, las sabrá quizá dar a entender, anque me parece bien dificultoso. Si esto todo pasa estando en el cuerpo u no, yo no lo sabré decir; al menos ni juraría que está en el cuerpo, ni tampoco que está el cuerpo sin alma. Muchas veces he pensado, si como el sol estándose en el Cielo, que sus rayos tienen tanta fuerza, que no mudándose él de allí, de presto llegan acá, si el alma y el espíritu, que son una mesma cosa, como lo es el sol y sus rayos, puede, quedándose ella en su puesto, con la fuerza del calor que le viene del verdadero Sol de Justicia, alguna parte superior salir sobre sí mesma. En fin, yo no sé lo que digo, lo que es verdad es que con la presteza que sale la pelota de un arcabuz cuando le ponen el fuego, se levanta en lo interior un vuelo, que yo no sé otro nombre que le poner, que, anque no hace ruido, hace movimiento tan claro, que no puede ser antojo

en ninguna manera; y muy fuera de
sí mesma, a todo lo que puede entender, se le muestran grandes cosas;
y cuando torna a sentirse en sí, es
con tan grandes ganancias, y tiniendo
en tan poco todas las cosas de la
tierra, para en comparación de las
que ha visto, que le parecen basura;
y desde ahí adelante vive en ella con
harta pena, y no ve cosa de las que
le solían parecer bien que no le haga
dársele nada de ella. Parece que le
ha querido el Señor mostrar algo de
la tierra adonde ha de ir, como llevaron señas los que enviaron a la tierra
de promisión los del pueblo de Israel, para que pase los trabajos de este camino tan trabajoso, sabiendo
adónde ha de ir a descansar. Anque
cosa que pasa tan de presto no os
parecerá de mucho provecho, son
tan grandes los que deja en el alma,
que si no es por quien pasa, no se
sabrá entender su valor. Por donde
se ve bien no ser cosa del Demonio;
que de la propia imaginación es imposible, ni del Demonio podría representar cosas, que tanta operación
y paz y sosiego y aprovechamiento
dejan en el alma, en especial tres
cosas muy en subido grado: conocimiento de la grandeza de Dios, porque mientras más cosas viéremos de
ella, más se nos da a entender: propio conocimiento y humildad de ver
cómo cosa tan baja, en comparación
del Criador de tantas grandezas, la
ha osado ofender, ni osa mirarle;
la tercera, tener en muy poco todas las cosas de la tierra, si no fueren las que puede aplicar para servicio de tan gran Dios. Estas son las
joyas que comienza el Esposo a dar
a su esposa, y son de tanto valor que
no las porná a mal recaudo, que ansí quedan esculpidas en la memoria
estas vistas, que creo es imposible
olvidarlas hasta que las goce para
siempre, si no fuere para grandísimo
mal suyo; mas el Esposo que se las
da es poderoso para darle gracia que
no las pierda.

Pues tornando a el ánimo que es
menester, ¿paréceos que es tan li-
viana cosa? Que verdaderamente parece que el alma se aparta del cuerpo,
porque se ve perder los sentidos, y
no entiende para qué. Menester es
que le dé Él que da todo lo demás.
Diréis que bien pagado va este temor: ansí lo digo yo. Sea para siempre alabado el que tanto puede dar.
Plega a su Majestad que nos dé para
que merezcamos servirle, amén.

CAPITULO SESTO

Destas mercedes tan grandes queda el alma tan deseosa de gozar del todo al que se las hace, que vive con harto tormento, anque sabroso; unas ansias grandísimas de morirse, y ansí, con lágrimas muy ordinarias, pide a Dios la saque de este destierro. Todo la cansa cuanto ve en él; en viéndose a solas tiene un gran alivio, y luego acude esta pena, y en estando sin ella no se hace. En fin, no acaba esta mariposica de hallar asiento que dure; antes, como anda el alma tan tierna del amor, cualquiera ocasión que sea para encender más este fuego la hace volar; y ansí en esta Morada son muy continuos los arrobamientos, sin haber remedio de escusarlos, anque sea en público, y luego las persecuciones y mormuraciones, que, anque ella quiera estar sin temores, no la dejan, porque son muchas las personas que se los ponen, en especial los confesores. Y anque en lo interior del alma parece tiene gran siguridad por una parte, en especial cuando está a solas con Dios, por otra anda muy afligida, porque teme si la ha de engañar el Demonio de manera que ofenda a quien tanto ama, que de las mormuraciones tiene poca pena, sino es cuando el mesmo confesor la aprieta, como si ella pudiese más. No hace sino pedir a todos oraciones, y suplicar a su Majestad la lleve por otro camino, porque le dicen que lo haga, porque éste es muy peligroso; mas como ella ha hallado por él tan gran aprovechamiento, que no puede dejar de ver que le lleva, como lee y oye y sabe por los mandamientos de Dios el que va al Cielo, no lo acaba de desear, anque quiere, sino dejarse en sus manos. Y an este no lo poder desear le da pena, por parecerle que no obedece al confesor, que en obedecer y no ofender a nuestro Señor le parece que está todo su remedio para no ser engañada; y ansí no haría un pecado venial, de advertencia, porque le hiciesen pedazos, a su parecer; y aflígese en gran manera de ver que no se puede escusar de hacer muchos sin entenderse. Da Dios a estas almas un deseo tan grandísimo de no le descontentar en cosa ninguna, por poquito que sea, ni hacer una imperfeción si pudiesen, que por sólo esto, anque no fuese por más, querría huir de las gentes, y ha gran envidia a los que viven y han vivido en los desiertos; por otra parte se querría meter en mitad del mundo, por ver si pudiese ser parte para que un alma alabase más a Dios, y si es mujer, se aflige del atamiento que le hace su natural, porque no puede hacer esto, y ha gran envidia a los que tienen libertad para dar voces, publicando quién es este gran Dios de las Caballerías.

¡Oh, pobre mariposilla, atada con tantas cadenas que no te dejan volar lo que querrías! Habedla lástima, mi Dios; ordenad ya de manera que ella pueda cumplir en algo sus deseos para vuestra honra y gloria. No os acordéis de lo poco que lo merece y de su bajo natural. Poderoso sois Vos, Señor, para que la gran mar se retire, y el gran Jordán, y dejen pasar los hijos de Israel; no la hayáis lástima, que, con vuestra fortaleza ayudada, puede pasar muchos trabajos. Ella está determinada a ello, y los desea padecer; alargá, Señor, vuestro poderoso brazo, no se le pase la vida en cosas tan bajas. Parézcase vuestra grandeza en cosa tan feminil y baja para que, entendiendo el mundo que no es nada de ella, os alaben a Vos, cuéstele lo que le costare, que eso quiere, y dar mil vidas, porque un alma os alabe un poquito más a su causa, si tantas tuviera; y las da por muy bien empleadas, y entiende con toda verdad que no merece padecer por Vos un muy pequeño trabajo, cuanto más morir.

No sé a qué propósito he dicho esto, hermanas, ni para qué, que no me he entendido. Entendamos que son éstos los efetos que quedan de estas suspensiones u éstasi, sin duda nenguna; porque no son deseos que pasan, sino que están en un ser, y cuando se ofrece algo en qué mostrarlo, se ve que no era fingido. ¿Por qué digo estar en un ser? Algunas veces se siente el alma cobarde y en las cosas más bajas, y atemorizada y con tan poco ánimo, que no le parece posible tenerle para cosa. Entiendo yo que la deja el Señor entonces en su natural para mucho mayor bien suyo; porque ve entonces que si para algo le ha tenido, ha sido dado de su Majestad con una claridad que la deja aniquilada a sí y con mayor conocimiento de la misericordia de Dios y de su grandeza, que en cosa tan baja la ha querido mostrar; mas lo más ordinario está como antes hemos dicho. Una cosa advertí, hermanas, en estos grandes deseos de ver a nuestro Señor: que aprietan algunas veces tanto, que es menester no ayudar a ellos, sino divertiros, si podéis digo, porque en otros, que diré adelante, en ninguna manera se puede, como veréis. En estos primeros, alguna vez sí podrán; porque hay razón entera para conformarse con la voluntad de Dios, y decir lo que decía san Martín, y podráse volver la consideración si mucho aprietan; porque, como es, al parecer, deseo que ya parece de personas muy aprovechadas, ya podría el Demonio moverle, porque pensásemos que lo estamos, que siempre es bien andar con temor. Mas tengo para mí que no podrá poner la quietud y paz que esta pena da en el alma, sino que será moviendo con él alguna pasión, como se tiene cuando por cosas del siglo tenemos alguna pena; mas a quien no tuviese espiriencia de uno y de lo otro no lo entenderá, y pensando es una gran cosa ayudará cuanto pudiere, y haríale mucho daño a la salud; porque es contina esta pena, u, al menos, muy ordinaria.

También advertid que suele causar la complesión flaca cosas de estas penas, en especial si es en unas personas tiernas, que por cada cosita lloran; mil veces las hará entender que lloran por Dios, que no sea ansí. Y an puede acaecer ser (cuando viene multitud de lágrimas, digo, por un tiempo, que a cada palabrita que oya u piense de Dios no se puede resistir de ellas), haberse allegado algún humor al corazón, que ayuda más que el amor que se tiene a Dios, que no parece han de acabar de llorar; y como ya tienen entendido que las lágrimas son buenas, no se van a la mano, ni querrían hacer otra cosa, y ayudan cuanto pueden a ellas. Pretende el Demonio aquí que se enflaquezcan, de manera que después ni puedan tener oración ni guardar su regla.

Paréceme que os estoy mirando cómo decís que qué habéis de hacer, si en todo pongo peligro; pues en una cosa tan buena como las lágrimas me parece puede haber engaño, que yo soy la engañada; y ya puede ser, mas creé que no hablo sin haber visto que le puede haber en algunas personas, anque no en mí; porque no soy nada tierna, antes tengo un corazón tan recio, que algunas veces me da pena; anque cuando el fuego de adentro es grande, por recio que sea el corazón distila, como hace un alquitara, y bien entenderéis cuando vienen las lágrimas de aquí, que son más confortadoras y pacifican, que no alborotadoras, y pocas veces hacen mal. El bien es en este engaño, cuando lo fuere, que será daño del cuerpo, digo si hay humildad, y no del alma, y cuando no le hay, no será malo tener esta sospecha. No pensemos que está todo hecho en llorando mucho, sino que echemos mano del obrar mucho, y de las virtudes, que son las que nos han de hacer al caso, y las lágrimas vénganse cuando Dios las enviare, no haciendo nosotras diligencia para traerlas. Estas dejarán esta tierra seca, regada, y son gran ayuda para dar fruto; mientras menos caso hiciéremos de ellas, más, porque es agua que cay del cielo; la que sacamos cansándonos en cavar para sacarla, no tiene que ver con ésta, que muchas veces cavaremos y quedaremos molidas, y no hallaremos ni un charco de agua, cuanto más pozo manantial. Por eso, hermanas, tengo por mejor, que nos pongamos delante del Señor, y miremos su misericordia y grandeza y nuestra bajeza, y dénos Él lo que quisiere, siquiera haya agua, siquiera sequedad. Él sabe mejor lo que nos conviene; y con esto andaremos descansadas, y el Demonio no terná tanto lugar de hacernos trampantojos.

Entre estas cosas penosas y sabrosas juntamente, da nuestro Señor al alma algunas veces unos júbilos y oración estraña, que no sabe entender qué es. Porque si os hiciere esta merced, le alabéis mucho y sepáis que es cosa que pasa, la pongo aquí. Es, a mi parecer, una unión grande de las potencias, sino que las deja nuestro Señor con libertad para que gocen de este gozo, y a los sentidos lo mesmo, sin entender qué es lo que gozan y cómo lo gozan. Parece esto algarabía, y cierto pasa ansí, que es un gozo tan ecesivo del alma que no querría gozarle a solas, sino decirlo a todos, para que la ayudasen a alabar a nuestro Señor, que aquí va todo su movimiento. ¡Oh, qué de fiestas haría y qué de muestras, si pudiese, para que todos entendiesen su gozo! Parece que se ha hallado a sí, y que, como el padre del hijo pródigo, querría convidar a todos y hacer grandes fiestas, para ver su

alma en puesto que no puede dudar que está en siguridad, al menos por entonces. Y tengo para mí, que es con razón; porque tanto gozo interior de lo muy íntimo del alma, y con tanta paz, y que todo su contento provoca a alabanzas de Dios, no es posible darle el Demonio. Es harto, estando con este gran ímpetu de alegría, que calle y pueda disimular, y no poco penoso. Esto debía sentir san Francisco, cuando le toparon los ladrones, que andaba por el campo dando voces, y les dijo que era pregonero del gran rey; y otros santos, que se van a los desiertos por poder apregonar lo que san Francisco: estas alabanzas de su Dios. Yo conocí uno llamado fray Pedro de Alcántara, que creo lo es, según fue su vida, que hacía esto mesmo, y le tiníen por loco los que alguna vez le oyeron. ¡Oh, qué buena locura, hermanas, si nos la diese Dios a todas! Y qué mercedes os ha hecho de teneros en parte que, anque el Señor os haga ésta y deis muestras de ello, antes será para ayudaros que no para mormuración, como fuérades si estuviérades en el mundo, que se usa tan poco este pregón que no es mucho que le mormuren. ¡Oh desventurados tiempos y miserable vida en la que ahora vivimos, y dichosas a las que les ha cabido tan buena suerte, que estén fuera de él! Algunas veces me es particular gozo cuando, estando juntas, las veo a estas hermanas tenerle tan grande interior, que la que más puede, más alabanzas da a nuestro Señor de verse en el monesterio; porque se les ve muy claramente que salen aquellas alabanzas de lo interior del alma. Muchas veces querría, hermanas, hiciésedes esto, que una que comienza, despierta a las demás. ¿En qué mejor se puede emplear vuestra lengua cuándo estéis juntas, que en alabanzas de Dios, pues tenemos tanto porque se las dar? Plega a su Majestad que muchas veces nos dé esta oración, pues es tan segura y gananciosa: que adquirirla no podremos, porque es cosa muy sobrenatural; y acaece durar un día, y anda el alma como uno que ha bebido mucho, mas no tanto que esté enajenado de los sentidos, u un melencólico, que del todo no ha perdido el seso, mas no sale de una cosa que se puso en la imaginación, ni hay quien le saque de ella. Harto groseras comparaciones son éstas para tan preciosa causa, mas no acanza otras mi ingenio, porque ello es ansí: que este gozo la tiene tan olvidada de sí y de todas las cosas, que no advierte ni acierta a hablar, sino en lo que procede de su gozo, que son alabanzas de Dios. Ayudemos a esta alma, hijas mías todas; ¿para qué queremos tener más seso?, ¿qué nos puede dar mayor contento? ¡y ayúdennos todas las criaturas, por todos los siglos de los siglos! Amén, amén.

Pareceros ha, hermanas, que a estas alturas que el Señor se comunica tan particularmente (en especial podrán pensar esto que diré las que no hubieren llegado a estas mercedes, porque si lo han gozado, y es de Dios, verán lo que yo diré), que estarán ya tan seguras de que han de gozarle para siempre, que no ternán que temer ni que llorar sus pecados; y será muy gran engaño; porque el dolor de los pecados crece más, mientras más se recibe de nuestro Dios: y tengo yo para mí, que hasta que estemos adonde ninguna cosa puede dar pena, que ésta no se quitará. Verdad es, que unas veces aprieta más que otras, y también es de diferente manera; porque no se acuerda de la pena que ha de tener por ellos, sino de cómo fue tan ingrata a quien tanto debe, y a quien tanto merece ser servido; porque en estas grandezas que le comunica, entiende mucho más la de Dios; espántase cómo fue tan atrevida; llora su poco respeto; parécele una cosa tan desatinada su desatino, que no acaba de lastimar jamás, cuando se acuerda por las cosas tan bajas, que dejaba una tan gran majestad. Mucho más se acuerda de esto, que de las mercedes que recibe, siendo tan grandes como las dichas, y las que están por decir; parece que las lleva un río caudaloso, y las tray a sus tiempos. Esto de los pecados está como un cieno, que siempre parece se avivan en la memoria, y es harto gran cruz. Yo sé de una persona que, dejando de querer morirse por ver a Dios, lo deseaba por no sentir tan ordinariamente pena de cuán desagradecida había sido a quien tanto debió siempre, y había de deber; y

ansí no le parecía podían llegar maldades de ninguno a las suyas; porque entendía que no le habría a quien tanto hubiese sufrido Dios y tantas mercedes hubiese hecho. En lo que toca a miedo del Infierno, ninguno tienen; de si han de perder a Dios, a veces aprieta mucho, mas es pocas veces. Todo su temor es no las deje Dios de su mano para ofenderle, y se vean en estado tan miserable, como se vieron en algún tiempo, que de pena ni gloria suya propia no tienen cuidado; y si desean no estar mucho en Purgatorio, es más por no estar ausentes de Dios, lo que allí estuvieren, que por las penas que han de pasar. Yo no ternía por seguro, por favorecida que un alma esté de Dios, que se olvidase de que en algún tiempo se vio en miserable estado; porque anque es cosa penosa, aprovecha para muchas. Quizá como yo he sido tan ruín, me parece esto, y esta es la causa de traerlo siempre en la memoria; las que han sido buenas, no ternán que sentir, anque siempre hay quiebras mientra vivimos en este cuerpo mortal. Para esta pena ningún alivio es pensar que tiene nuestro Señor ya perdonados los pecados y olvidados, antes añide a la pena ver tanta bondad, y que se hacen mercedes a quien no merecía sino Infierno. Yo pienso que fue éste un gran martirio en san Pedro y la Madalena; porque como tenían el amor tan crecido, y habían recibido tantas mercedes, y tenían encendida la grandeza y majestad de Dios, sería harto recio de sufrir, y con muy tierno sentimiento.

También os parecerá que quien goza de cosas tan altas no terná meditación en los misterios de la sacra-

tísima humanidad de nuestro Señor
Jesucristo, porque se ejercitará ya
toda en amor. Esto es una cosa que
escribí largo en otra parte, y anque
me han contradecido en ella y dicho que no lo entiendo, porque son
caminos por donde lleva nuestro Señor, y que cuando ya han pasado
de los principios es mejor tratar en
cosas de la Divinidad y huir de las
corpóreas, a mí no me harán confesar que es buen camino. Ya puede
ser que me engañe, y que digamos
todos una cosa; mas vi yo que me
quería engañar el Demonio por ahí,
y ansí estoy, tan escarmentada, que
pienso, aunque lo haya dicho más
veces, decíroslo otra vez aquí, porque vais en esto con mucha advertencia; y mirá que oso decir que no
creáis a quien os dijere otra cosa.
Y procuraré darme más a entender,
que hice en otra parte; porque por
ventura si alguno lo ha escrito, como él lo dijo, si más se alargara en
declararlo, decía bien; y decirlo ansí
por junto a las que no entendemos
tanto puede hacer mucho mal.

También les parecerá a algunas almas que no pueden pensar en la
Pasión; pues menos podrán en la sacratísima Virgen, ni en la vida de
los santos, que tan gran provecho y
aliento nos da su memoria. Yo no
puedo pensar en qué piensan; porque apartados de todo lo corpóreo,
para espíritus angélicos es estar siempre abrasados en amor, que no para
los que vivimos en cuerpo mortal,
que es menester trate y piense y se
acompañe de los que tiniéndole, hicieron tan grandes hazañas por Dios;
cuanto más apartarse de industria de
todo nuestro bien y remedio, que es
la sacratísima humanidad de nuestro
Señor Jesucristo; y no puede creer
que lo hacen, sino que no se entienden, y ansí harán daño a sí y a los
otros. Al menos yo les asiguro que
no entren a estas dos Moradas postreras; porque si pierden la guía, que
es el buen Jesús, no acertarán el camino; harto será si se están en las
demás con siguridad. Porque el mes-

mo Señor dice que es camino; también dice el Señor que es luz, y que
no puede nenguno ir al Padre sino
por Él; y quien me ve a mí ve a mi
Padre. Dirán que se da otro sentido
a estas palabras. Yo no sé esotros
sentidos; con este que siempre siente
mi alma ser verdad, me ha ido muy
bien.

Hay algunas almas, y son hartas
las que lo han tratado conmigo, que
como nuestro Señor las llega a dar
contemplación perfeta, querríanse
siempre estar allí, y no puede ser;
mas quedan con esta merced del Señor, de manera, que después no pueden discurrir en los misterios de la
Pasión y de la vida de Cristo, como
antes. Y no sé qué es la causa, mas
es esto muy ordinario, que queda el
entendimiento más inhabilitado para
la meditación; creo debe ser la causa, que como en la meditación es
todo buscar a Dios, como una vez se
halla, y queda el alma acostumbrada,
por obra de la voluntad, a tornarle
a buscar, no quiere cansarse con el
entendimiento. Y también me parece
que, como la voluntad esté ya encendida, no quiere esta potencia generosa aprovecharse de estotra si pudiese;
y no hace mal, mas será imposible,
en especial hasta que llegue a estas
postreras Moradas, y perderá tiempo,
porque muchas veces ha menester
ser ayudada del entendimiento para
encender la voluntad. Y notad, hermanas, este punto, que es importante,
y ansí le quiero declarar más. Está
el alma deseando emplearse toda en
amor, y querría no entender en otra
cosa, mas no podrá anque quiera;
porque anque la voluntad no esté
muerta, está mortecino el fuego que
la suele hacer quemar, y es menester quien le sople para echar calor
de sí. ¿Sería bueno que se estuviese
el alma con esta sequedad, esperando
fuego del Cielo que queme este sacrificio que está haciendo de sí a
Dios, como hizo nuestro padre Elías?
No, por cierto, ni es bien esperar
milaglos: el Señor los hace cuando
es servido, por esta alma, como que-

da dicho y se dirá adelante; mas quiere su Majestad que nos tengamos por tan ruines que no merecemos los haga, sino que nos ayudemos en todo lo que pudiéremos. Y tengo para mí, que hasta que muramos, por subida oración que haya, es menester esto. Verdad es, que a quien mete ya el Señor en la sétima Morada es muy pocas veces, o casi nunca, las que ha menester hacer esta diligencia, por la razón que en ella diré, si me acordare; mas es contino no se apartar de andar con Cristo nuestro Señor por una manera admirable, adonde, divino y humano junto, es siempre su compañía. Ansí que cuando no hay encendido el fuego que queda dicho, en la voluntad, ni se siente la presencia de Dios, es menester que la busquemos, que esto quiere su Majestad, como lo hacía la Esposa en los *Cantares*, y preguntemos a las criaturas quién las hizo, como dice san Agustín, creo en sus *Meditaciones* o *Confesiones*, y no nos estemos bobos perdiendo tiempo por esperar lo que una vez se nos dio, que a los principios podrá ser que no lo dé el Señor en un año, y an en muchos: su Majestad sabe el por qué; nosotras no hemos de querer saberlo ni hay para qué. Pues sabemos el camino, como hemos de contentar a Dios por los mandamientos y consejos, en esto andemos muy diligentes, y en pensar su vida y muerte, y lo mucho que le debemos; lo demás venga cuando el Señor quisiere. Aquí viene el responder que no pueden detenerse en estas cosas; y por lo que queda dicho, quizá ternán razón en alguna manera. Ya sabéis que discurrir con el entendimiento es uno, y representar la memoria al entendimiento verdades, es otro. Decís, quizá, que no me entendéis, y verdaderamente podrá ser que no lo entienda yo para saberlo decir; mas diréo como supiere. Llamo yo meditación al discurrir mucho con el entendimiento de esta manera: Comenzamos a pensar en la merced que nos hizo Dios en darnos a su único Hijo, y no paramos allí, sino vamos adelante a los misterios de toda su gloriosa vida; u comenzamos en la oración del Huerto, y no pára el entendimiento hasta que está puesto en la †; u tomamos un paso de la Pasión, digamos como el prendimiento, y andamos en este misterio, considerando por menudo las cosas que hay que pensar en él y que sentir, ansí de la traición de Judas, como de la huída de los apóstoles, y todo lo demás; y es admirable y muy meritoria oración.

Esta es la que digo que ternán razón quien ha llegado a llevarla Dios a cosas sobrenaturales, y a perfeta contemplación; porque, como he dicho, no sé la causa; mas, lo más ordinario, no podrá. Mas no la terná, digo razón, si dice que no se detiene en estos misterios, y los tray presentes muchas veces, en especial cuando los celebra la Ilesia Católica; ni es posible que pierda memoria el alma que ha recibido tanto de Dios, de muestras de amor tan preciosas, porque son vivas centellas para encenderla más en el que tiene a nuestro Señor, sino que no se entiende; porque entiende el alma estos misterios por manera más perfeta. Y es que se lo representa el entendimiento, y estámpanse en la memoria, de manera que de sólo ver al Señor caído con aquel espantoso sudor en el Huerto, aquello le basta para no sólo una hora, sino muchos días, mirando con una sencilla vista quién és, y cuán ingratos hemos sido a tan gran pena; luego acude la voluntad, anque no sea con ternura, a desear servir en algo tan gran merced y a desear padecer algo por quien tanto padeció, y a otras cosas semejantes, en que ocupa la memoria y el entendimiento. Y creo que por esta razón no puede pasar a discurrir más en la Pasión, y esto le hace parecer que no puede pensar en ella. Y si esto no hace, es bien que lo procure hacer, que yo sé que no lo empidirá la muy subida oración; y no tengo por bueno que no se ejercite en esto muchas veces. Si de aquí la suspendiere el Señor, muy enhorabuena, que anque no quiera, la hará dejar en lo que está; y tengo por muy cierto que no es estorbo esta manera de proceder, sino gran ayuda para todo bien, lo que sería si mucho trabajase en el discurrir, que dije al principio, y tengo para mí que no podrá quien ha llegado a más. Ya puede ser que sí, que por muchos caminos lleva Dios las almas; mas no se condenen las que no pudieren ir por él, ni las juzguen inhabilitadas para gozar de tan grandes bienes como están encerrados en los misterios de nuestro bien Jesucristo; ni naide me hará entender, sea cuan espiritual quisiere, irá bien por aquí. Hay unos principios, y an medios, que tienen algunas almas, que como comienzan a llegar a oración de quietud, y a gustar de los regalos y gustos que da el Señor, paréceles que es muy gran cosa estarse allí siempre gustando; pues créanme, y no se embeban tanto, como ya he dicho en otra parte, que es larga la vida, y hay en ella muchos trabajos, y hemos menester mirar a nuestro dechado Cristo, como los pasó, y an a sus apóstoles y santos, para llevarlos con perfeción. Es muy buena compañía el buen Jesús para no nos apartar de ella y su sacratísima Madre, y gusta mucho de que nos dolamos de sus penas, anque dejemos nuestro contento y gusto algunas veces. Cuanto más, hijas, que no es tan ordinario el regalo en la oración que no hay tiempo para todo; y la que dijere que es un ser, terníalo yo por sospechoso, digo que nunca puede hacer lo que queda dicho; y ansí lo tené, y procurá salir de ese engaño, y desembeberos con todas vuestras fuerzas, y si no bastaren, decirlo a la priora, para que os dé un oficio de tanto cuidado, que se quite ese peligro, que al menos para el seso y cabeza es muy grande, si durase mucho tiempo. Creo queda dado a entender lo que conviene, por espirituales que sean, no huir tanto de cosas corpóreas, que les parezca an hace daño la Humanidad sacratísima. Alegan lo que el Señor dijo a sus discípulos, que convenía que Él se fuese; yo no puedo sufrir esto. Ausadas que no lo dijo a su Madre sacratísima, porque estaba firme en la fe, que sabía que era Dios y hombre; y anque le amaba más que ellos, era con tanta perfeción, que antes la ayudaba. No debían estar entonces los apóstoles tan firmes en la fe, como después estuvieron y tenemos razón de estar nosotros ahora. Yo os digo, hijas, que le tengo por peligroso camino y que podría el Demonio venir y hacer perder la devoción con el Santísimo Sacramento. El engaño que me pareció a mí que llevaba no llegó a tanto como esto, sino a no gustar de pensar en nuestro Señor Jesucristo tanto, sino andarme en aquel embebecimiento, aguardando aquel regalo; y vi claramente que iba mal; porque como no podía ser tenerle siempre, andaba el pensamiento de aquí para allí, y el alma, me parece, como un ave revolando que no halla adonde parar, y perdiendo harto tiempo, y no aprovechando en las virtudes ni medrando en la oración. Y no entendía la causa, ni la entendiera, a mi parecer, porque me parecía que era aquello muy acertado, hasta que, tratando la oración que llevaba con una persona sierva de Dios, me avisó. Después vi claro cuán errada iba, y nunca me acaba de pesar de que haya habido nengún tiempo que yo careciese de entender que se podía malganar con tan gran pérdida; y cuando pudiera, no quiero ningún bien, sino adquirido por quien nos vienen todos los bienes. Sea para siempre alabado, amén.

CAPITULO OCTAVO

Para que más claro veáis, hermanas, que es ansí lo que os he dicho, y que mientra más adelante va un alma más acompañada es de este buen Jesús, será bien que tratemos de cómo, cuando su Majestad quiere, no podemos sino andar siempre con Él; como se ve claro por las maneras y modos con que su Majestad se nos comunica, y nos muestra el amor que nos tiene con algunos aparecimientos y visiones tan admirables, que por si alguna merced de éstas os hiciere, no andéis espantadas, quiero decir, si el Señor fuere servido que acierte, en suma, alguna cosa de éstas, para que le alabemos mucho, anque no nos las haga a nosotras, de que se quiera ansí comunicar con una criatura, siendo de tanta majestad y poder. Acaece estando el alma descuidada de que se le ha de hacer esta merced, ni haber jamás pensado merecerla, que siente cabe sí a Jesucristo nuestro Señor, anque no le ve ni con los ojos del cuerpo ni del alma. Esta llaman visión inteletual, no sé yo por qué. Vi a esta persona que le hizo Dios esta merced, con otras que diré adelante, fatigada en los principios, harto; porque no podía entender qué cosa era, pues no la vía; y entendía tan cierto ser Jesucristo nuestro Señor el que se le mostraba de aquella suerte, que no lo podía dudar, digo, que estaba allí aquella visión; que si era de Dios o no, anque traía consigo grandes efetos para entender que lo era, todavía andaba con miedo, y ella jamás había oído visión inteletual, ni pensó que la había de tal suerte; mas entendía muy claro que era este Señor el que la hablaba muchas veces de la manera que queda dicho;

porque hasta que le hizo esta merced que digo, nunca sabía quién la hablaba, anque entendía las palabras. Sé que estando temerosa de esta visión, porque no es como las imaginarias, que pasan de presto, sino que dura muchos días, y an más que un año alguna vez, se fue a su confesor harto fatigada; él la dijo que si no vía nada, cómo sabía que era nuestro Señor; que le dijese qué rostro tenía. Ella le dijo que no sabía, ni vía rostro, ni podía decir más de lo dicho; que lo que sabía era que era Él el que la hablaba, y que no era antojo. Y anque le ponían hartos temores todavía, muchas veces no podía dudar, en especial cuando la decía: "No hayas miedo, que Yo soy." Tenían tanta fuerza estas palabras, que no lo podía dudar por entonces, y quedaba muy esforzada y alegre con tan buena compañía; que vía claro serle gran ayuda para andar con una ordinaria memoria de Dios y un miramiento grande de no hacer cosa que le desagradase, porque le parecía le estaba siempre mirando; y cada vez que quería tratar con su Majestad en oración, y an sin ella, le parecía estar tan cerca, que no la podía dejar de oír; anque el entender las palabras no era cuando ella quería, sino a deshora, cuando era menester. Sentía que andaba al lado derecho, mas no con estos sentidos que podemos sentir que está cabe nosotros una persona, porque es por otra vía más delicada, que no se debe de saber decir; mas es tan cierto, y con tanta certidumbre, y an mucho más; porque acá ya se podría antojar, mas en esto no, que viene con grandes ganancias y efetos interiores, que ni los podría haber, si fuese melencolía, ni tampoco el Demonio haría tanto bien, ni andaría el alma con tanta paz, y con tan continos deseos de contentar a Dios, y con tanto desprecio de todo lo que no llega a Él; y después se entendió claro no ser Demonio, porque se iba más y más dando a entender. Con todo, sé yo que a ratos andaba harto temerosa, otros con grandísima confusión, que no sabía por dónde le había venido tanto bien. Eramos tan una cosa ella y yo, que no pasaba cosa por su alma que yo estuviese inorante de ella, y ansí puedo ser buen testigo, y me podéis creer ser verdad todo lo que en esto dijere. Es merced del Señor, que tray grandísima confusión consigo y humildad. Cuando fuese del Demonio, todo sería al contrario; y como es cosa que notablemente se entiende ser dada de Dios, que no bastaría industria humana para poderse ansí sentir, en ninguna manera puede pensar quien lo tiene que es bien suyo, sino dado de la mano de Dios. Y anque, a mi parecer, es mayor merced algunas de las que quedan dichas, ésta tray consigo un particular conocimiento de Dios, y de esta compañía tan contina nace un amor ternísimo con su Majestad, y unos deseos an mayores de los que quedan dichos, de entregarse toda a su servicio, y una limpieza de conciencia grande; porque hace advertir a todo la presencia que tray cabe sí. Porque anque ya sabemos que lo está Dios a todo lo que hacemos, es nuestro natural tal, que se descuida en pensarlo, lo que no se puede descuidar acá, que la despierta el Señor que está cabe ella. Y an para las mercedes que quedan dichas, como anda el alma casi contino con un atual amor al que ve u entiende estar cabe sí, son muy ordinarias. En fin, en la ganancia del alma se ve ser grandísima merced, y muy mucho de preciar, y agradece al Señor, que se la da tan sin poderle merecer, y por nengún tesoro ni deleite de la tierra

la trocaría. Y ansí cuando el Señor es servido que se le quite, queda con mucha soledad, mas todas las diligencias posibles que pusiese para tornar a tener aquella compañía aprovechan poco, que lo da el Señor cuando quiere, y no se puede adquirir. Algunas veces también es de algún santo, y es también de gran provecho. Diréis que si no se ve, que cómo se entiende que es Cristo, u cuándo es santo, u su Madre gloriosísima. Eso no sabrá el alma decir, ni puede entender cómo lo entiende, sino que lo sabe con una grandísima certidumbre. An ya el Señor, cuando habla, más fácil parece, mas el santo que no habla, sino que parece le pone el Señor allí por ayuda de aquel alma y por compañía, es más de maravillar. Ansí son otras cosas espirituales, que no se saben decir, mas entiéndese por ellas cuán bajo es nuestro natural, para entender las grandes grandezas de Dios, pues an éstas no somos capaces, sino que con admiración y alabanzas a su Majestad pase quien se las diere; y ansí le haga particulares gracias por ellas, que pues no es merced que se hace a todos, hase mucho de estimar, y procurar hacer mayores servicios, pues por tantas maneras le ayuda Dios a ello. De aquí viene no se tener por eso en más, y parecerle que es la que menos sirve a Dios de cuantos hay en la tierra; porque le parece está más obligada a ello que nenguno, y cualquier falta que hace la atraviesa las entrañas, y con muy grande razón.

Estos efetos con que anda el alma, que quedan dichos, podrá advertir cualquiera de vosotras a quien el Señor llevare por este camino, para entender que no es engaño, ni tampoco antojo, porque, como he dicho, no tengo que es posible durar tanto siendo Demonio, haciendo tan notable provecho a el alma, y trayéndola con tanta paz interior, que no es de costumbre, ni puede anque quiere, cosa tan mala, hacer tanto bien; que luego habría unos humos de propia estimación, y pensar era mejor que los otros. Mas este andar siempre el alma tan asida de Dios y ocupando su pensamiento en Él, haríale tanta rabia, que anque lo intentase, no tornase muchas veces; y es Dios tan fiel, que no permitirá darle tanta mano, con alma que no pretende otra cosa sino agradar a su Majestad, y poner su vida por su honra y gloria, sino que luego ordenará como sea desengañada. Mi tema es y será que como el alma ande de la manera que aquí se ha dicho la dejan estas mercedes de Dios, que su Majestad la sacará con ganancia, si primite alguna vez se le atreva el Demonio, y que él quedará corrido. Por eso, hijas, si alguna fuere por este camino, como he dicho, no andéis asombradas; bien es que hay temor, y andemos con más aviso, ni tampoco confiadas; que por ser tan favorecidas, os podéis más descuidar, que esto será señal de no ser de Dios, si no os vierdes con los efetos que queda dicho. Es bien que a los principios lo comuniquéis debajo de confesión con un muy buen letrado, que son los que nos han de dar la luz, u si hubiere alguna persona muy espiritual; y si no lo es, mejor es muy letrado; y si le hubiere, con el uno y con el otro. Y si os dijere que es antojo, no se os dé nada, que el antojo poco mal ni bien puede hacer a vuestra alma; encomendaos a la divina Majestad, que no consienta seáis engañadas. Si os dijeren es Demonio, será más trabajo, anque no dirá si es buen letrado, y hay los efetos dichos; mas cuando lo diga, yo sé que el mesmo Señor, que anda con vos, os consolará y asegurará, y a él le irá dando luz, para que os la dé. Si es persona que anque tiene oración, no la ha llevado el Señor por ese camino,

luego se espantará y lo condenará, y por eso os aconsejo que sea muy letrado, y si se hallare, también espiritual; y la priora dé licencia para ello, porque anque vaya segura el alma por ver su buena vida, estará obligada la priora a que se comunique, para que anden con seguridad entramas. Y tratado con estas personas, quiétese, y no ande dando más parte de ello; que algunas veces, sin haber de qué temer, pone el Demonio unos temores tan demasiados, que fuerzan a el alma a no se contentar de una vez; en especial si el confesor es de poca espiriencia, y le ve medroso, y él mesmo la hace andar comunicando. Viénese a publicar lo que había de razón estar muy secreto, y a ser esta alma perseguida y atormentada; porque cuando piensa que está secreto, lo ve público, y de aquí suceden muchas cosas trabajosas para ella, y podrían suceder para la Orden, según andan estos tiempos. Ansí que es menester grande aviso en esto, y a las prioras lo encomiendo mucho. Y que no piense que por tener una hermana cosas semejantes, es mejor que las otras; lleva el Señor a cada una como ve que es menester. Aparejo es para venir a ser muy sierva de Dios, si se ayuda; mas a veces lleva Dios por este camino a las más flacas; y ansí no hay en esto por qué aprobar ni condenar, sino mirar a las virtudes, y a quien con más mortificación y humildad y limpieza de conciencia sirviese a nuestro Señor que ésa será la más santa; anque la certidumbre poco se pueda saber acá, hasta que el verdadero Juez dé a cada uno lo que merece. Allá nos espantaremos de ver cuán diferente es su juicio de lo que acá podemos entender. Sea para siempre alabado y bendecido, amén.

CAPITULO NOVENO

Ahora vengamos a las visiones imaginarias, que dicen que son adonde puede meterse el Demonio, más que en las dichas; y ansí debe de ser. mas cuando son de nuestro Señor, en alguna manera me parecen más provechosas, porque son más conformes a nuestro natural; salvo de las que el Señor da entender en la postrera Morada, que a ésta no liegan nengunas. Pues miremos ahora cómo os he dicho en el capítulo pasado que está este Señor; que es como si en una pieza de oro tuviésemos una piedra preciosa de grandísimo valor y virtudes; sabemos certísimo que está allí, anque nunca la hemos visto; mas las virtudes de la piedra no nos dejan de aprovechar, si la traemos con nosotras. Anque nunca la hemos visto, no por eso la dejamos de preciar; porque por espiriencia hemos visto que nos ha sanado de algunas enfermedades, para que es apropiada, mas no la osamos mirar, ni abrir el relicario, ni podemos; porque la manera de abrirle, sola la sabe cuya es la joya, y anque nos la prestó para que nos aprovechásemos de ella, él se quedó con la llave, y como cosa suya; y abrirá cuando nos la quisiere mostrar, y an la tomará cuando le parezca, como lo hace. Pues digamos ahora, que quiere alguna vez abrirla de presto, por hacer bien a quien la ha prestado; claro está que lo será después muy mayor contento, cuando se acuerde del admirable resplandor de la piedra, y ansí quedará más esculpida en su memoria. Pues ansí acaece acá; cuando nuestro Señor es servido de regalar más a esta alma, muéstrale claramente su sacratísima Humanidad de la manera que quiere, u como andaba en el mundo, o después de resucitado: y anque es con tanta presteza, que lo podríamos comparar a la de un relámpago, queda tan esculpida en la imaginación esta imagen gloriosísima, que tengo por imposible quitarse de ella hasta que la vea adonde para sin fin la pueda gozar. Anque digo imagen, entiéndese que no es pintada al parecer de quien la ve, sino verdaderamente viva, y algunas veces está hablando con el alma, y an mostrándole grandes secretos. Mas habéis de entender que, anque en esto se detenga algún espacio, no se puede estar mirando más que estar mirando al sol, y ansí esta vista siempre pasa muy de presto; y no porque su resplandor da pena, como el del sol, a la vista interior, que es la que ve todo esto; que cuando es con la vista esterior, no sabré decir de ello ninguna cosa, porque esta persona que he dicho, de quien tan particularmente yo puedo hablar, no había pasado por ello; y de lo que no hay espiriencia mal se puede dar razón cierta, porque su resplandor es como una luz infusa, y de un sol cubierto de una cosa tan delgada como un diamante, si se pudiera labrar. Como una holanda parece la vestidura, y casi todas las veces que Dios hace esta merced a el alma, se queda en arrobamiento, que no puede su bajeza sufrir tan espantosa vista. Digo espantosa, porque con ser la más hermosa y de mayor deleite que podría una persona imaginar, anque viviese mil años y trabajase en pensarlo, porque va muy adelante de cuanto cabe en nuestra imaginación ni entendimiento, es su presencia de tan grandísima majestad, que hace gran espanto a el alma. Ausadas que no es menester aquí preguntar cómo sabe quién es sin que se lo hayan dicho, que se da bien a conocer que es Señor del cielo y de la tierra; lo que no harán los reyes de ella por sí mesmos bien en poco se ternán, si no va junto con él su acompañamiento, u lo dicen. ¡Oh Señor, cómo os desconocemos los cristianos! ¿Qué será aquel día cuando nos vengáis a juzgar? Pues viniendo aquí tan de amistad a tratar con vuestra esposa pone miraros tanto temor, ¡oh hijas!, qué será cuando con tan rigurosa voz dijere: "¡Id, malditos de mi Padre!" Quédenos ahora esto en la memoria de esta merced que hace Dios a el alma, que nos será poco bien, pues san Jerónimo, con ser santo, no la apartaba de la suya, y ansí no se nos hará nada cuanto aquí padeciéremos en el rigor de la relisión que guardamos; pues cuando mucho durare, es un memento, comparado con aquella eternidad. Yo os digo de verdad, que, con cuan ruin soy, nunca he tenido miedo de los tormentos del Infierno, que fuesen nada, en comparación de cuando me acordaba que habían los condenados de ver airados estos ojos tan hermosos y mansos y beninos del Señor, que no parece lo podía sufrir mi corazón; esto ha sido toda mi vida: ¡cuánto más lo temerá la persona a quien ansí se le ha representado, pues es tanto el sentimiento que la deja sin sentir! Esta debe de ser la causa de quedar con suspensión: que ayuda el Señor a su flaqueza con que se junte con su grandeza en esta tan subida comunicación con Dios.

Cuando pudiere el alma estar con mucho espacio mirando este Señor, yo no creo que será visión, sino alguna vehemente consideración fabricada en la imagen de alguna figura; será como cosa muerta en estotra comparación. Acaece a algunas personas, y sé que es verdad, que lo han tratado conmigo, y no tres u cuatro, sino muchas, de ser tan flaca imaginación, u el entendimiento tan eficaz, o no sé qué es, que se embe-

ben de manera en la imaginación, que todo lo que piensan claramente les parece que lo ven; anque si hubiesen visto la verdadera visión, entenderían, muy sin quedarle duda, el engaño; porque van ellas mesmas compuniendo lo que ven con su imaginación, y no hace después ningún efeto, sino que se quedan frías, mucho más que si viesen una imagen devota. Es cosa muy entendida no ser para hacer caso de ello, y ansí se olvida mucho más que si cosa soñada. En lo que tratamos no es ansí, sino que estando el alma muy lejos de que ha de ver cosa, ni pasarle por pensamiento, de presto se le representa muy por junto, y revuelve todas las potencias y sentidos con un gran temor y alboroto, para ponerlas luego en aquella dichosa paz. Ansí como cuando fue derrocado san Pablo vino aquella tempestad y alboroto en el cielo, ansí acá en este mundo interior se hace gran movimiento: y en un punto, como he dicho, queda todo sosegado, y está el alma tan enseñada de unas tan grandes verdades, que no ha menester otro maestro; que la verdadera sabiduría, sin trabajo suyo, la ha quitado la torpeza; y dura con una certidumbre el alma de que esta merced es de Dios, algún espacio de tiempo, que anque más le dijesen lo contrario, entonces no la podrían poner temor de que puede haber engaño. Después, puniéndole el confesor, la deja Dios, para que ande vacilando en que por sus pecados sería posible; mas no creyendo, sino como he dicho en estotras cosas, a manera de tentaciones en cosas de la fe, que puede el Demonio alborotar, mas no dejar el alma de estar firme en ella; antes mientra más la combate, más queda con certidumbre de que el Demonio no lo podía dejar con tantos bienes (como ello es ansí, que no puede tanto en lo interior del alma): podrá él representarlo, mas no con esta verdad y majestad y operaciones. Como los confesores no pueden ver esto, ni por ventura a quien Dios hace esta merced sabérselo decir, temen, y con mucha razón; y ansí es menester ir con aviso, hasta guardar tiempo del fruto que hacen estas apariciones, y ir poco a poco mirando la humanidad con que dejan al alma, y la fortaleza en la virtud; que si es de Demonio, presto dará señal, y le cogerán en mil mentiras. Si el confesor tiene espiriencia, y ha pasado por estas cosas, poco tiempo ha menester para entenderlo, que luego en la relación verá si es Dios u imaginación u Demonio; en especial si le ha dado su Majestad don de conocer espíritus, que si éste tiene y letras, anque no tenga espiriencia, lo conocerá muy bien. Lo que es mucho menester, hermanas, es que andéis con gran llaneza y verdad con el confesor; no digo el decir los pecados, que eso claro está, sino en contar la oración; porque si no hay esto, no asiguro que vais bien, ni que es Dios el que os enseña; que es muy amigo que a el que está en su lugar se trate con la verdad y claridad que consigo mesmo, deseando entienda todos sus pensamientos, cuanto más las obras, por pequeñas que sean, y con esto no andéis turbadas ni inquietas, que anque no fuese Dios, si tenéis humildad y buena conciencia, no os dañará; que sabe su Majestad sacar de los males bienes, y que por el camino que el Demonio os quería hacer perder, ganaréis más; pensando que os hace tan grandes mercedes, os esforzaréis a contentarle mejor, y andar siempre ocupada en la memoria su figura; que como decía un gran letrado, que el Demonio es gran pintor, y se le mostrase muy al vivo una imagen del Señor, que no le pesaría, para con ella avivar la devoción, y hacer a el Demonio guerra con sus mesmas maldades; que anque un pintor sea muy malo, no por eso se ha de dejar de reverenciar la imagen que hace, si es de todo nuestro Bien.

Parecíale muy mal lo que algunos aconsejan, que den higas cuando ansí viesen alguna visión, porque decía que adonde quiera que veamos pintado a nuestro Rey, le hemos de reverenciar; y veo que tiene razón, porque an acá se sentiría: si supiese una persona que quiere bien a otra, que hacía semejantes vituperios a su retrato, no gustaría de ello; pues ¿cuánto más es razón, que siempre se tenga respeto adonde viéremos un crucifijo, u cualquier retrato de nuestro Emperador? Anque he escrito en otra parte esto, me holgué de ponerlo aquí, porque vi que una persona anduvo afligida, que la mandaban tomar este remedio: no sé quién le inventó tan para atormentar a quien no pudiere hacer menos de obedecer, si el confesor le da este consejo, pareciéndole ya perdida si no lo hace. El mío es, que anque os le dé, le digáis esta razón con humildad y no le toméis. En estremo me cuadró mucho las buenas que me dio quien me lo dijo en este caso. Una gran ganancia saca el alma de esta merced del Señor, que es cuando piensa en Él o en su vida y pasión, acordarse de su mansísimo y hermoso rostro, que es grandísimo consuelo, como acá nos le daría mayor haber visto a una persona que nos hace mucho bien que si nunca la hubiésemos conocido. Yo os digo, que hace harto consuelo y provecho, tan sabrosa memoria. Otros bienes tray consigo hartos, mas como queda dicho tanto de los efetos que hacen estas cosas, y se ha de decir más, no me quiero cansar ni cansaros, sino avisaros mucho, que cuando sabéis u oís que Dios hace estas mercedes a las almas, jamás le supliquéis ni deséis que os lleve por este camino: anque os parezca muy bueno, y se ha de tener en mucho y reverenciar, no conviene por algunas razones. La primera, porque es falta de humildad querer vos se os dé lo que nunca habéis merecido, y ansí creo que no terná mucha quien lo deseare; porque ansí como un bajo labrador está lejos de desear ser rey, pareciéndole imposible, porque no lo merece, ansí lo está el humilde de cosas semejantes; y creo yo que nunca se darán, porque primero da el Señor un gran conocimiento propio, que hace estas mercedes; pues ¡cómo entenderá con verdad que se la hace muy grande en no tenerla en el Infierno, quien tiene tales pensamientos! La segunda, porque está muy cierto ser engañado, u muy a peligro, porque no ha menester el Demonio más de ver una puerta pequeña abierta, para hacernos mil trampantojos. La tercera, la mesma imaginación, cuando hay un gran deseo, y la mesma persona, se hace entender que ve aquello que desea, y lo oye como los que andan con gana de una cosa entre día y mucho pensando en ella, que acaece venirla a soñar. La cuarta, es muy gran atrevimiento que quiera yo escoger camino, no sabiendo el que me conviene más, sino dejar al Señor que me conoce, que me lleve por el que conviene, para que en todo haga su voluntad. La quinta, ¿pensáis que son pocos los trabajos que padecen los que el Señor hace estas mercedes? No, sino grandísimos, y de muchas maneras. ¿Qué sabéis vos si seríades para sufrirlos? La sesta, si por lo mesmo que pensáis ganar, perderéis, como hizo Saúl por ser rey. En fin, hermanas, sin éstas hay otras; y creéme, que es lo más seguro no querer sino lo que quiere Dios, que nos conoce más que nosotros mesmos y nos ama. Pongámonos en sus manos, para que sea hecha su voluntad en nosotras, y no podremos errar, si con determinada voluntad nos estamos en esto. Y habéis de advertir, que por recibir muchas mercedes de éstas, no se merece más gloria, porque antes quedan más obligadas a servir, pues es recibir más. En lo que es más merecer, no nos lo quita el Señor, pues está en nuestra mano; y ansí hay muchas personas santas que jamás supieron qué cosa es recibir una de aquestas mercedes, y otras que las reciben, que no lo son. Y no penséis que es contino, antes, por una vez que las hace el Señor, son muy muchos los trabajos; y ansí el alma no se acuerda si las ha de recibir, más sino cómo las servir. Verdad es que debe ser grandísima ayuda para tener las virtudes en más subida perfeción; mas el que las tuviere, con haberlas ganado a costa de su trabajo, mucho más merecerá. Yo sé de una persona a quien el Señor había hecho algunas de estas mercedes, y an de dos, la una era hombre, que estaban tan deseosas de servir a su Majestad, a su costa, sin estos grandes regalos, y tan ansiosas por padecer, que se quejaban a nuestro Señor porque se los daba, y si pudieran no recibirlos, lo escusaran. Digo regalos, no de estas visiones, que en fin ven la gran ganancia y son mucho de estimar, sino los que da el Señor en la contemplación. Verdad es que también son estos deseos sobrenaturales, a mi parecer, y de almas muy enamoradas, que querrían viese el Señor, que no le sirven por sueldo; y ansí, como he dicho, jamás se les acuerda que han de recibir gloria por cosa, para esforzarse más por eso a servir, sino de contentar al amor, que es su natural obrar siempre de mil maneras. Si pudiese, querría buscar invenciones para consumirse el alma en Él, y si fuese menester quedar para siempre aniquilada para la mayor honra de Dios, lo haría de muy buena gana. Sea alabado para siempre, amén; que abajándose a comunicar con tan miserables criaturas, quiere mostrar su grandeza.

CAPITULO DECIMO

De muchas maneras se comunica el Señor al alma con estas apariciones; algunas cuando está afligida, otras cuando le ha de venir algún trabajo grande, otras por regalarse su Majestad con ella, y regalarla. No hay para qué particularizar más cada cosa; pues el intento no es, sino dar a entender cada una de las diferencias que hay en este camino, hasta donde yo entendiere, para que entendáis, hermanas, de la manera que son, y los efetos que dejan; porque no se nos antoje que cada imaginación es visión, y porque cuando lo sea, entendiendo que es posible, no andéis alborotadas ni afligidas; que gana mucho el Demonio, y gusta en gran manera en ver afligida e inquieta un alma, porque ve que le es estorbo para emplearse toda en amar y alabar a Dios.

Por otras maneras se comunica su Majestad harto más subidas y menos peligrosas, porque el Demonio creo no las podrá contrahacer, y ansí se pueden mal decir, por ser cosa muy oculta, que las imaginarias puédense más dar a entender.

Acaece cuando el Señor es servido estando el alma en oración, y muy en sus sentidos, venirle de presto una suspensión, adonde le da el Señor a entender grandes secretos, que parece los ve en el mesmo Dios; que éstas no son visiones de la sacratísima Humanidad, ni anque digo que ve, no ve nada; porque no es visión imaginaria, sino muy inteletual, adonde se le descubre, como en Dios se ven todas las cosas, y las tiene todas en sí mesmo; y es de gran provecho, porque anque pasa en un memento, quédase muy esculpido, y hace grandísima confusión; y vese más claro la maldad de cuando ofendemos a Dios, porque en el mesmo Dios, digo, estando dentro en Él, hacemos grandes maldades. Quiero poner una comparación si acertare para dároslo a entender, que anque esto es ansí y lo oímos muchas veces, u no reparamos en ello, u no lo queremos entender; porque no parece sería posible, si se entendiese como es ser tan atrevidos.

Hagamos ahora cuenta que es Dios, como una Morada u palacio muy grande y hermoso, y que este palacio, como digo, es el mesmo Dios. Por ventura ¿puede el pecador, para hacer sus maldades, apartarse deste palacio? No por cierto; sino que dentro, en el mesmo palacio, que es el mesmo Dios, pasan las abominaciones y deshonestidades y maldades que hacemos los pecadores. ¡Oh, cosa temerosa y dina de gran consideración, y muy provechosa para los que sabemos poco, que no acabamos de entender estas verdades, que no sería posible tener atrevimiento tan desatinado! Consideremos, hermanas, la gran misericordia y sufrimiento de Dios en no nos hundir allí luego, y démosle grandísimas gracias, y hayamos vergüenza de sentirnos de cosa que se haga ni se diga contra nosotras, que es la mayor maldad del mundo ver que sufre Dios nuestro Criador tantas a sus criaturas dentro en Sí mesmo, y que nosotras sintamos alguna vez una palabra, que se dijo en nuestra ausencia, y quizá con no mala intención. ¡Oh miseria humana! ¿Hasta cuándo, hijas, imitaremos en algo este gran Dios? ¡Oh, pues no se nos haga ya que hacemos nada en sufrir injurias! sino que de muy buena gana pasemos por todo, y amemos a quien nos las hace, pues este gran Dios no nos ha dejado de amar a nosotras, anque le hemos mucho ofendido, y ansí tiene muy gran razón en querer que todos perdonen, por agravios que les hagan. Yo os digo, hijas, que anque pasa de presto esta visión, que es una gran merced que hace nuestro Señor a quien la hace, si se quiere aprovechar de ella, trayéndola presente muy ordinario.

También acaece ansí muy de presto, y de manera que no se puede decir, mostrar Dios en sí mesmo una verdad, que parece deja escurecidas todas las que hay en las criaturas, y muy claro dado a entender, que Él solo es verdad, que no puede mentir; y dase bien a entender lo que dice David en un Salmo que todo hombre es mentiroso, lo que no se entendiera jamás ansí, anque muchas veces se oyera; es verdad que no puede faltar. Acuérdaseme de Pilatos, lo mucho que preguntaba a nuestro Señor, cuando en su Pasión le dijo qué era verdad; y lo poco que entendemos acá de esta suma verdad. Yo quisiera poder dar más a entender en este caso, más no se puede decir. Saquemos de aquí, hermanas, que para conformarnos con nuestro Dios y Esposo en algo, será bien que estudiemos siempre mucho de andar en esta verdad. No digo sólo que no digamos mentira, que en eso, gloria a Dios, ya veo que traéis gran cuenta en estas casas con no decirla por ninguna cosa, sino que andemos en verdad delante de Dios y de las gentes, de cuantas maneras pudiéramos; en especial no quiriendo nos tengan por mejores de lo que somos, y en nuestras obras dando a Dios lo que es suyo, y a nosotras lo que es nuestro, y procurando sacar en todo la verdad, y ansí ternemos en poco este mundo, que es todo mentira y falsedad, y como tal no es durable. Una vez estaba yo considerando por qué razón era nuestro Señor tan amigo de esta virtud de la humildad, y púsoseme delante, a mi parecer sin considerarlo, sino de presto, esto: que es porque Dios es suma verdad, y la humildad es andar en verdad, que lo es muy grande no tener cosa buena de nosotros, sino la miseria y ser nada; y quien esto no entiende, anda en mentira. A quien más lo entiende agrada más a la suma verdad, porque anda en ella. Plega a Dios, hermanas, nos haga merced de no salir jamás de este propio conocimiento. Amén.

De estas mercedes hace nuestro Señor a el alma, porque, como a verdadera esposa que ya está determinada a hacer en todo su voluntad, le quiere dar alguna noticia de en qué la ha de hacer y de sus grandezas. No haya para qué tratar de más, que estas dos cosas he dicho por parecerme de gran provecho; que en cosas semejantes no hay que temer, sino que alabar al Señor, porque las da; que el Demonio, a mi parecer, ni an la imaginación propia, tienen aquí poca cabida, y ansí el alma queda con gran satisfacción y regocijo.

CAPITULO UNDECIMO

¿Si habrán bastado todas estas mercedes que ha hecho el Esposo a el alma para que la palomilla u mariposilla esté satisfecha (no penséis que la tengo olvidada) y haga asiento a donde ha de morir? No por cierto, antes está muy peor; anque haya muchos años que reciba estos favores, siempre gime y anda llorosa, porque de cada uno de ellos le queda mayor dolor. Es la causa que, como va conociendo más y más las grandezas de su Dios, y se ve estar tan ausente y apartada de gozarle crece mucho más al deseo; porque también crece el amar mientras más se le descubre lo que merece ser amado este gran Dios y Señor; y viene en estos años creciendo poco a poco este deseo, de manera que la llega a tan gran pena como ahora diré. He dicho años, conformándome con lo que ha pasado por la persona que he dicho aquí, que bien entendido que a Dios no hay que poner término, que en un memento puede llegar a un alma a lo más subido que se dice aquí: poderoso es su Majestad para todo lo que quisiere hacer y ganoso de hacer mucho por nosotros. Pues vienen veces que estas ansias y lágrimas y sospiros y los grandes ímpetus que quedan dichos (que todo esto parece precedido de nuestro amor con gran sentimiento; mas todo no es nada en comparación de estotro, porque esto parece un fuego que está humeando, y puédese sufrir, aunque con pena), andándose ansí esta alma, abrasándose en sí mesma, acaece muchas veces por un pensamiento muy ligero u por una palabra que oye de que se tarda el morir, venir de otra parte, no se entiende de dónde ni có-

mo, un golpe u como si viniese una saeta de fuego. No digo que es saeta; mas cualquier cosa que sea, se ve claro que no podía proceder de nuestro natural. Tampoco es golpe, anque digo golpe: más agudamente hiere, y no es adonde se sienten acá las penas, a mi parecer, sino en lo muy hondo y íntimo del alma, adonde este rayo, que de presto pasa, todo cuanto halla de esta tierra de nuestro natural lo deja hecho polvos, que por el tiempo que dura es imposible tener memoria de cosa de nuestro ser; porque en un punto ata las potencias de manera que no quedan con ninguna libertad para cosa, sino para las que le han de hacer acrecentar este dolor. No querría pareciese encarecimiento, porque verdaderamente voy viendo que quedo corta, porque no se puede decir. Ello es un arrobamiento de sentidos y potencias, para todo lo que no es, como he dicho, ayudar a sentir esta aflición. Porque el entendimiento está muy vivo para entender la razón que hay que sentir de estar aquel alma ausente de Dios; y ayuda su Majestad con una tan viva noticia de Sí en aquel tiempo, de manera que hace crecer la pena en tanto grado, que procede quien la tiene en dar grandes gritos; con ser persona sufrida y mostrada a padecer grandes dolores, no puede hacer entonces más; porque este sentimiento no es en el cuerpo, como queda dicho, sino en el interior del alma. Por esto sacó esta persona cuán más recios van los sentimientos de ella que los del cuerpo, y se le representó ser de esta manera los que padecen en Purgatorio, que no les impide no tener cuerpo para dejar de padecer mucho más que todos los que acá tiniéndole padecen. Yo vi una persona ansí, que verdaderamente pensé que se moría, y no era mucha maravilla, porque cierto es gran peligro de muerte; y ansí, anque dure poco, deja el cuerpo muy descoyuntado, y en aquella sazón los pulsos tiene tan abiertos como si el alma quisiese ya dar a Dios, que no es menos; porque el calor natural falta y le abrasa de manera que, con otro poquito más, hubiera cumplídole Dios sus deseos; no porque siente poco ni mucho dolor en el cuerpo, anque se descoyunta, como he dicho, de manera que queda dos u tres días después sin poder an tener fuerza para escribir y con grandes dolores; y an siempre me parece le queda el cuerpo más sin fuerza que de antes. El no sentirlo debe ser la causa ser tan mayor el sentimiento interior del alma, que ninguna cosa hace caso del cuerpo; como si acá tenemos un dolor muy agudo en una parte: anque haya otros muchos, se sienten poco; esto yo lo he bien probado: acá, ni poco ni mucho, ni creo sentiría se le hiciesen pedazos. Diréisme que es imperfeción; que por qué no se conforma con la voluntad de Dios, pues le está tan rendida. Hasta aquí podía hacer eso, y con eso pasaba la vida; ahora no, porque su razón está de suerte que no es señora de ella ni de pensar sino la razón que tiene para penar, pues está ausente de su bien, que ¿para qué quiere vida? Siente una soledad extraña, porque criatura de toda la tierra no la hace compañía, ni creo se la harían los del cielo, como no fuese el que ama, antes todo la atormenta; mas vese como una persona colgada, que no asienta en cosa de la tierra, ni al cielo puede subir; abrasada con esta sed, y no puede llegar a el agua; y no sed que puede sufrir; si no ya en tal término que con ninguna se le quitaría, ni quiere que se le quite, si no es con la que dijo nuestro Señor a la Samaritana, y eso no se lo

dan. ¡Oh, válame Dios, Señor, cómo apretáis a vuestros amadores! Mas todo es poco para lo que les dais después. Bien es que lo mucho cueste mucho; cuanto más que, si es purificar esta alma para que entre en la sétima Morada, como los que han de entrar en el Cielo se limpian en el Purgatorio, es tan poco este padecer como sería una gota de agua en la mar; cuanto más que, con todo este tormento y aflición, que no puede ser mayor, a lo que yo creo, de todas las que hay en la tierra, que esta persona había pasado muchas, ansí corporales como espirituales; mas todo le parece nada en esta comparación. Siente el alma que es de tanto precio esta pena, que entiende muy bien no la podía ella merecer, sino que no es este sentimiento de manera que la alivia ninguna cosa, mas con esto la sufre de muy buena gana, y sufriría toda su vida si Dios fuese dello servido, anque no sería morir de una vez, sino estar siempre muriendo, que verdaderamente no es menos. Pues consideremos, hermanas, aquellos que están en el Infierno, que no están con esta conformidad, ni con este contento y gusto que pone Dios en el alma, ni viendo ser ganancioso este padecer, sino que siempre padecen más y más, digo más y más cuanto a las penas acidentales, siendo el tormento del alma tan más recio que los del cuerpo, y los que ellos pasan, mayores sin comparación que este que aquí hemos dicho, y éstos, ver que han de ser para siempre jamás, ¿qué será de estas desventuradas almas? Y ¿qué podemos hacer en vida tan corta, ni padecer, que sea nada para librarnos de tan terribles y eternales tormentos? Yo os digo que será imposible dar a entender cuán sensible cosa es el padecer del alma, y cuán diferente a el del cuerpo, si no se pasa por ello; y quiere el mesmo Señor que lo entendamos, para que más conozcamos lo muy mucho que le deberos en traernos a estado que por su misericordia tenemos esperanza de que nos ha de librar y perdonar nuestros pecados. Pues, tornando a lo que tratábamos (que dejamos esta alma con mucha pena), en este rigor es poco lo que le dura, será cuando más tres o cuatro horas, a mi parecer, porque si mucho durase, si no fuese con milagro, sería imposible sufrirlo la flaqueza natural. Acaecido ha no durar más que un cuarto de hora y quedar hecha pedazos; verdad es que esta vez del todo perdió el sentido, según vino con rigor (y estando en conversación, Pascua de Resurrección, el postrer día, y habiendo estado toda la Pascua con tanta sequedad, que casi no entendía lo era), de sólo oír una palabra de no acabarse la vida. ¡Pues pensar que se puede resistir! no más que si metida en un fuego quisiese hacer a la llama que no tuviese calor para quemarle. No es el sentimiento que se puede pasar en disimulación, sin que las que están presentes entiendan el gran peligro en que está, anque de lo interior no pueden ser testigos. Es verdad que le son alguna compañía, como si fuesen sombras; y ansí le parecen todas las cosas de la tierra. Y por que véais que es posible, si alguna vez os vierdes en esto, acudir aquí muestra flaqueza y natural, acaece alguna vez que, estando el alma como habéis visto, que se muere por morir cuando aprieta tanto, que ya parece que para salir del cuerpo no le falta casi nada, verdaderamente teme y querríase aflojarse la pena por no acabar de morir. Bien se deja entender ser este temor de flaqueza natural, por otra parte, no se quita su deseo ni es posible .1aber remedio que se quite esta pena hasta que la quite el mesmo Señor, que casi es lo ordinario, con un arrobamiento grande u con alguna visión, adonde el verdadero Consolador la consuela y fortalece para que quiera vivir todo lo que fuere su voluntad. Cosa penosa es ésta,

mas queda el alma con grandísimos efetos y perdido el miedo a los trabajos que le pueden suceder; porque en comparación del sentimiento tan penoso que sintió su alma, no le parece son nada. De manera que queda aprovechada y que gustaría padecerle muchas veces; mas tampoco puede eso en ninguna manera ni hay ningún remedio para tornarla a tener hasta que quiere el Señor, como no le hay para resistirle ni quitarle cuando le viene. Queda con muy mayor desprecio del mundo que antes, porque ve que cosa de él no le valió en aquel tormento; y muy más desasida de las criaturas, porque ya ve que sólo el Criador es el que puede consolar y hartar su alma, y con mayor temor y cuidado de no ofenderle, porque ve que también puede atormentar como consolar. Dos cosas me parece a mí que hay en este camino espiritual que son peligro de muerte. La una ésta, que verdaderamente lo es, y no pequeño; la otra de muy ecesivo gozo y deleite, que es en tan grandísimo estremo, que verdaderamente parece que desfallece el alma, de suerte que no le falta tantico para acabar de salir del cuerpo: a la verdad no sería poca dicha la suya. Aquí veréis, hermanas, si he tenido razón en decir que es menester ánimo y que terná razón el Señor cuando le pidierdes estas cosas de deciros lo que respondió a los hijos del Zebedeo: si podrían beber el cáliz.

Todas creo, hermanas, que responderemos que sí; y con mucha razón, porque su Majestad da esfuerzo a quien ve que lo ha menester, y en todo defiende a estas almas, y responde por ellas en las persecuciones y mormuraciones, como hacía por la Madalena, anque no sea por palabras, por obras; y, en fin en fin, antes que se mueran se lo paga todo junto, como ahora veréis. Sea por siempre bendito y alábenle todas las criaturas, amén.

MORADAS SEPTIMAS

CAPITULO PRIMERO

Pareceros ha, hermanas, que está dicho tanto en este camino espiritual, que no es posible quedar nada por decir. Harto desatino sería pensar esto: pues la grandeza de Dios no tiene término, tampoco le ternán sus obras. ¿Quién acabará de contar sus misericordias y grandezas? Es imposible, y ansí no os espantéis de lo que está dicho y se dijere, porque es una cifra de lo que hay que contar de Dios. Harta misericordia nos hace que haya comunicado estas cosas a persona que las podamos venir a saber, para que mientra más supiéremos que se comunica con las criaturas más alabaremos su grandeza, y nos esforzaremos a no tener en poco alma con quien tanto se deleita el Señor; pues cada una de nosotras la tiene, sino que como no las preciamos como merece criatura hecha a la imagen de Dios, ansí no entendemos los grandes secretos que están en ella. Plega o su Majestad, si es servido, menee la pluma, y me dé a entender como yo os diga algo de lo mucho que hay que decir y da Dios a entender a quien mete en esta Morada. Harto lo he suplicado a su Majestad, pues sabe que mi intento es que no estén ocultas sus misericordias, para que más sea alabado y glorificado su nombre. Esperanza tengo, que no por mí, sino por vosotras, hermanas, me ha de hacer esta merced, para que entendáis lo que os importa, que no quede por vosotras el celebrar vuestro Esposo este espiritual matrimonio con vuestras almas, pues tray tantos bienes consigo como veréis. ¡Oh gran Dios! Parece que tiembla una criatura tan miserable como yo, de tratar en cosa tan ajena de lo que merezco entender. Yo es verdad que he estado en gran confusión, pensando si será mejor acabar con pocas palabras esta Morada; porque me parece que han de pensar que yo lo sé por espiriencia, y háceme grandísima vergüenza, porque conociéndome la que soy, es terrible cosa. Por otra parte, me ha parecido que es tentación y flaqueza, anque más juicios de éstos echéis; sea Dios alabado y entendido un poquito más, y gríteme todo el mundo; cuando más que estaré yo quizá muerta cuando se viniere a ver. Sea bendito el que vive para siempre y vivirá, amén.

Cuando nuestro Señor es servido haber piadad de lo que padece y ha padecido por su deseo esta alma que ya espiritualmente ha tomado por esposa, primero que se consuma el matrimonio espiritual métela en su Morada, que es esta sétima; porque ansí como la tiene en el cielo, debe tener en el alma una estancia, adonde sólo su Majestad mora, y digamos otro cielo: porque nos importa mucho, hermanas, que no entendamos es el alma alguna cosa escura, que como no la vemos, lo más ordinario debe parecer, que no hay otra luz interior, sino esta que vemos, y que está dentro de nuestra alma alguna escuridad. De la que no está en gracia, yo os lo confieso, y no por falta del Sol de justicia, que está en ella dándole ser; sino por no ser ella capaz para recibir la luz, como creo dije en la primera Morada: que había entendido una persona que estas desventuradas almas es ansí que están como en una cárcel escura, atadas de pies y manos para hacer ningún bien que les aproveche para merecer, y ciegas y mudas; con razón podemos compadecernos dellas y mirar que algún tiempo nos vimos ansí, y que también puede el Señor haber misericordia de ellas. Tomemos, hermanas, particular cuidado de suplicárselo, y no nos descuidar, que es grandísima limosna rogar por los que están en pecado mortal; muy mayor que sería si viésemos un cristiano atadas las manos atrás, con una fuerte cadena, y él amarrado a un poste, y muriendo de hambre, y no por falta de qué coma, que tiene cabe sí muy estremados manjares, sino que no los puede tomar para llegarlos a la boca; y an está con grande hastío, y ve que va ya a espirar, y no muerte como acá, sino eterna. ¿No sería gran crueldad estarle mirando y no le llevar a la boca que comiese? Pues ¿qué si por vuestra oración le quitasen las cadenas? Ya lo veis. Por amor de Dios os pido que siempre tengáis acuerdo en vuestras oraciones de almas semejantes.

No hablamos ahora con ellas, sino con las que ya, por la misericordia de Dios, han hecho penitencia por sus pecados y están en gracia, que podemos considerar, no una cosa arrinconada y limitada, sino un mundo interior, adonde caben tantas y tan lindas Moradas como habéis visto, y ansí es razón que sea, pues dentro de esta alma hay morada para Dios. Pues cuando su Majestad es servido de hacerle la merced dicha de este divino matrimonio, primero la mete en su morada, y quiere su Majestad que no sea como otras veces que la ha metido en estos arrobamientos, que yo bien creo que la une consigo entonces, y en la oración que queda dicha de unión, anque no le parece a el alma que es tanta llamada para entrar en su centro, como aquí en esta Morada, sino a la

parte superior. En esto va poco: sea de una manera u de otra, el Señor la junta consigo; mas es haciéndole ciega y muda, como lo quedó san Pablo en su conversión, y quitándola el sentir cómo u de qué manera es aquella merced que goza; porque el gran deleite que entonces siente el alma es de verse cerca de Dios. Mas cuando la junta consigo, ninguna cosa entiende, que las potencias todas se pierden. Aquí es de otra manera; quiere ya nuestro buen Dios quitar las escamas de los ojos, y que vea y entienda algo de la merced que le hace, anque es por una manera estraña y metida en aquella Morada por visión inteletual; por cierta manera de representación de la verdad, se le muestra la santísima Trinidad, todas tres personas, con una inflamación que primero viene a su espíritu, a manera de una nube de grandísima claridad, y estas personas distintas, y por una noticia admirable, que se da a el alma entiende con grandísima verdad ser todas tres personas una sustancia y un poder y un saber y un solo Dios; de manera que lo que tenemos por fe allí lo entiende el alma, podemos decir, por vista, anque no es vista con los ojos del cuerpo ni del alma, porque no es visión imaginaria. Aquí se le comunican todas tres personas, y la hablan, y la dan a entender aquellas palabras que dice el Evangelio que dijo el Señor: que venía Él y el Padre y el Espíritu Santo a morar con el alma, que la ama y guarda sus mandamientos. ¡Oh, válame Dios! ¡Cuán diferente cosa es oír estas palabras y creerlas, a entender por esta manera cuán verdaderas son! Y cada día se espanta más esta alma, porque nunca más le parece se fueron de con ella, sino que notoriamente ve, de la manera que queda dicho, que están en lo interior de su alma, en lo muy más interior, en una cosa muy honda, que no sabe decir cómo es, porque no tiene letras, siente en sí esta divina compañía. Pareceros ha que, según esto, no andará en sí, sino tan embebida que no pueda entender en nada: mucho más que antes, en todo lo que es servido de Dios, y en faltando las ocupaciones, se queda con aquella agradable compañía, y si no falta a Dios el alma, jamás Él la faltará, a mi parecer, de darse a conocer tan conocidamente su presencia, y tiene gran confianza que no la dejará Dios, pues la ha hecho esta merced, para que la pierda, y ansí se puede pensar, anque no deja de andar con más cuidado que nunca, para no le desagradar en nada. El traer esta presencia entiéndese que no es tan enteramente, digo tan claramente, como se le manifiesta la primera vez y otras algunas que quiere Dios hacerle este regalo; porque si esto fuese, era imposible entender en otra cosa, ni an vivir entre la gente; mas anque no es con esta tan clara luz siempre advierte se halla con esta compañía. Digamos ahora como una persona que estuviese en una muy clara pieza y con otras y cerrasen las ventanas y se quedase ascuras, no porque se quitó la luz para verlas, y que hasta tornar la luz no las ve, deja de entender que están allí. Es de preguntar si cuando torna la luz y las quiere tornar a ver, si puede. Esto no está en su mano, sino cuando quiere nuestro Señor que se abra la ventana del entendimiento: harta misericordia la hace en nunca se ir de con ella, y querer que ella lo entienda tan entendido. Parece que quiere aquí la divina Majestad disponer el alma para más con esta admirable compañía; porque está claro

que será bien ayudada para en todo ir adelante en la perfeción y perder el temor que traía algunas veces de las demás mercedes que la hacía, como queda dicho. Y ansí fue, que en todo se hallaba mejorada y la parecía que por trabajos y negocios que tuviese lo esencial de su alma, jamás se movía de aquel aposento; de manera que en alguna manera le parecía había división en su alma, y andando con grandes trabajos, que poco después que Dios le hizo esta merced tuvo, se quejaba de ella, a manera de Marta, cuando se quejó de María, y algunas veces la decía que se estaba allí siempre gozando de aquella quietud a su placer, y la deja a ella en tantos trabajos y ocupaciones, que no la puede tener en compañía. Esto os parecerá, hijas, desatino, mas verdaderamente pasa ansí, que anque se entiende que el alma está toda junta, no es antojo lo que he dicho, que es muy ordinario; por donde decía yo que se ven cosas interiores, de manera que cierto se entiende hay diferencia en alguna manera, y muy conocida del alma a el espíritu, anque más sea todo uno. Conócese una división tan delicada, que algunas veces parece obra de diferente manera lo uno de lo otro, como el sabor que les quiere dar el Señor. También me parece que el alma es diferente cosa de las potencias, y que no es todo una cosa: hay tantas y tan delicadas en lo interior, que sería atrevimiento ponerme yo a declararlas; allá lo veremos, si el Señor nos hace merced de llevarnos, por su misericordia, adonde entendamos estos secretos.

CAPITULO SEGUNDO

Pues vengamos ahora a tratar del divino y espiritual matrimonio, anque esta gran merced no debe cumplirse con perfeción, mientras vivimos, pues si nos apartásemos de Dios se perdería este tan gran bien. La primera vez que Dios hace esta merced, quiere su Majestad mostrarse a el alma por visión imaginaria de su sacratísima Humanidad, para que lo entienda bien y no esté inorante de que recibe tan soberano don. A otras personas será por otra forma: a esta de quien hablamos se le representó el Señor, acabando de comulgar, con forma de gran resplandor y hermosura y majestad, como después de resucitado, y le dijo que ya era tiempo de que sus cosas tomase ellas por suyas, y Él ternía cuidado de las suyas, y otras palabras que son más para sentir que para decir. Parecerá que no era esta novedad, pues otras veces se había representado el Señor a esta alma en esta manera; fue tan diferente, que la dejó bien desatinada y espantada: lo uno, porque fue con gran fuerza esta visión; lo otro, porque las palabras que le dijo, y también porque en lo interior de su alma, adonde se le representó, si no es la visión pasada, no había visto otras. Porque entended que hay grandísima diferencia de todas las pasadas a las de esta Morada, y tan grande del desposorio espiritual al matrimonio espiritual, como lo hay entre dos desposados, a los que ya no se pueden apartar. Ya he dicho que anque se ponen estas comparaciones, porque no hay otras más a propósito, que se entienda que aquí no hay memoria de cuerpo más que si el alma no estuviese en él, sino sólo espíritu, y en el matrimonio espiritual, muy me-

nos, porque pasa esta secreta unión en el centro muy interior del alma, que debe ser adonde está el mesmo Dios, y, a mi parecer, no ha menester puerta por donde entre: digo que no es menester puerta, porque en todo lo que se ha dicho hasta aquí parece que va por medio de los sentidos y potencias, y este aparecimiento de la Humanidad del Señor ansí debía ser; mas lo que pasa en la unión del matrimonio espiritual es muy diferente. Aparécese el Señor en este centro del alma sin visión imaginaria, sino inteletual, anque más delicada que las dichas, como se apareció a los Apóstoles, sin entrar por la puerta, cuando les dijo: "Paz vobis". Es un secreto tan grande y una merced tan subida lo que comunica Dios allí a el alma en un instante, y el grandísimo deleite que siente el alma, que no sé a qué lo comparar, sino a que quiere el Señor manifestarle por aquel memento la gloria que hay en el Cielo, por más subida manera que por ninguna visión ni gusto espiritual. No se puede decir más de que, a cuanto se puede entender, queda el alma, digo el espíritu de esta alma, hecho una cosa con Dios, que, como es también espíritu, ha querido su Majestad mostrar el amor que nos tiene en dar a entender a algunas personas hasta adónde llega, para que alabemos su grandeza; porque, de tal manera ha querido juntarse con la criatura, que ansí como los que ya no se pueden apartar, no se quiere apartar Él de ella. El desposorio espiritual es diferente, que muchas veces se apartan, y la unión también lo es, porque, anque unión es juntarse dos cosas en una, en fin, se pueden apartar y quedar cada cosa por sí, como vemos ordinariamente, que pasa de presto esta merced del Señor, y después se queda el alma sin aquella compañía, digo de manera que lo entiendan. En estotra merced del Señor no, porque siempre queda el alma con su Dios en aquel centro. Digamos que sea la unión como si dos velas de cera se juntasen tan en estremo que toda luz fuese una, u que el pabilo y la luz y la cera es todo uno; mas después bien se puede apartar la una vela de la otra, y quedan en dos velas, u el pabilo de la cera. Acá es como si cayendo agua del cielo en un río u fuente, adonde queda hecho todo agua, que no podrán ya dividir ni apartar cuál es el agua del río u lo que cayó del cielo, o como si un arroíco pequeño entra en la mar, no habrá remedio de apartarse, u como si en una pieza estuviesen dos ventanas por donde entrase gran luz, anque entra dividida, se hace todo una luz. Quizá es esto lo que dice San Pablo: —El que se arrima y allega a Dios, hácese espíritu con Él—, tocando este soberano matrimonio, que presupone haberse llegado su Majestad a el alma por unión. Y también dice: *Miqui bibere Cristus est, mori lucrum;* ansí me parece puede decir aquí el alma, porque es adonde la mariposilla que hemos dicho, muere. y con grandísimo gozo, porque su vida es ya Cristo. Y esto se entiende mejor cuando anda el tiempo, por los efetos, porque se entiende claro, por unas secretas aspiraciones, ser Dios el que da vida a nuestra alma, muy muchas veces tan vivas, que en ninguna manera se puede dudar, porque las siente muy bien el alma, anque no se saben decir; más que es tanto este sentimiento que producen algunas veces unas palabras regaladas, que parece no se puede excusar de decir: ¡Oh vida de mi vida y sustento que me sustentas!, y cosas de esta manera; porque de aquellos pechos divinos, adonde parece está Dios siempre sustentando el alma, salen unos rayos de leche, que toda la gente del Castillo conforta, que parece quiere el Señor que gocen de alguna manera de lo mucho que goza el alma, y que de aquel río caudaloso, adonde se consumió esta fuentecita pequeña, salga algunas veces algún golpe de aquel agua para sustentar los que en lo corporal han de servir a estos dos desposados. Y ansí como sentiría esta agua una persona que está descuidada, si la bañasen de presto en ella, y no lo podía dejar de sentir, de la mesma manera, y an con más certidumbre, se entienden estas operaciones que digo; porque ansí como no nos podría venir un gran golpe de agua, si no tuviese principio, como he dicho, ansí se entiende claro que hay en lo interior quien arroje estas saetas y dé vida a esta vida, y que hay sol de donde procede una gran luz, que se envía a las potencias de lo interior del alma. Ella, como he dicho, no se muda de aquel centro ni se le pierde la paz; porque el mesmo que la dio a los Apóstoles cuando estaban juntos se la puede dar a ella. Heme acordado que esta salutación del Señor debía ser mucho más de lo que suena, y el decir a la gloriosa Madalena que se fuese en paz; porque, como las palabras del Señor son hechas como obras en nosotros, de tal manera debían hacer la operación en aquellas almas que estaban ya dispuestas, que apartase en ellos todo lo que es corpóreo en el alma y la dejase en puro espíritu para que se pudiese juntar en esta unión celestial con el espíritu increado, que es muy cierto que en vaciando nosotros todo lo que es criatura y deshaciéndonos de ella por amor de Dios, el mesmo Señor la ha de hinchir de sí. Y ansí, orando una vez Jesucristo nuestro Señor por sus Apóstoles, no sé dónde es, dijo que fuesen una cosa con el Padre y con Él, como Jesucristo nuestro Señor está en el Padre, y el Padre en Él. ¡No sé qué mayor amor puede ser que éste! Y no dejaremos de entrar aquí todos, porque ansí dijo su Majestad: "No sólo ruego por ellos, sino por todos aquellos que han de creer en Mí también", y dice: "Yo estoy en ellos". ¡Oh, válame Dios, qué palabras tan verdaderas, y cómo las entiende el alma, que en esta oración lo ve por sí! ¡Y cómo lo entenderíamos todas si no fuese por nuestra culpa! Pues las palabras de Jesucristo nuestro Rey y Señor no pueden faltar; mas como faltamos en no disponernos y desviarnos de todo lo que puede embarazar esta luz, no nos vemos en este espejo que contemplamos, adonde nuestra imaginación está esculpida. Pues tornando a lo que decíamos en metiendo el Señor a el alma en esta Morada suya, que es el centro de la mesma alma, ansí como dicen que el Cielo impíreo adonde está nuestro Señor no se mueve como los demás, ansí parece no hay los movimientos en esta alma, en entrando aquí, que suele haber en las potencias y imaginación, de manera que la perjudiquen ni la quiten su paz. Parece que quiero decir que en llegando el alma a hacerla Dios esta merced, está segura de su salvación y de tornar a caer. No digo tal, y en cuantas partes tratare desta manera, que parece está el alma en siguridad, se entienda: mientra la divina Majestad la tuviese ansí de su mano, y ella no le ofendiere; al menos sé cierto que anque se ve en este estado, y le ha durado años, que no se tiene por segura, sino que anda con mucho más temor que antes en guardarse de cualquier pequeña ofensa de Dios, y con tan grandes deseos de servirle, como se dirá adelante, y con ordinaria pena y confusión de ver lo poco que puede hacer y lo mucho a que está obligada, que no es pequeña cruz, sino harto gran penitencia; porque el hacer penitencia esta alma, mientras más grande, le es más deleite. La verdadera penitencia es cuando le quita Dios la salud para poderla hacer y fuerzas, que,

anque en otra parte he dicho la gran pena que esto da, es muy mayor aquí, y todo lo debe venir de la raíz adonde está plantada, que ansí como el árbol que está cabe las corrientes de las aguas, está más fresco y da más fruto, ¿qué hay que maravillar de deseos que tenga esta alma, pues el espíritu de ella está hecho uno con el agua celestial que dijimos?

Pues tornando a lo que decía, no se entienda que las potencias y sentidos y pasiones están siempre en esta paz: el alma sí, mas en estotras Moradas no deja de haber tiempos de guerra y de trabajos y fatigas; mas son de manera que no se quita de su paz y puesto: esto es lo ordinario. Este centro de nuestra alma u este espíritu es una cosa tan dificultosa de decir y an de creer, que pienso, hermanas, por no me saber dar a entender, no os dé alguna tentación de no creer lo que digo, porque decir que hay trabajos y penas y que el alma se está en paz es cosa dificultosa. Quiéroos poner una comparación u dos: plega a Dios que sean tales que diga algo; mas si no lo fuere, yo sé que digo verdad en lo dicho. Está el Rey en su palacio, y hay muchas guerras en su reino y muchas cosas penosas, mas no por eso deja de estarse en su puesto: ansí acá, anque en estotras Moradas anden muchas baraúndas y fieras ponzoñosas, y se oye el ruido, naide entre en aquélla, que la haga quitar de allí; ni las cosas que oye, anque le dan alguna pena, no es de manera que la alboroten y quiten la paz; porque las pasiones están ya vencidas, de suerte que han miedo de entrar allí, porque salen más rendidas. Duélenos todo el cuerpo, mas si la cabeza está sana, no porque duela el cuerpo dolerá la cabeza. Riéndome estoy de estas comparaciones, que no me contentan, mas no sé otras. Pensá lo que quisiéredes; ello es verdad lo que he dicho.

Avila. Las murallas.

(De fotografía antigua)

Convento de la Encarnación en Ávila.

(De fotografía antigua)

Casa de los Dávila.
Avila.

(De fotografía antigua)

Patio de la casa de Santa Teresa en Salamanca.

(De fotografía antigua)

AVISOS ESPIRITVALES

DE SANTA THERESA DE IESVS,
comentados.

Por el P. Alonso de Andrade de la Comp.ª de
Iesus natural de Toledo, y Calificador
del Consejo Supremo de la Santa
y General Inquisicion.

Iuan de Noort
fecit.

CON LICENCIA
EN MADRID
Por Gregorio Rodriguez
año de 1647.

"De los de la Orden de este Padre, que es la Compañía de Jesús... he visto grandes cosas: vilos en el cielo con banderas blancas en las manos..." Santa Teresa. *Vida.* 530.

CAPITULO TERCERO

Ahora, pues, decimos que esta mariposica ya murió, con grandísima alegría de haber hallado reposo, y que vive en ella Cristo: veamos qué vida hace u qué diferencia hay de cuanto ella vivía, porque en los efetos veremos si es verdadero lo que queda dicho. A lo que puedo entender, son los que diré:

El primero, un olvido de sí, que, verdaderamente, parece ya no es, como queda dicho, porque toda está de tal manera, que no se conoce ni se acuerda que para ella ha de haber Cielo ni vida ni honra, porque toda está empleada en procurar la de Dios, que parece que las palabras que le dijo su Majestad hicieron efeto de obra, que fue que mirase por sus cosas, que Él miraría por las suyas. Y ansí, de todo lo que puede suceder no tiene cuidado, sino un estraño olvido que, como digo, parece ya no es, ni querría ser en nada, nada, sino es para cuando entiende que puede haber por su parte algo en que acreciente un punto la gloria y honra de Dios, que por esto pornía muy de buena gana su vida. No entendáis por esto, hijas, que deja de tener cuenta con comer y dormir, que no le es poco tormento, y hacer todo lo que está obligada conforme a su estado, que hablamos en cosas interiores, que de obras esteriores poco hay que decir, que antes esa es su pena, ver que es nada lo que ya pueden sus fuerzas. En todo lo que puede y entiende que es servicio de nuestro Señor no lo dejaría de hacer por cosa de la tierra.

Lo segundo, un deseo de padecer grande, mas no de manera que le inquiete como solía; porque es en tanto estremo el deseo que queda en estas almas de que se haga la voluntad de Dios en ellas, que todo lo que su Majestad hace tienen por bueno: si quisiere que padezca, en horabuena; si no, no se mata como solía.

Tienen también estas almas un gran gozo interior cuando son perseguidas, con mucha más paz que lo que queda dicho, y sin nenguna enemistad con los que las hacen mal u desean hacer, antes les cobran amor particular, de manera que si los ven en algún trabajo, lo sienten tiernamente, y cualquiera tomarían por librarlos de él, y encomiéndanlos a Dios muy de gana, y de las mercedes que les hace su Majestad holgarían perder porque se las hiciese a ellos, porque no ofendiesen a nuestro Señor.

Lo que más me espanta de todo es que ya habéis visto los trabajos y afliciones que han tenido por morirse, por gozar de nuestro Señor: ahora es tan grande el deseo que tienen de servirle y que por ellas sea alabado, y de aprovechar algún alma si pudiesen, que, no sólo no desean morirse, mas vivir muy muchos años padeciendo grandísimos trabajos, por si pudiesen que fuese el Señor alabado por ellos, anque fuese con cosa muy poca. Y si supiesen cierto que en saliendo el alma del cuerpo ha de gozar de Dios, no les hace al caso, ni pensar en la gloria que tienen los santos: no desean por entonces verse en ella. Su gloria tienen puesta en si pudiesen ayudar en algo al Crucificado, en especial cuando ven que es tan ofendido, y los pocos que hay de veras miren por su honra, desasidos de todo lo demás. Verdad es que algunas veces que se olvida de esto, tornan con ternura los de gozar de Dios y desear salir de este destierro, en especial viendo lo poco que le sirve; mas luego torna y mira en sí mesma con la continuanza que le tiene consigo, y con aquello se contenta, y ofrece a su Majestad el querer vivir como una ofrenda, la más costosa para ella que le puede dar. Temor ninguno tiene de la muerte más que ternía de un suave arrobamiento. El caso es que el que daba aquellos deseos con tormento tan ecesivo, da ahora estotros. Sea por siempre bendito y alabado. El fin es que los deseos de estas almas no son ya de regalos ni de gustos, como tienen consigo al mesmo Señor, y su Majestad es el que ahora vive. Claro está que su vida no fue sino continuo tormento, y ansí hace que sea la nuestra, al menos con los deseos, que nos lleva como a flacos en lo demás, anque bien les cabe de su fortaleza cuando ve que la han menester.

Un desasimiento grande de todo y deseo de estar siempre u solas u ocupadas en cosa que sea provecho de algún alma; no sequedades ni trabajos interiores, sino con una memoria y ternura con nuestro Señor, que nunca querría estar sino dándole alabanzas, y cuando se descuida, el mesmo Señor la despierta de la manera que queda dicho, que se ve clarísimamente que procede aquel impulso, u no sé como le llame, de lo interior del alma, como se dijo de los ímpetus. Acá es con gran suavidad, mas ni procede del pensamiento ni de la memoria, ni cosa que se pueda entender que el alma hizo nada de su parte. Esto es tan ordinario y tantas veces, que se ha mirado bien con advertencia: que ansí como un fuego no echa la llama haciabajo, sino haciarriba, por grande que quieran encender el fuego, ansí se entiende acá que este movimiento interior procede del centro del alma y despierta las potencias. Por cierto, como no hubiera otra cosa de ganancia en este camino de oración, sino entender el particular cuidado que Dios tiene de comunicarse con nosotros y andarnos rogando, que no

parece esto otra cosa que no estemos con Él, me parece eran bien empleados cuantos trabajos se pasan por gozar de estos toques de su amor tan suaves y penetrativos. Esto habréis, hermanas, espirimentado, porque pienso, en llegando a tener oración, anda el Señor con este cuidado, si nosotros no nos descuidamos de guardar sus mandamientos. Cuando esto os acaeciere, acordaos que es desta Morada interior, adonde está Dios en nuestra alma, y alabalde mucho, porque cierto es suyo aquel recaudo u billete escrito con tanto amor, y de manera que sólo vos quiere entendáis aquella letra y lo que por ella os pide. La diferencia que hay aquí en esta Morada es lo dicho: que casi nunca hay sequedad ni alborotos interiores de los que había en todas las otras a tiempos, sino que está el alma en quietud casi siempre; el no temer que esta merced tan subida puede contrahacer el Demonio, sino estar en un ser con seguridad que es Dios, porque, como está dicho, no tienen que ver aquí los sentidos ni potencias, que se descubrió su Majestad al alma y la metió consigo adonde, a mi parecer, no osará entrar el Demonio ni le dejará el Señor, y todas las mercedes que hace aquí a el alma, como he dicho, son con ningún ayuda de la mesma alma, sino el que ya ella ha hecho de entregarse toda a Dios. Pasa con tanta quietud y tan sin ruido todo lo que el Señor aprovecha aquí a el alma y la enseña, que me parece es como en la edificación del templo de Salomón, adonde no se había de oír ningún ruido: ansí en este templo de Dios, en esta Morada suya, sólo Él y el alma se gozan con grandísimo silencio. No hay para qué bullir ni buscar nada el entendimiento, que el Señor que le crió le quiere sosegar aquí, y que por una resquicia pequeña mire lo que pasa, porque, anque a tiempos se pierde esta vista y no le dejan mirar, es poquísimo intervalo, por que, a mi parecer, aquí no se pierden las potencias, mas no obran, sino están como espantadas.

Yo lo estoy de ver que en llegando aquí el alma, todos los arrobamientos se le quitan si no es alguna vez, y ésta no con aquellos arrobamientos y vuelo de espíritu, y son muy raras veces, y ésas casi siempre no en público como antes, que era muy de ordinario, ni le hacen al caso grandes ocasiones de devoción, que vea, como antes, que si ven una imagen devota u oyen un sermón, que casi no era oírle, u música, como la pobre mariposilla andaba tan ansiosa, todo la espantaba y hacía volar. Ahora, u es que halló su reposo, u que el alma ha visto tanto en esta Morada, que no se espanta de nada, u que no se halla con aquella soledad que solía, pues goza de tal compañía. En fin, hermanas, yo no sé qué sea la causa, que en comenzando el Señor a mostrar lo que hay en esta Morada, y metiendo el alma allí, se les quita esta gran flaqueza que les era harto trabajo, y antes no se quitó. Quizá es que la ha fortalecido el Señor y ensanchado y habilitado, u puede ser que quería dar a entender en público lo que hacía con estas almas en secreto, por algunos fines que su Majestad sabe, que sus juicios son sobre todo lo que acá podemos imaginar.

Estos efetos, con todos los demás que hemos dicho, que sean buenos en los grados de oración que quedan dichos, da Dios, cuando llega el alma a Sí, con este ósculo que pedía la Esposa, que yo entiendo aquí se le cumple esta petición. Aquí se dan las aguas a esta cierva que va herida, en abundancia. Aquí se deleita en el tabernáculo de Dios. Aquí halla la paloma que envió Noé a ver si era acabada la tempestad, la oliva, por señal que ha hallado tierra firme dentro en las aguas y tempesta-

des deste mundo. ¡Oh Jesús! ¡Y quién supiera las muchas cosas de la Escritura, que debe haber para dar a entender esta paz del alma! Dios mío, pues veis lo que nos importa, haced que quieran los cristianos buscarlas, y a los que las habéis dado, no se la quitéis por vuestra misericordia, que, en fin, hasta que les deis la verdadera y las llevéis adonde no se pueda acabar, siempre se ha de vivir con temor. Digo la verdadera, no porque entienda ésta no lo es, sino porque se podría tornar la guerra primera si nosotros nos apartásemos de Dios. Mas ¿qué sentirán estas almas de ver que podrían carecer de tan gran bien? Esto les hace andar más cuidadosas y procurar sacar fuerzas de flaqueza, para no dejar cosa que se les puede ofrecer, para más agradar a Dios, por culpa suya. Mientra más favorecidas de su Majestad andan, más acobardadas y temerosas de sí, y como en estas grandezas suyas han conocido más sus miserias y se las hacen más graves sus pecados, andan muchas veces que no osan alzar los ojos, como el Publicano; otras, con deseos de acabar la vida por verse en siguridad, anque luego tornan con el amor que le tienen a querer vivir para servirle, como queda dicho, y fían todo lo que les toca de su misericordia. Algunas veces las muchas mercedes las hacen andar más aniquiladas, que temen que, como una nao que va muy demasiado de cargada, se va a lo hondo, no les acaezca ansí. Yo os digo, hermanas, que no les falta cruz, salvo que no las inquieta ni las hace perder la paz, sino pasan de presto como una ola, algunas tempestades, y torna bonanza, que la presencia que train del Señor les hace que luego se les olvide todo. Sea por siempre bendito y alabado de todas sus criaturas, amén.

CAPITULO CUARTO

No habéis de entender, hermanas, que siempre en un ser están estos efetos que he dicho en estas almas, que por eso adonde se me acuerda, digo lo ordinario, que algunas veces les deja nuestro Señor en su natural, y no parece sino que entonces se juntan todas las cosas ponzoñosas del arrabal y Moradas de este Castillo, para vengarse de ellas por el tiempo que no las pueden haber a las manos. Verdad es que dura poco, un día lo más, u poco más, y en este gran alboroto, que procede lo ordinario de alguna ocasión, se ve lo que gana el alma en la buena compañía que está, porque la da el Señor una gran entereza, para no torcer en nada de su servicio y buenas determinaciones, sino que parece le crecen, ni por un primer movimiento muy pequeño no tuercen de esta determinación. Como digo, es pocas veces, sino que quiere nuestro Señor que no pierda la memoria de su ser, para que siempre esté humilde, lo uno; lo otro, porque entienda más lo que debe a su Majestad, y la grandeza de la meced que recibe y le alabe.

Tampoco os pase por pensamiento que por tener estas almas tan grandes deseos y determinación de no hacer una imperfección por cosa de la tierra, dejan de hacer muchas, y an pecados. De advertencia no, que las debe el Señor a estas tales dar muy particular ayuda para esto; digo pecados veniales, que de los mortales, que ellas entiendan, están libres, anque no siguras; que ternán algunos que no entienden, que no les será pequeño tormento. También se les da las almas que ven que se pierden, y anque en alguna manera tienen gran esperanza que no serán de ellas, cuando se acuerdan de algunos que dice la Escritura que parecía eran favorecidos del Señor, como un Salomón, que tanto comunicó con su Majestad, no pueden dejar de temer, como tengo dicho. Y, la que se viere de vosotras con mayor seguridad en sí, esa tema más, porque "bienaventurado el varón que teme a Dios", dice David. Su Majestad nos ampare siempre: suplicárselo, para que no le ofendamos; es la mayor seguridad que podemos tener. Sea por siempre alabado, amén.

Bien será, hemanas, deciros qué es el fin para que hace el Señor tantas mercedes en este mundo. Anque en los efetos de ellas los habréis entendido, si advertistes en ello, os lo quiero tornar a decir aquí, porque no piense alguna que es para sólo regalar estas almas, que sería grande yerro: que no nos puede su Majestad hacerle mayor que es darnos vida que sea imitando a la que vivió su Hijo tan amado, y ansí tengo yo por cierto, que son estas mercedes para fortalecer nuestra flaqueza, como aquí he dicho alguna vez, para poderle imitar en el mucho padecer.

Siempre hemos visto que los que más cercanos anduvieron a Cristo nuestro Señor fueron los de mayores trabajos: miremos los que pasó su gloriosa Madre y los gloriosos Apóstoles. ¿Cómo pensáis que pudiera sufrir San Pablo tan grandísimos trabajos? Por él podemos ver qué efetos hacen las verdaderas visiones y contemplación cuando es de nuestro Señor, y no imaginación u engaño del Demonio. ¿Por ventura ascondióse con ellas para gozar de aquellos regalos y no entender en otra cosa? Ya lo veis, que no tuvo día de descanso, a lo que podemos entender, y tampoco le debía de tener de noche, pues en ella ganaba lo que había de comer. Gusto yo mucho de san Pedro cuando iba huyendo de la cárcel y le apareció nuestro Señor, y le dijo que iba a Roma a ser crucificado otra vez. Nenguna rezamos esta fiesta adonde esto está que no me es particular consuelo; ¿cómo quedó San Pedro de esta merced del Señor u qué hizo? Irse luego a la muerte, y no es poca misericordia del Señor hallar quien se la dé. ¡Oh, hermanas mías, qué olvidado debe tener su descanso, y qué poco se le debe de dar de honras, y qué fuera debe estar de querer ser tenida en nada el alma adonde está el Señor tan particularmente! Porque si ella está mucho con él, como es razón, poco se debe acordar de sí; toda la memoria se le va en cómo más contentarle y en qué u por dónde mostrará el amor que le tiene. Para esto es la oración, hijas mías; de esto sirve este matrimonio espiritual: de que nazcan siempre obras, obras. Esta es la verdadera muestra de ser cosa y merced hecha de Dios, como ya os he dicho; porque poco me aprovecha estarme muy recogida a solas, haciendo atos con nuestro Señor, propuniendo y prometiendo de hacer maravillas por su servicio, si en saliendo de allí, que se ofrece la ocasión, lo hago todo al revés. Mal dije que aprovechará poco, que todo lo que se está con Dios aprovecha mucho, y estas determinaciones, anque seamos flacos en no las cumplir después, alguna vez nos dará su Majestad cómo lo hagamos, y an quizá, anque nos pese, mucho hace muchas veces, que como ve un alma muy cobarde, dale un muy gran trabajo bien contra su voluntad y sácala con ganancia, y después, como esto entiende el alma, queda más perdido el miedo para ofrecerse más a Él. Quise decir que es poco, en comparación de lo mucho más que es que conformen las obras con los atos y palabras, y que la que no pudiere por junto, sea poco a poco: vaya doblando su voluntad si quiere que le aproveche la oración, que dentro de estos rincones no faltarán hartas ocasiones en que lo podáis hacer. Mirá que importa esto mucho más que yo os sabré encarecer. Poné los ojos en el Crucificado y haráseos todo poco. Si su Majestad nos mostró el amor con tan espantables obras y tormentos, ¿cómo queréis contentarle con sólo palabras? ¿Sabéis qué es ser espirituales de veras? Hacerse esclavos de Dios, a quien, señalados con su hierro, que es el de la †, porque ya ellos le han dado su libertad, los pueda vender por esclavos de todo el mundo, como Él lo fue, que no les hace ningún agravio ni pequeña merced, y si a esto no se determinan, no hayan miedo que aprovechen mucho, porque todo este edificio, como he dicho, es su cimiento humildad, y si no hay ésta muy de veras, an por vuestro bien, no querrá el Señor subirle muy alto, porque no dé todo en el suelo. Ansí que, hermanas, para que lleve buenos cimientos, procurá ser la menor de todas, y esclava suya, mirando cómo u por dónde las podéis hacer placer y servir, pues lo que hicierdes en este caso, hacéis más por vos que por ellas, puniendo piedras tan firmes que no se os caya el Castillo. Torno a decir que para esto es menester no poner vuestro fundamento sólo en rezar y contemplar, porque si no procuráis virtudes y hay ejercicio de ellas, siempre os quedaréis enanas, y an plega a Dios que sea sólo no crecer, porque ya sabéis que quien no crece, descrece; porque el amor tengo por imposible contentarse de estar un ser adonde le hay.

Pareceros ha que hablo con los que comienzan, y que después pueden ya descansar: ya os he dicho que el sosiego que tienen estas almas en lo interior es para tenerle muy menos ni querer tenerle en lo esterior. ¿Para qué pensáis que son aquellas inspiraciones que he dicho, u por mejor decir, aspiraciones, y aquellos recaudos que envía el alma del centro interior a la gente de arriba del Castillo y a las Moradas que están fuera de donde ella está? ¿Es para que se echen a dormir? ¡No, no, no!, que más guerra les hace desde allí, para que no estén ociosas las potencias y sentidos y todo lo corporal, que les ha hecho cuando andaba con ellos padeciendo, porque entonces no entendía la ganancia tan grande que son los trabajos, que, por ventura, han sido medios para traerla Dios allí, como la compañía que tiene le da fuerzas muy mayores que nunca. Porque si acá dice David que con los santos seremos santos, no hay que dudar sino que estando hecha una cosa con el fuerte por la unión tan soberana de espíritu con espíritu, se le ha de pegar fortaleza, y ansí veremos la que han tenido los santos para padecer y morir. Es muy cierto, que an de la que a ella allí se le pega, acude a todos los que están en el Castillo, y an al mesmo cuerpo, que parece muchas veces no siente, sino, esforzado con el esfuerzo que tiene el alma bebiendo del vino de esta bodega, adonde la ha traído su Esposo, y no la deja salir, redunda en el flaco cuerpo, como acá el manjar que se pone en el estómago da fuerza a la cabeza y a todo él. Y ansí tiene harta mala ventura mientras vive, porque, por mucho que haga, es mucho más la fuerza interior y la guerra que se le da, que todo le parece nonada. De aquí debían venir las grandes penitencias que hicieron muchos santos, en especial la gloriosa Madalena, criada siempre en tanto regalo, y aquella hambre que tuvo nuestro padre Elías de la honra de su Dios, y tuvo santo Domingo y san Francisco de allegar almas, para que fuese alabado, que yo os digo que no debían pasar poco, olvidados de sí mesmos. Esto quiero yo, mis hermanas, que procuremos alcanzar, y no para gozar, sino para tener estas fuerzas para servir, deseemos y nos ocupemos en la oración. No queramos ir por camino no andado, que nos perderemos al mejor tiempo, y sería bien nuevo pensar tener estas mercedes de Dios por otro que el que Él fué y han ido todos sus santos. No nos pase por pensamiento: creéme, que Marta y María han de andar juntas para hospedar al Señor y tenerle siempre consigo, y no le hacer mal hospedaje no le dando de comer. ¿Cómo se lo diera María, sentada siempre a los pies, si su hermana no le ayudara? Su manjar es que de todas las maneras que pudiéremos lleguemos almas, para que se salven y siempre le alaben.

Decirme heis dos cosas: la una, que dijo que María había escogido la mejor parte, y es que ya había hecho el oficio de Marta, regalando a el Señor en lavarle los pies y limpiarlos con sus cabellos. ¿Y pensáis que le sería poca mortificación a una señora como ella era irse por esas calles, y por ventura, sola, porque no llevaba hervor para entender cómo iba, y entrara donde nunca había entrado, y después sufrir la mormuración del Fariseo, y otras muy muchas que debía sufrir? Porque ver en el pueblo una mujer como ella hacer tanta mudanza, y como sabemos, entre tan mala gente, que bastaba ver que tenía amistad con el Señor, a quien ellos tenían tan aborrecido, para traer a la memoria la vida que había hecho, y que se quería ahora hacer santa, porque está claro que luego mudaría vestido y todo lo demás, pues ahora se dice a personas que no son tan nombradas, ¿qué sería entonces? Yo os digo, hermanas, que venía la mejor parte sobre hartos trabajos y mortificación, que, anque no fuera sino a ver a su Maestro tan aborrecido, era intolerable trabajo. ¡Pues los muchos que después pasó en la muerte del Señor! Tengo para mí que el no haber recibido martirio fue por haberle pasado en ver morir al Señor, y en los años que vivió, en verse ausente de Él, que sería de terrible tormento, se verá que no estaba siempre con regalo de contemplación a los pies del Señor. La otra, que no podéis vosotras, ni tenéis como allegar almas a Dios, que lo haríades de buena gana, mas que no habiendo de enseñar ni predicar, como hacían los Apóstoles, que no sabéis cómo. A esto he respondido por escrito algunas veces, y an no sé si en este Castillo; mas porque es cosa que creo os pasa por pensamiento, con los deseos que os da el Señor, no dejaré de decirlo aquí. Ya os dije en otra parte que algunas veces nos pone el Demonio deseos grandes porque no echemos mano de lo que tenemos a mano, para servir a nuestro Señor en cosas posibles, y quedemos contentas por haber deseado las imposibles. Dejado que en la oración ayudaréis mucho, no queráis aprovechar a todo el mundo, sino a las que están en vuestra compañía, y ansí será mayor la obra, porque estáis a ellas más obligadas. ¿Pensáis que es poca ganancia que sea vuestra humildad tan grande y mortificación, y el servir a todas, y una gran caridad con ellas, y un amor del Señor, que ese fuego las encienda a todas, y con las demás virtudes siempre las andéis despertando? No sería sino mucha, y muy agradable servicio al Señor, y con esto que ponéis por obra, que podéis, entenderá su Majestad que

haríades mucho más, y ansí os dará premio, como si le ganásedes muchas. Diréis que esto no es convertir, porque todas son buenas. ¿Quién os mete en eso? Mientras fueren mejores, más agradables serán sus alabanzas al Señor, y más aprovechará su oración a los prójimos. En fin, hermanas mías, con lo que concluyo es que no hagamos torres sin fundamento, que el Señor no mira tanto la grandeza de las obras como el amor con que se hacen, y como hagamos lo que pudiéremos, hará su Majestad que vamos pudiendo cada día más y más, como no nos cansemos luego, sino que lo poco que dura esta vida, y quizá será más poco de lo que cada uno piensa, interior y esteriormente ofrezcamos a el Señor el sacrificio que pudiéremos, que su Majestad le juntará con el que hizo en la cruz por nosotros al Padre, para que tenga el valor que nuestra voluntad hubiere merecido, anque sean pequeñas las obras. Plega a su Majestad, hermanas y hijas mías, que nos veamos todas adonde siempre le alabemos, y me dé gracia para que yo obre algo de lo que os digo, por los méritos de su Hijo, que vive y reina por siempre jamás, amén; que yo os digo que es harta confusión mía, y ansí os pido por el mesmo Señor que no olvidéis en vuestras oraciones esta pobre miserable.

CONCLUSION

JHS

Anque cuando comencé a escribir esto que aquí va, fue con la contradición que al principio digo, después de acabado me ha dado mucho contento, y doy por bien empleado el trabajo, anque confieso que ha sido harto poco. Y considerando el mucho encerramiento y pocas cosas de entretenimiento que tenéis mis hermanas, y no casas tan bastantes como conviene, en algunos monesterios de los vuestros, me parece os será consuelo deleitaros en este Castillo interior, pues sin licencia de los superiores podéis entraros y pasearos por él a cualquier hora. Verdad es que no en todas las Moradas podéis entrar por vuestras fuerzas, anque os parezca las tenéis grandes, si no os mete el mesmo Señor del Castillo; por eso os aviso que ninguna fuerza pongáis, si hallardes resistencia alguna, porque le enojaréis de manera que nunca os deje entrar en ellas.

Es muy amigo de humildad. Con teneros por tales que no merecéis an entrar en las Terceras, le ganaréis más presto la voluntad para llegar a las Quintas, y de tal manera le podéis servir desde allí, acontinuando a ir muchas veces a ellas, que nos meta en la mesma Morada que tiene para Sí, de donde no salgáis más, si no fuerdes llamadas de la priora, cuya voluntad quiere tanto este gran Señor que cumpláis como la suya mesma. Y anque mucho estéis fuera por su mandado, siempre cuando tornades, os terná la puerta abierta. Una vez mostradas a gozar de este Castillo, en todas las cosas hallaréis descanso, anque sean de mucho trabajo, con esperanza de tornar a él, que no os lo puede quitar naide.

Anque no se trata de más de siete Moradas, en cada una de éstas hay muchas, en lo bajo y alto y a los lados, con lindos jardines y fuentes y laborintios y cosas tan deleitosas, que desearéis deshaceros en alabanzas del gran Dios que lo crió a su imagen y semejanza. Si algo hallardes bueno en la orden de daros noticias de Él, creé verdaderamente que lo dijo su Majestad por daros a vosotras contento, y lo malo que hallardes, es dicho por mí. Por el gran deseo que tengo de ser alguna parte para ayudaros a servir este mi Dios y Señor, os pido que, en mi nombre, cada vez que leyerdes aquí, alabéis mucho a su Majestad y le pidáis el aumento de su Ilesia y luz para los luteranos, y para mí que me perdone mis pecados y me saque de Purgatorio, que allá estaré quizá por la misericordia de Dios, cuando esto se os diere a leer, si estuviere para que se vea, después de visto de letrados; y si algo tuviere de error, es por más no lo entender, que en todo me sujeto a lo que tiene la santa Ilesia Católica Romana, que en ésta vivo y protesto y prometo vivir y morir. Sea Dios nuestro Señor por siempre alabado y bendito. Amén, amén.

Acabóse esto de escribir en el monesterio de San Josef de Avila, año de mil quinientos y setenta y siete, víspera de san Andrés, para gloria de Dios, que vive y reina por siempre jamás, amén.

LIBRO DE SU VIDA

CARTA DE FRAY LUIS DE LEON

A LAS MADRES

PRIORA ANA DE JESUS Y RELIGIOSAS CARMELITAS DESCALZAS DEL MONASTERIO DE MADRID

EL MAESTRO FRAY LUIS DE LEÓN

SALUD EN JESUCRISTO

Yo no conocí, ni vi, a la madre TERESA DE JESÚS mientras estuvo en la tierra; mas agora, que vive en el cielo, la conozco y veo casi siempre en dos imágenes vivas que nos dejó de sí, que son sus hijas, y sus libros, que, a mi juicio, son también testigos fieles y mayores de toda excepción de su grande virtud. Porque las figuras de su rostro si las viera, mostráranme su cuerpo: y sus palabras, si las oyera me declararan algo de la virtud de su alma: y lo primero era común, y lo segundo sujeto a engaño, de que carecen estas dos cosas en que la veo agora. Que, como el Sabio dice, el hombre en sus hijos se conoce. Porque los fructos que cada uno deja de sí cuando falta, esos son el verdadero testigo de su vida: y por tal le tiene Cristo, cuando en el Evangelio, para diferenciar al malo del bueno, nos remite solamente a sus fructos. De sus fructos, dice, los conoceréis. Ansí que la virtud y sanctidad de la madre TERESA que viéndola a ella me pudiera ser dudosa y incierta, esa misma agora no viéndola, y viendo sus libros, y las obras de sus manos que son sus hijas, tengo por cierta y muy clara. Porque por la virtud que en todas resplandece se conoce sin engaño la mucha gracia que puso Dios en la que hizo para

madre deste nuevo milagro, que por tal debe ser tenido, lo que en ellas Dios agora hace, y por ellas. Que si es milagro lo que aviene fuera de lo que por orden natural acontece, hay en este hecho tantas cosas extraordinarias y nuevas que llamarle milagro es poco, porque es un ayuntamiento de muchos milagros. Que un milagro es que una mujer, y sola haya reducido a perfeción una orden en mujeres y en hombres. Y otro la grande perfeción a que los redujo: y otro y tercero el grandísimo crecimiento a que ha venido en tan pocos años y de tan pequeños principios, que cada una por sí son cosas muy dignas de considerar. Porque no siendo de las mujeres el enseñar, sino el ser enseñadas, como lo escribe san Pablo, luego se ve que es maravilla nueva una flaca mujer tan animosa que emprendiese una cosa tan grande, y tan sabia y eficaz que saliese con ella, y robase los corazones que trataba para hacerlos de Dios, y llevase las gentes en pos de sí a todo lo que aborrece el sentido. En que a lo que yo puedo juzgar, quiso Dios en este tiempo, cuando parece triunfa el demonio en la muchedumbre de los infieles que le siguen, y en la porfía de tantos pueblos herejes, que hacen sus partes, y en los muchos vicios de los fieles que son de su bando, para envilecerle, y para hacer burla de él, ponerle delante, no un hombre valiente rodeado de letras, sino una pobre mujer que le desafiase y levantase bandera contra él, y hiciese públicamente gente que le venza y huelle, y acocee, y quiso sin duda para demostración de lo mucho que puede, en esta edad adonde tantos millares de hombres, unos con sus errados ingenios, y otros con sus perdidas costumbres aportillan su reino, que una mujer alumbrase los entendimientos, y ordenase las costumbres de muchos que cada día crecen para reparar estas quiebras. Y en esta vejez de la Iglesia tuvo por bien de mostrarnos que no se envejece su gracia, ni es agora menos la virtud de su espíritu que fue en los primeros tiempos della, pues con medios más flacos en linaje que entonces hace lo mismo, o casi lo mismo que entonces. Porque (y este es el segundo milagro) la vida en que vuestras reverencias viven y la perfección en que las puso su madre, ¿qué es sino un retrato de la sanctidad de la iglesia primera? Que ciertamente lo que leemos en las historias de aquellos tiempos, eso mismo vemos agora con los ojos en sus costumbres: y su vida nos demuestra en las obras, lo que ya por el poco uso parecía estar en solos los papeles y las palabras: y lo que he leído admira, y apenas la carne lo cree, agora lo ve hecho en vuestra reverencia, y en sus compañeras. Que desasidas de todo lo que no es Dios, y ofrecidas en solos los brazos de su esposo divino, y abrazadas con él, con ánimos de varones fuertes en miembros de mujeres tiernos y flacos, ponen en ejecución la más alta y más generosa filosofía que jamás los hombres imaginaron; y llegan con las obras adonde en razón de perfecta vida y de heroica virtud apenas llegaron con la imaginación los ingenios. Porque huellan la riqueza: y tienen en odio la libertad: y desprecian la honra: y aman la humildad y el trabajo: y todo su estudio es con una sancta competencia procurar adelantarse en la virtud de contino: a que su esposo les responde con una fuerza de gozo, que les infunde en el alma, tan grande, que en el desamparo y desnudez de todo lo que dé contento en la vida, poseen un tesoro de verdadera alegría, y huellan generosamente sobre la naturaleza toda como exentas de sus leyes, o verdaderamente como superiores a ellas. Que ni el trabajo las cansa: ni el encerramiento las fatiga: ni la enfermedad las decae: ni la muerte las atemoriza o espanta, antes las alegra y anima. Y lo que entre todo esto hace maravilla grandísima es el sabor, si lo habemos de decir así, la facilidad con que hacen, lo que es estremadamente dificultoso de hacer. Porque la mortificación les es regocijo: y la resignación juego, y pasatiempo la aspereza de la penitencia: y como si se anduviesen solazando y holgando, van poniendo por obra lo que pone a la naturaleza en espanto, y el ejercicio de virtudes heroicas le han convertido en un entretenimiento gustoso, en que muestran bien por la obra la verdad de la palabra de Cristo, que su iugo es suave, y su carga ligera. Porque ninguna seglar se alegra tanto en sus aderezos, cuanto a vuestras reverencias les es sabroso el vivir como ángeles. Que tales son sin duda, no solo en la perfección de la vida, sino también en la semejanza y unidad que entre sí tienen en ella. Que no hay dos cosas tan semejantes, cuanto lo son todas entre sí y cada una a la otra. En la habla, en la modestia, en la humildad, en la discreción, en la blandura de espíritu, y finalmente en todo el trato y estilo. Que como las anima una misma virtud, así las figura a todas de una misma manera, y como en espejos puros resplandece en todos un rostro, que es el de la madre sancta que se traspasa en las hijas. Por donde, como decía al principio, sin haberla visto en la vida, la veo agora con más evidencia, porque sus hijas, no solo son retratos de sus semblantes, sino testimonios ciertos de sus perfeciones, que se les comunican a todas, y van de unas en otras con tanta presteza cundiendo, que (y es la maravilla tercera) en espacio de veinte años que puede haber desde que la madre fundó el primer monasterio hasta esto que agora se escribe, tiene ya llena a España de monasterios en que sirven a Dios más de mil religiosos, entre los cuales vuestras reverencias las religiosas relucen como los luceros entre las estrellas menores. Que como dió principio a la reforma con una bienaventurada mujer, así las mujeres de ella parece que en todo llevan ventaja, y no solamente en su orden son luces de guía, sino también son agora de nuestra nación, y gloria de aquesta edad, y flores hermosas que embellecen la esterilidad de estos siglos, y ciertamente partes de la Iglesia de las más escogidas, y vivos testimonios de la eficacia de Cristo, y pruebas manifiestas de su soberana virtud, y expresos dechados en que hacemos casi esperiencia de lo que la fe nos promete. Y esto cuanto a las hijas, que es la primera de las dos imágenes. Y no es menos clara ni menos milagrosa la segunda que dice, que son las escrituras y libros: en los cuales sin ninguna duda quiso el Espíritu Sancto que la madre TERESA fuese un ejemplo rarísimo: porque en la alteza de las cosas que trata, y en la delicadeza y claridad con que las trata, excede a muchos ingenios: y en la forma del decir, y en la pureza y facilidad del estilo, y en la gracia y buena compostura de las palabras, y en una elegancia desafeitada, que deleita en extremo, dudo yo que haya en nuestra lengua escritura que con ellos se iguale. Y así, siempre que los leo me admiro de nuevo; y en muchas partes de ellos me parece que no es ingenio de hombre el que oigo: y no dudo sino que hablaba el Espíritu Sancto en ella en muchos lugares, y que le regía la pluma

y la mano, que así lo manifiesta la luz que pone en las cosas escuras, y el fuego que enciende con sus palabras en el corazón que las lee. Que dejados aparte otros muchos y grandes provechos, que hallan los que leen estos libros, dos son, a mi parecer, los que con mas eficacia hacen. Uno facilitar en el ánimo de los lectores el camino de la virtud. Y otro encenderlos en el amor della y de Dios. Porque en lo uno es cosa maravillosa ver cómo ponen a Dios delante los ojos del alma, y cómo le muestran tan fácil para ser hallado, y tan dulce y tan amigable para los que le hallan: y en lo otro, no solamente con todas, mas con cada una de sus palabras, pegan al alma fuego del cielo, que la abrasa y deshace. Y quitándole de los ojos y del sentido todas las dificultades que hay, no para que no las vea, sino para que no las estime ni precie, déjanla, no solamente desengañada de lo que la falsa imaginación le ofrecía, sino descargada de su peso y tibieza, y tan alentada, y si se puede decir así, tan ansiosa del bien, que vuela luego a él con el deseo que hierve. Que el ardor grande que en aquel pecho sancto vivía, salió como pegado en sus palabras, de manera que levantan llama por donde quiera que pasan. De que vuestras reverencias entiendo yo, son grandes testigos porque son sus dechados muy semejantes. Porque ninguna vez me acuerdo leer en estos libros que no me parezca oigo hablar a vuestras reverencias, ni al revés nunca las oí hablar que no se me figurase que leía en la madre, y los que hicieren esperiencia de ello verán que es verdad. Porque verán la misma luz y grandeza de entendimiento en las cosas delicadas y dificultosas de espíritu, la misma facilidad y dulzura en decirlas: la misma destreza, la misma discreción, sentirán el mismo fuego de Dios y concebirán los mismos deseos: verán la misma manera de sanctidad, no placera ni milagrosa, sino tan infundida por todo el trato en sustancia, que algunas veces, sin mentar a Dios, dejan enamorada de él a las almas. Ansí que, tornando al principio, si no la vi mientras estuvo en la tierra, agora la veo en sus libros y hijas. O por decirlo mejor, en vuestras reverencias solas la veo agora, que son sus hijas de las más parecidas a sus costumbres, y son retrato vivo de sus escrituras y libros. Los cuales libros que salen a luz, y el Consejo Real me los cometió que los viese, puedo yo con derecho enderezarlos a ese sancto convento, como de hecho lo hago, por el trabajo que he puesto en ellos, que no ha sido pequeño. Porque no solamente he trabajado en verlos y examinarlos, que es lo que el Consejo mandó, sino también en cotejarlos con los originales mismos que estuvieron en mi poder muchos días, y en reducirlos a su propia pureza en la misma manera que los dejó escritos de su mano la madre, sin mudarlos ni en palabras, ni en cosas de que se habían apartado mucho los traslados que andaban, o por descuido de los escribientes, o por atrevimiento y error. Que, hacer mudanza en las cosas que escribió un pecho en quien Dios vivía, y que se presume le movía a escribirlas, fue atrevimiento grandísimo, y error muy feo querer enmendar las palabras; porque si entendieran bien castellano, vieran que el de la madre es la misma elegancia. Que aunque en algunas partes de lo que escribe antes que acabe la razón que comienza la mezcla con otras razones, y rompe el hilo comenzando muchas veces con cosas que ingiere, mas ingiérelas tan diestramente, y hace con tan buena gracia la mezcla, que ese mismo vicio le acarrea hermosura, y es el lunar del refrán. Así que yo los he restituído a su primera pureza. Mas porque no hay cosa tan buena, en que la mala condición de los hombres no pueda levantar un achaque, será bien aquí (y hablando con vuestras reverencias) responder con brevedad a los pensamientos de algunos. Cuéntase en estos libros revelaciones, y trátanse en ellos cosas interiores que pasan en la oración, apartadas del sentido ordinario, y habrá por ventura quien diga, en las revelaciones que es caso dudoso, y que así no convenía que saliesen a luz: y en lo que toca al trato interior del alma con Dios, que es negocio muy espiritual y de pocos, y que ponerlo en público a todos podrá ser ocasión de peligro, en que verdaderamente no tienen razón, porque en lo primero de las revelaciones, así como es cierto que el demonio se transfigura algunas veces en ángel de luz, y burla y engaña las almas con apariencias fingidas, así también es cosa sin duda y de fe, que el Espíritu Sancto habla con los suyos y se les muestra por diferentes maneras, o para su provecho o para el ajeno. Y como las revelaciones primeras no se han de escribir ni curar, porque son ilusiones, así estas segundas merecen ser sabidas y escritas. Que como el ángel dijo a Tobías: *El secreto del Rey bueno es asconderlo,* mas las obras de Dios, cosa sancta y debida en manifestarlas y descubrirlas. ¿Qué sancto hay que no haya tenido alguna revelación? ¿o qué vida de sancto se escribe, en que no se escriban las revelaciones que tuvo? Las historias de las órdenes de los sanctos Domingo y Francisco andan en las manos y en los ojos de todos, y casi no hay hoja en ellas sin revelación, o de los fundadores o de sus discípulos. Habla Dios con sus amigos sin duda ninguna, y no les habla para que nadie lo sepa, sino para que vengan a luz lo que les dice, que como es luz, ámala en todas sus cosas, y como busca la salud de los hombres, nunca hace estas mercedes especiales a uno, sino para aprovechar por medio dél otros muchos. Mientras se dudó de la virtud de la madre TERESA, y mientras hubo gentes que pensaron al revés de lo que era, porque aún no se veía la manera en que

Dios aprobaba sus obras, bien fué que estas historias no saliesen a luz, ni anduviesen en público, para excusar la temeridad de los juicios de algunos; mas agora después de su muerte, cuando las mismas cosas y el suceso dellas hacen certidumbre que es Dios, y cuando el milagro de la incorrupción de su cuerpo, y otros milagros, que cada día hace, nos ponen fuera de toda duda su sanctidad, encubrir las mercedes que Dios le hizo viviendo, y no querer publicar los medios con que la perfecionó para bien de tantas gentes, sería en cierta manera hacer injuria al Espíritu Sancto, y escurecer sus maravillas, y poner velo a su gloria. Y así, ninguno que bien juzgue tendrá por bueno que estas revelaciones se encubran. Que lo que algunos dicen ser inconveniente que la madre misma escriba sus revelaciones de sí, para lo que toca a ella y a su humildad y modestia, no lo es porque las escribió mandada y forzada; y para lo que toca a nosotros y a nuestro crédito, antes es lo mas conveniente. Porque de cualquier otro que las escribiera, se pudiera tener duda si se engañaba, o si quería engañar, lo que no se puede presumir de la madre, que escribía lo que pasaba por ella, y era tan sancta, que no trocara la verdad en cosas tan graves. Lo que yo de algunos temo, es que desgustan de semejantes escrituras, no por el engaño que puede haber en ellas, sino por el que ellos tienen en sí, que no les deja creer que se humana Dios tanto como nadie, que no lo pensarían si considerasen eso mismo que creen. Porque si confiesan que Dios se hizo hombre, ¿qué dudan de que hable con el hombre? Y si creen que fue crucificado y azotado por ellos, ¿qué se espantan que se regale con ellos? ¿Es más aparecer a un siervo suyo y hablarle, o hacerse él como siervo nuestro, y padecer muerte? Anímense los hombres a buscar a Dios por el camino que él nos enseña, que es la fe y la caridad y la verdadera guarda de su ley y consejos, que lo menos será hacerles semejantes mercedes. Ansí que los que no juzgan bien de estas revelaciones, si es porque no creen que las hay, viven en grandísimo error; y si es porque algunas de las que hay son engañosas, obligados están a juzgar bien de las que la conocida sanctidad de sus autores aprueba por verdaderas, cuales son las que se escriben aquí, cuya historia, no solo no es peligrosa en esta materia de revelaciones, mas es provechosa y necesaria para el conocimiento de las buenas en aquellos que las tuviesen. Porque no cuenta desnudamente las que Dios comunicó a la madre TERESA, sino dice también las diligencias que ella hizo para examinarlas, y muestra las señales que dejan de sí las verdaderas, y el juicio que debemos hacer dellas, y si se ha de apetecer o rehusar el tenerlas. Porque lo primero esta escritura nos enseña, que las que son de Dios producen siempre en el alma muchas virtudes, así para el bien de quien las recibe, como para la salud de otros muchos. Y lo segundo nos avisa, que no habemos de gobernarnos por ellas, porque la regla de la vida es la doctrina de la Iglesia, y lo que tiene Dios revelado en sus libros, y lo que dicta la sana y verdadera razón. Lo otro nos dice, que no las apetezcamos ni pensemos que está en ellas la perfeción del espíritu, o que son señales ciertas de la gracia, porque el bien de las almas está propiamente en amar a Dios más, y en el padecer más por él, y en la mayor mortificación de los efetos, y mayor desnudez y desasimiento de nosotros mismos, y de todas las cosas. Y lo mismo que nos enseña con las palabras aquesta escritura, nos lo demuestra luego con el ejemplo de la misma madre, de quien nos cuenta el recelo con que anduvo siempre en todas sus revelaciones, y el examen que dellas hizo, y como siempre se gobernó, no tanto por ellas cuanto por lo que le mandaban sus prelados y confesores, con ser ellas tan notoriamente buenas, cuanto mostraron los efetos de reformación que en ella hicieron y en toda su órden. Ansí que las revelaciones que aquí se cuentan, ni son dudosas, ni abren puerta para las que lo son, antes descubren luz para conocerlas que lo fueron; y son para aqueste conocimiento como la piedra del toque estos libros. Resta agora decir algo a los que hallan peligro en ellos, por la delicadeza de lo que tratan, que dicen no es para todos. Porque como haya tres maneras de gentes, unos que tratan de oración, otros que quisiesen, podrían tratar de ella, otros que no podrían por la condición de su estado, pregunto yo: ¿cuáles son los que de estos peligran? ¿Los espirituales? no, sino es daño saber uno eso mismo que hace y profesa. ¿Los que tienen disposición para serlo? mucho menos. Porque tienen aquí, no solo quien los guíe cuando lo fueren, sino quien los anime y encienda a que lo sean, que es un grandísimo bien. Pues los terceros, ¿en qué tienen peligro? ¿En saber que es amoroso Dios con los hombres? ¿Que quien se desnuda de todo le halla? ¿Los regalos que hace a las almas? ¿La diferencia de gustos que les da? ¿La manera cómo los apura y afina? ¿Qué hay aquí, que sabido no sanctifique a quien lo leyere? ¿Que no críe en él admiración de Dios, y que no le encienda en su amor? ¿Que si la consideración destas obras exteriores que hace Dios en la criación y gobernación de las cosas, es escuela de común provecho para todos los hombres, el conocimiento de sus maravillas secretas, cómo puede ser dañoso a ninguno? Y cuando alguno por su mala disposición sacara daño, ¿era justo por eso cerrar la puerta a tanto provecho y de tantos? No se publique el Evangelio, porque en quien no le recibe es ocasión de mayor perdición, como san Pablo decía: ¿Qué escrituras hay, aunque entren las sagradas en ellas, de que un ánimo mal dispuesto no

pueda concebir un error? En el juzgar de las cosas débese atender a si ellas son buenas en sí, y convenientes para sus fines, y no a lo que hará dellas el mal uso de algunos; que si a esto se mira, ninguna hay tan sancta que no se pueda vedar. ¿Qué más sanctos que los sacramentos? ¿Cuántos por el mal uso dellos se hacen peores? El demonio como sagaz, y que vela en dañarnos, muda diferentes colores, y muéstrase en los entendimientos de algunos recatado y cuidadoso del bien de los prójimos, para por excusar un daño particular, quitar de los ojos de todos, lo que es bueno y provechoso en común, bien sabe él que perderá más en los que se mejoraren y hicieran espirituales perfectos, ayudados con la lición destos libros, que ganará en la ignorancia o malicia de cual, o cual, que por su indisposición se ofendiere. Y ansí por no perder aquellos, encarece y pone delante los ojos el daño de aquestos, que él por otros mil caminos tiene dañados. Aunque como decía, no sé ninguno tan mal dispuesto, que saque daño de saber que Dios es dulce con sus amigos, y de saber cuán dulce es, y de conocer por qué caminos se le llegan las almas, a que se endereza toda aquella escritura. Solamente me recelo de unos que quieren guiar por sí a todos, y que aprueban mal lo que no ordenan ellos, y que procuran no tenga autoridad lo que no es su juicio: a los cuales no quiero satisfacer porque nace su error de su voluntad, y así no querrán ser satisfechos; mas quiero rogar a los demás que no les den crédito, porque no le merecen. Sola una cosa advertiré aquí, que es necesario se advierta, y es. Que la sancta madre, hablando de la oración que llama de quietud, y de otros grados más altos, y tratando de algunas particulares mercedes que Dios hace a las almas, en muchas partes destos libros acostumbra decir, que está el alma junto a Dios, y que ambos se entienden, y que están las almas ciertas que Dios les habla, y otras cosas desta manera. En lo cual no ha de entender ninguno que pone certidumbre en la gracia y justicia de los que se ocupan en estos ejercicios, ni de otros ningunos por sanctos que sean, de manera que ellos estén ciertos de sí que la tienen, sino son aquellos a quien Dios lo revela. Que la madre misma, que gozó de todo lo que en estos libros dice, y de mucho más que no dice, escribe en uno dellos estas palabras de sí: «Y lo que no se puede sufrir, Señor, es, no poder saber cierto si os amo, y si son acceptos mis deseos delante de vos.» Solo quiere decir lo que es la verdad, que las almas en estos ejercicios sienten a Dios presente para los efectos que en ellas entonces hace, que son deleitarlas y alumbrarlas, dándoles avisos y gustos; que aunque son grandes mercedes de Dios, y que muchas veces, o andan con la gracia que justifica, o encaminan a ella, pero no por eso son aquella misma gracia, ni nacen ni se juntan siempre con ella. Como en la profecía se vee, que la puede haber en el que está en mal estado. El cual entonces está cierto de que Dios le habla, y no se sabe si le justifica; y de hecho no le justifica Dios entonces, aunque le habla y enseña. Y esto se ha de advertir cuando a toda la doctrina en común, que en lo que toca particularmente a la madre, posible es que después que escribió las palabras que ahora yo refería, tuviese alguna propia revelación y certificación de su gracia. Lo cual así como no es bien que se afirme por cierto, así no es justo que con pertinacia se niegue; porque fueron muy grandes los dones que Dios en ella puso, y las mercedes que le hizo en sus años postreros, a que aluden algunas cosas de las que en estos libros escribe. Mas de lo que en ella por ventura pasó por merced singular, nadie ha de hacer regla en común. Y con este advertimiento queda libre de tropiezo toda aquesta escritura. Que según yo juzgo y espero será tan provechosa a las almas, cuanto en las de vuestras reverencias que se criaron, y se mantienen con ella, se vee. A quien suplico se acuerden siempre en sus sanctas y provechosas oraciones de mí. —En San Felipe de Madrid, a quinze de setiembre de 1587.

LA VIDA

DE LA

SANTA MADRE TERESA DE JESUS

Y ALGUNAS DE LAS MERCEDES QUE DIOS LE HIZO,
ESCRITA POR ELLA MISMA

POR MANDATO DE SU CONFESOR, A QUIEN LE ENVÍA Y DIRIGE, Y DICE ASÍ:

QUISIERA yo que, como me han mandado y dado larga licencia para que escriba el modo de oración y las mercedes que el Señor me ha hecho, me la dieran para que muy por menudo y con claridad dijera mis grandes pecados y ruin vida. Diérame gran consuelo, mas no han querido, antes atádome mucho en este caso; y por esto pido, por amor del Señor, tenga delante de los ojos quien este discurso de mi vida leyere, que ha sido tan ruin, y que no he hallado santo, de los que se tornaron a Dios, con quien me consolar. Porque considero, que, después que el Señor los llamaba, no le tornaban a ofender: yo no sólo tornaba a ser peor, sino que parece traía estudio a resistir las mercedes que su Majestad me hacía, como quien se vía obligar a servir más, y entendía de sí no podía pagar lo menos de lo que debía. Sea bendito por siempre, que tanto me esperó, a quien con todo mi corazón suplico, me dé gracia, para que con toda claridad y verdad yo haga esta relación, que mis confesores me mandan (y aun el Señor, sé yo, lo quiere muchos días ha, sino que yo no me he atrevido), y que sea para gloria y alabanza suya, y para que de aquí adelante, conociéndome ellos mejor, ayuden a mi flaqueza, para que pueda servir algo de lo que debo al Señor, a quien siempre alaben todas las cosas del Universo. Amén.

CAPITULO I

EN QUE SE TRATA CÓMO COMENZÓ EL SEÑOR A DESPERTAR ESTA ALMA
EN SU NIÑEZ A COSAS VIRTUOSAS, Y LA AYUDA QUE ES PARA
ESTO SERLO LOS PADRES

El tener padres virtuosos y temerosos de Dios me bastara, si yo no fuera tan ruin, con lo que el Señor me favorecía, para ser buena. Era mi padre aficionado a leer buenos libros, y ansí los tenía de romance para que leyesen sus hijos. Éstos, con el cuidado que mi madre tenía de hacernos rezar, y ponernos en ser devotos de Nuestra Señora y de algunos Santos, comenzó a despertarme, de edad, a mi parecer, de seis o siete años. Ayudábame, no ver en mis padres favor sino para la virtud. Tenían muchas. Era mi padre hombre de mucha caridad con los pobres y piadad con los enfermos, y aun con los criados; tanta, que jamás se pudo acabar con él tuviese esclavos, porque los había gran piadad; y estando una vez en casa una de un su hermano, la regalaba como a sus hijos; decía, que de que no era libre, no lo podía sufrir de piadad. Era de gran verdad, jamás nadie le oyó jurar ni murmurar. Muy honesto en gran manera. Mi madre también tenía muchas virtudes, y pasó la vida con grandes enfermedades. Grandísima honestidad: con ser de harta hermosura, jamás se entendió que diese ocasión a que ella hacía caso de ella; porque con morir de treinta y tres años, ya su traje era como de persona de mucha edad; muy apacible y de harto entendimiento. Fueron grandes los trabajos que pasaron el tiempo que vivió; murió muy cristianamente. Éramos tres hermanas y nueve hermanos; todos parecieron a sus padres, por la bondad de Dios, en ser virtuosos, sino fuí yo, aunque era la más querida de mi padre; y antes que comenzase a ofender a Dios, parece tenía alguna razón, porque yo he lástima, cuando me acuerdo las buenas inclinaciones que el Señor me había dado, y cuán mal me supe aprovechar de ellas. Pues mis hermanos ninguna cosa me desayudaban a servir a Dios.

Tenía uno casi de mi edad, juntábamos entrambos a leer vidas de santos, que era el que yo más quería, aunque a todos tenía gran amor y ellos a mí; como vía los martirios, que por Dios los santos pasaban, parecíame compraban muy barato el ir a gozar de Dios, y deseaba yo mucho morir ansí, no por amor que yo entendiese tenerle, sino por gozar tan en breve de los grandes bienes que leía haber en el cielo y juntábame con este mi hermano a tratar qué medio habría para esto. Concertábamos irnos a tierra de moros, pidiendo por amor de Dios, para que allá nos descabezasen, y paréceme que nos daba el Señor ánimo en tan tierna edad, si viéramos algún medio, sino que el tener padres nos parecía el mayor embarazo. Espantábamos mucho el decir, que pena y gloria era para siempre en lo que leíamos. Acaecíanos estar muchos ratos tratando de esto; y gustábamos de decir muchas veces, para siempre, siempre, siempre. En pronunciar esto mucho rato, era el Señor servido, me quedase en esta niñez imprimido el camino de la verdad. De que vi que era imposible ir donde me matasen por Dios, ordenábamos ser ermitaños, y en una huerta que había en casa procurábamos, como podíamos, hacer ermitas, poniendo unas pedrecillas, que luego se nos caían, y ansí no hallábamos remedio en nada para nuestro deseo; que ahora me pone devoción ver cómo me daba Dios tan presto lo que yo perdí por mi culpa. Hacía limosna como podía poco. Procuraba soledad para rezar mis devociones, que eran hartas, en especial el rosario, de que mi madre era muy devota, y ansí nos hacía serlo. Gustaba mucho, cuando jugaba con otras niñas, hacer monesterios, como que éramos monjas; y yo me parece deseaba serlo, aunque no tanto como las cosas que he dicho.

Acuérdome que cuando murió mi madre, quedé yo de edad de doce años poco menos: como yo comencé a entender lo que había perdido, afligida fuíme a una imagen de Nuestra Señora, y supliquéla fuese mi madre con muchas lágrimas. Paréceme que aunque se hizo con simpleza, que me ha valido; porque conocidamente he hallado a esta Virgen soberana en cuanto me he encomendado a ella, y en fin me ha tornado a sí. Fatígame ahora ver y pensar en qué estuvo el no haber yo estado entera en los buenos deseos que comencé. ¡Oh Señor mío! pues parece tenéis determinado que me salve, plega a vuestra Majestad sea ansí; y de hacerme tantas mercedes como me habéis hecho, ¿no tuviérades por bien, no por mi ganancia, sino por vuestro acatamiento, que no se ensuciara tanto posada, adonde tan continuo habíades de morar? Fatígame Señor, aun decir esto, porque sé que fue mía toda la culpa; porque no me parece os quedó a vos nada por hacer, para que desde esta edad no fuera toda vuestra. Cuando voy a quejarme de mis padres tampoco puedo, porque no vía en ellos sino todo bien, y cuidado de mi bien. Pues pasando de esta edad, que comencé a entender las gracias de naturaleza, que el Señor me había dado, que según decían eran muchas, cuando por ellas le había de dar gracias, de todas me ayudé para ofenderle, como ahora diré.

CAPITULO II

TRATA CÓMO FUE PERDIENDO ESTAS VIRTUDES, Y LO QUE IMPORTA
EN LA NIÑEZ TRATAR CON PERSONAS VIRTUOSAS

Paréceme que comenzó a hacerme mucho daño lo que ahora diré. Considero algunas veces cuán mal lo hacen los padres, que no procuran que vean sus hijos siempre cosas de virtud de todas maneras; porque con serlo tanto mi madre, como he dicho, de lo bueno no tomé tanto, en llegando a uso de razón, ni casi nada, y lo malo me dañó mucho. Era aficionada a libros de caballerías, y no tan mal tomaba este pasatiempo, como yo le tomé para mí; porque no perdía su labor, sino desenvolvíémonos para leer en ellos; y por ventura lo hacía para no pensar en grandes trabajos que tenía, y ocupar sus hijos, que no anduviesen en otras cosas perdidos. Desto le pesaba tanto a mi padre, que se había de tener aviso a que no lo viese. Yo comencé a quedarme en costumbre de leerlos, y aquella pequeña falta, que en ella vi, me comenzó a enfriar los deseos, y comenzar a faltar en lo demás; y parecíame no era malo, con gastar muchas horas del día y de la noche en tan vano ejercicio, aunque ascondida de mi padre. Era tan en extremo lo que en esto me embebía, que si no tenía libro nuevo, no me parece tenía contento. Comencé a traer galas, y a desear contentar en parecer bien, con mucho cuidado de manos y cabello y olores, y todas las vanidades que en esto podía tener, que eran hartas, por ser muy curiosa. No tenía mala intención, porque no quisiera yo que nadie ofendiera a Dios por mí. Duróme mucha curiosidad de limpieza demasiada, y cosas que me parecía a mí no eran ningún pecado muchos años; ahora veo cuán malo debía ser. Tenía primos hermanos algunos, que en casa de mi padre no tenían otros cabida para entrar, que era muy recatado; y pluguiera a Dios, que lo fuera de éstos también, porque ahora veo el peligro que es tratar en la edad, que se han de comenzar a criar virtudes, con personas, que no conocen la vanidad del mundo, sino que antes despiertan para meterse en él. Eran casi de mi edad, poco mayores que yo; andábamos siempre juntos, teníanme gran amor; y en todas las cosas que les daba contento, los sustentaba plática y oía sucesos de sus aficiones y niñerías, no nada buenas; y lo que peor fue mostrarse el alma a lo que fue causa de todo su mal. Si yo hubiera de aconsejar, dijera a los padres que en esta edad tuviesen gran cuenta con las personas que tratan a sus hijos; porque aquí está mucho mal, que se va nuestra natural antes a lo peor, que a lo mijor.

Ansí me acaeció a mí, que tenía una hermana de mucho más edad que yo, de cuya honestidad y bondad, que tenía mucha, de ésta no tomaba nada, y tomé todo el daño de una parienta que trataba mucho en casa. Era de tan livianos tratos, que mi madre la había mucho procurado desviar que tratase en casa (parece adivinaba el mal que por ella me había de venir), y era tanta la ocasión que había para entrar, que no había podido. A esta que digo me aficioné a tratar. Con ella era mi conversación y pláticas, porque me ayudaba a todas las cosas de pasatiempo, que yo quería, y aun me ponía en ellas, y daba parte de sus conversaciones y vanidades. Hasta que traté con ella, que fue de edad de catorce años, y creo que más (para tener amistad conmigo, digo, y darme parte de sus cosas) no me parece había dejado a Dios por culpa mortal, ni perdido el temor de Dios, aunque le tenía mayor de la honra: éste tuvo fuerza para no la perder del todo; ni me parece por ninguna cosa del mundo en esto me podía mudar, ni había amor de persona dél, que a esto me hiciese rendir. Ansí tuviera fortaleza en no ir contra la honra de Dios, como me la daba mi natural, para no perder en lo que me parecía a mí esta la honra del mundo; y no miraba que la perdía por muchas otras vías. En querer esta vanamente tenía extremo: los medios, que eran menester para guardarla, no podía ninguno; sólo para no perderme del todo tenía gran miramiento. Mi padre y mi hermana sentían mucho esta amistad, reprendíanmela mucha veces: como no podían quitar la ocasión de entrar ella en casa, no les aprovechaban sus diligencias, porque mi sagacidad para cualquier cosa mala era mucha. Espántame algunas veces el daño, que hace una mala compañía; y si no hubiera pasado por ello, no lo pudiera creer; en especial en tiempo de mocedad debe ser mayor el mal que hace: querría escarmentasen en mí los padres, para mirar mucho en esto. Y es ansí, que de tal manera me mudó esta conversación, que de natural y alma virtuosos no me dejó casi ninguno; y me parece me imprimía sus condiciones ella, y otra tenía la misma manera de pasatiempos. Por aquí entiendo el gran provecho que hace la buena compañía; y tengo por cierto, que se tratara en aquella edad con personas virtuosas, que estuviera entera en la virtud; porque si en esta edad tuviera quien me enseñara a temer a Dios, fuera tomando fuerzas el alma para no caer. Después, quitado este temor del todo, quedóme sólo el de la honra, que en todo lo que hacía me traía atormentada. Con pensar que no se había de saber, me atrevía a muchas cosas bien contra ellas y contra Dios.

Al principio dañáronme las cosas dichas, a lo que me parece, y no debía ser suya la culpa sino mía; porque después mi malicia para el mal, bastaba junto con tener criadas, que para todo mal hallaba en ellas buen aparejo: que si alguna fuera en aconsejarme bien, por ventura me aprovechar; mas el interese las cegaba como a mí la afeción. Y pues nunca era inclinada a mucho mal, porque cosas deshonestas naturalmente las aborrecía, sino a pasatiempos de buena conversación; mas puesta en la ocasión, estaba en la mano el peligro, y ponía en él a mi padre y hermanos: de los cuales me libró Dios, de manera que se parece bien procuraba contra mi voluntad que del todo no me perdiese; aunque no pudo ser tan secreto, que no hubiese harta quiebra de mi honra, y sospecha en mi padre. Porque no me parece había tres meses que andaba en estas vanidades, cuando me llevaron a un monesterio que había en este lugar, adonde se criaban personas semejantes, aunque no tan ruines en costumbres como yo; y esto con tan gran simulación, que sola yo y algún deudo lo supo, pero aguardaron a coyuntura, que no pareciese novedad; porque haberse mi hermana casado, y quedar sola sin madre, no era bien. Era tan demasiado el amor que mi padre me tenía, y la mucha disimulación mía, que no había creer tanto mal de mí y ansí no quedó en desgracia conmigo. Como fue breve el tiempo, aunque se entendiese algo, no debía ser dicho con certinidad; porque como yo temía tanto la honra, todas mis diligencias eran en que fuese secreto, y no miraba que no podía serlo a quien todo lo ve. ¡Oh Dios mío, qué daño hace en el mundo tener esto en poco, y pensar que ha de haber cosa secreta, que sea contra vos! Tengo por cierto, que se escusarían grandes males, si entendiésemos, que no está el negocio en guardarnos de los hombres, sino en no nos guardar de descontentaros a vos.

Los primeros ocho días sentí mucho, y más la sospecha que tuve se había entendido la vanidad mía, que no de estar allí; porque yo ya andaba cansada, y no dejaba de tener gran temor de Dios cuando le ofendía, y procuraba confesarme con brevedad: traía un desasosiego, que en ocho días, y aun creo en menos, estaba muy más contenta que en casa de mi padre. Todas lo estaban conmigo, porque en esto me daba el Señor gracia, en dar contento adonde quiera que estuviese y ansí era muy querida; y puesto que yo estaba entonces ya enemigísima de ser monja, holgábame de ver tan buenas monjas, que lo eran mucho las de aquella casa, y de gran honestidad y religión y recatamiento. Aun con todo esto no me dejaba el demonio de tentar, y buscar los de fuera cómo me desasosegar con recaudos. Como no había lugar, presto se acabó, y comenzó mi alma a tornarse a acostumbrar en el bien de mi primera edad, y vi la gran merced que hace Dios a quien pone en compañía de buenos. Paréceme andaba su Majestad mirando y remirando, por dónde me podía tornar a sí. Bendito seáis vos, Señor, que tanto me habéis sufrido, amén. Una cosa tenía, que parece me podía ser alguna disculpa, si no tuviera tantas culpas, y es, que era el trato con quien por vía de casamiento me parecía podía acabar en bien: en informada de con quien me confesaba y de otras personas, en muchas cosas me decían no iba contra Dios.

Dormía una monja con las que estábamos seglares, que por medio suyo parece quiso el Señor comenzar a darme luz, como ahora diré.

CAPITULO III

EN QUE TRATA CÓMO FUE PARTE LA BUENA COMPAÑÍA PARA TORNAR
A DESPERTAR SUS DESEOS, Y POR QUE MANERA COMENZÓ EL SEÑOR A
DARLE ALGUNA LUZ DEL ENGAÑO QUE HABÍA TRAÍDO

Pues comenzando a gustar de la buena y santa conversación de esta monja, holgábame de oírla cuán bien hablaba de Dios, porque era muy discreta y santa. Esto a mi parecer en ningún tiempo dejé de holgarme de oírlo. Comenzóme a contar cómo ella había venido a ser monja por sólo leer lo que dice el Evangelio, muchos son los llamados y pocos los escogidos. Decíame el premio que daba el Señor a los que todo lo dejan por él. Comenzó esta buena compañía a desterrar las costumbres que había hecho la mala, y a tornar a poner en mi pensamiento deseo de las cosas eternas, y a quitar algo de la gran enemistad que tenía con ser monja, que se me había puesto grandísima; y si vía alguna tener lágrimas cuando rezaba, u otras virtudes, habíala mucha envidia, porque era tan recio mi corazón en este caso, que si leyera toda la pasión, no llorara una lágrima: esto me causaba pena. Estuve año y medio en este monesterio harto mijorada; comencé a rezar muchas oraciones vocales, y a procurar con todas me encomendasen a Dios, que me diese el estado en que le había de servir; mas todavía deseaba no fuese monja, que éste no fuese Dios servido de dármele, aunque también temía el casarme. A cabo de este tiempo que estuve aquí, ya tenía más amistad de ser monja, aunque no en aquella casa, por las cosas más virtuosas, que después entendí tenían, que me parecían extremos demasiados; y había algunas de

las más mozas que me ayudaban en esto, que si todas fueran de un parecer mucho me aprovechara. También tenía yo una grande amiga en otro monesterio, y esto me era parte para no ser monja, si lo hubiese de ser, sino adonde ella estaba. Miraba más el gusto de mi sensualidad y vanidad, que lo bien que me estaba a mi alma. Estos buenos pensamientos de ser monja me venían algunas veces y luego se quitaban, y no podía persuadirme a serlo.

En este tiempo, aunque yo no andaba descuidada de mi remedio, andaba más ganoso el Señor de disponerme para el estado que me estaba mijor. Diome una gran enfermedad, que hube de tornar en casa de mi padre. En estando buena lleváronme en casa de mi hermana, que residía en una aldea, para verla, que era en extremo el amor que me tenía, y a su querer no saliera yo de con ella; y su marido también me amaba mucho, al menos mostrábame todo regalo, que aun esto debo más al Señor, que en todas partes siempre lo he tenido, y todo se lo servía como la que soy. Estaba en el camino un hermano de mi padre, muy avisado y de grandes virtudes, viudo, a quien también andaba el Señor dispuniendo para sí, que en su mayor edad dejó todo lo que tenía, y fue fraile, y acabó de suerte que creo goza de Dios: quiso que me estuviese con él unos días. Su ejercicio eran buenos libros de romance, y su hablar era lo más ordinario de

Dios y de la vanidad del mundo: hacíame le leyese, y aunque no era amiga de ellos, mostraba que sí: porque en esto de dar contento a otros he tenido extremo, aunque a mí me hiciese pesar, tanto que en otras fuera virtud y en mí ha sido gran falta, porque iba muchas veces muy sin discreción. ¡Oh, válame Dios, por qué términos me andaba su Majestad dispuniendo para el estado en que se quiso servir de mí, que, sin quererlo yo, me forzó a que hiciese fuerza!, sea bendito por siempre, amén. Aunque fueron los días que estuve pocos, con la fuerza que hacían en mi corazón las palabras de Dios, ansí leídas como oídas, y la buena compañía, vine a ir entendiendo la verdad de cuando niña, de que no era todo nada y la vanidad del mundo, y como acababa en breve y a temer, si me hubiera muerto, como me iba al infierno; y aunque no acababa mi voluntad de inclinarse a ser monja, vi era el mijor y más siguro estado; y ansí poco a poco me determiné a forzarme para tomarle.

En esta batalla estuve tres meses, forzándome a mí mesma con esta razón, que los trabajos y pena de ser monja, no podía ser mayor que la del purgatorio, y que yo había bien merecido el infierno; que no era mucho estar lo que viviese como en purgatorio, y que después me iría derecha al cielo, que éste era mi deseo; y en este movimiento de tomar este estado, más me parece me movía un temor servil, que amor. Poníame el demonio, que no podría sufrir los trabajos de la religión, por ser tan regalada: a esto me defendía con los trabajos que pasó Cristo, porque no era mucho yo pasase algunos por él; que él me ayudaría a llevarlos debía pensar, que esto postrero no me acuerdo: pasé hartas tentaciones estos días. Habíanme dado con unas calenturas unos grandes desmayos, que siempre tenía bien poca salud. Diome la vida haber quedado ya amiga de buenos libros: leía en las Epístolas de san Jerónimo, que me animaban de suerte, que me animé a decirlo a mi padre, que casi era como tomar el hábito; porque era tan honrosa, que me parece no tornara atrás de ninguna manera, habiéndolo dicho una vez. Era tanto lo que me quería, que en ninguna manera lo pude acabar con él, ni bastaron ruegos de personas, que procuré le hablasen. Lo que más se pudo acabar con él fue, que después de sus días haría lo que quisiese. Yo ya me temía a mí y a mi flaqueza no tornase atrás, y ansí no me pareció me convenía esto, y procurélo por otra vía, como ahora diré.

CAPITULO IV

DICE CÓMO LA AYUDÓ EL SEÑOR PARA FORZARSE A SÍ MESMA PARA TOMAR HÁBITO, Y LAS MUCHAS ENFERMEDADES QUE SU MAJESTAD LA COMENZÓ A DAR

En estos días que andaba con estas determinaciones, había persuadido a un hermano mío a que se metiese fraile, diciéndole la vanidad del mundo; y concertamos entramos de irnos un día muy de mañana al monesterio adonde estaba aquella mi amiga, que era a la que yo tenía mucha afeción, puesto que ya en esta postrera determinación yo estaba de suerte, que a cualquiera que pensara servir más a Dios, o mi padre quisiera, fuera; que más miraba ya el remedio de mi alma, que del descanso ningún caso hacía de él. Acuérdaseme a todo mi parecer, y con verdad, que cuando salí de en casa de mi padre no creo será más el sentimiento cuando me muera; porque me parece cada hueso se me apartaba por sí, que como no había amor de Dios, que quitase el amor del padre y parientes, era todo haciéndome una fuerza tan grande, que, si el Señor no me ayudara, no bastaran mis consideraciones para ir adelante; aquí me dio ánimo contra mí, de manera que lo puse por obra. En tomando el hábito, luego me dio el Señor a entender, cómo favorece a los que se hacen fuerza para servirle, la cual nadie no entendía de mí, sino grandísima voluntad. A la hora me dio un tan gran contento de tener aquel estado, que nunca me faltó hasta hoy; y mudó Dios la sequedad, que tenía mi alma, en grandísima ternura: dábanme deleite todas las cosas de la religión; y es verdad, que andaba algunas veces ba-

rriendo en horas, que yo solía ocupar en mi regalo y gala; y acordándoseme que estaba libre de aquello, me daba un nuevo gozo, que yo me espantaba, y no podía entender por donde venía. Cuando de esto me acuerdo, no hay cosa que delante se me pusiese, por grave que fuese, que dudase de acometerla. Porque ya tengo espiriencia en muchas, que si me ayudo al principio a determinarme a hacerlo que, siendo solo por Dios, hasta encomenzarlo quiere, para que más merezcamos, que el alma sienta aquel espanto, y mientras mayor, si sale con ello, mayor premio y más sabroso se hace después; aun en esta vida lo paga su Majestad por unas vías, que sólo quien goza de ello le entiende. Esto tengo por espiriencia, como he dicho en muchas cosas harto graves: y ansí jamás aconsejaría, si fuera persona que hubiera de dar parecer, que, cuando una buena inespiración acomete muchas veces, se deje por miedo de poner por obra; que si va desnudamente por solo Dios, no hay que temer sucederá mal, que poderoso es para ello; sea bendito por siempre, amén.

Bastara, ¡oh sumo bien y descanso mío!, las mercedes que me habíades hecho hasta aquí, de traerme por tantos rodeos vuestra piadad y grandeza a estado tan siguro, y a casa adonde había muchas siervas de Dios, de quien yo pudiera tomar para ir creciendo en su servicio. No sé cómo he de pasar de aquí, cuando me acuerdo la manera de mi profesión, y la gran determinación y contento con que la hice, y el desposorio que hice con vos: esto no lo puedo decir sin lágrimas, y habían de ser de sangre y quebrárseme el corazón, y no era mucho sentimiento, para lo que después os ofendí. Paréceme ahora, que tenía razón de no querer tan gran dignidad, pues tan mal había de usar de ella; mas vos, Señor mío, quisistes ser casi veinte años, que usé mal desta merced, ser el agraviado porque yo fuese mijorada. No parece, Dios mío, sino que prometí no guardar cosa de lo que os había prometido, aunque entonces no era esa mi intención; mas veo tales mis obras después, que no sé qué intención tenía, para que más se vea quien vos sois, esposo mío, y quién soy yo; que es verdad cierto que muchas veces me templa el sentimiento de mis grandes culpas, el contento que me da, que se entienda la muchedumbre de vuestras misericordias. ¿En quién, Señor, puede ansí resplandecer como en mí, que tanto he oscurecido con mis malas obras las grandes mercedes, que me comenzastes a hacer? ¡Ay de mí, Criador mío, que si quiero dar disculpa, ninguna tengo, ni tiene naide la culpa sino yo! Porque si os pagara algo del amor que me comenzastes a mostrar, no le pudiera yo emplear en nadie sino en vos, y con esto se remediaba todo: pues no lo merecí, ni tuve tanta ventura, válgame ahora, Señor, vuestra misericordia.

La mudanza de la vida y de los manjares me hizo daño a la salud, que aunque el contento era mucho, no bastó. Comenzáronme a crecer los desmayos, y diome un mal de corazón tan grandísimo, que ponía espanto a quien lo vía, y otros muchos males juntos; y ansí pasé el primer año con harto mala salud, aunque no me parece ofendí a Dios en él mucho. Y como era el mal tan grave, que casi me privaba el sentido siempre, y algunas veces, del todo quedaba sin él, era grande la diligencia que traía mi padre para buscar remedio; y como no le dieron los médicos de aquí, procuró llevarme a un lugar adonde había mucha fama de que sanaban allí otras enfermedades, y ansí dijeron haría la mía. Fue conmigo esta amiga que he dicho tenía en casa, que era antigua. En la casa que era monja, no se prometía clausura. Estuve casi un año por allá, y los tres meses de él padeciendo tan grandísimo tormento en las curas que me hicieron tan recias, que yo no sé cómo las pude sufrir; y en fin, aunque las sufrí, no los pudo sufrir mi sujeto, como diré. Había de comenzarse la cura en el principio del verano, y yo fui en el principio del invierno: todo este tiempo estuve en casa de la hermana que he dicho, que estaba en la aldea, esperando el mes de abril, porque estaba cerca y no andar yendo y viniendo. Cuando iba, me dio aquel tío mío, que tengo dicho que estaba en el camino, un libro: llámase *Tercer Abecedario*, que trata de enseñar oración de recogimiento; y puesto que este primer año había leído buenos libros, que no quise más usar de otros porque ya entendía el daño que me habían hecho, no sabía cómo proceder en oración, ni cómo recogerme, y ansí holguéme mucho con él, y determinéme a siguir aquel camino con todas mis fuerzas; y como ya el Señor me había dado don de lágrimas, y gustaba de leer, comencé a tener ratos de soledad, y a confesarme a menudo, y comenzar aquel camino, tiniendo aquel libro por maestro; porque yo no hallé maestro, digo confesor, que me entendiese, aunque le busqué, en veinte años después desto que digo, que me hizo harto daño para tornar muchas veces atrás; y aún para del todo perderme, porque todavía me ayudara a salir de las ocasiones, que tuve, para ofender a Dios.

Comenzóme su Majestad a hacer tantas mercedes en estos principios, que al fin deste tiempo, que estuve aquí, que eran casi nueve meses en esta soledad (aunque no tan libre de ofender a Dios, como el libro me decía, mas por esto pasaba yo; parecíame casi imposible tanta guarda, teníala de no hacer pecado mortal, y pluguiera a Dios la tuviera siempre; de los veniales hacía poco caso, y esto fue lo que me destruyó), comenzó el Señor a regalarme tanto por este camino, que me hacía merced de darme oración de quietud, y alguna vez llegaba a unión, aunque yo no entendía qué era lo uno ni lo otro, y lo mucho que era de preciar, que creo me fuera gran bien entenderlo. Verdad es que duraba tan poco esto de unión, que no sé si era Ave María; mas quedaba con unos efetos tan grandes, que con no haber en este tiempo veinte años, me parece traía al mundo debajo de los pies, y ansí me acuerdo, que había lástima a los que le seguían, aunque fuese en cosas lícitas. Procuraba lo más que podía traer a Jesucristo nuestro bien y Señor dentro de mí presente, y ésta era mi manera de oración. Si pensaba en algún paso, le representaba en lo interior, aunque lo más gastaba en leer buenos libros, que era toda mi recreación; porque no me dio Dios talento de discurrir con el entendimiento ni de aprovecharme con la imaginación, que la tengo tan torpe, que aun para pensar y representar en mí como lo procuraba, traer la humanidad del Señor, nunca acababa. Y aunque por esta vía de no poder obrar con el entendimiento, llegan más presto a la contemplación, si perseveran, es muy trabajoso y penoso; porque si falta la ocupación de la voluntad, y el haber en que se ocupe en cosa presente el amor, queda el alma como sin arrimo ni ejercicio, y da gran pena la soledad y sequedad, y grandísimo combate los pensamientos. A personas que tienen esta disposición les conviene más pureza de conciencia, que a las que con el entendimiento pueden obrar; porque quien discurre en lo que es mundo y en lo que debe a Dios, y en lo mucho que sufrió, y lo poco que le sirve, y lo que le da a quien le ama, saca dotrina para defenderse de los pensamientos y de las ocasiones y peligros; pero, quien no se puede aprovechar de esto, tiénele mayor y conviénele ocuparse mucho en lición, pues de su parte no puede sacar ninguna. Es tan penosísima esta manera de proceder, que, si el maestro que enseña, aprieta, en que sin lición (que ayuda mucho para recoger a quien de esta manera procede y le es necesario, aunque sea poco lo que lea, sino en lugar de la oración mental que no puede tener), digo que si sin esta ayuda le hacen estar mucho rato en la oración, que será imposible durar mucho en ella, y le hará daño a la salud si porfía, porque es muy penosa cosa.

Ahora me parece que proveyó el Señor, que yo no hallase quien me enseñase, porque fuera imposible, me parece, perseverar diez y ocho años que pasé este trabajo y estas grandes sequedades, por no poder, como digo, discurrir. En todos éstos, si no era acabando de comulgar, jamás osaba comenzar a tener oración sin un libro; que tanto temía mi alma estar sin él en oración, como si con mucha gente fuera a pelear. Con este remedio, que era como una compañía, y escudo, en que había de recibir los golpes de los muchos pensamientos, andaba consolada; porque la sequedad no era lo ordinario; mas era siempre cuando me faltaba libro, que era luego disbaratada el alma y los pensamientos perdidos: con esto los comenzaba a recoger, y como por halago llevaba el alma; y muchas veces en abriendo el libro, no era menester más: otras leía poco, otras mucho, conforme a la merced que el Señor me hacía. Parecíame a mí en este principio, que digo, que teniendo yo libros, y como tener soledad, que no habría peligro que me sacase de tanto bien; y creo con el favor de Dios fuera ansí, si tuviera maestro o persona, que me avisara de huir de las ocasiones en los principios, y me hiciera salir de ellas, si entrara con brevedad. Y si el demonio me acometiera entonces descubiertamente, parecíame en ninguna manera tornara gravemente a pecar. Mas fue tan sutil y yo tan ruin, que todas mis determinaciones me aprovecharon poco, aunque muy mucho los días que serví a Dios, para poder sufrir las terribles enfermedades que tuve, con tan gran paciencia como su Majestad me dio. Muchas veces he pensado espantada de la gran bondad de Dios, y regaládose mi alma de ver su gran manificencia y misericordia: sea bendito por todo, que he visto claro no dejar sin pagarme, aun en esta vida, ningún deseo bueno. Por ruines e imperfetas que fuesen mis obras, este Señor mío las iba mijorando y perficionando, y dando valor, y los males y pecados luego los ascondía. Aun en los ojos de quien lo ha visto permite su Majestad se cieguen, y los quita de su memoria. Dora las culpas, hace que resplandezca una virtud, que el mesmo Señor pone en mí, casi haciéndome fuerza para que la tenga. Quiero tornar a lo que me han mandado. Digo, que si hubiera de decir por menudo de la manera, que el Señor se había conmigo en estos principios, que fuera menester otro entendimiento que el mío, para saber encarecer lo que en este caso le debo, y mi gran ingratitud y maldad, pues todo esto olvidé. Sea por siempre bendito, que tanto me ha sufrido, amén.

CAPITULO V

PROSIGUE EN LAS GRANDES ENFERMEDADES QUE TUVO, Y LA PACIENCIA
QUE EL SEÑOR LE DIO EN ELLAS, Y CÓMO SACA DE LOS MALES BIENES,
SIGÚN SE VERÁ EN UNA COSA QUE LE ACAECIÓ EN ESTE
LUGAR QUE SE FUE A CURAR

Olvidé de decir cómo el año de noviciado pasé grandes desasosiegos con cosas que en sí tenían poco tomo, mas culpábanme sin tener culpa hartas veces; yo lo llevaba con harta pena e imperfeción, aunque con el gran contento que tenía de ser monja, todo lo pasaba. Como me vían procurar soledad y me vían llorar por mis pecados algunas veces, pensaban era descontento, y ansí lo decían. Era aficionada a todas las cosas de religión, mas no a sufrir ninguna que pareciese menosprecio. Holgábame de ser estimada, era curiosa en cuanto hacía, todo me parecía virtud; aunque esto no me será disculpa, porque para todo sabía lo que era procurar mi contento, y ansí la ignorancia no quita la culpa. Alguna tiene no estar fundado el monesterio en mucha perfeción: yo como ruin íbame a lo que vía falto y dejaba lo bueno. Estaba una monja entonces enferma de grandísima enfermedad y muy penosa, porque eran unas bocas en el vientre, que se le habían hecho de opilaciones, por donde echaba lo que comía: murió presto de ello. Yo vía a todas temer aquel mal; a mí hacíame gran envidia su paciencia. Pedía a Dios que dándomela ansí a mí, me diese las enfermedades que fuese servido. Ninguna me parece temía, porque estaba tan puesta en ganar bienes eternos, que por cualquier medio me determinaba a ganarlos. Y espantóme, porque aún no

tenía, a mi parecer, amor a Dios, como después que comencé a tener oración me parecía a mí le he tenido; sino una luz de parecerme todo de poca estima lo que se acaba, y de mucho precio los bienes que se pueden ganar con ello, pues son eternos. También me oyó en esto su Majestad, que antes de dos años estaba tal, que aunque no el mal de aquella suerte, creo no fue menos penoso y trabajoso el que tres años tuve, como ahora diré.

Venido el tiempo, que estaba aguardando en el lugar que digo, que estaba con mi hermana para curarme, lleváronme, con harto cuidado de mi regalo, mi padre y hermana y aquella monja mi amiga, que había salido conmigo, que era muy mucho lo que me quería. Aquí comenzó el demonio a descomponer mi alma, aunque Dios sacó de ello harto bien. Estaba una persona de la Iglesia, que residía en aquel lugar adonde me fuí a curar, de harto buena calidad y entendimiento: tenía letras, aunque no muchas. Yo comencéme a confesar con él, que siempre fuí amiga de letras, aunque gran daño hicieron a mi alma confesores medio letrados; porque no los tenía de tan buenas letras como quisiera. He visto por espiriencia que es mijor, siendo virtuosos y de santas costumbres, no tener ningunas, que tener pocas; porque ni ellos se fían de sí, sin preguntar a quien las tenga buenas, ni yo me fiara; y buen letrado nunca me engañó. Estotros tampoco me debían de querer engañar, sino no sabían más: yo pensaba que sí, y que no era obligada a más de creerlos, como era cosa ancha lo que me decían, y de más libertad; que si fuera apretada yo soy tan ruin que buscara otros. Lo que era pecado venial, decíanme que no era ninguno. Lo que era gravísimo mortal, que era venial. Esto me hizo tanto daño, que no es mucho lo diga aquí, para aviso de otras de tan gran mal, que para delante de Dios veo no me es disculpa, que bastaban ser las cosas de su natural no buenas, para que yo me guardara de ellas. Creo permitió Dios por mis pecados ellos se engañasen, y me engañasen a mí: yo engañé a otras hartas, con decirles lo mesmo, que a mí me habían dicho. Duré en esta ceguedad creo más de diecisiete, hasta que un padre dominico, gran letrado, me desengañó en cosas, y los de la Compañía de Jesús del todo me hicieron tanto temer, agraviándome tan malos principios, como después diré. Pues comenzándome a confesar con este que digo, él se aficionó en extremo a mí, porque entonces tenía poco que confesar, para lo que después tuve, ni lo había tenido después de monja. No fue la afeción de éste mala, mas de demasiada afeción venía a no ser buena. Tenía entendido de mí que no me determinaría a hacer cosa contra Dios, que fuese grave, por ninguna cosa, y él también me aseguraba lo mesmo, y ansí era mucha la conversación. Mas mis tratos entonces con el embebecimiento de Dios que traía, lo que más gusto me daba era tratar cosas de Él; y como era tan niña, hacíale confusión ver esto, y con la gran voluntad que me tenía, comenzó a declararme su perdición; y no era poca, porque había casi siete años que estaba en muy peligroso estado, con afeción y trato con una mujer del mesmo lugar y con esto decía misa. Era cosa tan pública, que tenía perdida la honra y la fama, y nadie le osaba hablar contra esto. A mí hízoseme gran lástima, porque le quería mucho, que esto tenía yo de gran liviandad y ceguedad, que me parecía virtud ser agradecida, y tener ley a quien me quería. Maldita sea tal ley que se extiende hasta ser contra la de Dios. Es un desatino que se usa en el mundo, que me desatina; que debemos todo el bien que nos hacen a Dios, y tenemos por virtud, aunque sea ir contra él, no quebrantar esta amistad. ¡Oh ceguedad de mundo! Fuérades vos servido, Señor; que yo fuera ingratísima contra todo él, y contra vos no lo fuera un punto; mas ha sido todo al revés por mis pecados. Procuré saber e informarme más de personas de su casa; supe más la perdición, y vi que el pobre no tenía tanta culpa; porque la desventurada de la mujer le tenía puestos hechizos en un idolito de cobre, que le había rogado le trajese por amor de ella al cuello, y éste nadie había sido poderoso de podérsele quitar. Yo no creo es verdad esto de hechizos determinadamente, mas diré esto que yo vi, para aviso de que se guarden los hombres de mujeres, que este trato quieren tener; y crean, que pues pierden la vergüenza a Dios (que ellas más que los hombres son obligadas a tener honestidad), que ninguna cosa de ellas pueden confiar; y que, a trueco de llevar adelante su voluntad y aquella afeción, que el demonio les pone, no miran nada. Aunque yo he sido tan ruin, en ninguna desta suerte yo no caí, ni jamás pretendí hacer mal, ni aunque pudiera, quisiera forzar la voluntad para que me la tuvieran, porque me guardó el Señor de esto; mas si me dejara, hiciera el mal que hacía en lo demás, que de mí ninguna cosa hay que fiar. Pues como supe esto, comencé a mostrarle más amor: mi intención buena era, la obra mala; pues por hacer bien, por grande que sea, no había de hacer un pequeño mal. Tratábale muy ordinario de Dios: esto debía aprovecharle aunque más creo le hizo al caso el quererme mucho; porque, por hacerme placer, me vino a dar el idolillo, el cual hice echar luego en un río. Quitado esto comenzó como quien despierta de un gran sueño, a irse acordando de todo lo que había hecho aquellos años, y espantándose de sí, doliéndose de su perdición, vino a comenzar a aborrecerla. Nuestra Señora le debía ayudar mucho que era muy devoto de su Conceción, y en aquel día hacía gran fiesta. En fin, dejó del todo de verla y no se hartaba de dar gracias a Dios, por haberle dado luz. A cabo de un año en punto, desde el primer día que yo le vi, murió: ya había estado muy en servicio de Dios, porque aquella afición grande que me tenía, nunca entendí ser mala, aunque pudiera ser con más puridad: mas también hubo ocasiones para que, si no se tuviera muy delante a Dios, hubiera ofensas suyas más graves. Como he dicho, cosa que yo entendiera era pecado mortal, no la hiciera entonces; y paréceme que le ayudaba a tenerme amor, ver esto en mí. Que creo todos los hombres deben ser más amigos de mujeres que ven inclinadas a virtud; y aun para lo que acá pretenden deben de ganar con ellos más por aquí, sigún después diré. Tengo por cierto está en carrera de salvación. Murió muy bien, y muy quitado de aquella ocasión; parece quiso el Señor que por estos medios se salvase.

Estuve en aquel lugar tres meses con grandísimos trabajos, porque la cura fue más recia que pedía mi complexión: a los dos meses, a poder de medicinas, me tenía casi acabada la vida; y el rigor del mal de corazón, de que me fuí a curar, era mucho más recio, que algunas veces me parecía con dientes agudos me asían de él, tanto que se temió era rabia. Con la falta grande de virtud (porque ninguna cosa podía comer, sino era bebida de gran hastío, calentura muy continua y tan gastada, porque casi un mes me habían dado una purga cada día) estaba tan abrasada, que se comenzaron a encoger los niervos, con dolores tan incomportables, que día ni noche ningún sosiego podía tener, y una tristeza muy profunda. Con esta ganancia me tornó a traer mi padre, adonde tornaron a verme médicos: todos me deshauciaron, que decían, sobre todo este mal, estaba ética. Desto se me daba a mí poco; los dolores eran los que me fatigaban, porque eran en un ser desde los pies hasta la cabeza; porque de niervos son intolerables, según decían los médicos, y como todos se encogían, cierto si yo no lo hubiera por mi culpa perdido, era recio tormento. En esta reciedumbre no estaría más de tres meses, que parecía imposible poderse sufrir tantos males juntos. Ahora me espanto, y tengo por gran merced del Señor la paciencia que su Majestad me dio, que se veía claro venir de él. Mucho me aprovechó para tenerla haber leído la historia de Job en los Morales de san Gregorio, que parece previno al Señor con esto, y con haber comenzado a tener oración, para que yo lo pudiese llevar con tanta conformidad. Todas mis pláticas eran con Él. Traía muy ordinario, estas palabras de Job en el pensamiento, y decíalas: «Pues recibimos los bienes de la mano del Señor, ¿por qué no sufriremos los males?» Esto parece me ponía esfuerzo.

Vino la fiesta de Nuestra Señora de Agosto, que hasta entonces desde abril había sido el tormento, aunque los tres postreros meses mayor. Di priesa a confesarme, que siempre era muy amiga de confesarme a menudo. Pensaron que era miedo de morirme; y por no me dar pena, mi padre no me dejó. ¡Oh amor de carne demasiado, que aunque sea de tan católico padre y tan avisado (que lo era harto, que no fue inorancia) me pudiera hacer gran daño! Diome aquella noche un parajismo, que me duró estar sin ningún sentido cuatro días, poco menos: en esto me dieron el sacramento de la Unción, y cada hora y memento pensaban espiraba, y no hacían sino decirme el credo, como si alguna cosa entendiera. Teníanme a veces por tan muerta, que hasta la cera me hallé después en los ojos. La pena de mi padre era grande de no me haber dejado confesar; clamores y oraciones a Dios muchas: bendito sea Él, que quiso oírlas, que tiniendo día y medio abierta la sepoltura en mi monesterio, esperando el cuerpo allá, y hechas las honras en uno de nuestros frailes, fuera de aquí, quiso el Señor tornase en mí: luego me quise confesar. Comulgué con hartas lágrimas, mas a mi parecer, que no eran con el sentimiento y pena de sólo haber ofendido a Dios, que bastara para salvarme, si el engaño que traía de los que me habían dicho que no eran algunas cosas pecado mortal, que cierto he visto después lo eran, no me aprovechara. Porque los dolores eran incomportables, con que quedé el sentido poco, aunque la confesión entera, a mi parecer, de todo lo que entendí había ofendido a Dios; que esta merced me hizo su ·Majestad, entre otras, que nunca

después que comencé a comulgar, dejé cosa por confesar, que yo pensase era pecado, aunque fuese venial, que le dejase de confesar; mas sin duda me parece que lo iba harto mi salvación si entonces me muriera, por ser los confesores tan poco letrados por una parte, y por otra ser yo tan ruin, y por muchas. Es verdad, cierto, que me parece estoy con tan gran espanto llegando aquí, y viendo como parece me resució el Señor, que estoy casi temblando entre mí. Paréceme fuera bien, oh ánima mía, que miraras del peligro que el Señor te había librado, y ya que por amor no le dejabas de ofender, lo dejaras por temor, que pudiera otras mil veces matarte en estado más peligroso. Creo, no añido muchas en decir otras mil, aunque me riña quien me mandó moderase el contar mis pecados, y harto hermoseados van. Por amor de Dios le pido de mis culpas no quite nada, pues se ve más aquí la manificencia de Dios, y lo que sufre un alma. Sea bendito para siempre: plegue a su Majestad que antes me consuma que le deje yo más de querer.

CAPITULO VI

TRATA DE LO MUCHO QUE DEBIÓ AL SEÑOR EN DARLE CONFORMIDAD
CON TAN GRANDES TRABAJOS; Y CÓMO TOMÓ POR MEDIANERO
Y ABOGADO AL GLORIOSO SAN JOSEF, Y LO
MUCHO QUE LE APROVECHÓ

Quedé de estos cuatro días de parajismo de manera, que sólo el Señor puede saber los incomportables tormentos, que sentía en mí. La lengua hecha pedazos de mordida; la garganta de no haber pasado nada y de la gran flaqueza, que me ahogaba, que aun el agua no podía pasar. Toda me parecía estaba descoyuntada, con grandísimo desatino en la cabeza; toda encogida, hecha un ovillo, porque en esto paró el tormento de aquellos días, sin poderme menear ni brazo, ni pie, ni mano, ni cabeza, más que si estuviera muerta, si no me meneaban; sólo un dedo me parece podía menear de la mano derecha. Pues llegar a mí, no había cómo; porque todo estaba tan lastimado, que no lo podía sufrir. En una sábana, una de un cabo y otro, me meneaban: esto fue hasta Pascua florida. Sólo tenía, que si no llegaban a mí, los dolores me cesaban muchas veces; y a cuento de descansar un poco, me contaba por buena, que traía temor me había de faltar la paciencia; y ansí quedé muy contenta de verme sin tan agudos y continuos dolores, aunque a los recios fríos de cuartanas dobles, con que quedé, recísimas, los tenía incomportables: el hastío muy grande. Di luego tan gran priesa de irme a el monesterio que me hice llevar ansí. A la que esperaban muerta recibieron con alma; mas con el cuerpo peor que muerto, para dar pena verle. El ex-

tremo de flaqueza no se puede decir, que solo los huesos tenía: ya digo, que estar ansí me duró más de ocho meses; el estar tullida, aunque iba mijorando, casi tres años. Cuando comencé a andar a gatas, alababa a Dios. Todos los pasé con gran conformidad; y, si no fue estos principios, con gran alegría, porque todo se me hacía nonada, comparado con los dolores y tormentos del principio: estaba muy conforme con la voluntad de Dios, aunque me dejase ansí siempre. Paréceme era toda mi ansia de sanar, por estar a solas en oración, como venía mostrada, porque en la enfermería no había aparejo. Confesábame muy a menudo, trataba mucho de Dios, de manera que edificaba a todas, y se espantaban de la paciencia que el Señor me daba; por que a no venir de mano de su Majestad, parecía imposible poder sufrir tanto mal con tanto contento. Gran cosa fue haberme hecho la merced en la oración, que me había hecho; que ésta me hacía entender, qué cosa era amarle; porque de aquel poco tiempo, vi nuevas en mí estas virtudes, aunque no fuertes, pues no bastaron a sustentarme en justicia. No tratar mal de nadie, por poco que fuese, sino lo ordinario era excusar toda murmuración, porque traía muy delante como no había de querer, ni decir, de otra persona lo que no quería dijesen de mí; tomaba esto en harto extremo para las ocasiones que había, aunque no tan perfectamente que algunas veces, cuando me las daban grandes, en algo no quebrase: mas lo continuo era esto; y ansí a las que estaban conmigo, y me trataban, persuadía tanto a esto, que se quedaron en costumbre. Vínose a entender, que donde yo estaba tenían siguras las espaldas, y en esto estaban con las que yo tenía amistad y deudo, y enseñaba; aunque en otras cosas tengo bien que dar cuenta a Dios del mal enjemplo que les daba: plega a su Majestad me perdone, que de muchos males fui causa, aunque no con tan dañada intención, como después sucedía la obra. Quedóme deseo de soledad, amiga de tratar y hablar en Dios; que si yo hallara con quien, más contento y recreación me daba, que toda la pulicía (y grosería, por mejor decir), de la conversación del mundo; comulgar y confesar muy más a menudo y desearlo, amiguísima de leer buenos libros, un grandísimo arrepentimiento en habiendo ofendido a Dios; que muchas veces me acuerdo, que no osaba tener oración, porque temía la grandísima pena, que había de sentir de haberle ofendido, como un gran castigo. Esto me fue creciendo después en tanto extremo, que no sé yo a qué compare este tormento. Y no era poco ni mucho por temor, jamás, sino como se me acordaba los regalos, que el Señor me hacía en la oración y lo mucho que le debía, y vía cuán mal se lo pagaba, no lo podía sufrir, y enojábame en extremo de las muchas lágrimas, que por la culpa lloraba, cuando vía mi poca enmienda, que ni bastaban determinaciones, ni fatiga en que me vía, para no tornar a caer, en puniéndome en la ocasión: parecíanme lágrimas engañosas y parecíame ser después mayor la culpa, porque vía la gran merced que me hacía el Señor en dármelas, y tan gran arrepentimiento. Procuraba confesarme con brevedad, y a mi parecer hacía de mi parte lo que podía para tornar en gracia. Estaba todo el daño en no quitar de raíz las ocasiones, y en los confesores, que me ayudaban poco; que, a decirme en el peligro que andaba; y que tenía obligación a no traer aquellos tratos, sin duda creo se remediara, porque ninguna vía sufriera andar en pecado mortal sólo un día, si yo entendiera. Todas estas señales de temer a Dios me vinieron con la oración, y la mayor era ir envuelto en amor, porque no se me ponía delante el castigo. Todo lo que estuve tan mala me duró mucha guarda de mi conciencia, cuanto a pecados mortales. ¡Oh, válame Dios, que deseaba yo la salud para más servirle, y fue causa de todo mi daño! Pues como me vi tan tullida y en tan poca edad y cual me habían parado los médicos de la tierra, determiné acudir a los del cielo para que me sanasen, que todavía deseaba la salud, aunque con mucha alegría lo llevaba; y pensaba algunas veces, que si estando buena me había de condenar, que mejor estaba ansí; mas todavía pensaba, que servía mucho más a Dios con la salud. Este es nuestro engaño, no nos dejar del todo a lo que el Señor hace, que sabe mijor lo que nos conviene.

Comencé a hacer devoción de misas, y cosas muy aprobadas de oraciones, que nunca fuí amiga de otras devociones, que hacen algunas personas, en especial mujeres, con ceremonias, que yo no podría sufrir, y a ellas le hacía devoción (después se ha dado a entender no convenían, que eran suprestiçiosas), y tomé por abogado y señor a el glorioso san Josef, y encomendéme mucho a él: vi claro que ansí desta necesidad, como de otras mayores de honra y pérdida de alma, este padre y señor mío me sacó, con más bien que yo le sabía pedir. No me acuerdo hasta ora haberle suplicado cosa, que la haya dejado de hacer. Es cosa que espanta las grandes mercedes, que me ha hecho Dios por medio de este bienaventurado santo, de los peligros que me ha librado, ansí de cuerpo como de alma; que a otros santos parece les dio el Señor gracia para socorrer en una necesidad, a este glorioso santo tengo espiriencia que socorre en todas; y que quiere el Señor darnos a entender, que así como le fue sujeto en la tierra (que como tenía nombre de padre, siendo ayo, le podía mandar), ansí en el cielo hace cuanto le pide. Esto han visto otras algunas personas, a quien yo decía se encomendasen a él, también por espiriencia: ya hay muchas, que le son devotas de nuevo espirimentando esta verdad. Procuraba yo hacer su fiesta con toda la solemnidad que podía, más llena de vanidad que de espíritu, queriendo se hiciese muy curiosamente y bien, aunque con buen intento; mas esto tenía malo, si algún bien el Señor me daba gracia que hiciese, que era lleno de imperfeciones y con muchas faltas: para el mal y curiosidad y vanidad, tenía gran maña y diligencia: el Señor me perdone. Querría yo persuadir a todos fuesen devotos de este glorioso santo, por la gran espiriencia que tengo de los bienes que alcanza de Dios. No he conocido persona, que de veras le sea devota y haga particulares servicios, que no la vea más aprovechada en la virtud; porque aprovecha en gran manera a las almas que a él se encomiendan. Paréceme ha algunos años, que cada año en su día le pido una cosa, y siempre la veo cumplida; si va algo torcida la petición, él la endereza para más bien mío. Si fuera persona que tuviera autoridad de escribir, de buena gana me alargara en decir muy por menudo las mercedes que ha hecho este glorioso santo a mí y a otras personas; mas por no hacer más de lo que me mandaron, en muchas cosas seré corta, más de lo que quisiera, en otras más larga que era menester; en fin, como quien en todo lo bueno tiene poca descrición. Sólo pido, por amor de Dios, que lo pruebe quien no me creyere, y verá por espiriencia el

gran bien que es encomendarse a este glorioso Patriarca, y tenerle devoción: en especial personas de oración siempre le habían de ser aficionadas; que no sé cómo se puede pensar en la Reina de los Ángeles, en el tiempo que tanto pasó con el niño Jesús, que no den gracias a san Josef por lo bien que les ayudó en ellos. Quien no hallare maestro que le enseñe oración, tome este glorioso santo por maestro, y no errará en el camino. Plega al Señor no haya yo errado en atreverme a hablar en él; porque aunque publico serle devota, en los servicios, y en imitarle, siempre he faltado. Pues él hizo, como quien es, en hacer de manera que pudiese levantarme y andar, y no estar tullida; y yo, como quien soy, en usar mal desta merced.

Quien dijera que había tan presto de caer, después de tantos regalos de Dios, después de haber comenzado su Majestad a darme virtudes, que ellas mesmas me despertaban a servirle; después de haberme visto casi muerta, y en tan gran peligro de ir condenada; después de haberme resucitado alma y cuerpo, que todos los que me vieron se espantaban de verme viva. ¡Qué es esto, Señor mío, en tan peligrosa vida hemos de vivir!, que, escribiendo esto estoy y me parece que con vuestro favor y por vuestra misericordia podría decir lo que san Pablo, aunque no con esa perfección. —Que no vivo yo ya, sino que Vos, Criador mío, vivís en mí, sigún ha algunos años, que, a lo que puedo entender, me tenéis de vuestra mano, y me veo con deseos y determinaciones (y en alguna manera probada por espiriencia en estos años en muchas cosas) de no hacer cosa contra vuestra voluntad, por pequeña que sea, aunque debo hacer tantas ofensas a vuestra Majestad sin entenderlo; y también me parece, que no se me ofrecerá cosa por vuestro amor, que con gran determinación me deje de poner a ella, y en algunas me habéis vos ayudado para que salga con ellas; y no quiero mundo, ni cosa de él, ni me parece me da contento cosa que no salga de vos, y lo demás me parece pesada cruz. Bien me puedo engañar, y ansí será, que no tengo esto que he dicho; más bien veis vos, mi Señor, que, a lo que puedo entender, no miento, y estoy temiendo, y con mucha razón, si me habéis de tornar a dejar; porque ya sé a lo que llega mi fortaleza y poca virtud, en no me la estando vos dando, siempre, y ayudando para que no os deje; y plega a vuestra Majestad, que aun ahora no esté dejada de vos, pareciéndome todo esto de mí. ¡No sé cómo queremos vivir, pues es todo tan incierto! Parecíame a mí, Señor mío, ya imposible dejaros tan del todo a vos; y como tantas veces os dejé, no puedo dejar de temer; porque en apartándoos un poco de mí, daba con todo en el suelo. Bendito seáis por siempre, que aunque os dejaba yo a vos, no me dejasteis vos a mí tan del todo, que no me tornase a levantar, con darme vos siempre la mano; muchas veces, Señor, no la quería, ni quería entender cómo muchas veces me llamábades de nuevo, como ahora diré.

CAPITULO VII

TRATA POR LOS TÉRMINOS QUE FUE PERDIENDO LAS MERCEDES, QUE EL
SEÑOR LE HABÍA HECHO, Y CUÁN PERDIDA VIDA COMENZÓ A TENER: DICE
LOS DAÑOS QUE HAY EN NO SER MUY ENCERRADOS
LOS MONESTERIOS DE MONJAS

Pues ansí comencé de pasatiempo en pasatiempo, y de vanidad en vanidad, de ocasión en ocasión, a meterme tanto en muy grandes ocasiones, y andar tan estragada mi alma en muchas vanidades, que ya yo tenía vergüenza de en tan particular amistad, como es tratar de oración, tornarme a llegar a Dios; y ayudóme a esto, que como crecieron los pecados, comenzóme a faltar el gusto y regalo en las cosas de virtud. Vía yo muy claro, Señor mío, que me faltaba esto a mí, por faltaros yo a vos. Éste fue el más terrible engaño que el demonio me podía hacer debajo de parecer humildad, que comencé a temer de tener oración, de verme tan perdida; y parecíame era mejor andar como los muchos, pues en ser ruin era de los peores, y rezar lo que estaba obligada y vocalmente, que no tener oración mental, y tanto trato con Dios, la que merecía estar con los demonios, y que engañaba a la gente; porque en lo exterior tenía buenas apariencias; y ansí no es de culpar a la casa donde estaba, porque con mi maña procuraba me tuviesen una buena opinión, aunque no de advertencia, fingiendo cristiandad; porque en esto de hiproquesía y vanagloria, gloria a Dios, jamás me acuerdo haberle ofendido, que yo entienda, que en viéndome primer movimiento, me daba tanta pena, que el demonio iba con pérdida, y yo quedaba con ganancia, y ansí en esto muy poco me ha tentado jamás. Por ventura, si Dios permitiera me tentara en esto tan recio como en otras cosas, también cayera; mas su Majestad hasta ahora me ha guardado en esto, sea por siempre bendito; antes me pesaba mucho de que me tuviesen en buena opinión, como yo sabía lo secreto de mí. Este no me tener por tan ruin venía, de que como me vían tan moza, y en tantas ocasiones, y apartarme muchas veces a soledad, a rezar y leer mucho, hablar de Dios, amiga de hacer pintar su imagen en muchas partes, y de tener oratorio, y procurar en él cosas que hiciesen devoción, no decir mal, otras cosas desta suerte, que tenían apariencia de virtud; y yo, que de vana, me sabía estimar en las cosas, que en el mundo se suelen tener por estima. Con esto me daban tanta y más libertad que a las muy antiguas, y tenían gran siguridad de mí; porque tomar yo libertad, ni hacer cosa sin licencia, digo por agujeros, o paredes, o de noche, nunca me parece lo pudiera acabar conmigo en monesterio hablar desta suerte, ni lo hice, porque me tuvo el Señor de su mano. Parecíame a mí (que con advertencia, y de propósito miraba muchas cosas) que poner la honra de tantas en aventura, por ser yo ruin, siendo ellas buenas, que era muy mal hecho; ¡cómo si fuera bien otras cosas que hacía! A la verdad no iba el mal de tanto acuerdo, como esto fuera, aunque era mucho.

Por esto me parece a mí me hizo harto daño no estar en monesterio encerrado; porque la libertad, que las que eran buenas podían tener con bondad, porque no debían más, que no se prometía clausura, para mí, que soy ruin, hubiérame cierto llevado al infierno, si, en tantos remedios y medios, el Señor, con muy particulares mercedes suyas, no me hubiera sacado de este peligro; y ansí me parece lo es grandísimo, monesterio de mujeres con libertad; y que más me parece es paso para caminar al infierno las que quisiesen ser ruines, que remedio para sus flaquezas. Esto no se tome por el mío, porque hay tantas, que sirven muy de veras y con mucha perfición al Señor, que no puede su Majestad dejar (según es bueno) de favorecerlas, y no es de los muy abiertos, y en él se guarda toda religión, sino de otros, que yo sé y he visto. Digo que me hacen particulares llamamientos; y no una vez, sino muchas, para que se salven, según están autorizadas las honras y recreaciones del mundo, y tan mal entendido a lo que están obligadas, que plega a Dios no tengan por virtud lo que es pecado, como muchas veces yo lo hacía; y hay tan gran dificultad en hacerlo entender, que es menester el Señor ponga muy de veras en ello su mano. Si los padres tomasen mi consejo, ya que no quieran mirar a poner sus hijas adonde vayan camino de salvación, sino con más peligro que en el mundo, que lo miren por lo que toca a su honra; y quieran más casarlas muy bajamente, que meterlas en monesterios semejantes, si no son muy bien inclinadas; y plega a Dios aproveche, o se las tengan en su casa: porque, si quieren ser ruines, no se podrá encubrir sino poco tiempo, y acá muy mucho, y en fin lo descubre el Señor; u no sólo dañan a sí, sino a todas; y a las veces las pobrecitas no tienen culpa, porque se van por lo que hallan; y es lástima de muchas, que se quieren apartar del mundo, y pensando que se van a servir

al Señor, y apartar de los peligros del mundo, se hallan en diez mundos juntos, que ni saben cómo se valer ni remediar; que la mocedad y sensualidad y demonio las convida y enclina a seguir algunas cosas, que son del mesmo mundo, ve allí que lo tienen por bueno, a manera de decir. Paréceme como los desventurados de los herejes en parte, que se quieren cegar, y hacer entender que es bueno aquello que siguen, y que lo creen ansí, sin creerlo, porque dentro de sí tienen quien les diga que es malo. ¡Oh grandísimo mal, grandísimo mal de religiosos! (no digo ahora más mujeres que hombres) adonde no se guarda religión; adonde en un monesterio hay dos caminos de virtud y religión, y falta de religión, y todos casi se andan por igual; antes mal dije, no por igual, que por nuestros pecados camínase más el más imperfeto, y, como hay más de él, es más favorecido. Úsase tan poco el de la verdadera religión, que más ha de temer el fraile y la monja, que ha de comenzar de veras a siguir del todo su llamamiento, a los mesmos de su casa, que a todos los demonios; y más cautela y disimulación ha de tener para hablar en la amistad, que desea de tener con Dios, que en otras amistades y voluntades, que el demonio ordena en monesterios. Y no sé de qué nos espantamos haya tantos males en la Iglesia, pues los que habían de ser los dechados, para que todos sacasen virtudes, tienen tan borrada la labor, que el espíritu de los santos pasados dejaron en las religiones. Plega la divina Majestad, ponga remedio en ello, como va que es menester, amén.

Pues comenzando yo a tratar estas conversaciones, no me pareciendo, como vía que se usaban, que había de venir a mi alma el daño y distraimiento, que después entendí era semejantes tratos, parecióme que cosa tan general como es este visitar en muchos monesterios, que no me haría a mí más mal que a las otras que, yo vía eran buenas; y no miraba que eran muy mejores, y que lo que en mí fue peligro, en otras no le sería tanto; que alguno dudo yo le deja de haber, aunque no sea sino tiempo mal gastado. Estando con una persona, bien al principio del conocerla, quiso el Señor darme a entender que no me convenían aquellas amistades, y avisarme, y darme luz en tan gran ceguedad. Representóseme Cristo delante con mucho rigor dándome a entender lo que de aquello le pesaba: vile con los ojos del alma, más claramente que le pudiera ver con los del cuerpo, y quedóme tan imprimido, que ha esto más de veinte y seis años, y me parece lo tengo presente. Yo quedé muy espantada y turbada, y no quería ver más a con quien estaba. Hízome mucho daño no saber yo que era posible ver nada, sino era con los ojos de el cuerpo y el demonio, que me ayudó a que lo creyese ansí, y hacerme entender que era imposible, y que se me había antojado, y que podía ser el demonio, y otras cosas desta suerte; puesto, que siempre me quedaba un parecerme era Dios, y que no era antojo; mas como no era a mi gusto, yo me hacía a mí mesma desmentir; y yo, como no lo osé tratar con nadie, y tornó después a hacer gran importunación, asegurándome que no era mal ver persona semejante, ni perdía honra, antes que la ganaba, torné a la mesma conversación, y aun en otros tiempos a otras; porque fue muchos años los que tomaba esta recreación pestilencial que no me parecía a mí, como estaba en ello, tan malo como era, aunque a veces claro vía no era bueno; mas ninguna me hizo el destraimiento que esta que digo, porque la tuve mucha afeción.

Estando otra vez con la mesma persona, vimos venir hacia nosotros (y otras personas, que estaban allí, también lo vieron), una cosa a manera de sapo grande, con mucha más ligereza que ellos suelen andar: de la parte que él vino, no puedo yo entender pudiese haber semejante sabandija en mitad del día, ni nunca la ha habido y la operación que hizo en mí, me parece que era sin misterio; y tampoco esto se me olvidó jamás. ¡Oh, grandeza de Dios, y con cuánto cuidado y piadad me estábades avisando de todas maneras, y qué poco me aprovechó a mí!

Tenía allí una monja, que era mi parienta antigua, y gran sierva de Dios, y de mucha religión; ésta también me avisaba algunas veces, y no sólo no la creía, mas desgustábame con ella, y parecíame se escandalizaba sin tener por qué. He dicho esto, para que se entienda mi maldad y la gran bondad de Dios, y cuán merecido tenía el infierno, por tan gran ingratitud; y también, porque si el Señor ordenare y fuere servido, en algún tiempo lea esto alguna monja, escarmienten en mí; y les pido yo, por amor de nuestro Señor, huyan de semejantes recreaciones. Plega a su Majestad se desengañe alguna por mí, de cuantas he engañado, diciéndoles que no era mal, asegurando tan gran peligro con la ceguedad que yo tenía, que de propósito no las quería yo engañar; y por el mal enjemplo que las di, como he dicho, fui causa de hartos males, no pensando hacía tanto mal.

Estando yo mala en aquellos primeros días, antes que supiese valerme a mí, me daba grandísimo deseo de aprovechar a los otros; tentación muy ordinaria de los que comienzan, aunque a mí me sucedió bien. Como quería tanto a mi padre, deseábale con el bien, que me parecía tenía con tener oración, que me parecía que en esta vida no podía ser mayor que tener oración; y ansí por rodeos, como pude, comencé a procurar con él la tuviese: dile libros para este propósito. Como era tan virtuoso, como he dicho, asentóse también en él este ejercicio, que en cinco o seis años (me parece sería) estaba tan adelante, que yo alababa mucho al Señor, y dábame grandísimo consuelo. Eran grandísimos los trabajos que tuvo de muchas maneras: todos los pasaba con grandísima conformidad. Iba muchas veces a verme, que se consolaba en tratar cosas de Dios. Ya después que yo andaba tan destraída, y sin tener oración, como vía pensaba, que era la que solía, no lo pude sufrir sin desengañarle; porque estuve un año, y más, sin tener oración, pareciéndome más humildad; y ésta, como después diré, fue la mayor tentación que tuve, que por ella me iba a acabar de perder; que, con la oración, un día ofendía a Dios, y tornaba otros a recogerme, y apartarme más de la ocasión. Como el bendito hombre venía con esto, hacíaseme recio verle tan engañado, en que pensase trataba con Dios, como solía, y díjele; que ya yo no tenía oración, aunque no la causa. Púsele mis enfermedades por inconveniente, que aunque sané de aquella tan grave, siempre hasta ahora las he tenido, y tengo bien grandes; aunque de poco acá no con tanta reciedumbre, mas no se quitan de muchas maneras. En especial, tuve veinte años vómitos por las mañanas, que, hasta más de mediodía, me acaecía no poder desayunarme; algunas veces más tarde: después acá que frecuento más a menudo las comuniones, es a la noche, antes que me acueste, con mucha más pena, que tengo yo de procurarle con plumas y otras cosas; porque si lo dejo, es mucho el mal que siento, y casi nunca estoy, a mi parecer, sin muchos dolores, y algunas veces bien graves, en especial en el corazón; aunque el mal que me tomaba muy continuo, es muy de tarde en tarde: perlesía recia, y otras enfermedades de calenturas, que solía tener muchas veces, me hallo buena ocho años ha. De estos males se me da ya tan poco, que muchas veces me huelgo, pareciéndome en algo se sirve el Señor. Y mi padre me creyó, que era esta la causa, como él no decía mentira, y ya, conforme a lo que yo trataba con él no la había yo de decir. Díjele, porque mijor lo creyese (que bien vía yo que para esto no había disculpa), que harto hacía en poder servir el coro. Aunque tampoco era causa bastante para dejar cosa, que no son menester fuerzas corporales para ella, sino solo amar y costumbre; aunque el Señor da siempre oportunidad si queremos. Digo siempre, que, aunque con ocasiones y enfermedad algunos ratos impida, para muchos ratos de soledad no deja de haber otros que hay salud para esto; y en la mesma enfermedad y ocasiones es la verdadera oración, cuando es alma que ama, en ofrecer aquello, y acordarse por quién lo pasa, y conformarse con ello y mil cosas que se ofrecen; aquí ejercita el amor, que no es por fuerza que ha de haberla cuando hay tiempo de soledad, y lo demás no ser oración. Con un poquito de cuidado grandes bienes se hallan en el tiempo, que con trabajos el Señor nos quita el tiempo de la oración; y ansí los había yo hallado cuando tenía buena conciencia. Mas él, con la opinión que tenía de mí, y el amor que me tenía, todo me lo creyó, antes me hubo lástima; mas como él estaba ya, en tan subido estado, no estaba después tanto conmigo, sino, como me había visto, íbase, que decía era tiempo perdido: como yo le gastaba en otras vanidades, dábaseme poco. No fue sólo a él, sino a otras algunas personas, las que procuré tuviesen oración, aun andando yo en estas vanidades: como las vía amigas de rezar, las decía cómo ternían meditación y les aprovechaba, y dábales libros; porque este deseo, de que otras sirviesen a Dios, desde que comencé oración, como he dicho, le tenía. Parecíame a mí, que ya que yo no servía al Señor, como lo entendía, que no se perdiese lo que me había dado su Majestad a entender; y que le sirviesen otros por mí. Digo esto, para que se vea la gran ceguedad en que estaba, que me dejaba perder a mí, y procuraba ganar a otros.

En este tiempo dio a mi padre la enfermedad de que murió, que duró algunos días. Fuile yo a curar, estando más enferma en el alma que él en el cuerpo, en muchas vanidades, aunque no de manera, que, a cuanto entendía, estuviese en pecado mortal en todo este tiempo más perdido que digo; porque entendiéndolo yo, en ninguna manera lo estuviera. Pasé harto trabajo en su enfermedad; creo le serví algo de lo que él había pasado en las mías. Con estar yo harto mala me esforzaba, y con que en faltarme él me faltaba todo el bien y regalo, porque en un ser me le hacía, tuve gran ánimo para no le mostrar pena, y estar hasta que murió, como si ninguna cosa sintiera, pareciéndome se arrancaba mi alma, cuando vía acabar su vida, porque le quería mucho. Fue cosa para alabar al Señor la muerte que murió, y la gana que tenía de morirse, los consejos que nos daba después de haber recibido la Extrema Unción, el encargarnos le encomendásemos a Dios y le pidiésemos misericordia para él, y que siempre le sirviésemos, que mirásemos se acababa todo; y con lágrimas nos decía la pena grande que tenía de no haberle servido, que quisiera ser un fraile, digo, haber sido de los más estrechos que hubiera. Tengo por muy cierto, que quince días antes le dio el Señor a entender no había de vivir; porque antes de éstos, aunque estaba malo, no lo pensaba. Después, con tener mucha mijoría, y decirlo los médicos, ningún caso hacía de ello, sino entendía en ordenar su alma. Fue su principal mal de un dolor grandísimo de espaldas, que jamás se le quitaba; algunas veces le apretaba tanto, que le congojaba mucho. Díjele yo, que pues era tan devoto de cuando el Señor llevaba la Cruz acuestas, que pensase, su Majestad le quería dar a sentir algo de lo que había pasado con aquel dolor. Consolóse tanto, que me parece nunca más le oí quejar. Estuve tres días

muy falto el sentido. El día que murió se le tornó el Señor tan entero, que nos espantábamos; y le tuvo hasta que a la mitad de el Credo, diciéndole él mesmo, espiró. Quedó como un ángel; y ansí me parecía a mí lo era él, a manera de decir, en alma y disposición, que la tenía muy buena. No sé para qué he dicho esto, sino es para culpar más mi ruin vida, después de haber visto tal muerte, y entender tal vida, que por parecerme en algo a tal padre, la había yo de mijorar. Decía su confesor, que era dominico, muy gran letrado, que no dudaba de que se iba derecho al cielo, porque había algunos años que le confesaba, y loaba su limpieza de conciencia. Este padre dominico, que era muy bueno y temeroso de Dios, me hizo harto provecho, porque me confesé con él, y tomó a hacer bien a mi alma con cuidado, y hacerme entender la perdición que traía. Hacíame comulgar de quince a quince días, y poco a poco comenzándole a tratar, tratéle de mi oración. Díjome, que no la dejase, que en ninguna manera me podía hacer sino provecho. Comencé a tornar a ella, aunque no a quitarme de las ocasiones, y nunca más la dejé. Pasaba una vida trabajosísima, porque en la oración entendía más mis faltas. Por una parte me llamaba Dios, por otra yo siguía a el mundo. Dábanme gran contento todas las cosas de Dios; teníanme atada las de el mundo. Parece que quería concertar estos dos contrarios, tan enemigo uno de otro, como es vida espiritual, y contentos, y gustos y pasatiempos sensuales. En la oración pasaba gran trabajo, porque no andaba el espíritu señor, sino esclavo; y ansí no me podía encerrar dentro de mí, que era todo el modo de proceder que llevaba en la oración, sin encerrar conmigo mil vanidades. Pasé ansí muchos años, que ahora me espanto, que sujeto bastó a sufrir, que no dejase lo uno u lo otro; bien sé que dejar la oración no era ya en mi mano, porque me tenía con las suyas, el que quería para hacerme mayores mercedes.

¡Oh, válame Dios, si hubiera de decir las ocasiones, que en estos años Dios me quitaba, y cómo me tornaba yo a meter en ellas, y de los peligros de perder del todo el crédito que me libró! Yo a hacer obras para descubrir la que era, y el Señor encubrir los males y descubrir alguna pequeña virtud, si tenía, y hacerla grande en los ojos de todos, de manera que siempre me tenían en mucho; porque aunque algunas veces se traslucían mis vanidades, como vían otras cosas, que les parecían buenas, no lo creían; y era que había ya visto el Sabidor de todas las cosas, que era menester ansí, para que en las que después he hablado de su servicio, me diesen algún crédito; y miraba su soberana larguez, no los grandes pecados, sino los deseos que muchas veces tenía de servirle, y la pena por no tener fortaleza en mí para ponerlo por obra.

¡Oh, Señor de mi alma! ¿Cómo podré encarecer las mercedes que en estos años me hiciste? ¡Y cómo en el tiempo que yo más os ofendía, en breve me disponíades con un grandísimo arrepentimiento para que gustase de vuestros regalos y mercedes! A la verdad tomábades, Rey mío, el más delicado y penoso castigo por medio, que para mí podía ser, como quien bien entendía lo que me había de ser más penoso. Con regalos grandes castigábades mis delitos. Y no creo digo desatino, aunque sería bien que estuviese desatinada, tornando a la memoria ahora de nuevo mi ingratitud y maldad. Era tan más penoso para mi condición recibir mercedes, cuando había caído en graves culpas, que recibir castigos; que una de ellas me parece cierto me deshacía, y confundía más, y fatigaba, que muchas enfermedades, con otros trabajos harto juntos; porque lo postrero vía lo merecía, y parecíame pagaba algo de mis peca-

dos, aunque todo era poco, según ellos eran muchos: mas verme recibir de nuevo mercedes, pagando tan mal las recibidas, es un género de tormento para mí terrible, y creo para todos los que tuvieren algún conocimiento o amor de Dios; y esto por una condición virtuosa lo podemos acá sacar. Aquí eran mis lágrimas y mi enojo de ver lo que sentía, viéndome de suerte, que estaba en vísperas de tornar a caer; aunque mis determinaciones y deseos entonces, por aquel rato, digo, estaban firmes. Gran mal es una alma sola entre tantos peligros: paréceme a mí que si yo tuviera con quien tratar todo esto, que me ayudara a no tornar a caer, siquiera por vergüenza, ya que no la tenía de Dios.

Por eso aconsejaría yo a los que tienen oración, en especial al principio, procuren amistad y trato con otras personas, que traten de lo mesmo: es cosa importantísima, aunque no sea sino ayudarse unos a otros con sus oraciones; cuanto más, que hay muchas más ganancias. Y no sé yo por qué (pues de conversaciones y voluntades humanas, aunque no sean muy buenas, se procuran amigos con quien descansar, y para más gozar de contar aquellos placeres vanos), se ha de permitir, que quien comenzare de veras a amar a Dios y a servirle, deje de tratar con algunas personas sus placeres y trabajos, que de todo tienen los que tienen oración. Porque si es de verdad en amistad, que quiere tener con su Majestad, no haya miedo de vanagloria; y cuando el primer movimiento le acometa, saldrá dello con mérito; y creo, que el que tratando con esta intención lo tratare, que aprovechara a sí y a los que le oyeren, y saldrá más enseñado, ansí en entender, como enseñar a sus amigos. El que de hablar en esto tuviere vanagloria, también la terná en oír misa con devoción, si le ven y en hacer otras cosas, que, so pena de no ser cristiano, las ha de hacer, y no se han de dejar por miedo de vanagloria. Pues es tan importantísimo esto para almas, que no están fortalecidas en virtud (como tienen tantos contrarios y amigos para incitar al mal), que no sé cómo lo encarecer. Paréceme que el demonio ha usado de este ardid, como cosa que muy mucho le importa, que se ascondan tanto de que se entienda, que de veras quieren procurar amar y contentar a Dios; como ha incitado se descubran otras voluntades mal honestas, con ser tan usadas, que ya parece se toma por gala y se publican las ofensas, que en este caso se hacen a Dios.

No sé si digo desatinos; si lo son, vuesa merced los rompa; y si no lo son, le suplico ayude a mi simpleza, con añidir aquí mucho; porque andan ya las cosas del servicio de Dios tan flacas, que es menester hacerse espaldas unos a otros, los que le sirven, para ir adelante, sigún se tiene por bueno andar en las vanidades y contentos del mundo: para éstos hay pocos ojos; y si uno comienza a darse a Dios, hay tantos que mormuren, que es menester buscar compañía para defenderse, hasta que ya estén fuertes en no les pesar de padecer, y si no veránse en mucho aprieto. Paréceme, que por esto debían usar algunos santos irse a los desiertos; y es un género de humildad no fiar de sí, sino creer que para aquellos con quien conversa le ayudará Dios; y crece la caridad con ser comunicada, y hay mil bienes, que no los osaría decir, si no tuviese gran espiriencia de lo mucho que va en esto. Verdad es, que yo soy más flaca y ruin que todos los nacidos; mas creo no perderá quien humillándose, aunque sea fuerte, no lo crea de sí, y creyere en esto a quien tiene espiriencia. De mí sé decir, que si el Señor no me descubriera esta verdad, y diera medios para que yo muy ordinario tratara con personas que tienen oración, que cayendo y levantando iba a dar de ojos en el infierno; porque para caer había muchos amigos que me ayudasen; para levantarme hallábame tan sola, que ahora me espanto cómo no estaba siempre caída; y alabo la misericordia de Dios, que era solo el que me daba la mano. Sea bendito para siempre jamás, amén.

CAPITULO VIII

TRATA DEL GRAN BIEN QUE LE HIZO, NO SE APARTAR DEL TODO DE LA ORACIÓN, PARA NO PERDER EL ALMA; Y CUÁN ECELENTE REMEDIO ES PARA GANAR LO PERDIDO. PERSUADE A QUE TODOS LA TENGAN. DICE CÓMO ES TAN GRAN GANANCIA, Y QUE AUNQUE LA TORNEN A DEJAR, ES GRAN BIEN USAR ALGÚN TIEMPO DE TAN GRAN BIEN

No sin causa he ponderado tanto este tiempo de mi vida, que bien veo no dará a nadie gusto ver cosa tan ruin; que, cierto, querría me aborreciesen los que esto leyesen, de ver un alma tan pertinaz y ingrata, con quien tantas mercedes le ha hecho; y quisiera tener licencia para decir las muchas veces, que en este tiempo falté a Dios por no estar arrimada a esta fuerte coluna de la oración. Pasé este mar tempestuoso casi veinte años con estas caídas, y con levantarme y mal, pues tornaba a caer; y en vida tan baja de perfección, que ningún caso casi hacía de pecados veniales, y los mortales, aunque los temía, no como había de ser, pues no me apartaba de los peligros. Sé decir que es una de las vidas penosas, que me parece se puede imaginar; porque, ni yo gozaba de Dios, ni traía contento en el mundo. Cuando estaba en los contentos de el mundo, en acordarme lo que debía a Dios era con pena; cuando estaba con Dios las aficiones del mundo me desasosegaban: ello es una guerra tan penosa, que no sé cómo un mes la pude sufrir, cuanti más tantos años. Con todo veo claro la gran misericordia, que el Señor hizo conmigo, ya que había de tratar en el mundo, que tuviese ánimo para tener oración; digo ánimo, porque no sé yo para qué cosa de cuantas hay en él es menester mayor, que tratar traición al Rey, y saber que lo sabe,

y nunca se le quitar de delante. Porque, puesto que siempre estamos delante de Dios, paréceme a mí es de otra manera los que tratan de oración, porque están viendo que los mira; que los demás podrá ser estén algunos días, que aún no se acuerden que los ve Dios. Verdad es, que en estos años hubo muchos meses, y creo alguna vez año, que me guardaba de ofender al Señor, y me daba mucho a la oración, y hacía algunas y hartas diligencias para no le venir a ofender: porque va todo lo que escribo dicho con toda verdad, trato ahora esto. Mas acuérdaseme poco de estos días buenos, y ansí debían ser pocos y muchos de los ruines: ratos grandes de oración pocos días se pasaban sin tenerlos, sino era estar muy mala, o muy ocupada. Cuando estaba mala estaba mijor con Dios; procuraba que las personas, que trataban conmigo, lo estuviesen, y suplicábalo al Señor, hablaba muchas veces en Él. Ansí que, si no fuese el año que tengo dicho, en veinte y ocho años que ha que comencé oración, más de los diez y ocho pasé esta batalla y contienda de tratar con Dios y con el mundo. Los demás, que ahora me quedan por decir, mudóse la causa de la guerra, aunque no ha sido pequeña; mas con estar, a lo que pienso, en servicio de Dios y conocimiento de la vanidad que es el mundo, todo ha sido suave, como diré después.

Pues para lo que he tanto contado esto, es (como he ya dicho) para que se vea la misericordia de Dios y mi ingratitud; y lo otro, para que se entienda el gran bien que hace Dios a un alma, que la dispone para tener oración con voluntad, aunque no esté tan dispuesta como es menester; y como si en ella persevera, por pecados y tentaciones y caídas de mil maneras, que ponga el demonio, en fin, tengo por cierto la saca el Señor a puesto de salvación, como (a lo que ahora parece) me ha sacado a mí: plega a su Majestad no me torne yo a perder. El bien que tiene quien se ejercita en oración hay muchos santos y buenos, que lo han escrito, digo oración mental, gloria sea a Dios por ello; y cuando no fuera esto, aunque soy poco humilde, no tan soberbia, que en esto osara hablar.

De lo que yo tengo espiriencia puedo decir, y es, que por males que haya quien la ha comenzado, no la deje; pues es el medio por donde puede tornarse a remediar, y sin ella será muy más dificultoso: y no le tiene el demonio por la manera que a mí, a dejarla por humildad; crea que no pueden faltar sus palabras, que en arrepintiéndonos de veras y determinándose a no le ofender, se torna a la amistad que estaba, y a hacer las mercedes que antes hacía, y a las veces mucho más, si el arrepentimiento lo merece; y quien no la ha comenzado, por amor del Señor le ruego yo no carezca de tanto bien. No hay aquí que temer, sino que desear; porque cuando no fuere delante, y se esforzase a ser perfeto, que merezca los gustos y regalos, que a estos da Dios, a poco ganar irá entendiendo el camino para el cielo; y, si persevera, espero yo en la misericordia de Dios, que nadie le tomó por amigo, que no se le pagase; porque no es otra cosa oración mental, a mi parecer, sino tratar de amistad, estando muchas veces tratando a solas con quien sabemos nos ama. Y si vos aún no le amáis, porque para ser verdadero el amor y que dure la amistad, hánse de encontrar las condiciones, y la del Señor ya se sabe que no puede tener falta; la nuestra es ser viciosa, sensual, ingrata, no podéis acabar con vos en amarle tanto, porque no es de vuestra condición: mas viendo lo mucho que os va a tener su amistad, y lo mucho que os ama, pasad por esta pena de estar mucho con quien es tan diferente de vos.

¡Oh bondad infinita de mi Dios, que me parece os veo, y me veo de esta suerte! ¡Oh regalo de los ángeles, que toda me querría, cuando esto veo, deshacer en amaros! ¡Cuán cierto es sufrir vos a quien no os sufre que estéis con él! ¡Oh, qué buen amigo hacéis, Señor mío, cómo le vais regalando y sufriendo, y esperáis a que se haga a vuestra condición, y tan de mientras le sufrís vos la suya! Tomáis en cuenta, mi Señor, los ratos que os quiere, y con un punto de arrepentimiento olvidáis lo que os ha ofendido. He visto esto claro por mí, y no veo, Criador mío, por qué todo el mundo no se procure llegar a vos por esta particular amistad. Los malos que no son de vuestra condición, se deben llegar para que os hagáis buenos, con que os sufran estéis con ellos siquiera dos horas cada día, aunque ellos no estén con vos, sino con mil revueltas de cuidados y pensamientos del mundo como yo hacía. Por esta fuerza, que se hacen a querer estar en tan buena compañía, miráis (que en esto a los principios no pueden más, ni después algunas veces) forzáis vos, Señor, a los demonios para que no los acometan, y que cada día tenga menos fuerza contra ellos, y dáiselas a ellos para vencer. Sí, que no matáis a naide, vida de todas las vidas de los que se fían de vos, y de los que os quieren por amigo, si no sustentáis la vida del cuerpo con más salud, y dáisla a el alma.

No entiendo esto qué temen los que temen comenzar oración mental, ni sé de qué han miedo. Bien hace de ponerle el demonio, para hacernos él de verdad mal; si con miedos me hace, no piense en lo que he ofendido a Dios, y en lo mucho que le debo, y en que hay infierno y hay gloria, y en los grandes trabajos y dolores, que pasó por mí. Ésta fue toda mi oración, y ha sido, cuando anduve en estos peligros; y aquí era mi pensar cuando podía, y muy muchas veces, algunos años, tenía más cuenta con desear se acabase la hora, que tenía por mí de estar, y escuchar cuando daba el reloj, que no en otras cosas buenas: y hartas veces no sé qué penitencia grave se me pusiera delante, que no la acometiera de mejor gana, que recogerme a tener oración. Y es cierto que era tan incomportable la fuerza que el demonio me hacía, o mi ruin costumbre, que no fuese la oración, y la tristeza que me daba en entrando en el oratorio, que era menester ayudarme de todo mi ánimo (que dicen no le tengo pequeño, y se ha visto me le dio Dios harto más que de mujer, sino que le he empleado mal) para forzarme, y en fin, me ayudaba el Señor. Y después que me había hecho esta fuerza, me hallaba con más quietud y regalo, que algunas veces que tenía deseo de rezar. Pues si a cosa tan ruin, como yo, tanto tiempo sufrió el Señor, y se ve claro, que por aquí se remediaron todos mis males, ¿qué persona, por mala que sea, podrá temer? Porque por mucho que lo sea, no lo será tantos años después de haber recibido tantas mercedes del Señor. ¿Ni quién podrá desconfiar, pues a mí tanto me sufrió, sólo porque deseaba y procuraba algún lugar y tiempo para que estuviese conmigo, y esto muchas veces sin voluntad, por gran fuerza que me hacía, o la hacía el mesmo Señor? Pues si a los que no le sirven, sino que le ofenden, les está tan bien la oración, y les es tan necesaria, y no puede naide hallar con verdad daño que pueda hacer, que no fuera mayor el no tenerla;

los que sirven a Dios y le quieren servir, ¿por qué lo han de dejar? Por cierto, si no es por pasar con más trabajo los trabajos de la vida, yo no lo puedo entender, y por cerrar a Dios la puerta, para que en ella no les dé contento. ¡Cierto, los he lástima, que a su costa sirven a Dios! Porque a los que tratan la oración, el mesmo Señor les hace la costa; pues, por un poco de trabajo, da gusto para que con él se pasen los trabajos. Porque de estos gustos, que el Señor da a los que perseveran en la oración, se tratará mucho, no digo aquí nada. Sólo digo, que para estas mercedes tan grandes, que me ha hecho a mí, es la puerta la oración; cerrada ésta, no sé cómo las hará; porque aunque quiera entrar a regalarse con un alma, y regalarla, no hay por donde, que la quiere sola y limpia, y con gana de recibirlas. Si le ponemos muchos tropiezos y no ponemos nada en quitarlos, ¿cómo ha de venir a nosotros, y queremos nos haga Dios grandes mercedes?

Para que vean su misericordia, y el gran bien que fue para mí no haber dejado la oración y lición, diré aquí (pues va tanto en entenderla) la batería que da el demonio a un alma para ganarla, y el artificio y misericordia con que el Señor procura tornarla a sí; y se guarden de los peligros que yo no me guardé. Y sobre todo, por amor de nuestro Señor, y por el gran amor con que anda granjeando tornarnos a sí, pido yo se guarden de las ocasiones; porque puestos en ellas, no hay que fiar, donde tantos enemigos nos combaten y tantas flaquezas hay en nosotros, para defendernos. Quisiera yo saber figurar la cativadad, que en estos tiempos traer mi alma, porque bien entendía yo que lo estaba, y no acababa de entender en qué, ni podía creer, del todo, que lo que los confesores no me agraviaban tanto, fuese tan malo, como yo lo sentía en mi alma. Díjome uno, yendo yo a él con escrúpulo, que aunque tuviese subida contemplación, no me eran inconveniente semejantes ocasiones y tratos. Esto era ya a la postre, que yo iba con el fervor de Dios apartándome más de los peligros grandes, mas no me quitaba del todo de la ocasión. Como me vían con buenos deseos y ocupación de oración, parecíales hacía mucho; mas entendía mi alma, que no era hacer lo que era obligado por quien debía tanto: lástima la tengo ahora de lo mucho que pasó, y el poco socorro que de ninguna parte tenía, sino de Dios, y la mucha salida que le daban para sus pasatiempos y contentos, con decir eran lícitos. Pues el tormento en los sermones no era pequeño, y era aficionadísima a ellos, de manera que si vía alguno predicar con espíritu, y bien, un amor particular le cobraba, sin procurarlo yo, que no sé quien me lo ponía: casi nunca me parecía tan mal sermón, que no le oyese de buena gana; aunque, al dicho de lo que le oían, no predicase bien. Si era bueno,. érame muy particular recreación. De hablar de Dios, u oír de Él, casi nunca me cansaba; esto después que comencé oración. Por un cabo tenía gran consuelo en los sermones, por otro me atormentaba; porque allí entendía yo, que no era la que había de ser con mucha parte. Suplicaba al Señor me ayudase; mas debía faltar, a lo que ahora me parece, de no poner en todo la confianza en su Majestad, y perderla de todo punto de mí. Buscaba remedio, hacía diligencias; mas no debía entender, que todo aprovecha poco, si, quitaba de todo punto la confianza de nosotros, no la ponemos en Dios. Deseaba vivir, que bien entendía que no vivía, sino que peleaba con una sombra de muerte, y no había quien me diese vida: quien me la podía dar, tenía razón de no socorrerme, pues tantas veces me había tornado a Sí, y yo dejádole.

CAPITULO IX

Pues ya andaba mi alma cansada y, aunque quería, no la dejaban descansar las ruines costumbres que tenía. Acaecióme, que entrando un día en el oratorio, vi una imagen que habían traído allí a guardar, que se había buscado para cierta fiesta que se hacía en casa. Era de Cristo muy llagado, y tan devota, que en mirándola, toda me turbó de verle tal, porque representaba bien lo que pasó por nosotros. Fue tanto lo que sentí de lo mal que había agradecido aquellas llagas, que el corazón me parece se me partía: y arrojéme cabe él con grandísimo derramamiento de lágrimas, suplicándole me fortaleciese ya de una vez, para no ofenderle.

Era yo muy devota de la gloriosa Madalena, y muy muchas veces pensaba en su conversión, en especial cuando comulgaba; que, como sabía estaba allí cierto el Señor dentro de mí, poníame a sus pies, pareciéndome no eran de desechar mis lágrimas; y no sabía lo que decía, que harto hacía quien por sí me las consentía derramar, pues tan presto se me olvidaba aquel sentimiento; y encomendábame a aquella gloriosa santa para que me alcanzase perdón.

Mas esta postrera vez, desta imagen que digo, me parece me aprovechó más; porque estaba ya muy desconfiada de mí, y ponía toda mi confianza en Dios. Paréceme le dije entonces, que no me había de levantar de allí hasta que hiciese lo que le suplicaba. Creo cierto me aprovechó, porque fui mejorando mucho desde entonces. Tenía este modo de oración, que como no podía discurrir con el entendimiento procuraba representar a Cristo dentro de mí, y hallábame mijor, a mi parecer, de las partes adonde le vía más solo. Parecíame a mí, que estando solo y afligido, como persona necesitada, me había de admitir a mí. Destas simplicidades tenía muchas; en especial me hallaba muy bien en la oración del huerto, allí era mi acompañarle. Pensaba en aquel sudor y aflición que allí había tenido: si podía, deseaba limpiarle aquel tan penoso sudor; mas acuérdome, que jamás osaba determinarme a hacerlo, como se me representaban mis pecados tan graves. Estábame allí lo más que me dejaban mis pensamientos con Él, porque eran muchos los que me atormentaban. Muchos años las más noches, antes que me durmiese, cuando para dormir me encomendaba a Dios, siempre pensaba un poco en este paso de la oración del Huerto, aun desde que no era monja, porque me dijeron se ganaban muchos perdones: y tengo para mí, que por aquí ganó muy mucho mi alma, porque comencé a tener oración, sin saber qué era; y ya la costumbre tan ordinaria me hacía no dejar esto, como el no dejar de santiguarme para dormir.

Pues tornando a lo que decía del tormento, que me daban los pensamientos, esto tiene este modo de proceder sin discurso de entendimiento, que el alma ha de estar muy ganada, u perdida, digo perdida la consideración: en aprovechando, aprovecha mucho, porque es en amar. Mas para llegar aquí es muy a su costa, salvo a personas que quiere el Señor muy en breve llegarlas a oración de quietud, que yo conozco algunas: para las que se van por aquí, es bueno un libro para presto recogerse. Aprovechábame a mí también ver campos, agua, flores: en estas cosas hallaba yo memoria del Criador, digo, que me despertaban y recogían, y servían de libro, y en mi ingratitud y pecados. En cosas del cielo, ni en cosas subidas, era mi entendimiento tan grosero, que jamás por jamás las pueda imaginar, hasta que por otro modo el Señor me las representó.

Tenía tan poca habilidad para con el entendimiento representar cosas, que si no era lo que vía, no me aprovechaba nada de mi imaginación; como hacen otras personas, que pueden hacer representaciones adonde se recogen. Yo sólo podía pensar en Cristo como hombre; mas es ansí, que jamás le pude representar en mí, por más que leía su hermosura, y vía imágines, sino como quien está ciego u ascuras, que aunque habla con alguna persona, y ve que está con ella, porque sabe cierto que está allí, digo que entiende y cree que está allí, mas no la ve. De esta manera me acaecía a mí, cuando pensaba en nuestro Señor. A esta causa era tan amiga de imágines. ¡Desventurados de los que por su culpa pierden este bien! Bien parece que no aman al Señor, porque si le amaran holgáranse de ver su retrato, como acá aún da contento ver el de quien se quiere bien.

En este tiempo me dieron las *Confesiones* de san Agustín, que parece el Señor lo ordenó, porque yo no las procuré, ni nunca las había visto. Yo soy muy aficionada a san Agustín, porque el monesterio adonde estuve seglar era de su orden; y

también por haber sido pecador, que, de los santos, que después de serlo el Señor tornó a sí, hallaba yo mucho consuelo, pareciéndome en ellos había de hallar ayuda, y que, como los había el Señor perdonado, podía hacer a mí; salvo que una cosa me desconsolaba, como he dicho, que a ellos sólo una vez los había el Señor llamado, y no tornaban a caer, y a mí eran ya tantas, que esto me fatigaba; más considerando en el amor que me tenía tornada a animarme, que de su infinita misericordia jamás desconfié, de mí muchas veces.

¡Oh, válame Dios, cómo me espanta la reciedumbre que tuvo mi alma, con tener tantas ayudas de Dios! Háceme estar temerosa lo poco que podía conmigo, y cuán atada me veía, para no determinar a darme del todo a Dios. Como comencé a leer las *Confesiones,* paréceme me vía yo allí: comencé a encomendarme mucho a este glorioso santo. Cuando llegué a su conversión, y leí cómo oyó aquella voz en el Huerto, no me parece sino que el Señor me la dio a mí, según sintió mi corazón: estuve por gran rato que toda me deshacía en lágrimas, y entre mí mesma con gran aflección y fatiga. ¡Oh, qué sufre un alma, válame Dios, por perder la libertad, que había de tener de ser señora, y qué de tormentos padece! Yo me admiro ahora, cómo podía vivir en tanto tormento; sea Dios alabado, que me dio vida para salir de muerte tan mortal: paréceme, que ganó grandes fuerzas mi alma de la divina Majestad, y que debía oír mis clamores y haber lástima de tantas lágrimas.

Comenzóme a crecer la afeción de estar más tiempo con Él, y a quitarme de los ojos las ocasiones, porque quitadas luego me volvía a amar a su Majestad; que bien entendía yo, a mi parecer, amaba, mas no entendía en qué está el amar de veras a Dios, como lo había de entender. No me parece acababa yo de disponerme a quererle servir, cuando su Majestad me comenzaba a tornar a regalar. No parece, sino que lo que otros procuran con gran trabajo adquirir, granjeaba el Señor conmigo, que yo lo quisiese recibir, que era, ya en estos postreros años darme gustos y regalos. Suplicar yo me los diese, ni ternura de devoción, jamás a ello me atreví: sólo le pedía me diese gracia para que no le ofendiese, y me perdonase mis grandes pecados. Como los vía tan grandes, aun desear regalos ni gustos, nunca de advertencia osaba: harto me parece hacía su piadad, y con verdad hacía mucha misericordia conmigo, en consentirme delante de sí y traerme a su presencia, que vía yo, si tanto él no lo procurara, no viniera. Sólo una vez en mi vida me acuerdo pedirle gustos, estando con mucha sequedad; y como advertí lo que hacía, quedé tan confusa, que la mesma fatiga de verme tan poco humilde, me dio lo que me había atrevido a pedir. Bien sabía yo era lícito pedirlo, mas parecíame a mí, que lo es a los que están dispuestos, con haber procurado lo que es verdadera devoción con todas sus fuerzas, que es no ofender a Dios, y estar dispuestos y determinados para todo bien. Parecíame, que aquellas mis lágrimas eran mujeriles, y sin fuerza, pues no alcanzaba con ellas lo que deseaba. Pues, con todo, creo me valieron; porque como digo, en especial después de estas dos veces de tan gran compunción de ellas y fatiga de mi corazón, comencé más a darme a oración, y a tratar menos en cosas que me dañasen; aunque aún no las dejaba del todo, sino como digo, fueme ayudando Dios a desviarme: como no estaba su Majestad esperando sino algún aparejo en mí, fueron creciendo las mercedes espirituales de la manera que diré: Cosa no usada darlas el Señor, sino a los que están en más limpieza de conciencia.

CAPITULO X

COMIENZA A DECLARAR LAS MERCEDES QUE EL SEÑOR LA HACÍA EN LA ORACIÓN Y EN LO QUE NOS PODEMOS NOSOTROS AYUDAR, Y LO MUCHO QUE IMPORTA QUE ENTENDAMOS LAS MERCEDES QUE EL SEÑOR NOS HACE. PIDE A QUIEN ESTO ENVÍA, DE QUE AQUÍ ADELANTE SEA SECRETO LO QUE ESCRIBIERE, PUES LA MANDAN DIGA TAN PARTICULARMENTE LAS MERCEDES QUE LA HACE EL SEÑOR

Tenía yo algunas veces, como he dicho (aunque con mucha brevedad pasaba), comienzo de lo que ahora diré. Acaecíame en esta representación que hacía, de ponerme cabe Cristo, que he dicho, y aun algunas veces leyendo, venirme a deshora un sentimiento de la presencia de Dios, que en ninguna manera podía dudar que estaba dentro de mí, u yo toda engolfada en Él. Esto no era manera de visión, creo lo llaman mística teulogía; suspende el alma de suerte, que toda parecía estar fuera de sí. Ama la voluntad, la memoria me parece está casi perdida, el entendimiento no discurre, a mi parecer, mas no se pierde; mas, como digo, no obra, sino está como espantado de lo mucho que entiende; porque quiere Dios entienda, que de aquello que Su Majestad le representa ninguna cosa entiende.

Primero había tenido muy continuo una ternura, que en parte algo de ella me parece se puede procurar; un regalo, que ni bien es todo sensual, ni bien espiritual, todo es dado de Dios. Más parece para esto nos podemos mucho ayudar con considerar nuestra bajeza y la ingratitud que tenemos con Dios, lo mucho que hizo por nosotros, su pasión con tan graves dolores, su vida tan afligida; en deleitarnos de ver sus obras, su grandeza, lo que nos ama, otras muchas cosas, que quien con cuidado quiere aprovechar, tropieza muchas veces en ellas, aunque no ande con mucha advertencia: si con esto hay algún amor regálase el alma, enternécese el corazón, vienen lágrimas; algunas veces parece las sacamos por fuerza, otras el Señor parece nos la hace, para no podernos resistir. Parece nos paga su Majestad aquel cuidadito con un don tan grande, como es el consuelo que da a un alma ver que llora por tan gran Señor; y no me espanto, que le sobra la razón de consolarse. Regálase allí, huélgase allí.

Paréceme bien esta comparación, que ahora se me ofrece, que son estos gozos de oración, como deben ser los que están en el cielo, que como no han visto más de lo que el Señor conforme a lo que merecen, quiere que vean, y ven sus pocos méritos, cada uno está contento con el lugar en que está, con haber tan grandísima diferencia de gozar a gozar en el cielo, mucho más que acá hay de unos gozos espirituales a otros, que es grandísima. Y verdaderamente un alma en sus principios, cuando Dios la hace esta merced, ya casi le parece no hay más que desear, y se da por bien pagada de cuanto ha servido: y sóbrale la razón, que una lágrima de éstas, que, como digo, casi nos las procuramos (aunque sin Dios no se hace cosa) no me parece a mí, que con todos los trabajos del mundo se puede comprar, porque se gana mucho con ellas; ¿y qué más ganancia que tener algún testimonio, que contentamos a Dios? Ansí, que quien aquí llegare, alábele mucho, conózcase por muy deudor; porque ya parece le quiere para su casa, y escogido para su reino, si no torna atrás.

No cure de unas humildades que hay, de que pienso tratar, que les parece humildad, no entender que el Señor les va dando dones. Entendamos bien, bien, como ello es, que nos los da Dios sin ningún merecimiento nuestro, y agradezcámoslo a su Majestad; porque si no conocemos qué recibimos, no nos despertamos a amar; y es cosa muy cierta, que mientras más vemos estamos ricos, sobre conocer somos pobres, más aprovechamientos nos viene y aún más verdadera humildad. Lo demás es acobardar el ánimo a parecer que no es capaz de grandes bienes, si en comenzando el Señor a dárselos comienza él a atemorizarse con miedo de vanagloria. Creamos, que quien nos da los bienes, nos dará gracia para que, en comenzando el demonio a tentarle en este caso, lo entienda, y fortaleza para resistirle; digo, si andamos con llaneza delante de Dios, pretendiendo contentar sólo a Él y no a los hombres. Es cosa muy clara, que amamos más a una persona, cuando mucho se nos acuerda las buenas obras que nos hace. Pues, si es lícito y tan meritorio, que siempre tengamos memoria, que tenemos de Dios el ser, y que nos crió de nonada, y que nos sustenta, y todos los demás beneficios de su muerte y trabajos, que mucho antes que nos criase los tenía hechos por cada uno de los que ahora viven ¿por qué no será lícito, que entienda yo y vea y considere muchas veces, que solía hablar en vanidades, y que ahora me ha dado el Señor, que no querría hablar sino de Él? He aquí una joya, que acordándonos que es dada, y ya la poseemos, forzado convida amar, que es todo el bien de la oración fundada sobre humildad. Pues ¿qué será cuando vean en su poder otras joyas más preciosas, como tienen ya recibidas algunos siervos de Dios, de menosprecio del mundo y aun de sí

mesmos? Está claro, que se han de tener por más deudores y más obligados a servir, y entender que no teníamos nada desto, y a conocer la largueza del Señor, que a un alma tan pobre y ruin, y de ningún merecimiento, como la mía, que bastaba la primer joya de éstas, y sobraba para mí, quiso hacerme con más riquezas, que yo supiera desear. Es menester sacar fuerzas de nuevo para servir, y procurar no ser ingratos, porque con esa condición las da el Señor, que si no usamos bien del tesoro y del gran estado en que nos pone, nos lo tornará a tomar, y quedarnos hemos muy más pobres, y dará su Majestad las joyas a quien pluzga, y aproveche con ellas a sí y a los otros. Pues ¿cómo aprovechará y gastará con largueza, el que no entiende que está rico? Es imposible conforme a nuestra naturaleza, a mi parecer, tener ánimo para cosas grandes, quien no entiende está favorecido de Dios; porque somos tan miserables y tan inclinados a cosas de tierra, que mal podrá aborrecer todo lo de acá de hecho con gran desasimiento, quien no entiende tiene alguna prenda de lo de allá; porque con estos dones, es adonde el Señor nos da la fortaleza, que por nuestros pecados nosotros perdimos. Y mal deseará se descontenten todos dél y le aborrezcan, y todas las demás virtudes grandes que tienen los perfetos, si no tiene alguna prenda del amor, que Dios le tiene, y juntamente fe viva. Porque es tan muerto nuestro natural, que nos vamos a lo que presente vemos; y ansí estos mesmos favores son los que despiertan la fe y la fortaleza. Ya puede ser que yo, como soy tan ruin juzgo por mí, que otros habrá que no hayan menester más de la verdad de la fe, para hacer obras muy perfetas, que yo como miserable, todo lo he habido menester.

Esto ellos lo dirán; yo digo lo que ha pasado por mí como me lo mandan; y si no fuere bien, romperálo a quien lo envió, que sabrá mejor entender lo que va mal, que yo. A quien suplico por amor del Señor, lo que he dicho hasta aquí de mi ruin vida y pecados, lo publiquen, desde ahora doy licencia, y a todos mis confesores, que ansí lo es a quien esto va; y si quisieren luego en mi vida; porque no engañe más al mundo, que piensan hay en mí algún bien; y cierto, con verdad digo, a lo que ahora entiendo de mí, que me dará gran consuelo. Para lo que de aquí adelante dijere, no se la doy; ni quiero, si a alguien le mostraren, digan quién es por quién pasó, ni quién lo escribió, que por esto no me nombro, ni a nadie, sino escribirlo he todo lo mejor que pueda por no ser conocida, y ansí lo pido por amor de Dios. Bastan personas tan letradas y graves para autorizar alguna cosa buena, si el Señor me diere gracia para decirla; que, si lo fuere, será suya y no mía, por ser yo sin letras y buena vida, ni ser informada de letrado ni de persona ninguna; porque solos los que me lo mandan escribir, saben que lo escribo, y al presente no están aquí, y casi hurtando el tiempo, y con pena, porque me estorbo de hilar, por estar en casa pobre y con hartas ocupaciones: ansí, que aunque el Señor me diera más habilidad y memoria (que aun con ésta pudiérame aprovechar de lo que he oído u leído) mas es poquísima la que tengo: ansí, que si algo bueno dijere, lo quiere el Señor para algún bien; lo que fuere malo, será de mí y vuesa merced lo quitará. Para lo uno ni para lo otro, ningún provecho tiene decir mi nombre: en vida está claro, que no se ha de decir de lo bueno, en muerte no hay para qué, sino para que pierda autoridad el bien y no le dar ningún crédito, por ser dicho de persona tan baja y tan ruin. Y por pensar vuesa merced hará esto, por amor del Señor le pido, y los demás que lo han de ver, escribo con libertad; de otra manera sería con gran escrúpulo, fuera de decir mis

pecados, que para esto ninguno tengo: para los demás, basta ser mujer para caérseme las alas, cuanto más mujer y ruin. Y ansí, lo que fuere más de decir simplemente el discurso de mi vida, tome vuesa merced para sí, pues tanto me ha importunado escriba alguna declaración de las mercedes, que me hace Dios en la oración, si fuere conforme a las verdades de nuestra santa fe católica; y si no, vuesa merced lo queme luego, que yo a esto me sujeto: y diré lo que pasa por mí, para que, cuando sea conforme a esto, podrá hacer a vuesa merced algún provecho; y si no desengañará mi alma, para que no gane el demonio, adonde me parece gano yo; que ya sabe el Señor (como después diré) que siempre he procurado buscar quien me dé luz.

Por claro que yo quiera decir estas cosas de oración, será bien escuro para quien no tuviere espiriencia. Algunos impedimentos diré, que a mi entender lo son para ir adelante en este camino, y otras cosas en que hay peligro, de lo que el Señor me ha enseñado por espiriencia, y después tratádolo yo con grandes letrados y personas espirituales de muchos años, y ven, que en solos veinte y siete años que ha tengo oración, me ha dado su Majestad la espiriencia, con andar en tantos tropiezos y tan mal este camino, que a otros en cuarenta y siete, y en treinta y siete, que con penitencia y siempre virtud han caminado por él. Sea bendito por todo y sírvase de mí, por quien su Majestad es, que bien sabe mi Señor, que no pretendo otra cosa en esto, sino que alabado y engrandecido un poquito, de ver, que en un muladar tan sucio y de mal olor, hiciese huerto de tan suaves flores. Plega a su Majestad, que por mi culpa no las torne yo a arrancar, y se torne a ser lo que era. Esto pido yo por amor de el Señor, le pida vuesa merced, pues sabe la que soy con más claridad, que aquí me lo ha dejado decir.

CAPITULO XI

DICE EN QUÉ ESTÁ LA FALTA DE NO AMAR A DIOS CON PERFECIÓN EN BREVE TIEMPO; COMIENZA A DECLARAR, POR UNA COMPARACIÓN QUE PONE, CUATRO GRADOS DE ORACIÓN; VA TRATANDO AQUÍ DEL PRIMERO; ES MUY PROVECHOSO PARA LOS QUE COMIENZAN, Y PARA LOS QUE NO TIENEN GUSTOS EN LA ORACIÓN

Pues hablando ahora de los que comienzan a ser siervos del amor (que no me parece otra cosa determinarnos a seguir por este camino de oración al que tanto nos amó) es una divinidad tan grande que me regalo extrañamente en pensar en ella; porque el temor servil luego va fuera, si en este primer estado vamos como hemos de ir. ¡Oh Señor de mi alma y bien mío! ¿por qué no quisistes, que en determinándose un alma a amaros, con hacer lo que puede en dejarlo todo, para mejor se emplear en este amor de Dios, luego gózase de subir a tener este amor perfeto? Mal he dicho; había de decir y quejarme, porque no queremos nosotros (pues toda la falta nuestra es) en no gozar luego de tan gran dinidad, pues en llegando a tener con perfeción este verdadero amor de Dios, trae consigo todos los bienes. Somos tan caros y tan tardíos de darnos del todo a Dios, que, como su Majestad no quiere gocemos de cosa tan preciosa sin gran precio, no acabamos de disponernos. Bien veo que no le hay, con que se pueda comprar tan gran bien en la tierra; mas, si hiciésemos lo que podemos en no nos asir a cosa della, sino que todo nuestro cuidado y trato fuese en el cielo: creo yo sin duda muy en breve se nos daría este bien, si en breve del todo nos dispusiésemos, como algunos santos lo hicieron. Más parécenos que lo damos

todo; y es que ofrecemos a Dios la renta o los fructos, y quedámonos con la raíz y posesión. Determinámonos a ser pobres, y es de gran merecimiento; mas muchas veces tornamos a tener cuidado y diligencia para que no nos falte, no sólo lo necesario, sino lo superfluo, y aun granjear los amigos que no lo den, y ponernos en mayor cuidado y, por ventura, peligro, porque no nos falte, que antes teníamos en poseer la hacienda. Parece también que dejamos la honra en ser religiosos, o en haber ya comenzado a tener vida espiritual, y a seguir perfeción, y no nos han tocado en un punto de honra, cuando no se nos acuerda la hemos ya dado a Dios, y nos queremos tornar a alzar con ella, y tomársela, como dicen, de las manos, después de haberle de nuestra voluntad, al parecer, hecho Señor: ansí son todas las otras cosas.

¡Donosa manera de buscar amor de Dios! Y luego le queremos a manos llenas, a manera de decir; tenernos nuestras aficiones, ya que no procuramos efetuar nuestros deseos, y no acabarlos de levantar de la tierra, y muchas consolaciones espirituales con esto. No viene bien, ni me parece se compadece esto con estotro. Ansí, que porque no se acaba de dar junto, no se nos da por junto este tesoro: plega al Señor que gota a gota nos le dé su Majestad aunque sea costándonos todos los trabajos del mundo. Harto gran misericordia hace a quien da gracia y ánimo para determinarse a procurar con todas sus fuerzas este bien, porque, si persevera, no se niega Dios a nadie, poco a poco va habilitando el ánimo, para que salga con esta vitoria. Digo ánimo, porque son tantas las cosas, que el demonio pone delante a los principios, para que no comiencen este camino de hecho, como quien sabe el daño que de aquí le viene, no sólo en perder aquel alma, sino a muchas. Si el que comienza se esfuerza con el favor de Dios a llegar a la cumbre de la perfeción, creo jamás va solo al cielo; siempre lleva mucha gente tras sí: como a buen capitán le da Dios quien vaya en su compañía. Ansí, que póneles tantos peligros y dificultades delante, que no es menester poco ánimo para no tornar atrás, sino muy mucho y mucho favor de Dios.

Pues hablando de los principios de los que ya van determinados a siguir este bien, y a salir con esta empresa (que de lo demás que comencé a decir de mística teulogía, que creo se llama ansí, diré más adelante) en estos principios está todo el mayor trabajo; porque son ellos los que trabajan, dando el Señor el caudal, que en los otros grados de oración lo más es gozar, puesto que primeros y medianos y postreros, todos llevan sus cruces, aunque diferentes; que por este camino que fue Cristo han de ir los que le siguen, si no se quieren perder: y bienaventurados trabajos, que aun acá en la vida tan sobradamente se pagan. Habré de aprovecharme de alguna comparación, que yo las quisiera excusar por ser mujer, y escribir simplemente lo que me mandan; mas este lenguaje de espíritu es tan malo de declarar a los que no saben letras, como yo, que habré de buscar algún modo, y podrá ser las menos veces acierte a que venga bien la comparación: servirá de dar recreación a vuesa merced de ver tanta torpeza. Paréceme ahora a mí, que he leído u

oído esta comparación, que como tengo mala memoria, ni sé adónde, ni a qué propósito; mas para el mío ahora conténtame. Ha de hacer cuenta el que comienza, que comienza a hacer un huerto en tierra muy infructuosa, y que lleva muy malas yerbas, para que se deleite el Señor. Su Majestad arranca las malas yerbas y ha de plantar las buenas. Pues hagamos cuenta, que está ya hecho esto, cuando se determina a tener oración una alma, y lo ha comenzado a usar; y con ayuda de Dios hemos de procurar como buenos hortolanos, que crezcan estas plantas, y tener cuidado de regarlas, para que no se pierdan, sino que vengan a echar flores, que den de sí gran olor, para dar recreación a este Señor nuestro; y ansí se venga a deleitar muchas veces a esta huerta, y a holgarse entre estas virtudes.

Pues veamos ahora de la manera que se puede regar para que entendamos lo que hemos de hacer, y el trabajo que nos ha de costar, si es mayor la ganancia, u hasta qué tanto tiempo se ha de tener. Paréceme a mí que se puede regar de cuatro maneras; u con sacar el agua de un pozo, que es a nuestro gran trabajo; u con noria y arcaduces, que se saca con un torno (yo la he sacado algunas veces) es a menos trabajo que estotro, y sácase más agua; u de un río u arroyo, esto se riega muy mijor, que queda más harta la tierra de agua, y no se ha menester regar tan a menudo, y es a menos trabajo mucho del hortolano: u con llover mucho, que lo riega el Señor sin trabajo ninguno nuestro, y es muy sin comparación mijor, que todo lo que queda dicho. Ahora pues, aplicadas estas cuatro maneras de agua, de que se ha de sustentar este huerto, porque sin ella perderse ha, es lo que a mí me hace al caso, y ha parecido, que se podrá declarar algo de cuatro grados de oración, en que el Señor, por su bondad, ha puesto algunas veces mi alma. Plega a su bondad atine a decirlo, de manera que aproveche a una de las personas, que esto me mandaron escribir, que la ha traído el Señor en cuatro meses, harto más adelante que yo estaba en diez y siete años: hase dispuesto mijor y ansí sin trabajo suyo riega este verjel con todas estas cuatro aguas; aunque la postrera aún no se le da sino a gotas, más va de suerte, que presto se engolfará en ella, con ayuda del Señor; y gustaré que se ría, si le pareciese desatino la manera de el declarar.

De los que comienzan a tener oración, podemos decir son los que sacán el agua del pozo, que es muy a su trabajo, como tengo dicho; que han de cansarse en recoger los sentidos, que como están acostumbrados a andar derramados, es harto trabajo. Han menester irse acostumbrando a no se les dar nada de ver ni oír, y aun ponerlo por obra de las horas de la oración, sino estar en soledad, y apartados pensar su vida pasada. Aunque esto primeros y postreros todos lo han de hacer muchas veces, hay más y menos de pensar en esto, como después diré. Al principio anda pena, que no acaban de entender, que se arrepienten de los pecados; y ahí hacen, pues se determinan a servir a Dios tan de veras. Han de procurar tratar de la vida de Cristo, y cánsase el entendimiento en esto. Hasta aquí podemos adquirir nosotros, entiéndese con el favor de Dios; que sin éste, ya se sabe no podemos tener un buen pensamiento. Esto es comenzar a sacar agua del pozo; y aun plega a Dios lo quiera tener, mas al menos no queda por nosotros, que ya vamos a sacarla, y hacemos lo que podemos para regar estas flores. Y es Dios tan bueno, que cuando por lo que su Majestad sabe (por ventura para gran provecho nuestro) quiere que esté seco el pozo, haciendo lo que es en nosotros, como buenos hortolanos, sin agua sustenta las flores, y hace crecer las virtudes: llamo agua aquí las lágrimas, y aunque no las haya, la ternura y sentimiento interior de devoción.

¿Pues qué hará aquí el que ve, que en muchos días no hay sino sequedad y desgusto y desabor, y tan mala gana para venir a sacar el agua, que si no se le acordase que hace placer y servicio al Señor de la huerta, y mirase a no perder todo lo servido y aun lo que espera ganar del gran trabajo, que es echar muchas veces el caldero en el pozo y sacarle sin agua, lo dejaría todo? Y muchas veces le acaecerá, aun para esto no se le alzar los brazos, ni podrá tener un buen pensamiento: que este obrar con el entendimiento, entendido va que es el sacar agua del pozo. Pues como digo, ¿qué hará aquí el hortolano? Alegrarse y consolarse, y tener por grandísima merced de trabajar en huerto de tan gran emperador, y pues sabe le contenta en aquello, y su intento no ha de ser contentarse a sí, sino a Él, alábele mucho, que hace de él confianza, pues ve, que sin pagarle nada, tiene tan gran cuidado de lo que le encomendó, y ayúdele a llevar la cruz, y piense que toda la vida vivió en ella, y no quiera acá su reino, ni deje jamás la oración; y ansí se determine, aunque por toda la vida le dure esta sequedad, no dejar a Cristo caer con la cruz. Tiempo verná que se lo pague por junto; no haya miedo que se pierda el trabajo: a buen amo sirve, mirándolo está, no haga caso de malos pensamientos; mire que también los representaba el demonio a san Jerónimo en el desierto: su precio se tienen estos trabajos, que como quien los pasó muchos años, que cuando una gota de agua sacaba de este bendito pozo, pensaba me hacía Dios merced. Sé que son grandísimos, y me parece es menester más ánimo, que para otros muchos trabajos del mundo: mas he visto claro que no deja Dios sin gran premio, aun en esta vida; por que es ansí cierto, que con una hora de las que el Señor me ha dado de gusto de sí, después acá, me parece quedan pagadas todas las congojas, que en sustentarme en la oración mucho tiempo pasé. Tengo para mí, que quiere el Señor dar muchas veces a el principio, y otras a la postre estos tormentos y otras muchas tentaciones, que se ofrecen, para probar a sus amadores, y saber si podrán beber el cáliz, y ayudarle a llevar la cruz, antes que ponga en ellos grandes tesoros. Y para bien nuestro creo, nos quiere su Majestad llevar por aquí, para que entendamos bien lo poco que somos, porque son de tan gran divinidad las mercedes de después, que quiere por espiriencia veamos antes nuestra miseria primero que nos la dé, porque no nos acaezca lo que a Lucifer.

¿Qué hacéis vos, Señor mío, que no sea para mayor bien del alma, que entendéis que es ya vuestra, y que se pone en vuestro poder, para seguiros por donde fuéredes hasta muerte de cruz, y que está determinada ayudárosla a llevar, y a no dejaros solo con ella? Quien viere en sí esta determinación... no, no hay que temer gente espiritual; no hay por qué se afligir puesto ya en tan alto grado, como es querer tratar a solas con Dios, y dejar los pasados tiempos del mundo, lo más está hecho: alabad por ello a su Majestad, y fiad en su bondad, que nunca faltó a sus amigos; atapaos los ojos de pensar, ¿por qué da aquél de tan pocos días devoción, y a mí no de tantos años? Creamos, es todo para más bien nuestro; guíe su Majestad por donde quisiere, ya no somos nuestros, sino suyos; harta merced nos hace en querer que queramos cavar en su huerto, y estarnos cabe el Señor dél, que cierto está con nosotros; si él quiere que crezcan estas plantas y flores, a unos con dar agua, que saquen deste pozo, a otros sin ella, ¿qué se me da a mí? Haced vos, Señor, lo que quisiéredes, no os ofenda yo, no se pierdan las virtudes, si alguna me habéis ya dado, por sola

vuestra bondad; padecer quiero, Señor, pues vos padecistes, cúmplase en mí de todas maneras vuestra voluntad; y no plega a vuestra Majestad, que cosa de tanto precio como vuestro amor, se dé a gente que os sirva por gustos.

Hase de notar mucho, y dígolo, porque lo sé por espiriencia, que el alma que en este camino de oración mental comienza a caminar con determinación, y puede acabar consigo de no hacer mucho caso, ni consolarse, ni desconsolarse mucho, porque falten estos gustos y ternuras, u la dé el Señor, que tiene andado gran parte del camino; y no haya miedo de tornar atrás, aunque más tropiece, porque va comenzado el edificio en firme fundamento. Sí, que no está el amor de Dios en tener lágrimas, ni estos gustos y ternura, que por la mayor parte los deseamos y consolámonos con ellos, sino en servir con justicia y fortaleza de ánimo y humildad. Recibir más me parece a mí eso que no dar nosotras nada. Para mujercitas como yo, flaca y con poca fortaleza, me parece a mí conviene (como ahora lo hace Dios) llevarme con regalos; porque pueda sufrir algunos trabajos, que ha querido su Majestad tenga. Mas para siervos de Dios, hombres de tomo, de letras y entendimiento, que veo hacer tanto caso de que Dios no les da la devoción, que me hace disgusto oírlos. No digo yo que no la tomen, si Dios se la da, y la tengan en mucho, porque entonces verá su Majestad que conviene; mas que cuando no la tuvieren, que no se fatiguen; y que entiendan que no es menester, pues su Majestad no la da, y anden señores de sí mesmos. Crean que es falta, yo lo he probado y visto. Crean que es imperfeción y no andar con libertad de espíritu, sino flacos para acometer.

Esto no lo digo tanto por los que comienzan, aunque pongo tanto en ello, porque les importa mucho comenzar con esta libertad y determinación, sino por otros; que habrá muchos que lo ha que comenzaron, y nunca acaban de acabar; y creo es gran parte éste no abrazar la cruz desde el principio; que andarán afligidos, pareciéndoles no hacen nada. En dejando de obrar el entendimiento no lo pueden sufrir; y por ventura entonces engorda la voluntad y toma fuerzas, y no lo entienden ellos. Hemos de pensar que no mira el Señor en estas cosas, que, aunque a nosotros nos parecen faltas, no lo son: ya sabe su Majestad nuestra miseria, y bajo natural, mijor que nosotros mesmos, y sabe que ya estas almas desean siempre pensar en él y amarle. Esta determinación es la que quiere; estotro afligimiento, que nos damos, no sirve de más de inquietar el alma, y si había de estar inhábil para aprovechar una hora, que lo esté cuatro. Porque muy muchas veces (yo no tengo grandísima espiriencia de ello, y sé que es verdad, porque lo he mirado con cuidado, y tratado después a personas espirituales) que viene de indisposición corporal; que somos tan miserables, que participa esta encarceladita de esta pobre alma de las miserias del cuerpo: y las mudanzas de los tiempos y las vueltas de los humores muchas veces hacen, que sin culpa suya, no pueda hacer lo que quiere, sino que padezca de todas maneras; y mientras más la quieren forzar en estos tiempos, es peor, y dura más el mal; sino que haya discrición para ver cuando es desto, y no la ahoguen a la pobre: entiendan son enfermos; múdese la hora de la oración, y hartas veces será algunos días. Pasen como pudieren este destierro, que harta mala ventura es de un alma, que ama a Dios, ver que vive en esta miseria, y que no puede lo que quiere, por tener tan mal huésped, como este cuerpo. Dije con discrición, porque alguna vez el demonio lo hará; y ansí es bien ni siempre dejar la oración cuando hay gran distraimiento y turbación en el entendimiento, ni siempre atormentar el alma a lo que no puede; otras cosas hay exteriores de obras de caridad y de lición, aunque a veces aún no estará para esto: sirva entonces a el cuerpo por amor de Dios; porque otras veces muchas sirva él a el alma, y tome algunos pasatiempos santos antes de conservaciones, que lo sean, u irse al campo, como aconsejare el confesor; y en todo es gran cosa la espiriencia, que da a entender lo que nos conviene, y en todo se sirve Dios. Suave es su yugo, y es gran negocio no traer el alma arrastrada, como dicen, sino llevarla con suavidad, para su mayor aprovechamiento. Ansí que torno a avisar, y aunque lo diga muchas veces no va nada, que importa mucho que de sequedades, ni de inquietud y distraimiento en los pensamientos naide se apriete ni aflija: si quiere ganar libertad de espíritu, y no andar siempre atribulado, comience a no se espantar de la cruz, y verá cómo se la ayuda también a llevar el Señor, y con el contento que anda, y el provecho que saca de todo; porque ya se ve, que si el pozo no mana, que nosotros no podemos poner el agua. Verdad es que no hemos de estar descuidados para cuando la haya sacarla; porque entonces ya quiere Dios por este medio multiplicar las virtudes.

CAPITULO XII

PROSIGUE EN ESTE PRIMER ESTADO; DICE HASTA DÓNDE PODEMOS
LLEGAR CON EL FAVOR DE DIOS POR NOSOTROS MESMOS, Y EL DAÑO QUE
ES QUERER, HASTA QUE EL SEÑOR HAGA SUBIR EL ESPÍRITU A COSAS
SOBRENATURALES Y EXTRAORDINARIAS

Lo que he pretendido dar a entender en este capítulo pasado, aunque me he divertido mucho en otras cosas, por parecerme muy necesarias, es, decir hasta lo que podemos nosotros adquirir, y como en esta primera devoción podemos nosotros ayudarnos algo; porque en pensar y escudriñar lo que el Señor pasó por nosotros, muévenos a compasión, y es sabrosa esta pena y las lágrimas que proceden de aquí. Y de pensar la gloria que esperamos, y el amor que el Señor nos tuvo y su resurrección, muévenos a gozo, que ni es del todo espiritual ni sensual, sino gozo virtuoso, y la pena muy meritoria. De esta manera son todas las cosas, que causan devoción adquirida con el entendimiento en parte, aunque no podida merecer ni ganar, sino la da Dios. Estále muy bien a un alma, que no la ha subido de aquí, no procurar subir ella; y nótese esto mucho, porque no le aprovechará más de perder. Puede en este estado hacer muchos actos para determinarse a hacer mucho por Dios, y despertar el amor: otros para ayudar a crecer las virtudes, conforme a lo que dice un libro llamado *Arte de servir a Dios,* que es muy bueno y apropiado para los que están en este estado, porque obra el entendimiento. Puede representarse delante de Cristo, y acostumbrarse a enamorarse mucho de su sagrada humanidad, y traerle siempre consigo, y hablar con él, pedirle para sus

necesidades, y quejársele de sus trabajos, alegrarse con él en sus contentos y no olvidarse por ellos, sin procurar oraciones compuestas, sino palabras conforme a sus deseos y necesidades. Es escelente manera de aprovechar y muy en breve; y quien trabajare a traer consigo esta preciosa compañía, y se aprovechare mucho della, y de veras cobrare amor a este Señor, a quien tanto debemos, yo le doy por aprovechado. Para esto no se nos ha de dar nada de no tener devoción, como tengo dicho, sino agradecer al Señor, que nos deja andar deseosos de contentarle, aunque sean flacas las obras. Este modo de traer a Cristo con nosotros aprovecha en todos estados, y es un medio sigurísimo para ir aprovechando en el primero, y llegar en breve al segundo grado de oración, y para los postreros andar seguros de los peligros que el demonio puede poner.

Pues esto es lo que podemos: quien quiere pasar de aquí y levantar el espíritu a sentir gustos, que no se los dan, es perder lo uno y lo otro, a mi parecer; porque es sobrenatural, y perdido el entendimiento, quédase el alma desierta y con múcha sequedad: y como este edificio todo va fundado en humildad, mientras más llegados a Dios, más adelante ha de ir esta virtud, y si no va todo perdido. Y parece algún género de soberbia querer nosotros subir a más, pues Dios hace demasiado, se-

gún somos, en allegarnos cerca de
sí. No se ha de entender que digo
por el subir con el pensamiento a
pensar cosas altas del cielo, o de
Dios, y las grandezas que allá hay,
y su gran sabiduría: porque aunque
yo nunca lo hice (que no tenía habilidad, como he dicho, y me hallaba
tan ruin, que, aun, para pensar cosas de la tierra, me hacía Dios merced de que entendiese esta verdad,
que no era poco atrevimiento, cuanto más para las del cielo) otras
personas se aprovecharán, en especial
si tienen letras, que es un grande
tesoro para este ejercicio, a mi parecer, si son con humildad. De unos
días acá lo he visto por algunos letrados, que ha poco que comenzaron, y han aprovechado muy mucho;
y esto me hace tener grandes ansias,
porque muchos fuesen espirituales,
como adelante diré.

Pues lo que digo, no se suban sin
que Dios los suba, es lenguaje de espíritu; entenderme ha quien tuviere
alguna espiriencia, que yo no lo sé
decir, si por aquí no se entiende.
En la mística teulogía, que comencé
a decir, pierde de obrar el entendimiento, porque le suspende Dios,
como después declararé más, si supiese y él me diere para ello su
favor. Presumir ni pensar de suspenderle nosotros, es lo que digo no se
haga, ni se deje de obrar con él; porque nos quedaremos bobos y fríos, y
ni haremos lo uno ni lo otro. Que
cuando el Señor le suspende y hace
parar, dale de que se espante y se
ocupe; y que sin discurrir entienda
más en un credo, que nosotros podemos entender con todas nuestras diligencias de tierra en muchos años.
Ocupar las potencias del ánima, y
pensar hacerlas estar quedas es desatino; y torno a decir que, aunque
no se entiende, es de no gran humildad, aunque no con culpa, con
pena sí, que será trabajo perdido, y
queda el alma con un desgustillo,
como quien va a saltar y le asen por
detrás, que ya parece ha empleado

su fuerza y hállase sin efetuar lo que
con ella quería hacer: y en la poca
ganancia que queda, verá quien lo
quisiere mirar, este poquillo de falta
de humildad, que he dicho, porque
esto tiene ecelente esta virtud que
no hay obra, a quien ella acompañe,
que deje el alma desgustada. Paréceme lo he dado a entender, y por
ventura será sólo para mí: abra el
Señor los ojos de los que lo leyeren
con espiriencia, que por poco que
sea, luego lo entenderán.

Hartos años estuve yo que leía
muchas cosas y no entendía nada
de ellas; y mucho tiempo, que aunque me lo daba Dios, palabra no
sabía decir, para darlo a entender,
que no me ha costado esto poco trabajo. Cuando su Majestad quiere, en
un punto lo enseña todo, de manera
que yo me espanto. Una cosa puedo
decir con verdad, que aunque hablaba con muchas personas espirituales,
que querían darme a entender lo que
el Señor me daba, para que se lo
supiese decir; y es cierto, que era
tanta mi torpeza, que poco ni mucho me aprovechaba: u quería el
Señor, como su Majestad fue siempre mi maestro (sea por todo bendito, que harta confusión es para mí
poder decir esto con verdad), que
no tuviese a nadie que agradecer; y
sin querer ni pedirlo (que en esto no
he sido nada curiosa, porque fuera
virtud serlo, sino en otras vanidades) dármelo Dios en un punto a
entender con toda claridad, y para
saberlo decir; de manera que se espantaban, y yo más que mis confesores, porque entendía mijor mi torpeza. Esto ha poco, y ansí lo que el
Señor no me ha enseñado, no lo
procuro, sino es lo que toca a mi
conciencia.

Torno otra vez a avisar que va
mucho en no subir el espíritu, si el
Señor no le subiere: qué cosa es, se
entiende luego. En especial para
mujeres es malo, que podrá el demonio causar alguna ilusión, aunque

tengo por cierto no consiente el Señor dañe a quien con humildad se
procura llegar a Él, antes sacará más
provecho y ganancia por donde el
demonio le pensare hacer perder. Por
ser este camino de los primeros más
usado, y importar muchos los avisos
que he dado, me he alargado tanto,
y habránlos escrito en otras partes
muy mijor, yo lo confieso, y que con
harta confusión y vergüenza lo he
escrito, aunque no tanta como había
de tener. Sea el Señor bendito por
todo, que, a una como yo, quiere y
consiente que hable en cosas suyas
tales y tan subidas.

CAPITULO XIII

PROSIGUE EN ESTE PRIMER ESTADO Y PONE AVISOS PARA ALGUNAS TENTACIONES QUE EL DEMONIO SUELE PONER ALGUNAS VECES, Y DA AVISOS PARA ELLAS; ES MUY PROVECHOSO

Hame parecido decir algunas tentaciones, que he visto que se tienen a los principios (y algunas he tenido yo) y dar algunos avisos de cosas que me parecen necesarias, pues procúrese a los principios andar con alegría y libertad; que hay algunas personas, que parece se les ha de ir la devoción, si se descuidan un poco. Bien es andar con temor de sí, para no se fiar poco ni mucho de ponerse en ocasión donde suele ofender a Dios, que esto es muy necesario, hasta estar ya muy entero en la virtud. Y no hay muchos que lo puedan tanto, que en ocasiones aparejadas a su natural se pueden descuidar. Que siempre, mientras vivimos, aun por humildad, es bien conocer nuestra miserable naturaleza; mas hay muchas cosas adonde se sufre (como he dicho) tomar recreación, aun para tornar a la oración más fuertes. En todo es menester discreción. Tener gran confianza, porque conviene mucho no apocar los deseos, sino creer en Dios, que si nos esforzamos poco a poco, aunque no sea luego, podremos llegar a lo que muchos santos con su favor; que si ellos nunca se determinaran a desearlo, y poco a poco ponerlo por obra, no subieran a tan alto estado. Quiere su Majestad, y es amigo de ánimas animosas, como vayan con humildad y ninguna confianza de sí, y no he visto ninguna de éstas que quede baja en este camino y ningún alma cobarde, aun con amparo de humildad, que en muchos años ande

lo que estos otros en muy poco. Espántame lo mucho que hace en este camino animarse a grandes cosas; aunque luego no tenga fuerzas el alma de un vuelo, y llega a mucho, aunque como avecita, que tiene pelo malo, cansa y queda.

Otro tiempo traía yo delante muchas veces lo que dice san Pablo, que todo se puede en Dios: en mi bien entendía no podía nada. Esto me aprovechó mucho, y lo que dice san Agustín: Dame, Señor, lo que me mandas y manda lo que quisieres. Pensaba muchas veces que no había perdido nada san Pedro en arrojarse en la mar, aunque después temió. Estas primeras determinaciones son gran cosa, aunque en este primer estado es menester irse más deteniendo, y atados a la discreción y parecer de maestro: mas han de mirar que sea tal, que no los enseñe a ser sapos, ni que se contente con que se muestre el alma a solo cazar lagartijas. Siempre la humildad delante, para entender que no han de venir estas fuerzas de las nuestras.

Mas es menester entendamos cómo ha de ser esta humildad; porque creo el demonio hace mucho daño, para no ir muy delante gente que tiene oración, con hacerles entender mal de la humildad, haciendo que nos parezca soberbia tener grandes deseos, y querer imitar a los santos y desear ser mártires. Luego nos dice, u hace entender que las cosas de los santos son para admirar, mas no para hacerlas los que somos pecadores. Esto también lo digo yo, mas hemos de mirar cuál es de espantar y cuál de imitar, porque no sería bien, si una persona flaca y enferma se pusiese en muchos ayunos y pendencias ásperas, yéndose a un desierto, adonde ni pudiera dormir, ni tuviese que comer, u cosas semejantes.

Mas pensar que nos podemos esforzar, con el favor de Dios, a tener un gran desprecio de mundo, un no estimar honra, un no estar atado a la hacienda: que tenemos unos corazones tan apretados, que parece nos ha de faltar la tierra, en queriéndonos descuidar un poco del cuerpo, y dar al espíritu. Luego parece ayuda el recogimiento, tener muy bien lo que es menester, porque los cuidados inquietan a la oración. De esto me pesa a mí, que tengamos tan poca confianza de Dios y tanto amor propio, que nos inquiete ese cuidado. Y es ansí, que donde está tan poco medrado el espíritu como esto, unas naderías nos dan tan gran trabajo, como a otros cosas grandes y de mucho tomo; y en nuestro seso presumimos de espirituales. Paréceme ahora a mí esta manera de caminar un querer concertar cuerpo y alma, para no perder acá el descanso y gozar allá de Dios; y ansí será ello si se anda en justicia, y vamos· asidos a virtud: mas es paso de gallina, nunca con él se llegará a libertad de espíritu. Manera de proceder muy buena me parece para estado de casados, que han de ir conforme a su llamamiento; mas para otro estado, en ninguna manera deseo tal manera de aprovechar, ni me harán creer que es buena, porque la he probado. Y siempre me estuviera ansí, si el Señor por su bondad no me enseñara otro atajo.

Aunque en esto de deseos siempre los tuve grandes, más procuraba esto que he dicho, tener oración, mas vivir a mi placer. Creo, si hubiera quien me sacara a volar más, me hubiera puesto en que estos deseos fueran con obra; mas hay por nuestros pecados, tan pocos, tan contados, que no tengan discreción demasiada en este caso, que creo es harta causa, para que los que comienzan no vayan más presto a gran perfeción; porque el Señor nunca falta ni queda por él: nosotros somos los faltos y miserables.

También se pueden imitar los santos en procurar soledad y silencio y otras muchas virtudes, que no nos matarán estos negros cuerpos, que tan concertadamente se quieren llevar, para desconcertar el alma; y el demonio ayuda mucho a hacerlos inhábiles. Cuando ve un poco de temor, no quiere él más para hacernos entender, que todo nos ha de matar y quitar la salud: hasta en tener lágrimas nos hace temer de cegar. He pasado por esto, y por eso lo sé; y no sé yo qué mijor vista ni salud podemos desear, que perderla por tal causa. Como soy tan enferma, hasta que me determiné en no hacer caso del cuerpo ni de la salud, siempre estuve atada sin valer nada; y ahora hago bien poco. Mas como quiso Dios entendiese este ardid del demonio, y como me ponía delante el perder la salud, decía yo, poco va en que me muera: sí ¡el descanso! ¡no he ya menester descanso, sino cruz! ansí otras cosas. Vi claro, que en muy muchas, aunque yo de hecho soy harto enferma, que era tentación del demonio o flojedad mía; que después que no estoy tan mirada y regalada, tengo mucho más salud. Ansí que va mucho a los principios de comenzar oración, a no amilanar los pensamientos; y créanme esto, porque lo tengo por espiriencia. Y para que escarmienten en mí, aun podría aprovechar decir estas mis faltas.

Otra tentación es luego muy ordinaria, que es desear que todos sean muy espirituales, como comienzan a gastar del sosiego y ganancia que es. El desearlo no es malo, el procurarlo podría ser no bueno, si no hay mucha discreción y disimulación en hacerse de manera, que no parezca enseñar; porque quien hubiere de hacer algún provecho en este caso, es menester que tenga las virtudes muy fuertes para que no dé tentación a los otros. Acaecióme a mí, y por eso lo entiendo, cuando (como he dicho) procuraba que otras tuviesen oración, que como por una parte me vían hablar grandes cosas del bien que era tener oración, y por otra parte me vían con gran pobreza de virtudes tenerla yo, traíalas tentadas y desatinadas; y con harta razón, que después me lo han venido a decir; porque no sabían cómo se podía compadecer lo uno con lo otro: y era causa de no tener por malo lo que de suyo lo era, por ver qué le hacía yo algunas veces, cuando les parecía algo bien de mí. Y esto hace el demonio, que parece se ayuda de las virtudes, que tenemos buenas, para autorizar en lo que puede el mal que pretende, que por poco que sea, cuando es en una comunidad debe ganar mucho; cuanti más, que lo que yo hacía malo, era muy mucho, y ansí en muchos años solas tres se aprovecharon de lo que les decía; y después que el Señor me había dado más fuerzas en la virtud, se aprovecharon en dos o tres años muchas, como después diré. Y sin esto hay otro gran inconveniente, que es perder el alma; porque lo más que hemos de procurar al principio es sólo tener cuidado de sí sola, y hacer cuenta que no hay en la tierra sino Dios y ella; y esto es lo que le conviene mucho.

De otra tentación, y todas van con celo de virtud (que es menester entenderse y andar con cuidado) de pena de los pecados y faltas que ven en los otros. Pone el demonio, que es sola pena de querer que no ofendan a Dios, y pesarle por su honra, y luego querrían remediarlo: inquieta esto tanto, que impide la oración; y el mayor daño es pensar, que es virtud y perfeción y gran celo de Dios. Dejo las penas que dan pecados públicos, si los hubiese en costumbre, de una congregación, u daños de la Ilesia, de estas herejías,

adonde vemos perder tantas almas; que esta es muy buena, y como lo es bueno, no inquieta. Pues lo seguro será del alma que tuviere oración, descuidarse de todo y de todos, y tener cuenta consigo, y contentar a Dios. Esto conviene muy mucho, porque si hubiese de decir los yerros que he visto suceder, fiando en la buena intención, nunca acabaría. Pues procuremos siempre mirar las virtudes y cosas buenas, que viéremos en los otros, y atapar sus defetos con nuestros grandes pecados. Es una manera de obrar, que aunque luego no se haga con perfección, se viene a ganar una gran virtud, que es, tener a todos por mijores que nosotros, y comiénzase a ganar por aquí con el favor de Dios (que es menester en todo, y cuando falta, excusadas son las diligencias), y suplicarle nos dé esta virtud, que con que las hagamos, no falta a nadie. Miren también este aviso los que discurren mucho con el entendimiento, sacando muchas cosas de una cosa, y muchos concetos que, de los que no pueden obrar con él, como yo hacía, no hay que avisar, sino que tengan paciencia hasta que el Señor les dé en qué se ocupen y luz, pues ellos pueden tan poco por sí, que antes los embaraza su entendimiento que los ayuda.

Pues tornando a los que discurren, digo que no se les vaya el tiempo en esto; porque aunque es muy meritorio, no les parece, como es oración sabrosa, que ha de haber día de domingo, ni rato que no sea trabajar. Luego les parece es perdido el tiempo, y tengo yo por muy ganada esta pérdida; sino que, como he dicho, se representen delante de Cristo, y, sin cansancio del entendimiento, se estén hablando y regalando con Él, sin cansarse en componer razones, sino presentar necesidades, y la razón que tiene para no sufrir allí. Lo uno un tiempo y lo otro otro, porque no se canse el alma de comer siempre un manjar. Éstos son muy gustosos y provechosos; si el gusto se usa a comer de ellos: train consigo gran sustentamiento para dar vida a el alma, y muchas ganancias.

Quiérome declarar más, porque estas cosas de oración todas son dificultosas, y, si no se halla maestro, muy malas de entender; y esto hace, que aunque quisiera abreviar, y bastaba para el entendimiento bueno de quien me mandó escribir estas cosas de oración sólo tocarlas, mi torpeza no da lugar a decir, y a dar a entender en pocas palabras, cosa que tanto importa declararla bien. Que como yo pasé tanto, he lástima a los que comienzan con solos libros, que es cosa extraña cuán diferentemente se entiende de lo que después de experimentado se ve. Pues tornando a lo que decía, ponémonos a pensar un paso de la Pasión (digamos el de cuando estaba el Señor a la coluna), anda el entendimiento buscando las causas que allí dan a entender los dolores grandes y pena que su Majestad ternía en aquella soledad y otras muchas cosas, que si el entendimiento es obrador, podrá sacar de aquí; o que si es letrado, es el modo de oración en que han de comenzar y de mediar y acabar todos, y muy ecelente y siguro camino, hasta que el Señor los lleve a otras cosas sobrenaturales. Digo todos, porque hay muchas almas que aprovechan más en otras meditaciones que en la de la sagrada Pasión. Que ansí como hay muchas moradas en el cielo, hay muchos caminos. Algunas personas aprovechan considerándose en el infierno, y otras en el cielo, y se afligen en pensar en el infierno; otras en la muerte; algunas, si son tiernas de corazón, se fatigan mucho de pensar siempre en la Pasión, y se regalan y aprovechan en mirar el poder y grandeza de Dios en las criaturas, y el amor que nos tuvo, que en todas las cosas se representa; y es admirable manera de proceder, no dejando muchas veces la Pasión y vida de Cristo, que es de donde nos ha venido y viene todo el bien.

Ha menester aviso el que comienza para mirar en lo que aprovecha más. Para esto es muy necesario el maestro, si es espirimentado; que si no, mucho puede errar, y traer un alma sin entenderla ni dejarla a sí mesma entender; porque como sabe que es gran mérito estar sujeta a maestro, no osa salir de lo que se le manda. Yo he topado almas acorraladas y afligidas, por no tener espiriencia quien las enseñaba, que me hacían lástima, y alguna que no sabía ya qué hacer de sí; porque no entendiendo el espíritu, afligen alma y cuerpo, y estorban el aprovechamiento. Una trató conmigo, que la tenía el maestro atada ocho años había, a que no la dejaba salir de propio conocimiento, y teníala ya el Señor en oración de quietud, y ansí pasaba mucho trabajo. Y aunque esto del conocimiento propio jamás se ha de dejar, ni hay alma en este camino tan gigante, que no haya menester muchas veces tornar a ser niño y a mamar (y esto jamás se olvide, que quizá lo diré más veces, porque importa mucho), por que no hay estado de oración tan subido, que muchas veces no sea necesario tornar al principio. Y esto de los pecados y conocimiento propio es el pan con que todos los manjares se han de comer, por delicados que sean en este camino de oración, y sin este pan no se podrían sustentar; mas hase de comer con tasa, que después que un alma se ve ya rendida y entiende claro no tiene cosa buena de sí, y se ve avergonzada delante de tan gran Rey, y ve lo poco que le paga lo mucho que le debe, ¿qué necesidad hay de pagar el tiempo aquí? sino irnos a otras cosas, que el Señor pone delante, y no es razón las dejemos; que su Majestad sabe mijor que nosotros de lo que nos conviene comer.

Ansí que importa mucho ser el maestro avisado, digo de buen entendimiento, y que tenga espiriencia: si con esto tiene letras, es de gran-

dísimo negocio. Mas si no se pueden
hallar estas tres cosas juntas, las dos
primeras importan más, porque letrados pueden procurar para comunicarse con ellos cuando tuvieren
necesidad. Digo que a los principios,
si no tienen oración, aprovechan poco letras. No digo que no traten con
letrados, porque espíritu que no vaya comenzado en verdad, yo más le
querría sin oración: y es gran cosa
letras, porque éstas nos enseñan a
los que poco sabemos y nos dan luz;
y llegados a verdades de la Sagrada
Escritura, hacemos lo que debemos:
de devociones a bobas nos libre Dios.
Quiérome declarar más, que creo
me meto en muchas cosas. Siempre
tuve esta falta de no me saber dar
a entender, como he dicho, sino a
costa de muchas palabras. Comienza
una monja a tener oración, si un
simple la gobierna, y se le antoja
harála entender que es mijor que le
obedezca a él, que no a su superior,
y sin malicia suya, sino pensando,
acierta. Porque si no es de religión,
parecerle ha, es ansí; y si es mujer
casada dirála, que es mijor cuando
ha de entender en su casa, estarse
en oración, aunque descontente a su
marido; ansí que no sabe ordenar
el tiempo ni las cosas para que vayan conforme a verdad por faltarle
a él la luz, no la da a los otros aunque quiera. Y aunque para esto no
son menester letras, mi opinión ha
sido siempre, y será, que cualquier
cristiano procure tratar con quien las
tenga buenas, si se puede y mientras más mijor; y los que van por
camino de oración, tienen desto mayor necesidad, y mientras más espirituales, más. Y no se engañen con
decir que letrados sin oración no son
para quien la tiene: yo he tratado
hartos, porque de unos años acá lo
he más procurado con la mayor
necesidad, y siempre fuí amiga dellos, que aunque algunos no tienen
espiriencia, no aborrecen el espíritu
ni le ignoran; porque en la Sagrada
Escritura que tratan, siempre hallan
la verdad del buen espíritu. Tengo

para mí que persona de oración, que
trate con letrados, si ella no se quiere engañar, no la engañará el demonio con ilusiones, porque creo
temen en gran manera las letras humildes y virtuosas, y saben serán
descubiertos y saldrán con pérdida.
He dicho esto, porque hay opinio-
nes de que no son letrados para
gente de oración, si no tienen espíritu. Ya dije es menester espiritual
maestro; mas si éste no es letrado,
gran inconveniente es. Y será mucha ayuda tratar con ellos, como
sean virtuosos; aunque no tengan
espíritu, me aprovechará y Dios le
dará a entender lo que ha de enseñar, y aun le hará espiritual, para
que nos aproveche: y esto no lo digo sin haberlo probado, y acaecídome a mí con más de dos. Digo, que
para rendirse un alma del todo a
estar sujeta a solo un maestro, que
yerra mucho, en no procurar que sea
tal, si es religioso, pues ha de estar
sujeto a su perlado, que por ventura
le faltarán todas tres cosas, que no
será pequeña cruz, sin que él de su
voluntad sujete su entendimiento, a
quien no le tenga bueno: al menos
esto no lo he yo podido acabar conmigo ni me parece conviene. Pues
si es seglar alabe a Dios, que puede
escoger a quien ha de estar sujeto, y
no pierda esta tan virtuosa libertad;
antes esté sin ninguno hasta hallarle,
que el Señor se le dará, como vaya
fundado todo en humildad y con deseo de acertar. Yo le alabo mucho,
y las mujeres y los que no saben letras, le habíamos siempre de dar
infinitas gracias; porque haya quien
con tantos trabajos hayan alcanzado
de verdad, que los inorantes inora-
mos. Espántanme muchas veces letrados (religiosos en especial) con
el trabajo que han ganado lo que sin
ninguno, mas de preguntarlo, me
aprovecha a mí. ¡Y que haya personas que no quieran aprovecharse de
esto! No plega a Dios. Véolos sujetos a los trabajos de la religión, que
son grandes con penitencias y mal
comer, sujetos a la obediencia (que

algunas veces me es gran confusión, cierto); con esto mal dormir, todo trabajo, todo cruz: paréceme sería gran mal, que tanto bien ninguno por su culpa lo pierda. Y podría ser que pensemos algunos que estamos libres de estos trabajos, y nos lo dan guisado (como dicen) y viviendo a nuestro placer; que por tener un poco más de oración nos hemos de aventajar a tantos trabajos. Bendito seáis vos, Señor, que tan inhábil y sin provecho me hicistes; mas aláboos muy mucho, porque despertáis a tantos que nos despierten. Había de ser muy continua nuestra oración, por estos que nos dan luz. ¿Qué seríamos sin ellos, entre tan grandes tempestades como ahora tiene la Ilesia? Y si algunos ha habido ruines, más resplandecerán los buenos. Plega al Señor los tenga de su mano y los ayude, para que nos ayuden, amén.

Mucho he salido de propósito de lo que comencé a decir; mas todo es propósito para los que comienzan, que comiencen camino tan alto, de manera que vayan puestos en verdadero camino. Pues tornando a lo que decía, de pensar a Cristo a la coluna, es bueno discurrir un rato, y pensar las penas que allí tuvo, y por qué las tuvo, y quién es el que las tuvo, y el amor con que las pasó; mas no se canse siempre en andar a buscar esto, sino que se esté allí con él, acallado el entendimiento. Si pudiere, ocuparle en que mire que le mira, y le acompañé, y pida; humíllese y regálese con él, y acuérdese que no merecía estar allí. Cuando pudiere hacer esto, aunque sea al principio de comenzar la oración, hallará grande provecho, y hace muchos provechos esta manera de oración: al menos hallóle mi alma. No sé si acierto a decirlo. Vuesa merced lo verá: plega al Señor acierte a contentarle siempre. Amén.

CAPITULO XIV

COMIENZA A DECLARAR EL SIGUNDO GRADO DE ORACIÓN, QUE ES YA DAR EL SEÑOR A EL ALMA A SENTIR GUSTOS MÁS PARTICULARES: DECLÁRALO PARA DAR A ENTENDER CÓMO SON YA SOBRENATURALES ES HARTO DE NOTAR

Pues ya queda dicho con el trabajo que se riega este verjel, y cuán a fuerza de brazos, sacando el agua del pozo; digamos ahora el sigundo modo de sacar el agua, que el Señor del Huerto ordenó, para que con artificio de con un torno y arcaduces sacase el hortolano más agua, y a menos trabajo, y pudiese descansar sin estar contino trabajando. Pues este modo aplicado a la oración, que llaman de quietud, es lo que yo ahora quiero tratar. Aquí se comienza a recoger el alma, toca ya aquí cosa sobrenatural, porque en ninguna manera ella puede ganar aquello, por diligencias que haga. Verdad es que parece que algún tiempo se ha cansado en andar el torno, y trabajar con el entendimiento, y henchídose los arcaduces; mas aquí está el agua más alta, y ansí se trabaja muy menos que en sacarla del pozo: digo que está más cerca el agua, porque la gracia dase más claramente a conocer a el alma. Esto es un recogerse las potencias dentro de sí para gozar de aquel contento con más gusto, mas no se pierden ni se duermen; sola la voluntad se ocupa de manera que sin saber cómo se cativa, sólo da consentimiento para que la encarcele Dios, como quien bien sabe ser cativo de quien ama. ¡Oh Jesus y Señor mío, que nos vale aquí vuestro amor; porque éste tiene el nuestro tan atado, que no deja libertad para amar en aquel punto a otra cosa sino a vos!

Las otras dos potencias ayudan a la voluntad para que vaya haciéndose hábil para gozar de tanto bien; puesto que algunas veces, aun estando unida la voluntad, acaece desayudar harto; mas entonces no haga caso dellas, sino estése en su gozo y quietud. Porque si las quiere recoger, ella y ellas se perderán, que son entonces como unas palomas, que no se contentan con el cebo que les da el dueño del palomar, sin trabajarlo ellas, y van a buscar de comer por otras partes, ver si les da la voluntad de lo que goza. Si el Señor quiere echarles cebo, detiénense, y si no tórnanle a buscar; y deben pensar, que hacen a la voluntad provecho, y a las veces en querer la memoria o imaginación representarla lo que goza, la daña. Pues tenga aviso de haberse con ellas, como diré. Pues todo esto que pasa aquí es con grandísimo consuelo, y con tan poco trabajo, que no cansa la oración aunque dure mucho rato; porque el entendimiento obra aquí muy paso a paso, y saca muy mucha más agua, que no sacaba del pozo; las lágrimas que Dios aquí da, ya van con gozo; aunque se sienten, no se procuran.

Este agua de grandes bienes y mercedes que el Señor da aquí, hace crecer las virtudes muy más sin comparación que en la oración pasada; porque se va ya esta alma subiendo de su miseria, y dásele ya un poco de noticia de los gustos de la gloria.

Esto creo las hace más crecer, y también llegar más cerca de la verdadera virtud, de donde todas las virtudes vienen, que es Dios; porque comienza su Majestad a comunicarse a esta alma, y quiere que sienta ella cómo se le comunica. Comiénzase luego en llegando aquí a perder la codicia de lo de acá, y pocas gracias, porque ve claro que un memento de aquel gusto no se puede haber acá, ni hay riquezas, ni señoríos, ni honras, ni deleites, que basten a dar un cierra ojo y abre deste contentamiento, porque es verdadero, y contento que se ve que nos contenta; porque los de acá, por maravilla me parece entendemos adonde está este contento, porque nunca falta un sí, no; aquí todo es sí en aquel tiempo; el no viene después, por ver que se acabó, y que no los puede tornar a cobrar, ni sabe cómo; porque si se hace pedazos a penitencias y oración, y todas las demás cosas, si el Señor no lo quiere dar, aprovecha poco. Quiere Dios por su grandeza que entienda esta alma, que está su Majestad tan cerca de ella, que ya no ha menester enviarle mensajeros, sino hablar ella mesma con Él, y no a voces, porque está ya tan cerca, que en meneando los labios la entiende.

Parece impertinente decir esto, pues sabemos que siempre nos entiende Dios, y está con nosotros. En esto no hay que dudar que es ansí; mas quiere este Emperador y Señor nuestro que entendamos aquí que nos entiende, y lo que hace su presencia, y que quiere particularmente comenzar a obrar en el alma en la gran satisfacción interior y exterior que le da, y en la diferencia, que, como he dicho, hay de este deleite y contento a los de acá, que parece hinche el vacío que por nuestros pecados teníamos hecho en el alma. Es en lo muy íntimo della esta satisfacción, y no sabe por dónde ni cómo le vino, ni muchas veces sabe qué hacer ni qué pedir. Todo parece lo halla junto, y no sabe lo que ha hallado, ni aun yo sé cómo darlo a entender; porque para hartas cosas eran menester letras; porque aquí viniera bien dar a entender qué es auxilio general o particular, que hay muchos que lo inoran: y como este particular quiere el Señor aquí que casi le vea el alma por vista de ojos, como dicen, y también para muchas cosas, que irán erradas: mas como lo han de ver personas que entiendan si hay yerro, voy descuidada; porque ansí de letras como de espíritu sé que lo puedo estar, yendo a poder de quien va, que entenderán, y quitarán lo que fuere mal. Pues querría dar a entender esto, porque son principios, y cuando el Señor comienza a hacer estas mercedes, la mesma alma no las entiende, ni sabe qué hacer de sí. Porque si la lleva Dios por camino de temor, como hizo a mí, es gran trabajo, si no hay quien le entienda, y esla gran gusto verse pintada, y entonces ve claro va por allí. Y es gran bien saber lo que ha de hacer, para ir aprovechando en cualquier estado de éstos; porque he yo pasado mucho, y perdido harto tiempo por no saber qué hacer; y he gran lástima a almas que se ven solas cuando llegan aquí; porque, aunque he leído muchos libros espirituales, aunque tocan en lo que hace al caso, decláranse muy poco: y si no es alma muy ejercitada, aun declarándose mucho, terná harto que hacer en entenderse.

Querría mucho el Señor me favoreciese para poner los efetos que obran en el alma estas cosas, que ya comienzan a ser sobrenaturales, para que se entienda por los efetos cuando es espíritu de Dios. Digo se entienda conforme a lo que acá se pueda entender, aunque siempre es bien andemos con temor y recato; que aunque sea de Dios, alguna vez podrá trasfigurarse el demonio en ángel de luz: y si no es alma muy ejercitada, no lo entenderá; y tan ejercitada, que para entender esto es menester llegar muy en la cumbre de la oración. Ayúdame poco el poco tiempo que tengo, y ansí ha menester su Majestad hacerlo, porque he de andar con la comunidad, y con otras hartas ocupaciones, como estoy en casa que ahora se comienza, como después se verá, y ansí es muy sin tener asiento lo que escribo, sino a pocos a pocos, y esto quisiérale, porque cuando el Señor da espíritu, pónese con facilidad y mijor. Parece como quien tiene un dechado delante, que está sacando aquella labor; mas si el espíritu falta, no hay más concertar este lenguaje, que si fuese algaravía, a manera de decir, aunque hayan muchos años pasado en oración. Y ansí me parece es grandísima ventaja, cuando lo escribo estar en ella, porque veo claro no soy yo quien lo dice, que ni lo ordeno con el entendimiento, ni sé después cómo lo acerté a decir: esto me acaece muchas veces.

Ahora tornemos a nuestra huerta o verjel, y veamos cómo comienzan estos árboles o empreñarse para florecer, y dar después fructo; y las flores y los claveles lo mesmo para dar olor. Regálame esta comparación, porque muchas veces en mis principios (y plega al Señor haya yo ahora comenzado a servir a su Majestad digo, principio de lo que diré de aquí adelante de mi vida), me era gran deleite considerar ser mi alma un huerto, y al Señor que se paseaba en él. Suplicábale aumentase el olor de las florecitas de virtudes que comenzaban, a lo que parecía, a querer salir y que fuese para su gloria, y las sustentase, pues yo no quería nada para mí, y cortase las que quisiese, que ya sabía habían de salir mejores. Digo cortar, porque vienen tiempos en el alma, que no hay memoria de este huerto: todo parece está seco y que no ha de haber agua para sustentarle, ni parece hubo jamás en el alma cosa de virtud. Pásase mucho trabajo, porque quiere el Señor que le parezca a el pobre hortolano, que todo el que ha

tenido en sustentarle y regalarle va perdido. Entonces es el verdadero escardar, y quitar de raíz las yerbecillas, aunque sean pequeñas, que han quedado malas, con conocer no hay diligencia que baste, si el agua de la gracia nos quita Dios, y tener un poco nuestra nada, y aun menos que nada. Gánase aquí mucha humildad, tornan de nuevo a crecer las flores.

¡Oh Señor mío y bien mío! ¡Que no puedo decir esto sin lágrimas, y gran regalo de mi alma, que queráis vos, Señor, estar ansí con nosotros, y estáis en el Sacramento que con tanta verdad se puede creer, pues lo es, y con gran verdad podemos hacer esta comparación; y si no es por nuestra culpa, nos podemos gozar con vos, que vos os holgáis con nosotros, pues decís ser vuestros deleites estar con los hijos de los hombres! ¡Oh Señor mío! ¿Qué es esto? Siempre que oigo esta palabra, me es gran consuelo, aun cuando era muy perdida. ¿Es posible, Señor, que haya alma que llegue a que vos le hagáis mercedes semejantes y regalos, y a entender que vos os holgáis con ella, que os torne a ofender después de tantos favores, y tan grandes muestras del amor que le tenéis, que no se puede dudar, pues se ve claro la obra? Si hay por cierto, y no una vez, sino muchas, que soy yo: y plega a vuestra bondad, Señor, que sea yo sola la ingrata, y la que haya hecho tan gran maldad, y tenido tan ecesiva ingratitud: porque aun ya della algún bien ha sacado vuestra infinita bondad; y mientras mayor mal, más resplandece el gran bien de vuestras misericordias. ¿Y con cuánta razón las puedo yo para siempre cantar? Suplícoos yo, Dios mío, sea ansí, y las cante yo sin fin, ya que habéis tenido por bien de hacerlas tan grandísimas conmigo, que espantan a los que las ven, y a mí me sacan de mí muchas veces, para poder mijor alabaros a vos, que estando en mí sin vos, no podría, Señor mío, nada, sino tornar a ser cortadas estas flores de este huerto, de suerte que esta miserable tierra tornase a servir de muladar, como antes. No no primitáis, Señor, ni queráis se pierda alma que con tantos trabajos comprastes, tantas veces de nuevo la habéis tornado a rescatar, y quitar de los dientes del espantoso dragón. Vuesa merced me perdone, que salgo de propósito y como hablo a mi propósito, no se espante, que es como toma a el alma lo que se escribe, que a las veces hace harto de dejar de ir adelante en alabanzas de Dios, como se le representa, escribiendo lo mucho que le debe. Y creo no le hará a vuesa merced mal gusto, porque entramos, me parece, podemos cantar una cosa, aunque en diferente manera; porque me ha perdonado más, como vuesa merced sabe.

CAPITULO XV

PROSIGUE EN LA MESMA MATERIA, Y DA ALGUNOS AVISOS DE CÓMO SE HAN DE HABER EN ESTA ORACIÓN DE QUIETUD. TRATA DE CÓMO HAY MUCHAS ALMAS QUE LLEGAN A TENER ESTA ORACIÓN, Y POCAS QUE PASEN ADELANTE. SON MUY NECESARIAS Y PROVECHOSAS LAS COSAS QUE AQUÍ SE TOCAN

Ahora tornemos a el propósito. Esta quietud y recogimiento de el alma, es cosa que se siente mucho en la satisfación y paz que en ella se pone con grandísimo contento y sosiego de las potencias, y muy suave deleite. Parécele, como no ha llegado a más, que no le queda que desear, y que de buena gana diría con san Pedro, que fuese allí su morada. No osa bullirse ni menearse, que de entre las manos le parece se le ha de ir aquel bien; ni resolgar algunas veces no querría. No entiende la pobrecita, que pues ella por sí no pudo nada para traer a sí aquel bien, que menos podrá detenerle más de lo que el Señor quisiere. Ya he dicho, que en este primer recogimiento y quietud, no faltan las potencias del alma; mas está tan satisfecha con Dios, que mientras aquello dura, aunque las dos potencias se desbaraten, como la voluntad está unida con Dios, no se pierde la quietud y el sosiego, antes ella poco a poco torna a recoger el entendimiento y memoria; porque aunque ella aun no está de todo punto engolfada, está también ocupada sin saber cómo, que por mucha diligencia que ellas pongan, no la pueden quitar su contento y gozo; antes muy sin trabajo se va ayudando, para que esta centellica de amor de Dios no se apague.

Plega a su Majestad me dé gracia, para que yo dé esto a entender bien, porque hay muchas almas que llegan a este estado, y pocas las que pasan adelante, y no sé quien tiene la culpa: a buen seguro que no falta Dios, que ya que su Majestad hace merced, que llegue a este punto, no creo cesaría de hacer muchas más, si no fuese por nuestra culpa. Y va mucho en que el alma que llega aquí, conozca la dinidad grande en que está, y la gran merced que le ha hecho el Señor, y cómo de buena razón no había de ser de la tierra; porque ya parece la hace su bondad vecina del cielo, si no queda por su culpa. Y desventurada será si torna atrás: yo pienso será para ir hacia abajo, como yo iba, si la misericordia del Señor no me tornara; porque por la mayor parte será por graves culpas a mi parecer ni es posible dejar tan gran bien sin gran ceguedad de mucho mal. Y ansí ruego yo por amor del Señor a las almas, a quien su Majestad ha hecho tan gran merced, de que lleguen a este estado, que se conozcan y tengan en mucho, con una humilde y santa presunción, para no tornar a las ollas de Egito. Y si por su flaqueza y maldad y ruin y miserable natural cayeren, como yo hice, siempre tengan delante el bien que perdieron, y tengan sospecha y anden con temor (que tienen razón de tenerle) que si no tornan a la oración, han de ir de mal en peor. Que esta llamo yo verdadera caída, la que aborrece el camino por donde ganó tanto bien; y con estas almas hablo, que no digo que no han de ofender a Dios, y caer en pecados, aunque sería razón se guardase mucho de ellos, quien ha comenzado a recibir estas mercedes: mas somos miserables. Lo que aviso mucho es, que no deje la oración, que allí entenderá lo que hace, y ganará arrepentimiento del Señor, y fortaleza para levantarse, y crea, crea, que si de esta se aparta, que lleva a mi parecer peligro. No sé si entiendo lo que digo, porque, como he dicho, juzgo por mí.

Es, pues, esta oración una centellica, que comienza el Señor a encender en el alma del verdadero amor suyo, y quiere que el alma vaya entendiendo, qué cosa es este amor con regalo. Esta quietud y recogimiento y centellica, si es espíritu de Dios, y no gusto dado del demonio, o procurado por nosotros, aunque a quien tiene espiriencia, es imposible no entender luego, que no es cosa que se pueda adquirir, sino que este natural nuestro es tan ganoso de cosas sabrosas, que todo lo prueba, mas quédase muy en frío bien en breve, porque por mucho que quiera comenzar a hacer arder el fuego, para alcanzar este gusto, no parece sino que le echa agua para matarle. Pues esta centellica puesta por Dios, por pequeñita que es, hace mucho ruido, y sino la matan por su culpa, esta es la que comienza a encender el gran fuego, que echa llamas de sí (como diré en su lugar) del grandísimo amor de Dios, que hace su Majestad tengan las almas perfetas. Es esta centella una señal, o prenda que da Dios a esta alma, de que la escoge ya para grandes cosas, si ella se apareja para recibillas: es gran don, mucho más de lo que yo podré decir. Esme gran lástima, porque como digo conozco muchas almas que llegan aquí, y que pasen de aquí como han de pasar, son tan pocas, que se me hace vergüenza decirlo. No digo yo que hay pocas, que muchas debe de haber, que por algo nos sustenta Dios; digo lo que he visto. Querríalas mucho avisar, que miren no escondan el talento, pues me parece las quiere Dios escoger para provecho de otras muchas, en especial en estos tiempos, que son menester amigos fuertes de Dios, para sustentar los flacos; y los que esta merced conocieron en sí, ténganse por tales, si saben responder con las leyes, que aun la buena amistad del mundo pide; y si no, como he dicho, teman, y hayan miedo no se hagan a sí mal y plega a Dios sea a sí solos.

Lo que ha de hacer el alma en los tiempos de esta quietud, no es más de con suavidad y sin ruido: llamo ruido andar con el entendimiento buscando muchas palabras y consideraciones, para dar gracias de este beneficio, y amontonar pecados suyos y faltas, para ver que no lo merece. Todo esto se mueve aquí, y representa el entendimiento, y bulle la memoria, que cierto estas potencias a mí me cansan a ratos, que con tener poca memoria, no la puedo sojuzgar. La voluntad con sosiego y cordura, entienda que no se negocia bien con Dios a fuerza de brazos; y que éstos son unos leños grandes puestos sin discreción para ahogar esta centella, y conózcalo y con humildad diga: Señor, ¿qué puedo yo aquí? ¿Qué tiene que ver la sierva con el Señor, y la tierra con el cielo? U palabras que se ofrecen aquí de amor, fundada mucho en conocer, que es verdad lo que dice; y no haga caso del entendimiento, que es un moledor. Y si ella le quiere dar parte de lo que goza o trabaja por recogerle (que muchas veces se verá en esta unión de la voluntad y sosiego, y el entendimiento muy desbaratado) no acierta: más vale que le deje, que no que vaya ella tras él (digo la voluntad), sino estése ella gozando de aquella merced y recogida como sabia abeja, porque si ninguno entrase en la colmena, sino que por traerse unas a otras se fuesen todas, mal se podría labrar la miel. Ansí que perderá mucho el alma, si no tiene aviso en esto; en especial si es el entendimiento agudo, que cuando, comienza a ordenar pláticas y buscar razones, en tantico si son bien dichas, pensará hacer algo.

La razón que aquí ha de haber, es entender claro, que no hay ninguna, para que Dios no haga tan gran merced, sino sola su bondad; y ver que estamos tan cerca y pedir a su Majestad mercedes, y rogarle por la Ilesia, y por los que se nos han encomendado, y por las ánimas del purgatorio, no con ruido de palabras, sino con sentimiento de desear que nos oya. Es oración que comprende mucho, y se alcanza más que por mucho relatar el entendimiento. Despierte en sí la voluntad de algunas razones, que de la mesma razón se representarán, de verse tan mijorada para avivar este amor, y haga algunos atos amorosos, de que hará por quien tanto debe, sin como he dicho, admitir ruido del entendimiento, a que busque grandes cosas. Más hacen aquí al caso unas pajitas puestas con humildad (y menos serán que pajas, si las ponemos nosotros) y más le ayudan a encender, que no mucha leña junta de razones muy dotas, a nuestro parecer, que en un credo la ahogaran. Esto es bueno para los letrados que me lo mandan escribir, porque por la bondad de Dios todos llegan aquí, y podrá ser se les vaya el tiempo en aplicar escrituras; y aunque no les dejarán de aprovechar mucho las letras, antes y después, aquí en estos ratos de oración poca necesidad hay de ellas, a mi parecer, si no es para entibiar la voluntad; porque el entendimiento está entonces de verse cerca de la luz, con grandísima claridad, que aun yo con ser la que soy, parezco otra. Y es ansí, que me ha acaecido estando en esta quietud, con no entender casi cosa que rece en latín, en especial del Salterio, no sólo entender el verso en romance,

sino pasar adelante en regalarme de ver lo que el romance quiere decir. Dejemos, si hubiesen de predicar o enseñar, que entonces bien es de ayudarse de aquel bien, para ayudar a los pobres de poco saber, como yo, que es gran cosa la caridad, y este aprovechar almas siempre, yendo desnudamente por Dios.

Ansí que en estos tiempos de quietud, dejar descansar el alma con su descanso: quédense las letras a un cabo, tiempo verná que aprovechen al Señor, y las tengan en tanto, que por ningún tesoro quisieran haberlas dejado de saber, sólo para servir a su Majestad, porque ayudan mucho; mas delante de la sabiduría infinita, créanme que vale más un poco de estudio de humildad, y un acto della, que toda la ciencia del mundo. Aquí no hay que argüir, sino que conocer lo que somos con llaneza, y con simpleza representarnos delante de Dios, que quiere se haga el alma boba (como a la verdad lo es delante de su presencia) pues su Majestad se humilla tanto, que la sufre cabe sí, siendo nosotros lo que somos. También se mueve el entendimiento a dar gracias muy compuestas, mas la voluntad con sosiego, con un no osar alzar los ojos con el publicano, hace más hacimiento de gracias, que cuanto el entendimiento con trastornar la retórica por ventura puede hacer. En fin, aquí no se ha de dejar del todo la oración mental, ni algunas palabras aun vocales, si quisieren alguna vez, u pudieren; porque si la quietud es grande, puédese mal hablar, sino es con mucha pena. Siéntese a mi parecer, cuando es espíritu de Dios, o procurado de nosotros, con comienzo de devoción, que da Dios, y queremos, como he dicho, pasar nosotros a esta quietud de la voluntad: entonces no hace efeto ninguno, acábase presto, deja sequedad. Si es del demonio, alma ejercitada paréceme lo entenderá; porque deja inquietud y poca humildad, y poco aparejo para los efetos que hace él de Dios; no deja luz en el entendimiento ni firmeza en la verdad.

Puede hacer aquí poco daño o ninguno, si el alma endereza su deleite y suavidad, que allí siente, a Dios, y pone en él sus pensamientos y deseos, como queda avisado; no puede ganar nada el demonio, antes permitirá Dios, que con el mesmo deleite que causa en el alma, pierda mucho; porque éste ayudará a que el alma, como piensa que es Dios, venga muchas veces a la oración con codicia de él; y si es alma humilde y no curiosa, ni interesal de deleites (aunque sean espirituales) sino amiga de cruz, hará poco caso del gusto que da el demonio, lo que no podrá ansí hacer, si es espíritu de Dios, sino tenerlo en muy mucho. Mas cosa que pone el demonio, como él es todo mentira, con ver que el alma con el gusto y deleite se humilla (que en esto ha de tener mucho cuidado, en todas las cosas de oración y gustos procurar salir humilde) no tornará muchas veces el demonio, viendo su pérdida. Por esto y por otras muchas cosas, avisé yo en el primer modo de oración, en la primer agua, que es gran negocio comenzar las almas oración, comenzándose a desasir de todo género de contentos, y entrar determinadas a solo ayudar a llevar la cruz a Cristo, como buenos caballeros, que sin sueldo quieren servir a su rey, pues le tienen bien siguro. Los ojos en el verdadero y perpetuo reino que pretendemos ganar.

Es muy gran cosa traer esto siempre delante, especial en los principios; que después tanto se ve claro, que antes es menester olvidarlo para vivir, que procurarlo traer a la memoria lo poco que dura todo, y como no es todo nada, y en la nonada que se ha de estimar el descanso: parece que esto es cosa muy baja, y ansí es verdad, que los que están delante en más perfeción, ternían por afrenta, y entre sí se correrían, si pensasen, que porque se han de acabar los bienes de este mundo los dejan, sino que aunque durasen para siempre, se alegran de dejarlos por Dios; y mientras más perfetos fueron, más; y mientras más duraren, más. Aquí en éstos está ya crecido el amor, y él es el que obra; mas a los que comienzan, esles cosa importantísima, y no lo tengan por bajo, que es gran bien el que se gana, y por eso lo aviso tanto, que les será menester, aun a los muy encumbrados en oración, algunos tiempos que los quiere Dios probar, y parece que su Majestad los deja. Que como ya he dicho, y no querría esto se olvidase, en esta vida que vivimos, no crece el alma como el cuerpo, aunque decimos que sí, y de verdad crece; mas un niño después que crece, y echa gran cuerpo, y ya le tiene de hombre, no torna a descrecer, y a tener pequeño cuerpo; acá quiere el Señor que sí, a lo que yo he visto por mí, que no lo sé más: debe ser por humillarnos para nuestro gran bien, y para que no nos descuidemos mientras estuviéremos en este destierro; pues el que más alto estuviere, más se ha de temer y fiar menos de sí. Vienen veces, que es menester para librarse de ofender a Dios, éstos que ya están tan puesta su voluntad en la suya, que por no hacer una imperfeción se dejarían atormentar, y pasarían mil muertes, que para no hacer pecados, según se ven combatidos de tentaciones y persecuciones, se han menester aprovechar de las primeras armas de la oración, y tornar a pensar que todo se acaba, y que hay cielo e infierno, y otras cosas desta suerte. Pues tornando a lo que decía, gran fundamento es para librarse de los ardides y gustos que da el demonio, el comenzar con determinación de llevar camino de cruz desde el principio, y no los desear, pues el mesmo Señor mostró este camino de perfeción, diciendo: Toma tu cruz y sígueme. Él es nuestro dechado, no hay que temer, quien por sólo contentarle siguiere sus consejos. En el aprovechamiento que vieren en sí, entenderán que no es demonio; que aunque tornen a caer, queda una señal de que estuvo allí el Señor, que es levantarse presto, y estas que ahora diré.

Cuando es el espíritu de Dios, no es menester andar rastreando cosas para sacar humildad y confusión; porque el mesmo Señor la da de manera bien diferénte de aquél, nosotros podemos ganar con nuestras consideracioncillas, que no son nada en comparación de una verdadera humildad con luz, que enseña aquí el Señor, que hace una confusión que hace deshacer. Esto es cosa muy conocida, el conocimiento que da Dios, para que conozcamos, que ningún bien tenemos de nosotros; y mientras mayores mercedes, más. Pone un gran deseo de ir adelante en la oración, y no la dejar por ninguna cosa de trabajo que le pudiese suceder: a todo se ofrece. Una siguridad con humildad y temor de que ha de salvarse echa luego el temor servil del alma y pónelo el fiel temor muy más crecido. Ve que se le comienza un amor con Dios muy sin interese suyo, y desea ratos de soledad para gozar más de aquel bien. En fin, por no me cansar, es un

principio de todos los bienes, un estar ya las flores en término, que no les falta casi nada para brotar, y esto verá muy claro el alma; y en ninguna manera por entonces se podrá determinar a que no estuvo Dios con ella, hasta que se torna a ver con quiebras e imperfecciones, que entonces todo lo teme, y es bien que tema; aunque almas hay que les aprovecha más creer cierto, que es Dios, que todos los temores que le puedan poner: porque si de suyo es amorosa y agradecida, más la hace tornar a Dios la memoria de la merced que le hizo, que todos los castigos del infierno que le representan, al menos a la mía, aunque tan ruin, esto le acaecía.

Porque las señales del buen espíritu se irán diciendo más, como a quien le cuestan muchos trabajos sacarlas en limpio, no las digo ahora aquí: y creo con el favor de Dios, en esto atinaré algo: porque (dejada la espiriencia, en que he mucho entendido) sólo de algunos letrados muy letrados, y personas muy santas, a quien es razón se dé crédito; y no anden las almas tan fatigadas, cuando llegaren aquí por la bondad del Señor, como yo he andado.

CAPITULO XVI

TRATA DEL TERCER GRADO DE ORACIÓN, Y VA DECLARANDO COSAS MUY
SABIDAS, Y LO QUE PUEDE EL ALMA QUE LLEGA AQUÍ, Y LOS EFETOS QUE
HACEN ESAS MERCEDES TAN GRANDES DEL SEÑOR. ES MUY PARA
LEVANTAR EL ESPÍRITU EN ALABANZAS A DIOS, Y PARA
GRAN CONSUELO DE QUIEN LLEGARE AQUÍ

Vengamos ahora a hablar de la tercera agua con que se riega esta huerta, que es agua corriente de río u de fuente, que se riega muy a menos trabajo, aunque alguno da el encaminar el agua. Quiere el Señor aquí ayudar a el hortolano de manera, que casi Él es el hortolano, y el que lo hace todo. Es un sueño de las potencias, que ni del todo se pierden, ni entienden como obran. El gusto y suavidad y deleite es más sin comparación que lo pasado; es que da el agua de la gracia y la garganta a esta alma, que no pueda ya ir adelante, ni sabe cómo, ni tornar atrás; querría gozar de grandísima gloria. Es como uno que está con la candela en la mano, que la falta poco para morir muerte que la desea. Está gozando en aquel agonía con el mayor deleite que se puede decir: no me parece que es otra cosa, sino un morir casi del todo a todas las cosas del mundo, y estar gozando de Dios. Yo no sé otros términos cómo lo decir, ni cómo lo declarar, ni entonces sabe el alma qué hacer; porque ni sabe si hable, ni se calle, ni si ría, ni si llore. Es un glorioso desatino, una celestial locura, adonde se deprende la verdadera sabiduría, y es deleitosísima manera de gozar el alma. Y es ansí, que ha que me dió el Señor en abundancia esta oración, creo cinco y aun seis años, y muchas veces, y que ni yo la entendía, ni la supiera decir; y ansí tenía por mí, llegada aquí, decir muy poco u nada. Bien entendía que no era del todo unión de todas las potencias, y que era más que la pasada muy claro; mas yo confieso, que no podía determinar y entender cómo era esta diferencia. Creo, que por la humildad que vuesa merced ha tenido, en quererse ayudar de una simpleza tan grande como la mía, me dio el Señor hoy acabando de comulgar esta oración, sin poder ir adelante, y me puso estas comparaciones y enseñó la manera de decirlo, y lo que ha de hacer aquí el alma, que cierto yo me espanté y entendí en un punto. Muchas veces estaba ansí como desatinada, embriagada en este amor, y jamás había podido entender cómo era. Bien entendía que era Dios, mas no podía entender cómo obraba aquí; porque, en hecho de verdad, están casi del todo unidas las potencias, mas no tan engolfadas que no obren. Gustado he en extremo de haberlo ahora entendido. Bendito sea el Señor, que ansí me ha regalado.

Sólo tienen habilidad las potencias para ocuparse todas en Dios; no parece se osa bullir ninguna, ni la podemos hacer menear, si con mucho estudio no quisiésemos divertirnos, y aún no me parece que del todo se podría entonces hacer. Háblanse aquí muchas palabras en alabanzas de Dios, sin concierto, si el mesmo Señor no las concierta; al menos el entendimiento no vale aquí nada: querría dar voces en alabanzas el alma, y está que no cabe en sí, un desasosiego sabroso. Ya, ya se abren las flores, ya comienzan a dar olor. Aquí querría el alma que todos la viesen, y entendiesen su gloria para alabanzas de Dios, y que la ayudasen a ella, y darles parte de su gozo, porque no puede tanto gozar. Paréceme que es como la que dice el Evangelio, que quería llamar o llamaba a sus vecinas. Esto me parece debía sentir el admirable espíritu del real profeta David, cuando tañía y cantaba con la arpa, en alabanzas de Dios. De este glorioso rey soy yo muy devota, y querría todos lo fuesen, en especial los que somos pecadores.

¡Oh, válame Dios, cuál está un alma cuando está ansí! toda ella querría fuese lenguas para alabar al Señor. Dice mil desatinos santos, atinando siempre a contentar a quien la tiene ansí. Yo sé persona, que con no ser poeta, le acaecía hacer de presto coplas muy sentidas declarando su pena bien; no hechas de su entendimiento, sino que para gozar más la gloria, que tan sabrosa pena le daba, se quejaba de ella a su Dios. Todo su cuerpo y alma querría se despedazase para mostrar el gozo, que con esta pena siente. ¿Qué se le pondrá entonces delante de tormentos, que no le fuese sabroso pasarlo por su Señor? Ve claro que no hacían casi nada los mártires de su parte en pasar tormentos; porque conoce bien el alma, viene de otra parte la fortaleza. ¿Más qué sentirá de tornar a tener seso para vivir en el mundo, y haber de tornar a los cuidados y cumplimientos de él? Pues no me parece he encarecido cosa, que no quede baja en este modo de gozo, que el Señor quiere en este destierro que goce un alma. Bendito seáis por siempre, Señor, alaben os todas las cosas por siempre. Quered ahora, Rey mío, suplícooslo yo, que pues cuando esto escribo, no estoy fuera de esta santa

locura celestial por vuestra bondad y misericordia, que tan sin méritos míos me hacéis esta merced, que lo estén todos los que yo tratare locos de vuestro amor, u primitáis que no trate yo con nadie, u ordenad, Señor, como no tenga ya cuenta en cosa del mundo, u me sacad de él. No puede ya Dios mío, esta vuestra sierva sufrir tantos trabajos, como de verse sin vos le vienen; que si ha de vivir, no quiere descanso en esta vida ni se le deis vos. Querría ya esta alma verse libre: el comer la mata, el dormir la congoja; ve que se la pasa el tiempo de la vida pasar en regalo y que nada ya la puede regalar fuera de vos; que parece vive contra natura, pues ya no querría vivir en sí, sino en vos. ¡Oh verdadero Señor y gloria mía, qué delgada y pesadísima cruz tenéis aparejada a los que llegan a este estado! Delgada, porque es suave; pesada, porque vienen veces, que no hay sufrimiento que la sufra; y no se querría jamás ver libre de ella, si no fuese para verse ya con vos. Cuando se acuerda que no os ha servido en nada y que viniendo os puede servir, querría carga muy más pesada, y nunca hasta la fin del mundo morirse: no tiene en nada su descanso, a trueque de haceros un pequeño servicio; no sabe qué desee, más bien entiende, que no desear otra cosa sino a vos.

¡Oh hijo mío! (que es tan humilde, que ansí se quiere nombrar a quien va esto dirigido y me lo mandó escribir), sean sólo para vos las cosas en que viere salgo de términos; porque no hay razón que baste a no sacar de ella, cuando se saca el Señor de mí; ni creo soy yo la que hablo desde esta mañana que comulgué; parece que sueño lo que veo, y no querría ver sino enfermos de este mal que estoy yo ahora. Suplico a vuesa merced seamos todos locos, por amor de quien por nosotros se lo llamaron: pues dice vuesa merced que me quiere, en disponer para que Dios le haga esta merced, quiero que me lo muestre; porque veo muy pocos, que no los vea con seso demasiado para lo que les cumple. Ya puede ser que tenga yo más que todos; no me lo consienta vuesa merced, padre mío, pues es mi confesor y a quien he fiado mi alma; desengáñeme con verdad, que se usan muy poco estas verdades.

Este concierto querría hiciésemos los cinco que al presente nos amamos en Cristo, que como otros en estos tiempos se juntaban en secreto para contra su Majestad y ordenar maldades y herejías, procurásemos juntarnos alguna vez para desengañar unos a otros y decir en lo que podríamos enmendarnos y contentar más a Dios; que no hay quien tan bien se conozca a sí mismo, como conocen los que nos miran, si es con amor y cuidado de aprovecharnos. Digo en secreto, porque no se usa ya este lenguaje. Hasta los predicadores van ordenando sus sermones para no descontentar, buena intención ternán, y la obra lo será, mas ansí se enmiendan pocos. Mas ¿cómo no son muchos los que por los sermones dejan los vicios públicos? ¿Sabe qué me parece? porque tienen mucho seso los que los predican. No están sin él con el gran fuego del amor de Dios, como lo estaban los apóstoles, y ansí calienta poco esta llama: no digo yo sea tanta como ellos tenían, mas querría que fuese más de los que veo. ¿Sabe vuesa merced en qué debe de ir mucho? En tener ya aborrecida la vida y en poca estima la honra, que no se les daba más, a trueco de decir una verdad y sustentarla para gloria de Dios, perderlo todo, que ganarlo todo; que quien de veras lo tiene todo arriesgado por Dios, igualmente lleva lo uno que lo otro. No digo yo que soy ésta, mas querríalo ser. ¡Oh gran libertad! tener por cativerio haber de vivir y tratar conforme a las leyes del mundo; que como ésta se alcance del Señor, no hay esclavo que no lo arrisque todo por rescatarse y tornar a su tierra. Y pues éste es el verdadero camino, no hay que parar en él, que nunca acabaremos de ganar tan gran tesoro, hasta que se nos acabe la vida. El Señor nos dé para esto su favor. Rompa vuesa merced esto que he dicho, si le pareciere, y tómelo por carta para sí, y perdóneme, que he estado muy atrevida.

CAPITULO XVII

PROSIGUE EN LA MESMA MATERIA DE DECLARAR ESTE TERCER GRADO
DE ORACIÓN; ACABA DE DECLARAR LOS EFETOS QUE HACE; DICE EL
IMPEDIMIENTO QUE AQUÍ HACE LA IMAGINACIÓN Y MEMORIA

Razonablemente está dicho de este modo de oración, y lo que ha de hacer el alma, u por mejor decir, hace Dios en ella, que es el que toma ya el oficio de hortolano, y quiere que ella huelgue: sólo consiente la voluntad en aquellas mercedes que goza y se ha de ofrecer a todo lo que en ella quisiere hacer la verdadera sabiduría, porque es menester ánimo cierto; porque es tanto el gozo, que parece algunas veces no queda un punto para acabar el ánima de salir de este cuerpo; ¡y qué venturosa muerte sería! Aquí me parece viene bien, como a vuesa merced se dijo, dejarse del todo en los brazos de Dios; si quiere llevarle al cielo, vaya; si al infierno, no tiene pena, como vaya con su bien; si acabar del todo la vida, eso quiere; si que viva mil años, también: haga su Majestad como cosa propia, ya no es suya el alma de sí mesmo, dada está del todo a el Señor; descuídese del todo. Digo, que en tan alta oración como ésta (que cuando la da Dios a el alma, puede hacer todo esto y mucho más, que éstos son sus efetos) entiende que lo hace sin ningún cansancio del entendimiento; sólo me parece está como espantado de ver cómo el Señor hace tan buen hortolano, y no quiere que tome el trabajo ninguno, sino que se deleite en comenzar a oler las flores. Que en una llegada de éstas, por poco que dure, como es tal el hortolano, en fin criador del agua, dala sin medida, y lo que la pobre del alma con trabajo, por ventura de veinte años de cansar el entendimiento, no ha podido acaudalar, hácelo este hortolano celestial en un punto, y crece la fruta, y madúrala de manera, que se pueda sustentar de su huerto, queriéndolo el Señor; mas no le da licencia que reparta la fruta, hasta que él está tan fuerte con lo que ha comido de ella, que no se le vaya en gastaduras, y no dándole nada de provecho ni pagándosela a quien la diere, sino que los mantenga y dé de comer a su costa, y quedarse ha él por ventura muerto de hambre. Esto bien entendido va para tales entendimientos, y sabránlo aplicar, mijor que yo lo sabré decir, y cánsome.

En fin es que las virtudes quedan ahora más fuertes que en la oración de quietud pasada; porque se ve otra el alma, y no sabe cómo comienza a obrar grandes cosas con el olor, que dan de sí las flores, que quiere el Señor que se abran, para que ella crea que tiene virtudes, aunque ve muy bien, que no las podía ella, ni ha podido ganar en muchos años, y que en aquello poquito el celestial hortolano se las dio. Aquí es muy mayor la humildad, y más profunda, que al alma queda, que en lo pasado; porque ve más claro, que poco ni mucho hizo, sino consentir que le hiciese el Señor mercedes y abrazarlas la voluntad.

Paréceme este modo de oración unión muy conocida de toda el alma con Dios, sino que parece quiere su Majestad dar licencia a las potencias para que entiendan y gocen de lo mucho que obra allí. Acaece algunas, y muy muchas veces, estando unida la voluntad (para que vea vuesa merced puede ser esto, y lo entienda cuando lo tuviese; al menos a mí trájome tonta, y por eso lo digo aquí) entiéndese, que está la voluntad atada y gozando; y en mucha quietud está sola la voluntad, y está por otra parte el entendimiento y memoria tan libres, que pueden tratar en negocios y entender en obras de caridad. Esto, aunque parece todo uno, es diferente de la oración de quietud que dije, porque allí está el alma, que no se querría bullir ni menear, gozando en aquel ocio santo de María: en esta oración puede también ser Marta. Ansí que está casi obrando juntamente en vida activa y contemplativa, y puede entender en obras de caridad y negocios, que convengan a su estado, y leer; aunque no del todo están señores de sí, y entienden bien que está la mejor parte del alma en otro cabo. Es como si estuviésemos hablando con uno, y por otra parte nos hablase otra persona, que ni bien estaremos en lo uno ni bien en lo otro. Es cosa que se siente muy claro y da mucha satisfacción y contento cuando se tiene, y es muy gran aparejo, para que en tiniendo tiempo de soledad o desocupación de negocios, venga el alma a muy sosegada quietud. Es un andar como una persona que está en sí satisfecha, que no tiene necesidad de comer, sino que siente el estómago contento, de manera, que no a todo manjar arrostraría: mas no tan harta, que si los ve buenos, deja de comer de buena gana: ansí no le satisface, ni querría entonces contento del mundo, porque en sí tiene el que le satisface más; mayores contentos de Dios, deseos de satisfacer su deseo, de gozar más de estar con él: esto es lo que quiere.

Hay otra manera de unión, que aún no es entera unión, mas es más que la que acabo de decir: y no tan-

to, como la que se ha dicho de esta tercer agua. Gustará vuesa merced mucho de que el Señor se las dé todas, si no las tiene ya, de hallarlo escrito y entender lo que es, porque una merced es dar el Señor la merced y otra es entender, qué merced es y qué gracia; y otra es saber decirla y dar a entender cómo es; y aunque no parece es menester más de la primera, para no andar el alma confusa y medrosa, e ir con más ánimo por el camino del Señor, llevando debajo de los pies todas las cosas del mundo, es gran provecho entenderlo, y merced; porque cada una es razón alabe mucho al Señor, quien la tiene y quien no, porque la dio su Majestad a alguno de los que viven, para que nos aprovechase a nosotros. Ahora, pues, acaece muchas veces esta manera de unión, que quiero decir (en especial a mí, que me hace Dios esta merced de esta suerte muy muchas) que coge Dios la voluntad, y aun el entendimiento, a mi parecer, porque no discurre, sino está ocupado gozando de Dios, como quien está mirando y ve tanto, que no sabe hacia dónde mirar: uno por otro se le pierde de vista, que no dará señas de cosa.

La memoria queda libre y junto con la imaginación debe ser, y ella como se ve sola, es para alabar a Dios la guerra que da, y como procura desasosegarlo todo: a mí cansada me tiene, y aborrecida la tengo, y muchas veces suplico al Señor, si tanto me ha de estorbar, me la quite en estos tiempos. Algunas veces le digo: ¿Cuánto, mi Dios, ha de estar ya toda junta mi alma en vuestra alabanza y no hecha pedazos, sin poder valerse a sí? Aquí veo el mal que nos causó el pecado, pues ansí nos sujetó a no hacer lo que queremos, de estar siempre ocupados en Dios. Digo que me acaece a veces (y hoy ha sido la una, y ansí lo tengo bien en la memoria), que veo deshacerse mi alma, por verse junta adonde está la mayor parte, y ser imposible, sino que le da tal guerra la memoria en imaginación, que no la dejan valer; y como faltan las otras potencias, no valen, aun para hacer mal, nada. Harto hacen en desasosegar, digo para hacer mal, porque no tienen fuerza ni paran en un ser; como el entendimiento no la ayuda poco ni mucho, a lo que le representa, no para en nada, sino de uno en otro, que no parece sino de estas maripositas de las noches, importunas y desasosegadas: ansí anda de un cabo a otro. En extremo me parece le viene al propio esta comparación, porque aunque no tiene fuerza para hacer ningún mal, importuna a los que la ven. Para esto no sé qué remedio haya, que hasta ahora no me le ha dado Dios a entender, que de buena gana le tomaría para mí, que me atormenta, como digo, muchas veces. Represéntase aquí nuestra miseria, y muy claro el gran poder de Dios; pues esta que queda suelta, tanto nos daña y nos cansa, y las otras que están con su Majestad, el descanso que nos dan.

El postrer remedio que he hallado, a cabo de haberme fatigado hartos años, es lo que dije en la oración de quietud, que no se haga caso de ella más de un loco, sino dejarla con su tema, que sólo Dios se la puede quitar; y en fin, aquí por esclava queda. Hémosla de sufrir con paciencia, como hizo Jacob a Lía; porque harta merced nos hace el Señor que gocemos de Raquel. Digo que queda esclava, porque en fin no puede, por mucho que haga, traer a sí las otras potencias; antes ellas sin ningún trabajo la hacen venir así. Algunas es Dios servido de haber lástima de verla tan perdida y desasogada, con deseo de estar con las otras, y consiéntela su Majestad se queme en el fuego de aquella vela divina, donde las otras están ya hechas polvo, perdido su natural, casi estando sobrenaturalmente gozando de tan grandes bienes.

En todas estas maneras, que de esta postrer agua de fuente he dicho, es tan grande la gloria y descanso del alma, que muy conocidamente aquel gozo y deleite participa de el cuerpo, y esto muy conocidamente, y quedan tan crecidas las virtudes como he dicho. Parece ha querido el Señor declarar estos estados, en que se ve el alma, a mi parecer, lo más que acá se puede dar a entender. Trátelo vuesa merced con persona espiritual, que haya llegado aquí y tenga letras: si le dijere que está bien, crea que se lo ha dicho Dios; y téngalo en mucho su Majestad; porque, como he dicho, andando el tiempo se holgará mucho de entender lo que es; mientras no le diere la gracia (aunque se la dé de gozarlo) para entenderlo, como le haya dado su Majestad la primera, con su entendimiento y letras lo entenderá por aquí. Sea alabado por todos los siglos de los siglos, por todo, amén.

CAPITULO XVIII

EN QUE TRATA DEL CUARTO GRADO DE ORACIÓN; COMIENZA A DECLARAR
POR ECELENTE MANERA LA GRAN DIVINIDAD QUE EL SEÑOR PONE A EL
ALMA QUE ESTÁ EN ESTE ESTADO. ES PARA ANIMAR MUCHO A LOS QUE
TRATAN ORACIÓN, PARA QUE SE ESFUERCEN DE LLEGAR A TAN ALTO
ESTADO, PUES SE PUEDE ALCANZAR EN LA TIERRA; AUNQUE NO POR
MERECERLO, SINO POR LA BONDAD DEL SEÑOR. LÉASE CON ADVERTENCIA;
PORQUE SE DECLARA POR MUY DELICADO MODO,
Y TIENE COSAS MUCHO DE NOTAR

El Señor me enseñe palabras como se pueda decir algo de la cuarta agua; bien es menester su favor, aun más que para la pasada; porque en ella aún siente el alma no está muerta del todo, que ansí lo podemos decir, pues lo está al mundo. Mas como dije, tiene sentido para entender que está en él, y sentir su soledad, y aprovéchase de lo exterior para dar a entender lo que siente, siquiera por señas. En toda oración y modos de ella, que queda dicho, alguna cosa trabaja el hortolano; aunque en estas postreras va el trabajo acompañado de tanta gloria y consuelo del alma, que jamás querría salir dél; y ansí no se siente por trabajo, sino por gloria. Acá no hay sentir, sino gozar sin entender lo que se goza: entiéndese que se goza un bien, adonde juntos se encierran todos los bienes, mas no se comprende este bien. Ocúpanse todos los sentidos en este gozo, de manera, que no queda ninguno desocupado para poder en otra cosa interior, ni exteriormente. Antes dábaseles licencia, para que como digo hagan algunas muestras del gran gozo que sienten acá el alma goza más sin comparación, y puédese dar a entender muy menos; porque no queda poder en el cuerpo, ni el alma le tiene para poder comunicar aquel gozo. En aquel tiempo todo le sería gran embarazo y tormento; y estorbo de su descanso; y digo, que si es unión de todas las potencias, que aunque quiera (estando en ella digo) no puede, y si puede ya no es unión. El cómo es ésta que llaman unión, y lo que es, yo no lo sé dar a entender: en la mística teulogía se declara, que yo los vocablos no sabré nombrarlos; ni sé entender, qué es mente, ni qué diferencia tenga el alma u espíritu tampoco: todo me parece una cosa; bien que el alma alguna vez sale de sí mesma a manera de un fuego que está ardiendo y hecho llama, y algunas veces crece este fuego con ímpetu. Esta llama sube muy arriba del fuego, mas no por eso es cosa diferente, sino la mesma llama que está en el fuego. Esto vuesas mercedes lo entenderán, que yo no lo sé más decir con sus letras.

Lo que yo pretendo declarar es, qué siente el alma cuando está en esta divina unión. Lo que es unión, ya se está entendido, que es, dos cosas divisas hacerse una. ¡Oh Señor mío, qué bueno sois! Bendito seáis para siempre; alaben os, Dios mío, todas las cosas, que ansí nos amastes de manera, que con verdad podamos hablar de esta comunicación, que aun en este destierro tenéis con las almas; y aun con las que son buenas en gran largueza y mananimidad: en fin, vuestra, Señor mío, que dais como quien sois. ¡Oh largueza infinita, cuán maníficas son vuestras obras! Espanta a quien no tiene ocupado el entendimiento en cosas de la tierra, que no tenga ninguno para entender verdades. ¿Pues que hagáis a almas, que tanto os han ofendido, mercedes tan soberanas? Cierto a mí me acaba el entendimiento, y cuando llego a pensar en esto, no puedo ir adelante. ¿Dónde ha de ir que no sea tornar atrás? Pues daros gracias por tan grandes mercedes, no sabe cómo. Con decir disbarates me remedio algunas veces. Acaéceme muchas, cuando acabo de recibir estas mercedes, u me las comienza Dios a hacer (que estando en ellas, ya he dicho, que no hay poder hacer nada) decir: Señor, mirá lo que hacéis, no olvidéis tan presto tan grandes males míos, ya que para perdonarme los hayáis olvidado, para poner tasa en las mercedes os suplico se os acuerde. No pongáis, Criador mío, tan precioso licor en vaso tan quebrado, pues habéis ya visto de otras veces, que lo torno a derramar. No pongáis tesoro semejante, adonde aun no está, como ha de estar, perdida del todo la codicia de consolaciones de la vida, que lo gastará mal gastado. ¿Cómo dáis la fuerza de esta ciudad, y llaves de la fortaleza de ella a tan cobarde alcaide, que al primer combate de los enemigos los deja entrar dentro? No sea tanto el amor, oh, Rey eterno, que pongáis en aventura joyas tan preciosas. Parece, Señor mío, se da ocasión para que se tengan a poco, pues las ponéis en poder de cosa tan ruin, tan baja, tan flaca y miserable, y de tan poco tomo: que ya que trabaje para no las perder con vuestro favor (y no es menester pequeño, sigún yo soy) no puede dar con ellas a ganar a nadie. En fin, mujer y no buena, sino ruin. Parece, que no sólo se esconden los talentos, sino que se entierran en ponerlos en tierra tan astrosa. No soléis vos, Señor, hacer semejantes grandezas y mercedes a un alma, sino para que aproveche a muchas. Ya sabéis, Dios mío, que de toda voluntad y corazón os lo suplico y he suplicado algunas veces, y tengo por bien de perder el mayor bien que se posee en la tierra, porque las hagáis vos a quien con este bien más aproveche, porque crezca vuestra gloria. Éstas y otras cosas me ha acaecido decir muchas veces. Vía después mi necesidad y poca humildad; porque bien sabe el Señor lo que conviene y que no había fuerzas en mi alma para salvarse, si su Majestad con tantas mercedes no se las pusiera.

También pretendo decir las gracias y efetos, que quedan en el alma, y que es lo que puede de suyo hacer, o si es parte para llegar a tan grande estado. Acaece venir este levantamiento de espíritu y juntamiento con el amor celestial; que, a mi entender, es diferente la unión del levantamiento en esta mesma unión. A quien no lo hubiere probado lo postrero, parecerle ha que no; y a mi parecer, que con ser todo uno, obra el Señor de diferente manera, y en el crecimiento del desasir el alma de las criaturas, mas mucho en el vuelo del espíritu. Yo he visto claro ser particular merced, aunque, como digo, sea todo uno, u lo parezca; mas un fuego pequeño también es fuego como un grande, y ya se ve la diferencia que hay de lo uno a lo otro. En un fuego pequeño, primero que un hierro pequeño se hace ascua, pasa mucho espacio, mas si el fuego es grande, aunque sea mayor el hierro, en muy poquito pierde del todo su ser al parecer. Ansí me parece es en estas dos maneras de mercedes del Señor; y sé que quien hubiere llegado a arrobamiento lo entenderá bien: si no lo ha probado, parecerle ha desatino, y ya puede ser; porque querer una como yo hablar en una cosa tal y dar a entender algo de lo que parece imposible aun haber palabras con que lo comenzar, no es mucho que desatine.

Más creo esto del Señor (que sabe su Majestad que después de obedecer, es mi intención engolosinar las almas de un bien tan alto), que me ha en ella de ayudar. No diré cosa que no la haya espirimentado mucho; y es ansí que cuando comencé esta postrer agua a escribir que me parecía imposible saber tratar cosa, más que hablar en griego, que ansí es ello dificultoso; con esto lo dejé y fuí a comulgar. Bendito sea el Señor que ansí favorece a los morantes. ¡Oh virtud de obedecer, que todo lo puedes! Aclaró Dios mi entendimiento, unas veces con palabras, y otras poniéndome delante como lo había de decir, que (como hizo en la oración pasada) su Majestad parece quiere decir lo que yo no puedo ni sé. Esto que digo es entera verdad, y ansí lo que fuere bueno, es suya la dotrina; lo malo, está claro, es del piélago de los males, que soy yo: y ansí digo, que si hubiere personas, que hayan llegado a las cosas de oración, que el Señor ha hecho merced a esta miserable (que debe haber muchas) y quisiesen tratar estas cosas conmigo, pareciéndoles descaminadas, que ayudaría el Señor a su sierva, para que saliese con su verdad adelante.

Ahora hablando de esta agua, que viene del cielo, para con su abundancia henchir y hartar todo este huerto de agua, si nunca dejara, cuando la hubiera menester, de darla el Señor, ya se ve qué descanso tuviera el hortolano; y a no haber invierno, sino ser siempre el tiempo templado nunca faltaran flores y frutas: ya se ve qué deleite tuviera: mas, mientras vivimos, es imposible. Siempre ha de haber cuidado de, cuando faltare la una agua, procurar la otra. Esta del cielo viene muchas veces, cuando más descuidado está el hortolano. Verdad es que a los principios casi siempre es después de larga oración mental; que de un gra-

do en otro viene el Señor a tomar esta avecita, y ponerla en el nido, para que descanse: como la ha visto volar rato, procurando con el entendimiento y voluntad, y con todas sus fuerzas buscar a Dios, y contentarle, quiérela dar el premio, aun en esta vida; ¡y qué gran premio, que basta un momento para quedar pagados todo los trabajos que en ella puede haber!

Estando ansí el alma buscando a Dios, siente con un deleite grandísimo y suave, casi desfallecer toda con una manera de desmayo, que le va faltando el huelgo y todas las fuerzas corporales; de manera que, si no es con mucha pena, no puede aún menear las manos; los ojos se le cierran sin quererlos cerrar; y si los tiene abiertos, no ve casi nada; ni si lee, acierta a decir letra, ni casi atina a conocerla bien; ve que hay letra, mas, como el entendimiento no ayuda, no la sabe leer aunque quiera; oye, mas no entiende lo que oye. Ansí que de los sentidos no se aprovecha nada, si no es para no la acabar de dejar a su placer, y ansí antes la dañan. Hablar es por demás, que no atina a formar palabra, ni hay fuerza ya que atinase para poderla pronunciar; porque toda la fuerza exterior se pierde, y se aumenta en las del alma, para mijor poder gozar de su gloria. El deleite exterior que se siente es grande, y muy conocido. Esta oración no hace daño por larga que sea; al menos a mí nunca me le hizo, ni me acuerdo hacerme el Señor ninguna vez esta merced por mala que estuviese, que sintiese mal, antes quedaba con gran mejoría. Mas, ¡qué mal puede hacer tan gran bien? Es cosa tan conocida las operaciones exteriores, que no se puede dudar, que hubo gran ocasión, pues ansí quitó las fuerzas con tanto deleite, para dejarlas mayores.

Verdad es, que a los principios pasa en tan breve tiempo (al menos a mí ansí me acaecía), que en estas señales exteriores, ni en la falta de los sentidos, no se da tanto a entender, cuando pasa con brevedad; más bien se entiende en la obra de las mercedes, que ha sido grande la claridad del sol que ha estado allí, pues ansí la ha derretido. Y nótese esto, que a mi parecer, por largo que sea el espacio de estar el alma en esta suspensión de todas las potencias, es bien breve; cuando estuviese media hora, es muy mucho: yo nunca a mi parecer, estuve tanto. Verdad es, que se puede mal sentir lo que se está, pues no se siente; mas digo, que de una vez es muy poco espacio sin tornar alguna potencia en sí. La voluntad es la que mantiene la tela, mas las otras dos potencias presto tornan a importunar; como la voluntad está queda, tórnalas a suspender, y están otro poco y tornan a vivir. En esto se pueden pasar algunas horas de oración y se pasan; porque comenzadas las dos potencias a emborrachar, y gustar de aquel vino divino, con facilidad se tornan a perder de sí, para estar muy más ganadas; y acompañan a la voluntad, y se gozan todas tres. Mas este estar perdidas de todo, y sin ninguna imaginación en nada (que a mi entender también se pierde del todo), digo que es breve espacio; aunque no tan del todo tornan en sí, que no puedan estar algunas horas como desatinadas, tornando de poco en poco a cogerlas Dios consigo.

Ahora vengamos a lo interior de lo que el alma aquí siente: dígalo quien lo sabe, que no se puede entender, cuanto más decir. Estaba yo pensando cuando quise escribir esto (acabando de comulgar, y de estar en esta mesma oración que escribo) qué hacía el alma en aquel tiempo. Díjome el Señor estas palabras: Deshácese toda, hija, para ponerse más en mí; ya no es ella la que vive, sino yo; como no puede comprender lo

que entiende, es no entender entendiendo. Quien lo hubiere probado entenderá algo desto, porque no se puede decir más claro, por ser tan escuro lo que allí pasa. Sólo podré decir, que se representa estar junto con Dios, y queda una certidumbre, que en ninguna manera se puede dejar de creer. Aquí faltan todas las potencias, y se suspenden de manera que en ninguna manera (como he dicho) se entiende que obran. Si estaba pensando en un paso, ansí se pierde de la memoria, como si nunca la hubiere habido dél: si lee, en lo que leía no hay acuerdo ni parar; si reza, tampoco. Ansí que a esta mariposilla importuna de la memoria, aquí se le queman las alas, ya no puede más bullir. La voluntad debe estar bien ocupada en amar, mas no entiende cómo ama; el entendimiento, si entiende, no se entiende cómo entiende, al menos no puede comprender nada de lo que entiende; a mí no me parece que entiende; porque, como digo, no se entiende: yo no acabo de entender esto. Acaecióme a mí una inorancia al principio, que no sabía que estaba Dios en todas las cosas; y, como me parecía estar tan presente, parecíame imposible: dejar de creer que estaba allí no podía, por parecerme casi claro había entendido estar allí su mesma presencia. Los que no tenían letras, me decían que estaba sólo por gracia; yo no lo podía creer; porque como digo, parecíame estar presente, y ansí andaba con pena. Un gran letrado de la orden del glorioso patriarca Santo Domingo me quitó de esta duda; que me dijo estar presente, y cómo se comunicaba con nosotros, que me consoló harto. Es de notar y entender, que siempre esta agua del cielo, este grandísimo favor del Señor, deja el alma con grandísimas ganancias, como ahora diré.

CAPITULO XIX

PROSIGUE EN LA MESMA MATERIA, COMIENZA A DECLARAR LOS EFETOS
QUE HACE EN EL ALMA ESTE GRADO DE ORACIÓN. PERSUADE MUCHO
A QUE NO TORNEN ATRÁS, AUNQUE DESPUÉS DE ESTA MERCED TORNEN A
CAER, NI DEJEN LA ORACIÓN. DICE LOS DAÑOS QUE VERNÁN DE NO HACER
ESTO; ES MUCHO DE NOTAR, Y DE GRAN CONSOLACIÓN
PARA LOS FLACOS Y PECADORES

Queda el alma de esta oración y unión con grandísima ternura; de manera que se querría deshacer, no de pena, sino de unas lágrimas gozosas: hállase bañada de ellas sin sentirlo, ni saber cuándo, ni cómo las lloró; mas dale gran deleite ver aplacado aquel ímpetu del fuego con agua, que le hace más crecer: parece esto algaravía, y pasa ansí. Acaecido me ha alguna veces en este término de oración, estar tan fuera de mí, que no sabía si era sueño, o si pasaba en verdad la gloria, que había sentido, y de verme llena de agua (que sin pena destilaba con tanto ímpetu y presteza, que parece la echaba de sí aquella nube del cielo), vía que no había sido sueño: esto era a los principios, que pasaba con brevedad. Queda el ánima animosa, que si en aquel punto la hiciesen pedazos por Dios, le sería gran consuelo. Allí son las promesas y determinaciones heroicas, la viveza de los deseos, el comenzar a aborrecer el mundo, el ver muy claro su vanidad: está muy más aprovechada y altamente, que en las oraciones pasadas, y la humildad crecida; porque ve claro que para aquella excesiva merced y grandiosa, no hubo diligencia suya, ni fue parte para traerla, ni para tenerla. Vese claro indinísima (porque en pieza adonde entra mucho sol, no hay telaraña ascondida); ve su miseria; va tan fuera la vana-

gloria, que no le parece la podría tener; porque ya es por vista de ojos lo poco, u ninguna cosa que puede, que allí no hubo casi consentimiento, sino que parece, que aunque no quiso le cerraron la puerta a todos los sentidos para que más pudiese gozar del Señor. Quédase sola con Él, ¿qué ha de hacer sino amarle? Ni ve, ni oye, si no fuese a fuerza de brazos: poco hay que la agradecer. Su vida pasada se le representa después, y la gran misericordia de Dios con gran verdad, y sin haber menester andar a caza el entendimiento, que allí, ve guisado lo que ha de comer y entender. De sí, ve, que merece el infierno, y que le castigan con gloria; deshácese en alabanzas de Dios, y yo me querría deshacer ahora. Bendito seáis, Señor mío, que ansí hacéis de pecina tan sucia como yo, agua tan clara que sea para vuestra mesa. Seáis alabado, oh regalo de los ángeles, que ansí queréis levantar un gusano tan vil.

Queda algún tiempo este aprovechamiento en el alma: puede ya, con entender claro que no es suya la fruta, comenzar a repartir de ella, y no le hace falta así. Comienza a dar muestras de alma, que guarda tesoros del cielo, y a tener deseos de repartirlos con otros y suplicar a Dios no sea ella sola la rica. Comienza a aprovechar a los prójimos casi sin entenderlo, ni hacer nada de sí; ellos lo entienden, porque ya las flores tienen tan crecido el olor, que les hace desear llegarse a ellas. Entienden que tienen virtudes, y ven la fruta que es codiciosa: querríanle ayudar a comer. Si esta tierra está muy cavada con trabajos, y persecuciones, y murmuraciones, y enfermedades (que pocos deben llegar aquí sin esto), y si está mullida, con ir muy desasida de propio interese, el agua se embebe tanto, que casi nunca se seca; mas si es tierra, que aun se está en la tierra, y con tantas espinas, como yo al principio estaba, y aun no quitada de las ocasiones, ni tan agradecida como merece tan gran merced, tórnase la tierra a secar; y si el hortolano se descuida, y el Señor por sola su bondad no torna a querer llover, dad por perdida la huerta, que ansí me acaeció a mí algunas veces; que, cierto, yo me espanto, y si no hubiera pasado por mí, no lo pudiera creer. Escríbolo para consuelo de almas flacas como la mía que nunca desesperen, ni dejen de confiar en la grandeza de Dios: aunque después de tan encumbradas, como es llegarlas el Señor aquí, cayan, no desmayen, si no se quieren perder del todo; que lágrimas todo lo ganan: un agua trae otra. Una de las cosas porque me animo, siendo la que soy a obedecer en escribir esto, y dar cuenta de mi ruin vida y de las mercedes, que me ha hecho el Señor, con no servirle, sino ofenderle, ha sido ésta; que, cierto, yo quisiera aquí tener gran autoridad, para que se me creyera esto: al Señor suplico, su Majestad la dé. Digo que no desmaye nadie de los que han comenzado a tener oración con decir: —Si torno a ser malo, es peor ir adelante con el ejercicio de ella. Yo lo creo si se deja la oración, y no se enmienda del mal: mas si no la deja, crea que le sacará a puerto de luz. Hízome en esto gran batería el demonio, y pasé tanto en parecerme poca humildad tenerla, siendo tan ruin, que (como ya he dicho) la dejé año y medio, al menos un año, que del medio no me acuerdo bien; y no me fuera más, ni fue, que meterme yo mesma, sin haber menester demonios, que me hiciesen ir al infierno. ¡Oh válame Dios, qué ceguedad tan grande! ¡Y qué bien acierta el demonio, para su propósito, en cargar aquí la mano! Sabe el traidor que alma que tenga con perseverancia oración, la tiene perdida, y que todas las caídas, que la hace dar, la ayudan por la bondad de Dios a dar después mayor salto en lo que es su servicio; algo le va en ello.

¡Oh Jesús mío! ¡Qué es ver un alma que ha llegado aquí, caída en un pecado, cuando vos por vuestra misericordia la tornáis a dar la mano y la levantáis; cómo conoce la multitud de vuestras grandezas y misericordias, y su miseria! Aquí es el deshacerse de veras, y conocer vuestras grandezas, aquí el no osar alzar los ojos, aquí es el levantarlos para conocer lo que os debe, aquí se hace devota de la Reina del cielo para que os aplaque, aquí invoca los santos que cayeron después de haberlos vos llamado, para que le ayuden, aquí es el parecer que todo le viene ancho lo que le dais, porque ve no merece la tierra que pisa, el acudir a los sacramentos, la fe viva que aquí le queda de ver la virtud, que Dios en ellos puso, el alabaros porque dejaste tal medicina y ungüento para nuestras llagas, que no las sobresanan, sino que del todo las quitan. Espántase desto, ¿y quién, Señor de mi alma, no se ha de espantar de misericordia tan grande y merced tan crecida, a traición tan fea y abominable? que no sé cómo no se me parte el corazón, cuando esto escribo, porque soy ruin. Con estas lagrimillas, que aquí lloro, dadas de vos (agua de tan mal pozo, en lo que es de mi parte), parece que os hago pago de tantas traiciones; siempre haciendo males y procurándoos deshacer las mercedes que vos me habéis hecho. Ponedlas vos, Señor mío, valor; aclarad agua tan turbia, siquiera porque no dé a alguno tentación en echar juicios (como me la ha dado a mí), pensando, ¿por qué, Señor, dejáis unas personas muy santas, que siempre os han servido y trabajado, criadas en religión, y siéndolo, y no como yo, que no tenía más del nombre y ver claro que no las hacéis las mercedes que a mí? Bien veía yo bien mío, que les guardáis vos el premio para dárselo junto, y que mi flaqueza ha menester esto, y ellos como fuertes os sirven sin ello, y los tratáis como a gente esforzada y no interesal. Mas con todo sabéis vos, mi Señor, que clamaba muchas veces delante de vos, disculpando a las personas que me murmuraban, porque me parecía les sobraba razón. Esto era ya, Señor, después que me teníades por vuestra bondad, para que tanto no os ofendiese y yo estaba ya desviándome de todo lo que me parecía os podía enojar; que en haciendo yo esto comenzastes, Señor, a abrir vuestros tesoros para vuestra sierva. No parece esperábades otra cosa sino que hubiese voluntad y aparejo en mí para recibiros, según con brevedad comenzastes a no sólo darlos, sino a querer entendiesen me los dábades.

Esto entendido, comenzó a tenerse buena opinión de la que todos aun no tenían a bien entendido cuán mala era, aunque mucho se traslucía. Comenzó la murmuración y persecución de golpe, y a mi parecer con mucha causa; y ansí no tomaba con nadie enemistad, sino suplicábaos a vos, mirásedes la razón que tenían. Decían que me quería hacer santa, y que inventaba novedades, no habiendo llegado entonces con gran parte aun a cumplir toda mi regla, ni a las muy buenas y santas monjas que en casa había, ni creo llegaré si Dios por su bondad no lo hace todo de su parte; sino antes lo era yo para quitar lo bueno, y poner costumbres, que no lo eran; al menos hacía lo que podía para ponerlas, y en el

mal podía mucho. Ansí que sin culpa suya me culpaban. No digo eran sólo monjas, sino otras personas: descubríanme verdades, porque lo primitíades vos.

Una vez rezando las Horas, como algunas tenía esta tentación, llegué al verso que dice "justus es Domine, y tus juicios": comencé a pensar cuán gran verdad era. Que en esto no tenía el demonio fuerza jamás para tentarme, de manera que yo dudase tenéis vos, mi Señor, todos los bienes, ni en ninguna cosa de la fe: antes me parecía, mientras más sin camino natural iban, más firme la tenía; y me daba devoción grande: en ser todo poderoso, quedaban conclusas en mí todas las grandezas, que hiciérades vos; y en esto como digo, jamás tenía duda. Pues pensando cómo con justicia primitíades a muchas que había como tengo dicho muy vuestras siervas y que no tenían los regalos y mercedes que me hacíades a mí siendo la que era; respondísteme Señor: —Sírveme tú y no te metas en eso. Fue la primera palabra, que entendí hablarme vos y ansí me espantó mucho; porque después declararé esta manera de entender con otras cosas; no lo digo aquí que es salir de propósito; y creo harto he salido de él. Casi no sé lo que me he dicho; no puede ser menos sino que a vuestra merced sufrir estos intrevalos porque cuando veo lo que Dios me ha sufrido y me veo en este estado no es mucho pierda el tino de lo que digo y he de decir.

Plega al Señor que siempre sean estos mis desatinos y que no primita ya su Majestad tenga yo poder para ser contra él un punto, antes en este que estoy me consuma. Basta ya para ver sus grandes misericordias no una sino muchas veces que ha perdonado tanta ingratitud. A san Pedro una vez que lo fue, a mí muchas, que con razón me tentaba el demonio, no pretendiese amistad estrecha con quien trataba enemistad tan pública. ¡Qué ceguedad tan grande la mía! ¿Adónde pensaba, Señor mío, hallar remedio, sino en vos? ¡Qué disbarate, huir de la luz, para andar siempre tropezando! ¡Qué humildad tan soberbia inventaba en mí el demonio, apartarme de estar arrimada a la coluna, y báculo, que me ha de sustentar, para no dar tan gran caída! Ahora me santiguo, y no me parece que he pasado peligro tan peligroso, como esta invención, que el demonio me enseñaba por vía de humildad. Poníame en el pensamiento, que ¿cómo cosa tan ruin, y habiendo recibido tantas mercedes había de llegarme a la oración? Que me bastaba rezar lo que debía, como todas; mas que aun puesto esto me hacían bien, ¿cómo quería hacer más? Que era poco acatamiento, y tener en poco las mercedes de Dios. Bien era pensar y entender esto, mas ponerlo por obra fue el grandísimo mal. Bendito vos, Señor, que ansí me remediastes. Principio de la tentación que hacía a Judas, me parece ésta, sino que no osaba el traidor tan al descubierto; mas él viniera de poco en poco a dar conmigo, adonde dio con él. Miren esto por amor de Dios todos los que tratan oración. Sepan, que el tiempo que estuve sin ella, era mucho más perdida mi vida: mírese qué buen remedio me daba el demonio, y qué donosa humildad, un desasosiego en mí grande. Mas ¿cómo había de sosegar mi ánima? Apartábase la cuitada de su sosiego, tenía presentes las mercedes y favores, veía los contentos de acá ser asco: cómo pudo pasar me espanto; era con esperanza, que nunca yo pensaba (a lo que ahora me acuerdo, porque debe haber esto más de veinte y un años) dejaba de estar determinada de tornar a la oración, mas esperaba estar muy limpia de pecados. ¡Oh, qué mal encaminada iba en esta esperanza! Hasta el día del juicio me la libraba el demonio, para de allí llevarme al infierno; pues teniendo oración y lición, que era ver verdades, y el ruin camino que llevaba, e importunando al Señor con lágrimas muchas veces, era tan ruin que no me podía valer. Apartada deso, puesta en pasatiempos con muchas ocasiones y pocas ayudas, y (osaré decir ninguna, sino para ayudarme a caer) ¿qué esperaba, sino lo dicho? Creo tiene mucho delante de Dios un fraile de Santo Domingo gran letrado, que él me despertó deste sueño: él me hizo, como creo he dicho, comulgar de quince a quince días, y del mal no tanto; comencé a tornar en mí, aunque no dejaba de hacer ofensas al Señor. Mas como no había perdido el camino, aunque poco a poco cayendo, y levantando iba por él y el que no deja de andar e ir adelante, aunque tarde llega. No me parece es otra cosa perder el camino, sino dejar la oración. Dios nos libre, por quién Él es.

Queda de aquí entendido, y nótese mucho, por amor del Señor, que aunque un alma llegue a hacerla Dios tan grandes mercedes en la oración, que no se fíe de sí, pues puede caer, ni se ponga en ocasiones en ninguna manera. Mírese mucho, que va mucho, que el engaño que aquí puede hacer el demonio después, aunque la merced sea cierta de Dios, es aprovecharse el traidor de la mesma merced, en lo que puede; y a personas no crecidas en las virtudes, ni mortificadas, ni desasidas, porque aquí no quedan fortalecidas tanto que baste (como adelante diré) para ponerse en las ocasiones y peligros, por grandes deseos y determinaciones que tengan. Es ecelente dotrina y no mía, sino enseñada de Dios; y ansí querría, que personas inorantes como yo la supiesen; porque aunque esté un alma en este estado, no ha de fiar de sí para salir a combatir, porque hará harto en defenderse. Aquí son menester armas para defenderse de los demonios, y aun no tiene fuerza para pelear contra ellos, y traerlos debajo de los pies como hacen los que están en el estado que

diré después. Este es el engaño con
que coge el demonio, que como se
ve, un alma tan llegada a Dios, y ve
la diferencia que hay del bien del
cielo al de la tierra, y el amor que
la muestra el Señor, deste amor nace confianza y seguridad de no caer
de lo que goza. Parécele que ve claro el premio, que no es posible ya en
cosa, que aun para la vida es tan
deleitosa y suave, dejarla por cosa
tan baja y sucia, como es el deleite;
y con esta confianza quítale el demonio la poca que ha de tener de sí;
y como digo, pónese en los peligros, y
comienza con buen celo a dar de la
fruta sin tasa, creyendo que ya no
hay que temer de sí. Y esto no va
con soberbia, que bien entiende el
alma que no puede de sí nada; sino
de mucha confianza de Dios, sin discreción, porque no mira que aún
tiene pelo malo. Puede salir del nido,
y sácala Dios, mas aún no está para
volar; porque las virtudes aun no están fuertes, ni tiene espiriencia para
conocer los peligros, ni sabe el daño
que hace en confiar de sí.

Esto fue lo que a mí me destruyó;
y para esto y para todo hay gran
necesidad de maestro, y trato con
personas espirituales. Bien creo, que
alma que llega Dios este estado, si
muy del todo no deja a su Majestad,
que no la dejará de favorecer ni la
dejará perder; mas cuando como he
dicho, cayere, mire, por amor del
Señor, no la engañe en que deje la
oración, como hacía a mí con humildad falsa, como ya lo he dicho y
muchas veces lo querría decir. Fíe
de la bondad de Dios, que es mayor
que todos los males que podemos
hacer, y no se acuerda de nuestra ingratitud, cuando nosotros, conociéndonos, queremos tornar a su amistad,
ni de las mercedes que nos ha hecho
para castigarnos por ellas; antes ayudan a perdonarnos más presto, como a gente que ya era de su casa,
y ha comido, como dicen, su pan.
Acuérdense de sus palabras y miren
lo que ha hecho conmigo, que primero me cansé de ofenderle, que su
Majestad dejó de perdonarme. Nunca se cansa de dar, ni se pueden ago-
tar sus misericordias; no nos cansamos nosotros de recibir. Sea bendito
para siempre, amén; y alábenle todas
las cosas.

CAPITULO XX

Querría saber declarar con el favor de Dios la diferencia que hay de unión a arrobamiento, u elevamiento, u vuelo que llaman de espíritu, u arrebatamiento, que todo es uno. Digo que estos diferentes nombres todo es una cosa, y también se llama éstasi. Es grande la ventaja que hace a la unión; los efetos muy mayores hace y otras hartas operaciones; porque la unión parece principio y medio, y fin, y lo es en lo interior; mas ansí como estotros fines son en más alto grado, hacen los efetos interior y esteriormente. Declárelo el Señor, como ha hecho lo demás, que cierto si su Majestad no me hubiera dado a entender por qué modos y maneras se puede algo decir, yo no supiera.

Consideremos ahora que esta agua postrera, que hemos dicho, es tan copiosa, que si no es por no lo consentir la tierra, podemos creer, que se está con nosotros esta nube de la gran Majestad acá en esta tierra. Mas cuando este gran bien agradecemos, acudiendo con obras según nuestras fuerzas, coge el Señor el alma digamos ahora, a manera que las nubes cogen los vapores de la tierra y levántala toda della; y sube la nube al cielo, y llévala consigo, comiénzala a mostrar cosas del reino que le tiene aparejado. No sé si la comparación cuadra; mas en hecho de verdad ello pasa ansí. En estos arrobamientos parece no anima el alma en el cuerpo, y ansí se siente muy sentido, faltar de él el calor natural: vase enfriando, aunque con grandísima suavidad y deleite.

Aquí no hay remedio de resistir, que en la unión, como estamos en nuestra tierra, remedio hay: aunque con pena y fuerza resistirse puede casi siempre. Acá las más veces ningún remedio hay, sino que muchas, sin prevenir el pensamiento ni ayuda alguna, viene un ímpetu tan acelerado y fuerte, que veis y sentís levantarse esta nube, o esta águila caudalosa y cogeros con sus alas. Y digo, que se entiende y veis os llevar, y no sabéis dónde; porque aunque es con deleite la flaqueza de nuestro natural hace temer a los principios; y es menester ánima determinada y animosa, mucho más que para lo que queda dicho, para arriscarlo todo, venga lo que viniere, y dejarse en las manos de Dios, e ir adonde nos llevaren de grado, pues os llevan aunque os pese; y en tanto extremo, que hay muchas veces querría yo resistir, y pongo todas mis fuerzas en especial algunas, que es en público, y otras hartas en secreto, temiendo ser engañada. Algunas podía algo con gran quebrantamiento; como quien pelea contra un jayán fuerte quedaba después cansada: otras era imposible, sino que me llevaba el alma, y aun casi ordinario la cabeza tras ella, sin poderla tener, y algunas todo el cuerpo, hasta levantarle. Esto ha sido pocas, porque como una vez fuese adonde estábamos juntas en el coro, y yendo a comulgar, estando de rodillas, dábame grandísima pena; porque me parecía cosa muy extraordinaria, y que había de haber luego mucha nota; y ansí mandé a las monjas (porque es ahora, después que tengo oficio de priora) no lo dijesen. Mas otras veces, como comenzaba a ver que iba a hacer el Señor lo mesmo, y una estando personas principales de señoras (que era la fiesta de la vocación) en un sermón, tendíame en el suelo, y llegábanse a tenerme el cuerpo, y todavía se echaba de ver. Supliqué mucho al Señor que no quisiese ya darme más mercedes, que tuviesen muestras exteriores; porque yo estaba cansada ya de andar en tanta cuenta, y que aquella merced no podía su Majestad hacérmela sin que se entendiese. Parece ha sido por su bondad servido de oírme, que nunca más hasta ahora la he tenido; verdad es que ha poco.

Es ansí que me parecía, cuando quería resistir que desde debajo de los pies me levantaban fuerzas tan grandes, que no sé como lo comparar, que era con mucho más ímpetu, que estotras cosas de espíritu, y ansí quedaba hecha pedazos: porque es una pelea grande, y en fin aprovecha poco cuando el Señor quiere, que no hay poder contra su poder.

Otras veces es servido de contentarse con que veamos nos quiere hacer la merced, y que no queda por su Majestad; y resistiéndose por humildad, deja los mesmos efetos, que si del todo se consintiese. Los que esto hacen son grandes: lo uno muéstrase el gran poder del Señor, y como no somos parte, cuando su Majestad quiere, de detener tampoco el cuerpo, como el alma, ni somos señores dello, sino que mal que nos pese, vemos que hay superior, y que estas mercedes son dadas de él, y que de nosotros no podemos en nada, nada; y imprímese mucha humildad. Y aun yo confieso, que gran temor me hizo,

al principio grandísimo; porque ansí levantar un cuerpo de la tierra, que aunque el espíritu lo lleva tras sí, y es con suavidad grande, si no se resiste, no se pierde el sentido; al menos yo estaba de manera en mí, que podía entender era llevada. Muéstrase una majestad de quién puede hacer aquello, que espeluza los cabellos, y queda un gran temor de ofender a tan gran Dios. Éste envuelto en grandísimo amor, que se cobra de nuevo, a quien vemos le tiene tan grande a un gusano tan podrido, que no parece se contenta con llevar tan de veras el alma a sí, sino que quiere el cuerpo, aun siendo tan mortal y de tierra tan sucia, como por tantas ofensas se ha hecho. También deja un desasimiento extraño, que yo no podré decir cómo es: paréceme que puedo decir es diferente en alguna manera. Digo más, que estotras cosas de solo espíritu, porque, ya que estén, cuanto a el espíritu, con todo desasimiento de las cosas; aquí parece quiere el Señor, que el mesmo cuerpo lo ponga por obra; y hácese una extrañeza nueva para con las cosas de la tierra, que es muy más penosa la vida. Después de una pena, que ni la podemos traer a nosotros, ni venida se puede quitar.

Yo quisiera harto dar a entender esta gran pena, y creo no podré, mas diré algo si supiere. Y háse de notar, que estas cosas son ahora muy a la postre, después de todas las visiones y revelaciones que escribiré, y del tiempo que solía tener oración, adonde el Señor me daba tan grandes gustos y regalos. Ahora ya que eso no cesa algunas veces, las más y lo más ordinario es esta pena, que ahora diré. Es mayor y menor. De cuando es mayor quiero ahora decir, porque aunque adelante diré de estos grandes ímpetus que me daban, cuando me quiso el Señor dar los arrobamientos, no tiene más que ver, a mi parecer, que una cosa muy corporal a una muy espiritual, y creo no lo encarezco mucho. Porque aquella pena parece, aunque la siente el alma, es en compañía del cuerpo; entrambos parecen participan de ella, y no es con el extremo de desamparo que en ésta. Para la cual, como he dicho, no somos parte, sino muchas veces a deshora viene un deseo, que no sé cómo se mueve; y de este deseo, que penetra toda el alma en un punto, se comienza tanto a fatigar, que sube muy sobre sí, y de todo lo criado, y pónela Dios tan desierta de todas las cosas, que por mucho que ella trabaje, ninguna que le acompañe, le parece hay en la tierra, ni en ella la querría, sino morir en aquella soledad. Que la hablen, y ella se quiera hacer toda la fuerza posible a hablar, aprovecha poco; que su espíritu, aunque ella más haga, no se quita de aquella soledad. Y con parecerme que está entonces lejísimo Dios, a veces comunica sus grandezas por un modo el más extraño que se puede pensar; y ansí no se sabe decir, ni creo lo creerá ni entenderá sino quien hubiere pasado por ello; porque no es la comunicación para consolar, sino para mostrar la razón de fatigarse, de estar ausente de bien, que en sí tiene todos los bienes.

Con esta comunicación crece el deseo y el extremo de soledad en que se ve con una pena tan delgada y penetrativa, que aunque el alma se estaba puesta en aquel desierto, que al pie de la letra me parece se puede entonces decir (y por ventura lo dijo al real Profeta, estando en la mesma soledad, sino que como a santo se la daría el Señor a sentir en más ecesiva manera). *Vigilavi, et factus sum sicut passer solitarius in tecto.* Y ansí se me representa este verso entonces, que me parece lo veo yo en mí; y consuélame ver que han sentido otras personas tan gran extremo de soledad, cuanto más tales. Ansí parece está el alma, no en sí, sino en el tejado o techo de sí mesma, y de todo lo criado; porque aun encima de lo muy superior del alma me parece que está.

Otras veces parece anda el alma como necesitadísima diciendo y preguntando a sí mesma: ¿Dónde está tu Dios? y es de mirar, que el romance de estos versos, yo no sabía bien el que era, y después que lo entendía me consolaba de ver que me los había traído el Señor, a la memoria sin procurarlo yo. Otras me acordaba de lo que dice san Pablo, que está crucificado al mundo. No digo yo que sea esto ansí, que ya lo veo; mas parece que está ansí el alma, que ni del cielo le viene consuelo, ni está en él, ni de la tierra le quiere, ni está en ella, sino como crucificada entre el cielo y la tierra, padeciendo, sin venirle socorro de ningún cabo. Porque el que le viene del cielo (que es como he dicho una noticia de Dios tan admirable, muy sobre todo lo que podemos desear) es para más tormento; porque acrecienta el deseo de manera que, a mi parecer, la gran pena algunas veces quita el sentido, sino que dura poco sin él. Parecen unos tránsitos de la muerte, salvo que trae consigo un tan gran contento este padecer, que no sé yo a qué lo comparar. Ello es un recio martirio sabroso, pues todo lo que se le puede representar a el alma de la tierra, aunque sea lo que le suele ser más sabroso, ninguna cosa admite, luego parece lo lanza de sí. Bien entiende, que no quiere sino a su Dios; mas no ama cosa particular de él, sino todo junto lo quiere y no sabe lo que quiere. Digo no sabe, porque no representa nada la imaginación; ni a mi parecer, mucho tiempo de lo que está ansí, no obran las potencias: como en la unión y arrobamiento el gozo, ansí aquí la pena las suspende.

¡Oh Jesús! quien pudiera dar a entender bien a vuesa merced esto, aun para que me dijera lo que es, porque es lo que ahora anda siempre mi alma: lo más ordinario, en viéndose desocupada, es puesta en estas ansias de muerte, y teme cuando ve que comienzan, porque no se ha de morir; mas llegada a estar en ello, lo que hubiese de vivir, querría en este padecer. Aunque es tan ecesivo, que el sujeto le puede mal llevar; y ansí algunas veces, se me quitan todos los pulsos casi, según dicen las que algunas veces se llegan a mí de las hermanas, que ya más lo entienden, y las canillas muy abiertas y las manos tan yertas, que yo no las puedo algunas veces juntar: y ansí me queda dolor hasta otro día en los pulsos y en el cuerpo, que parece me han descoyuntado. Yo bien pienso alguna vez ha de ser el Señor servido, si va adelante como ahora, que se acabe con acabar la vida, que a mi parecer bastante es tan gran pena para ello, sino que no lo merezco yo. Toda la ansia es morirme entonces, ni me acuerdo de purgatorio, ni de los grandes pecados que he hecho, por donde merecía el infierno; todo se me olvida con aquella ansia de ver a Dios; y aquel desierto y soledad le parece mejor que toda la compañía del mundo. Si algo le podía dar consuelo, es tratar con quien hubiere pasado por este tormento, y ver, que aunque se queje dél, nadie le parece la ha de creer.

También la atormenta, que esta pena es tan crecida, que no querría soledad como otras, ni compañía, sino con quien se pueda quejar. Es como uno que tiene la soga larga a la garganta y se está ahogando, que procura tomar huelgo: ansí me parece, que este deseo de compañía es de nuestra flaqueza; que como nos pone la pena en peligro de muerte (que esto sí cierto hace, yo me he visto en este peligro algunas veces con grandes enfermedades y ocasiones, como he dicho, y creo podría decir, es este tan grande como todos), ansí el deseo que el cuerpo y alma tienen de no se apartar, es el que pide socorro para tomar huelgo, y con decirlo y quejarse y divertirse, busca remedio para vivir muy contra voluntad del espíritu, u de lo superior del alma, que no querría salir de esta pena.

No sé yo si atino a lo que digo, u si lo sé decir, mas a todo mi parecer pasa ansí. Mire vuesa merced qué descanso puedo tener en esta vida; pues el que había que era la oración y soledad (porque allí me consolaba el Señor), es ya lo más ordinario este tormento; y es tan sabroso, y ve el alma que es de tanto precio, que ya le quiere más que todos los regalos, que solía tener. Parécele más siguro porque es camino de cruz, y en sí tiene un gusto muy de valor, a mi parecer, porque no participa con el cuerpo sino con pena, y el alma es la que padece, y goza sola del gozo y contento que da este padecer. No sé yo cómo puede ser esto; mas ansí pasa, a mi parecer, no trocaría esta merced, que el Señor me hace (que viene de su mano, y como he dicho, no nada adquirida de mí, porque es muy sobrenatural), por todas las que después diré; no digo juntas, sino tomada cada una por sí. Y no se deje de tener acuerdo, que, digo, que estos ímpetus son después de las mercedes, que aquí van, que me ha hecho el Señor, después de todo lo que va escrito en este libro y en lo que ahora me tiene el Señor.

Estando yo a los principios con temor (como me acaece casi en cada merced que me hace el Señor hasta que con ir adelante su Majestad asigura), me dijo, que no temiese, y que tuviese en más esta merced que todas las que me había hecho; que en esta pena se purificaba el alma, y se labra o purifica, como el oro en el crisol, para poder mejor poner los esmaltes de sus dones, y que se purgaba allí lo que había de estar en purgatorio. Bien entendía yo, era gran merced, mas quedé con mucha más siguridad, y mi confesor me dice que es bueno. Y aunque yo temí, por ser yo tan ruin, nunca podía creer que era malo, antes el muy sobrado bien me hacía temer, acordándome cuán mal lo tengo merecido. Bendito sea el Señor que tan bueno es, amén. Parece que he salido de propósito, porque comencé a decir de arrobamientos, y esto que he dicho, aun es más que arrobamiento, y ansí deja los efetos que he dicho.

Ahora tornemos a arrobamiento, de lo que en ellos es más ordinario. Digo, que muchas veces me parecía me dejaba el cuerpo tan ligero, que toda la pesadumbre dél me quitaba, y algunas era tanto, que casi no entendía poner los pies en el suelo. Pues cuando está en el arrobamiento el cuerpo queda como muerto, sin poder nada de sí muchas veces, y como le toma se queda siempre, si sentado, si las manos abiertas, si cerradas. Porque, aunque pocas veces se pierde el sentido, algunas me ha acaecido a mí perderle del todo, pocas y poco rato; mas lo ordinario es que se turba, y aunque no puede hacer nada de sí cuanto a lo exterior, no deja de entender y oír como cosa de lejos. No digo que entiende y oye, cuando está en lo subido de él (digo subido, en los tiempos que se pierden las potencias, porque están muy unidas con Dios, que entonces no ve, ni oye, ni siente, a mi parecer); mas, como dije en la oración de unión pasada, este transformamiento del alma del todo en Dios, dura poco; mas eso que dura, ninguna potencia se siente ni sabe lo que pasa allí. No debe ser para que se entienda mientras vivimos en la tierra, al menos no lo quiere Dios, que no debemos de ser capaces para ello. Y esto he visto por mí.

Diráme vuesa merced que ¿cómo dura alguna vez tantas horas el arrobamiento? Y muchas veces lo que pasa por mí es, como dije en la oración pasada, gózase con intrevalos, muchas veces se engolfa el alma u la engolfa el Señor en sí, por mijor decir, y tiniéndola ansí un poco, quédase con sola la voluntad. Paréceme, es este bullicio de estotras dos potencias, como el que tiene una lengüecilla de estos relojes de sol, que nunca para; mas cuando el sol de justicia quiere, hácelas detener. Esto digo, que es poco rato, mas como fue grande el ímpetu y levantamiento de espíritu, y aunque éstas tornen a bullirse queda engolfada la voluntad, y hace como señora del todo aquella operación en el cuerpo; porque ya que las otras dos potencias bullidoras la quieran estorbar, de los enemigos los menos, no la estorben también los sentidos; y ansí hace, que estén suspendidos, porque lo quiere ansí el Señor. Y por la mayor parte están cerrados los ojos, aunque no queramos cerrarlos; y si abiertos alguna vez, como ya dije, no atina y ni advierte lo que ve.

Aquí pues es mucho menos lo que puede hacer de sí, para que cuando se tornasen las potencias a juntar, no haya tanto que hacer. Por eso, a quien el Señor diere esto, no se desconsuele, cuando se vea ansí atado el cuerpo muchas horas, y a veces el entendimiento y memoria divertidos. Verdad es que lo ordinario es estar embebidas en alabanzas de Dios u en querer comprender, u entender lo que ha pasado por ellas; y aun para esto no están bien despiertas, sino como una persona que ha mucho dormido y soñado, y aun no acaba de despertar. Declárome tanto en esto, porque sé que hay ahora, aun en este lugar, personas a quien el Señor hace estas mercedes; y si los que las gobiernan no han pasado por esto, por ventura les parecerá que han de estar como muertas en arrobamiento, en especial si no son letrados; y lástima lo que se padece con los confesores, que no lo entienden, como yo diré después. Quizá yo no sé lo que digo: vuesa merced lo entenderá, si atino en algo, pues el Señor le ha ya dado espiriencia de ello, aunque como no es de mucho tiempo, quizá no habrá mirádolo tanto como yo. Ansí, que aunque mucho lo procuro, por muchos ratos no hay fuerzas en el cuerpo para poderse menear: todas las llevó el alma consigo. Muchas veces queda sano el que estaba bien enfermo, y lleno de grandes dolores, y con más habilidad, porque es cosa tan grande lo que allí se da; y quiere el Señor algunas veces, como digo, lo goce el cuerpo; pues ya obedece a lo que quiere el alma. Después que torna en sí, si ha sido grande el arrobamiento, acaece andar un día o dos y aun tres, tan absortas las potencias, u como embobecidas, que no parece andan en sí.

Aquí es la pena de haber de tornar a vivir, aquí le nacieron las alas para bien volar: ya se le ha caído el pelo malo. Aquí se levanta ya del todo la bandera por Cristo, que no parece otra cosa, sino que este alcaide de esta fortaleza se sube, u le suben a la torre más alta, a levantar la bandera por Dios. Mira a los de abajo, como quien está en salvo, ya no teme los peligros, antes los desea; como a quien por cierta manera se le da allí siguridad de la victoria. Vese aquí muy claro en lo poco que todo lo de acá se ha de estimar y lo nada que es. Quien está de lo alto alcanza muchas cosas. Ya no quiere querer ni tener otra voluntad, sino hacer la de Nuestro Señor, y ansí se lo suplica: dale las llaves de su voluntad. Hele aquí el hortolano hecho alcaide, no quiere hacer cosa, sino la voluntad del Señor: ni serlo él de sí, ni de nada, ni de un pero de esta huerta, sino que si algo bueno hay en ella, lo reparta su Majestad, que de aquí adelante no quiere cosa propia, sino que haga de todo conforme a su gloria y a su voluntad. Y en hecho de verdad pasa ansí todo esto, si los arrobamientos son verdaderos, que queda el alma con los efetos y aprovechamiento que queda dicho; y si no son éstos, dudaría yo mucho serlos de parte de Dios, antes temería no sean los rabiamientos, que dice san Vicente. Esto entiendo yo, y he visto por espiriencia, quedar aquí el alma señora de todo, y con libertad

en una hora y menos, que ella no se puede conocer. Bien ve que no es suyo, ni sabe cómo se le dio tanto bien, mas entiende claro el grandísimo provecho, que cada rabto de éstos trai. No hay quien lo crea, si no ha pasado por ello; y ansí no creen a la pobre alma, como la han visto ruin, y tan presto la ven pretender cosas tan animosas; porque luego da en no se contentar con servir en poco al Señor, sino en lo más que ella puede. Piensan es tentación y disbarate. Si entendiesen no nace de ella, sino del Señor, a quien ya ha dado las llaves de su voluntad, no se espantarían. Tengo para mí que un alma que allega a este estado, que ya ella no habla ni hace cosa por sí, sino que de todo lo que ha de hacer, tiene cuidado este soberano rey. ¡Oh, válame Dios, qué claro se ve aquí la declaración del verso y cómo se entiende tenía razón, y la ternán todos, de pedir alas de paloma! Entiéndese claro, es vuelo el que da el espíritu, para levantarse de todo lo criado, y de sí mesmo el primero; mas es vuelo suave, es vuelo deleitoso, vuelo sin ruido.

¡Qué señorío tiene un alma, que el Señor llega aquí, que lo mire todo sin estar enredada en ello! ¡Qué corrida está del tiempo que lo estuvo! ¡Qué espantada de su ceguedad! ¡Qué lastimada de los que están en ella, en especial si es gente de oración, y a quien Dios ya regala! Querría dar voces, para dar a entender qué engañados están; y aun ansí lo hace algunas veces, y lluévenle en la cabeza mil persecuciones. Tiénenla por poco humilde, y que quiere enseñar a de quien había de deprender: en especial si es mujer. Aquí es el condenar y con razón, porque no saben el ímpetu que las mueve, que a veces no se puede valer, ni puede sufrir no desengañar a los que quiere bien, y desea ver sueltos de esta cárcel de esta vida, que no es menos, ni le parece menos, en la que ella ha estado.

Fatígase del tiempo en que miró puntos de honra, y en el engaño que traía de creer, que era honra lo que el mundo llama honra: ve que es grandísima mentira, y que todos andamos en ella. Entiende que la verdadera honra no es mentirosa, sino verdadera, tiniendo en algo lo que es algo, y lo que es nada tenerlo en no nada, pues todo es nada, y menos que nada lo que se acaba y no contenta a Dios. Ríese de sí, del tiempo que tenía en algo los dineros y codicia de ellos, aunque en esto nunca creo, y es ansí verdad, confesé culpa; harta culpa era tenerlos en algo. Si con ellos se pudiera comprar el bien que ahora veo en mí, tuviéralos en mucho; mas ve que este bien se gana con dejarlo todo.

¿Qué es esto que se compra con estos dineros que deseamos? ¿Es cosa de precio? ¿Es cosa durable? ¿U para qué la queremos? Negro descanso se procura, que tan caro cuesta. Muchas veces se procura con ellos el infierno, y se compra fuego perdurable y pena sin fin. ¡Oh, si todos diesen en tenerlos por tierra sin provecho, qué concertado andaría el mundo, qué sin tráfagos! ¡Con qué amistad se tratarían todos, si faltase interese de honra y de dineros! Tengo para mí se remediaría todo.

Ve de los deleites tan gran ceguedad, y como con ellos compra trabajo, aun para esta vida y desasosiego. ¡Qué inquietud! ¡Qué poco contento! ¡Qué trabajar en vano! Aquí no sólo las telarañas ve de su alma, y las faltas grandes, sino un polvito que haya por pequeño que sea, porque el sol está muy claro; y ansí por mucho que trabaje un alma en perficionarse, si de veras la coge este sol, toda se ve muy turbia. Es como el agua que está en un vaso, que si no le da el sol, está muy claro, y si da en él, vése que está todo lleno de motas. Al pie de la letra es esta comparación, ántes de estar el alma de este éstasi, parécele que trae cuidado de no ofender a Dios, y que conforme a sus fuerzas hace lo que puede: mas llegada aquí, que le da este sol de justicia, que la hace abrir los ojos, ve tantas motas, que los querría tornar a cerrar. Porque aun no es tan hijo de esta águila caudalosa, que pueda mirar este sol de hito en hito; mas por poco que los tenga abiertos, vese toda turbia. Acuérdase del verso, que dice: ¿Quién será justo delante de ti? Cuando mira este divino sol, dislúmbrale la claridad; como se mira a sí, el barro la atapa los ojos, ciega está esta palomita: ansí acaece muy muchas veces quedarse ansí ciega del todo, absorta, espantada, desvanecida de tantas grandezas como ve. Aquí se gana la verdadera humildad, para no se le dar nada de decir bienes de sí, ni que lo digan otros. Reparte el Señor de el huerto la fruta y no ella; y ansí no se pega nada a las manos; todo el bien que tiene, va guiado a Dios: si algo dice de sí, es para su gloria. Sabe que no tiene nada ella allí; y aunque quiera no puede inorarlo, porque lo ve por vista de ojos; mal que le pese, se los hacen cerrar a las cosas del mundo, y que los tenga abiertos para entender verdades.

CAPITULO XXI

PROSIGUE Y ACABA ESTE POSTRER GRADO DE ORACIÓN; DICE LO QUE
SIENTE EL ALMA QUE ESTÁ EN EL DE TORNAR A VIVIR EN EL MUNDO,
Y DE LA LUZ QUE DA EL SEÑOR DE LOS ENGAÑOS DE ÉL;
TIENE BUENA DOTRINA

Pues acabando en lo que iba, digo, que no ha menester aquí consentimiento de esta alma: ya se le tiene dado, y sabe que con voluntad se entregó en sus manos, y que no le puede engañar, porque es sabidor de todo. No es como acá, que está toda la vida llena de engaños y dobleces: cuando pensáis tenéis una voluntad ganada, sigún lo que os muestra, venís a entender que todo es mentira. No hay ya quien viva en tanto tráfago, en especial si hay algún poco de interese. Bienaventurada alma que la trae el Señor a entender verdades. ¡Oh, qué estado éste para los reyes! ¡Cómo les valdría mucho más procurarlo, que no gran señorío! ¡Qué retitud habría el reino! ¡Qué de males se excusarían, y habrían excusado! Aquí no se teme perder vida, ni honra por amor de Dios. ¡Qué gran bien éste para quien está más obligado a mirar la honra del Señor, que todos los que son menos, pues han de ser los reyes a quien sigan! Por un punto de aumento en la fe, y de haber dado luz en algo a los herejes, perdería mil reinos y con razón: otro ganar es un reino, que no se acaba, que con solo una gota que gusta un alma de esta agua de él, parece asco todo lo de acá. Pues cuando fuere estar engolfada en todo, ¿qué será? ¡Oh Señor! si me diérades estado para decir a voces esto, no me creyera (como hacen a muchos que lo saben decir de otra suerte que yo) mas al menos satis-

faciérame yo. Paréceme que tuviera en poco la vida, por dar a entender una sola verdad de éstas, no sé después lo que hiciera, que no hay que fiar de mí: con ser la que soy me dan grandes ímpetus por decir esto a los que mandan, que me deshacen. De que no puedo más, tórnome a vos, Señor mío, a pediros remedio para todo; y bien sabéis vos, que muy de buena gana me desposeería yo de las mercedes que me habéis hecho, con quedar en estado que no os ofendiese, y las daría a los reyes; porque sé que sería imposible consentir cosas que ahora se consienten, ni dejar de haber grandísimos bienes. ¡Oh Dios mío! dadles a entender a lo que están obligados, pues los quisistes vos señalar en la tierra de manera, que aun he oído decir, hay señales en el cielo, cuando lleváis a alguno; que, cierto, cuando pienso esto, me hace devoción, que queráis vos, Rey mío, que hasta en esto entiendan os han de imitar en vida; pues en alguna manera hay señal en el cielo, como cuando moristes vos, en su muerte. Mucho me atrevo; rómpalo vuesa merced si mal le parece; y crea se lo diría mijor en presencia, si pudiese u pensase me han de creer, porque los encomiendo a Dios mucho, y querría me aprovechase. Todo lo hace aventurar la vida, que deseo muchas veces estar sin ella, y era por poco precio, aventurar a ganar mucho; porque no hay ya quien viva, viendo por vista de ojos el gran engaño en que andamos, y la ceguedad que traemos.

Llegada un alma aquí, no es sólo deseos los que tiene por Dios: Su Majestad la da fuerza para ponerlos por obra. No se le pone cosa delante, en que piense le sirve, a que no se abalance, y no hace nada, porque, como digo, ve claro que no es todo nada, sino contentar a Dios. El trabajo es, que no hay que se ofrezca a las que son de tan poco provecho como yo. Sed vos, Bien mío, servido; venga algún tiempo en que yo pueda pagar algún cornado de lo mucho que os debo. Ordenad vos, Señor, como fuéredes servido, como esta vuestra sierva os sirva en algo. Mujeres eran otras, y han hecho cosas heroicas por amor de vos; yo no soy para más de parlar, y ansí no queréis vos, Dios mío, ponerme en obras: todo se va en palabras y deseos, cuando he de servir, y aun para esto no tengo libertad, porque por ventura faltará en todos. Fortaleced vos mi alma, y disponedla primero bien de todos los bienes, Jesús mío, y ordenad luego modos como haga algo por vos, que no hay ya quien sufra recibir tanto y no pagar nada: cueste lo que costare, Señor, no queráis que vaya delante de vos tan vacías las manos, pues conforme a las obras se ha de dar el premio. Aquí está mi vida, aquí está mi honra y mi voluntad: todo os lo he dado, vuestra soy, disponed de mí conforme a la vuestra. Bien veo yo, mi Señor, lo poco que puedo; mas llegada a vos subida en esta atalaya, adonde se ven verdades, no os apartando de mí, todo lo podré, que si os apartáis, por poco que sea, iré adonde estaba que era a el infierno.

¡Oh, qué es un alma que se ve aquí, haber de tornar a tratar con todos a mirar y ver esta farsa de esta vida tan mal concertada a gastar el tiempo en cumplir con el cuerpo, durmiendo y comiendo! Todo la cansa, no sabe cómo huir, vese en cadena y presa: entonces siente más verdaderamente el cativerio, que traemos con los cuerpos, y la miseria de la vida. Conoce la razón que tenía san Pablo de suplicar a Dios le librase de ella; da voces con él, pide a Dios libertad, como otras veces he dicho; mas aquí es con tan gran ímpetu muchas veces, que parece se quiere salir el alma del cuerpo a buscar esta libertad, ya que no la sacan. Anda como vendida en tierra ajena; y lo que más le fatiga es no hallar muchos que se quejan con ella, y pidan esto, sino lo más ordinario es desear vivir. ¡Oh, si no estuviésemos asidos a nada, ni tuviésemos puesto nuestro contento en cosa de la tierra, cómo la pena que nos daría vivir siempre sin él, templaría el miedo de la muerte con el deseo de gozar de la vida verdadera! Considero algunas veces, cuando una como yo, por haberme el Señor dado esta luz con tan tibia caridad, y tan incierto el descanso verdadero, por no lo haber merecido mis obras, siento tanto verme en este destierro muchas veces, ¿qué sería el sentimiento de los santos? ¿Qué debía de pasar san Pablo y la Madalena, y otros semejantes, en quien tan crecido estaba este fuego de amor de Dios? Debía ser un continuo martirio. Paréceme que quien me da algún alivio y con quien descanso de tratar, son las personas que hallo de estos deseos: digo, deseos con obras; digo con obras, porque hay algunas personas, que a su parecer están desasidas, y ansí lo publican (y había ello de ser, pues su estado lo pide, y los muchos años que ha que algunas han comenzado camino de perfeción) mas conoce bien esta alma desde muy lejos, los que lo son de palabras, o los que ya estas palabras han confirmado con obras; porque tiene entendido el poco provecho que hacen los unos, y el mucho los otros; y es cosa, que quien tiene espiriencia, lo ve muy claramente.

Pues dicho ya estos efetos, que

hacen los arrobamientos, que son de
espíritu de Dios, verdad es que hay
más o menos: digo menos, porque a
los principios, aunque hace estos
efetos, no están espirimentados con
obras, y no se pueden ansí entender
que los tiene; y también va creciendo la perfeción y procurando no
haya memoria de telaraña, y esto
requiere algún tiempo; y mientras
más crece el amor y humildad en el
alma, mayor olor dan de sí estas flores de virtudes para sí y para los
otros. Verdad es que de manera
puede obrar el Señor en el alma en
un rabto de estos, que quede poco
de trabajar a el alma en adquirir
perfeción, porque no podrá nadie
creer, si no lo espirimenta, lo que
el Señor la da aquí; que no hay diligencia nuestra, que a esto llegue, a
mi parecer. No digo que con el favor
del Señor, ayudándose muchos años,
por los términos que escriben los
que han escrito de oración, principios
y medios, no llegarán a la perfeción
y desasimiento mucho con hartos
trabajos, mas no en tan breve tiempo, como si ninguno nuestro obra el
Señor aquí, y determinadamente saca el alma de la tierra, y le da señorío sobre lo que hay en ella, aunque en esta alma no hay más
merecimientos que había en la mía,
que no lo puedo más encarecer,
porque era casi ninguno. El por qué
lo hace su Majestad, es porque quiere, y, como quiere hácelo, y aunque
no haya en ella disposición, la dispone para recibir el bien que su Majestad le da. Ansí que no todas veces
los da, porque se lo han merecido en
granjear bien el huerto, aunque es
muy cierto a quien esto hace bien
y procura desasirse, no dejar de regalarle, sino que es su voluntad mostrar su grandeza algunas veces en la
tierra, que es más ruin, como tengo
dicho, y disponerla para todo bien;
de manera, que parece no es ya parte en cierta manera, para no tornar
a vivir en las ofensas de Dios que
solía.

Tiene el pensamiento tan habitua-
do a entender lo que es verdadera
verdad, que todo lo demás le parece
juego de niños. Ríese entre sí algunas veces cuando ve a personas graves de oración y religión, hacer mucho caso de unos puntos de honra,
que esta alma tiene ya debajo de los
pies. Dicen que es discreción y autoridad de su estado para más aprovechar: sabe ella muy bien que
aprovecharían más en un día, que
pospusiesen aquella autoridad de estado por amor de Dios, que con ella
en diez años. Ansí vive vida trabajosa y siempre con cruz, mas va en
gran crecimiento: cuando parece a
los que las tratan están muy en la
cumbre, desde a poco están muy
más mijoradas, porque siempre las
va favoreciendo más Dios. Es alma
suya, es el que la tiene ya a cargo,
y ansí le luce; porque parece asisten-
temente le está siempre guardando,
para que no le ofenda, y favoreciendo y despertando, para que le
sirva. En llegando mi alma a que
Dios la hiciese esta tan gran merced,
cesaron mis males, y me dio el Señor
fortaleza para salir de ellos, y no
me hacía más estar en las ocasiones,
y con gente que me solía distraer,
que si no estuviera; antes me ayudaba lo que me solía dañar: todo me
era medios para conocer más a Dios
y amarle, y ver lo que le debía y
pesarme de lo que había sido.

Bien entendía yo no venía aquello
de mí, ni lo había ganado con mi
diligencia, que aun no había habido
tiempo para ello: su Majestad me
había dado fortaleza para ello por
su sola bondad. Hasta ahora, desde
que me comenzó el Señor a hacer
esta merced destos arrobamientos,
siempre ha ido creciendo esta fortaleza, y por su bondad me ha tenido
de su mano, para no tornar atrás;
ni me parece cómo es ansí hago
nada casi de mi parte, sino que entiendo claro el Señor es el que obra:
y por esto me parece, que a alma
que el Señor hace estas mercedes, que

yendo con humildad y temor, siempre entendiendo el mesmo Señor lo hace, y nosotros casi no nada, que se podrá poner entre cualquiera gente, aunque sea más distraída y viciosa, no le hará al caso, ni moverá en nada; antes como he dicho, le ayudará, y serle ha modo para sacar muy mayor aprovechamiento. Son ya almas fuertes que escoge el Señor para aprovechar a otras; aunque esta fortaleza no viene de sí: de poco en poco, en llegando el Señor aquí un alma, le va comunicando muy grandes secretos. Aquí son las verdaderas revelaciones en este éstasi, y las grandes mercedes y visiones, y todo aprovecha para humillar y fortalecer el alma, y que tenga en menos las cosas de esta vida, y conozca más claro las grandezas del premio, que el Señor tiene aparejado a los que le sirven. Plega a su Majestad sea alguna parte la grandísima largueza que con esta miserable pecadora ha tenido, para que se esfuercen y animen los que esto leyeren, a dejarlo todo del todo por Dios; pues tan cumplidamente paga su Majestad, que aun en esta vida se ve claro el premio, y la ganancia que tienen los que le sirven, ¿qué será en la otra?

CAPITULO XXII

EN QUE TRATA CUÁN SEGURO CAMINO ES PARA LOS CONTEMPLATIVOS
NO LEVANTAR EL ESPÍRITU A COSAS ALTAS, SI EL SEÑOR NO LE LEVANTA;
Y CÓMO HA DE SER EL MEDIO PARA LA MÁS SUBIDA CONTEMPLACIÓN LA
HUMANIDAD DE CRISTO. DICE DE UN ENGAÑO EN QUE ELLA ESTUVO UN
TIEMPO. ES MUY PROVECHOSO ESTE CAPÍTULO

Una cosa quiero decir, a mi parecer importante, que si a vuesa merced le parece bien, servirá de aviso, que podría ser haberle menester; porque en algunos libros que están escritos de oración, tratan, que aunque el alma no puede por sí llegar a este estado, porque es todo obra sobrenatural, que el Señor obra en ella, que podrá ayudarse levantando el espíritu de todo lo criado, y subiéndole con humildad después de muchos años, que haya ido por la vida purgativa, y aprovechando por la iluminativa (no sé yo bien por qué dicen iluminativa; entiendo que de los que van aprovechando) y avisan mucho, que aparten de sí toda imaginación corpórea y que se alleguen a contemplar en la divinidad; porque dicen, que aunque sea la humanidad de Cristo, a los que llegan ya tan adelante, que embaraza u impide a la más perfeta contemplación. Traían lo que dijo el Señor a los apóstoles, cuando la venida del Espíritu Santo (digo cuando subió a los cielos), para este propósito. Paréceme a mí, que si tuviera la fe, como la tuvieron después que vino el Espíritu Santo, de que era Dios y hombre, no les impidiera; pues no se dijo esto a la madre de Dios, aunque le amaba más que todos. Porque les parece que como esta obra toda es espíritu, que cualquier cosa corpórea la puede estorbar u impedir; y que considerarse en cuadrada manera y que está Dios de todas partes y verse engolfado en él, es lo que han de procurar. Esto bien me parece a mí algunas veces; mas apartarse del todo de Cristo, y que entre en cuenta este divino cuerpo con nuestras miserias, ni con todo lo criado, no lo puedo sufrir. Plega a su Majestad que me sepa dar a entender. Yo no lo contradigo, porque son letrados y espirituales, y saben lo que dicen, y por muchos caminos y vías lleva Dios las almas, como ha llevado la mía; quiero yo ahora decir (en lo demás no me entremeto) y en el peligro en que me vi, por querer conformarme con lo que leía. Bien creo que quien llegare a tener unión, y no pasare adelante (digo arrobamientos y visiones y otras mercedes, que hace Dios a las almas) que terná lo dicho por lo mejor, como yo lo hacía; y si me hubiera estado en ello, creo nunca hubiera llegado a lo que ahora; porque a mi parecer es engaño: ya puede ser yo sea la engañada, mas diré lo que me acaeció.

Como yo no tenía maestro y leía en estos libros, por donde poco a poco yo pensaba entender algo (y después entendí, que si el Señor no me mostrara, yo pudiera poco con los libros deprender; porque no era nada lo que entendía, hasta que su Majestad por espiriencia me lo daba a entender, ni sabía lo que hacía) en comenzando a tener algo de oración sobrenatural, digo de quietud, procuraba desviar toda cosa corpórea; aunque ir levantando el alma yo no osaba, que como era siempre tan ruin, veía que era atrevimiento. Mas parecíame sentir la presencia de Dios, como es ansí, y procuraba estarme recogida con Él; y es oración sabrosa, si Dios allí ayuda, y el deleite mucho: y como se ve aquella ganancia y aquel gusto, ya no había quien me hiciese tornar a la humanidad, sino que en hecho de verdad me parecía me era impedimento. ¡Oh Señor de mi alma y bien mío Jesucristo crucificado! no me acuerdo vez de esta opinión que tuve, que no me da pena; y me parece que hice una gran traición, aunque con inorancia. Había sido yo tan devota toda mi vida de Cristo; porque esto era ya a la postre; digo a la postre, de antes que el Señor me hiciese estas mercedes de arrobamientos y visiones. Duró muy poco estar en esta opinión, y ansí siempre tornaba a mi costumbre de holgarme con este Señor. En especial cuando comulgaba, quisiera yo siempre traer delante de los ojos su retrato e imagen, ya que no podía traerle tan esculpido en mi alma, como yo quisiera. ¿Es posible, Señor mío, que cupo en mi pensamiento, ni una hora, que vos me habíades de impedir para mayor bien? ¿De dónde vinieron a mí todos los bienes, sino de vos? No quiero pensar, que en esto tuve culpa, porque me lastimo mucho, que cierto era inorancia; y ansí quisistes vos, por vuestra bondad, remediarla con darme quien me sacase de este yerro; y después con que os viese yo tantas veces, como adelante diré, para que más claro entendiese cuán grande era, y que lo dijese a muchas personas que lo he dicho, y para que lo pusiese ahora aquí. Tengo para mí, que la causa de no aprovechar más muchas almas, y llegar a muy gran libertad de espíritu cuando llegan a tener oración, de unión, es por esto.

Paréceme que hay dos razones en que puedo fundar mi razón, y quizá no digo nada, mas lo que dijere helo visto por espiriencia, que se hallaba muy mal mi alma, hasta que el Señor la dio luz. Porque todos sus gozos eran sorbos y salida de allí no se hallaba con la compañía que después, para los trabajos y tentaciones. La una es, que va un poco de poca humildad tan solapada y escondida, que no se siente. ¿Y quién será el soberbio y miserable, como yo, que cuando hubiera trabajado toda su vida con cuantas penitencias y oraciones y persecuciones se pudieren imaginar, no se halle por muy rico y muy bien pagado, cuando le consienta el Señor estar al pie de la cruz con san Juan? No sé en qué seso cabe no se contentar con esto, sino en el mío, que de todas maneras fue perdido en lo que había de ganar. Pues si todas veces, la condición u enfermedad, por ser penoso pensar en la Pasión, no se sufre, ¿quién nos quita estar con él después de resucitado, pues tan cerca le tenemos en el sacramento, donde ya está glorificado y no le miraremos tan fatigado y hecho pedazos, corriendo sangre, cansado por los caminos, perseguido de los que hacía tanto bien, no creído de los apóstoles? Porque, cierto, no todas veces hay quien sufra pensar tantos trabajos como pasó. Hele aquí sin pena, lleno de gloria, esforzando a los unos, animando a los otros, antes que subiese a los cielos. Compañero nuestro en el Santísimo Sacramento, que no parece fue en su mano apartarse un momento de nosotros. ¿Y que haya sido en la mía, apartarme yo de vos, Señor mío, por más serviros? Que ya cuando os ofendía, no os conocía: ¿mas que conociéndoos, pensase ganar más por este camino? ¡Oh qué mal camino llevaba, Señor! Ya me parece que iba sin camino, si vos no me tornárades a él, que en veros cabe mí, he visto todos los bienes. No me ha venido trabajo, que mirándoos a vos, cual estuvistes delante de los jueces, no se me haga bueno de sufrir. Con tan buen amigo presente, con tan buen capitán, que se puso en lo primero en el padecer, todo se puede sufrir. Él ayuda y da esfuerzo, nunca falta, es amigo verdadero; y veo yo claro y he visto después, que para contentar a Dios y que nos haga grandes mercedes, quiere sea por manos de esta Humanidad sacratísima, en quien dijo su Majestad se deleita. Muy muchas veces lo he visto por espiriencia: hámelo dicho el Señor. He visto claro que por esta puerta hemos de entrar, si queremos nos muestre la soberana Majestad grandes secretos.

Ansí que vuesa merced, Señor, no quiera otro camino aunque esté en la cumbre de contemplación: por aquí va siguro. Este Señor nuestro es por quien nos vienen todos los bienes, él le enseñará; mirando su vida, es el mejor dechado. ¿Qué más queremos de un tan buen amigo al lado, que no nos dejará en los trabajos y tribulaciones, como hacen los del mundo? Bienaventurado quien de verdad le amare y siempre le trajere cabe de sí. Miremos al glorioso san Pablo, que no parece se le caía de la boca siempre Jesús, como quien le tenía bien en el corazón. Yo he mirado con cuidado, después que esto he entendido, de algunos santos, grandes contemplativos, y no iban por otro camino. San Francisco da muestras de ello en las llagas. San Antonio de Padua en el niño. San Bernardo se deleitaba en la humanidad, santa Catalina de Sena, otros muchos que vuesa merced sabrá mijor que yo. Esto de apartarse de lo corpóreo bueno debe de ser cierto, pues gente tan espiritual lo dice; mas a mi parecer, ha de ser estando el alma muy aprovechada; porque hasta esto, está claro se ha de buscar el Criador por las criaturas. Todo es como la merced el Señor hace a cada alma, en eso no me entremeto. Lo que querría dar a entender es que no ha de entrar en esta cuenta la sacratísima humanidad de Cristo. Y entiéndase bien este punto, que querría saberme declarar.

Cuando Dios quiere suspender todas las potencias (como en los modos de oración que quedan dichos hemos visto) claro está, que aunque no queramos, se quita esta presencia. Entonces vaya enhorabuena: dichosa tal pérdida que es para gozar más de lo que nos parece se pierde; porque entonces se emplea el alma toda en amar a quien el entendimiento ha trabajado conocer, y ama lo que no comprendió, y goza de lo que no pudiera también gozar, si no fuera perdiéndose a sí, para, como digo, más ganarse. Más que nosotros de maña, y con cuidado nos acostumbraremos a no procurar con todas nuestras fuerzas traer delante siempre (y pluguiese al Señor fuese siempre) esta sacratísima Humanidad, esto digo, que no me parece bien, y que es andar el alma en el aire, como dicen; porque parece no trae arrimo, por mucho que le parezca anda llena de Dios. Es gran cosa, mientras vivimos y somos humanos, traerle humano; que éste es el otro inconveniente, que digo hay. El primero, ya comencé a decir, es un poco de falta de humildad, de quererse levantar el alma, hasta que el Señor la levante, y no contentarse con mediar cosa tan preciosa, y querer ser María, antes que haya trabajado con Marta. Cuando el Señor quiere que lo sea, aunque sea desde el primer día, no hay que temer; mas comidámonos nosotros, como ya creo otra vez he dicho. Esta motita de poca humildad, aunque no parece es nada, para querer aprovechar en la contemplación, hace mucho daño.

Tornando al segundo punto, nosotros no somos ángeles, sino tenemos cuerpo: queremos hacer ángeles estando en la tierra, y tan en la tierra como yo estaba, es desatino, sino que ha menester tener arrimo el pensamiento para lo ordinario, ya que algunas veces el alma salga de sí, o ande muchas tan llena de Dios, que no haya menester cosa criada para recogerla. Esto no es tan ordinario, que en negocios y persecuciones y trabajos, cuando no se puede tener tanta quietud, y en tiempo de sequedades, es muy buen amigo Cristo: porque le miramos hombre, y vémosle con flaquezas y trabajos, y es compañía, y habiendo costumbre es muy fácil hallarle cabe sí; aunque veces vernán, que ni lo uno ni lo otro no se pueda. Para esto es bien lo que ya he dicho, no nos mostrar a procurar consolaciones de espíritu, venga lo que viniere, abrazado con la cruz es gran cosa. Desierto quedó este Señor de toda consolación, sólo le dejaron en los trabajos, no le dejemos nosotros, que para más subir, él nos dará mijor la mano que nuestra diligencia, y ausentará cuando viere que conviene y que quiere el Señor sacar el alma de sí, como he dicho.

Mucho contenta a Dios ver un alma, que con humildad pone por tercero a su Hijo, y le ama tanto, que aun queriendo su Majestad subirle a muy gran contemplación, como tengo dicho, se conoce por indino, diciendo con san Pedro: Apartaos de mí, Señor, que soy hombre pecador. Esto he probado: de este arte ha llevado Dios mi alma. Otros irán, como he dicho, por otro atajo; lo que yo he entendido es, que todo este cimiento de la oración va fundado en humildad, y que mientras más se abaja un alma en la oración, más la sube Dios. No me acuerdo haberme hecho merced muy señalada, de las que adelante diré, que no sea estando deshecha de verme tan ruin; y aun procuraba darme su Majestad a entender cosas para ayudarme a conocerme, que yo no las supiera imaginar. Tengo para mí; que cuando el alma hace de su parte algo, para ayudarse en esta oración de unión, que aunque luego parece le aprovecha, que como cosa no fundada se tornará muy presto a caer; y he miedo, que nunca llegará a la verdadera pobreza de espíritu, que es no buscar consuelo ni gusto en la oración, que los de la tierra ya están dejados, sino

consolación en los trabajos, por amor del que siempre vivió en ellos; y estar en ellos, y en las sequedades quieta, aunque no sienta, no para dar inquietud y la pena que algunas personas; que si no están siempre trabajando con el entendimiento y con tener devoción, piensan que va todo perdido, como si por su trabajo se mereciese tanto bien.

No digo que no se procure y estén con cuidado delante de Dios; mas que si no pudieren tener aún un buen pensamiento, como otra vez he dicho, que no se maten: siervos sin provecho somos; ¿qué pensamos poder? Mas quiera el Señor que conozcamos esto, y andemos hechos asnillos, para traer la noria del agua, que queda dicha, que aunque cerrados los ojos y no entendiendo lo que hacen, sacarán más que el hortolano con toda su diligencia. Con libertad se ha de andar en este camino, puestos en las manos de Dios. Su Majestad, nos quiere subir a ser de los de su cámara y secreto, ir de buena gana; si no servir en oficios bajos y no sentarnos en el mejor lugar, como he dicho alguna vez. Dios tiene cuidado más que nosotros, y sabe para lo que es cada uno. ¿De qué sirve gobernarse a sí, quien tiene ya dada toda su voluntad a Dios? A mi parecer muy menos se sufre aquí, que en el primer grado de la oración, y mucho más daña: son bienes sobrenaturales. Si uno tiene mala voz, por mucho que se esfuerce a cantar, no se le hace buena; si Dios quiere dársela, no ha él menester antes dar dos veces: pues supliquemos siempre nos haga mercedes, rendida el alma, aunque confiada de la grandeza de Dios. Pues para que esté a los pies de Cristo le dan licencia, que procure no quitarse de allí, esté como quiera; imite a la Madalena, que de que estuviere fuerte, Dios la llevará al desierto.

Ansí que vuesa merced, hasta que halle quien tenga más espiriencia que yo, y lo sepa mijor, estése en esto. Si son personas que comienzan a gustar de Dios, no las crea, que les parece les aprovecha y gustan más ayudándose. ¡Oh, cuando Dios quiere, cómo viene al descubierto sin estas ayuditas que aunque más hagamos, arrebata el espíritu, como un gigante tomaría una paja, y no basta resistencia! ¡Qué manera para creer que cuando él quiere, espera que vuele el sapo por sí mesmo! Y aún más dificultoso y pesado me parece levantarse nuestro espíritu, si Dios no le levanta; porque está cargado de tierra y de mil impedimentos, y aprovéchale poco querer volar, que aunque es más su natural que el del sapo, está ya tan metido en el cieno, que lo perdió por su culpa. Pues quiero concluir con esto, que siempre que se piense de Cristo, nos acordemos del amor con que nos hizo tantas mercedes y cuán grande nos le mostró Dios nuestro Señor en darnos tal prenda del que nos tiene, que amor saca amor. Y aunque sea muy a los principios y nosotros muy ruines, procuremos ir mirando esto siempre y despertándonos para amar, porque si una vez nos hace el Señor merced, que se nos imprima en el corazón este amor, sernos ha todo fácil, y obraremos muy en breve y muy sin trabajo. Dénosle su Majestad, pues sabe lo mucho que nos conviene, por el que El nos tuvo, y por su glorioso Hijo, a quien tan a su costa nos le mostró, amén.

Una cosa querría preguntar a vuesa merced: ¿cómo en comenzando el Señor a hacer mercedes a un alma tan subidas, como es ponerla en perfeta contemplación, que de razón había de quedar perfeta del todo luego (de razón sí por cierto, porque quien tan gran merced recibe, no había más de querer consuelos de la tierra) pues por qué en arrobamiento, y en cuando está ya el alma más habituada a recibir mercedes, parece que trai consigo los efetos tan más subidos, y mientras más, más desasida, pues en un punto que el Señor llega la puede dejar santificada, cómo después andando

el tiempo la deja el mesmo Señor con perfeción en las virtudes? Esto quiero yo saber, que no lo sé: más bien sé es diferente lo que Dios deja de fortaleza, cuando a el principio no dura más que cerrar y abrir los ojos, y casi no se siente sino en los efetos que deja, o cuando va más a la larga esta merced. Y muchas veces paréceme a mí, si es el no se disponer del todo luego el alma hasta que el Señor poco a poco la cría, y la hace determinar y da fuerzas de varón, para que dé del todo con todo en el suelo, como lo hizo con la Madalena con brevedad; hácelo en otras personas, conforme a lo que ellas hacen en dejar a su Majestad hacer; no acabamos de creer, que aun en esta vida da Dios ciento por uno.

También pensaba yo esta comparación, que puesto que sea todo uno lo que se da a los que más adelante van, que en el principio es como un manjar, que comen de él muchas personas, y las que comen poquito, quédales sólo buen sabor por un rato, las que más ayuda a sustentar: las que comen mucho, da vida y fuerza, y tantas veces se puede comer y tan cumplido de este manjar de vida, que ya no coman cosa que les sepa bien, sino él, porque ve el provecho que le hace; y tiene ya tan hecho el gusto a esta suavidad, que querría más no vivir, que haber de comer otras cosas, que no sean sino para quitar el buen sabor, que el buen manjar dejó. También una compañía santa no hace su conversación tanto provecho de un día, como de muchos, y tantos pueden ser los que estamos en ella, que seamos como ella, si nos favorece Dios. Y en fin todo está en lo que su Majestad quiere, y a quien quiere darlo, mas mucho va en determinarse, quien ya comienza a recibir esta merced, en desasirse de todo y tenerla en lo que es razón.

También me parece que anda su Majestad a probar quien le quiere, sino uno sino otro, descubriendo

quién es con deleite tan soberano,
para avivar la fe, si está muerta,
de lo que nos ha de dar, diciendo:
—Mira que esto es una gota del
mar grandísimo de bienes, por no
dejar nada por hacer con los que
ama, y como ve que le reciben ansí,
da y se da. Quiere a quien le quiere;
¡y qué bien querido, y qué buen
amigo! ¡Oh Señor de mi alma, y
quién tuviera palabras para dar a
entender qué dais a los que se fían
de vos, y qué pierden los que llegan
a este estado, y se quedan consigo
mesmos! No queráis vos esto, Señor;
pues más que esto hacéis vos, que
os venís a una posada tan ruin como
la mía. Bendito seáis por siempre
jamás. Torno a suplicar a vuesa
merced, que estas cosas que he escrito de oración, si las tratare con
personas espirituales, lo sean; porque si no saben más de un camino,
o se han quedado en el medio, no
podrán ansí atinar. Y hay algunas,
que, desde luego las lleva Dios por
muy subido camino, y paréceles que
ansí podrán los otros aprovechar allí,
y quietar el entendimiento, y no se
aprovechar de medios de cosas corpóreas, y quedarse han secos como
un palo: y algunos que hayan tenido
un poco de quietud, luego piensan,
que como tienen lo uno, pueden hacer lo otro; y en lugar de aprovechar desaprovecharán, como he dicho. Ansí que en todo es menester
espiriencia y discreción. El Señor
nos la dé por su bondad.

CAPITULO XXIII

EN QUE TORNA A TRATAR DEL DISCURSO DE SU VIDA, Y CÓMO COMENZÓ
A TRATAR DE MAS PERFECIÓN, Y POR QUÉ MEDIOS; ES PROVECHOSO PARA
LAS PERSONAS QUE TRATAN DE GOBERNAR ALMAS QUE TIENEN ORACIÓN
SABER COMO SE HAN DE HABER EN LOS PRINCIPIOS Y EL PROVECHO QUE
LE HIZO SABERLA LLEVAR

Quiero ahora tornar adonde dejé de mi vida, que me he detenido, creo más de lo que me había de detener, porque se entienda mijor lo que está por venir. Es otro libro nuevo de aquí adelante, digo otra vida nueva: la de hasta aquí era mía, la que he vivido, desde que comencé a declarar estas cosas de oración, es que vivía Dios en mí, a lo que me parecía; porque entiendo yo era imposible salir en tan poco tiempo de tan malas costumbres y obras. Sea el Señor alabado, que me libró de mí. Pues comenzando a quitar ocasiones, y a darme más a la oración, comenzó el Señor a hacerme las mercedes, como quien deseaba, a lo que pareció, que yo las quisiese recibir. Comenzó su Majestad a darme muy de ordinario oración de quietud, y muchas veces de unión, que duraba mucho rato. Yo, como en estos tiempos había acaecido grandes ilusiones en mujeres, y engaños que las había hecho el demonio, comencé a temer, como era tan grande el deleite y suavidad que sentía, y muchas veces sin poderlo escusar; puesto que vía en mí por otra parte una grandísima siguridad que era Dios, en especial cuando estaba en la oración, y vía que quedaba de allí muy mijorada, y con más fortaleza. Mas en destrayéndome un poco, tornaba a temer, y a pensar, si quería el demonio, haciéndome entender que era bueno, suspender el enten-

dimiento para quitarme la oración mental, y que no pudiese pensar en la Pasión, ni aprovecharme del entendimiento, que me parecía a mí mayor pérdida, como no lo entendía. Mas como su Majestad quería ya darme luz, para que no le ofendiese, ya, y conociese lo mucho que le debía, creció de suerte este miedo, que me hizo buscar con diligencia personas espirituales con quien tratar, y que ya tenía noticia de algunos, porque habían venido aquí los de la Compañía de Jesús, a quien yo, sin conocer a ninguno, era muy aficionada, de sólo saber el modo que llevan de vida y oración, mas no me hallaba dina de hablarles, ni fuerte para obedecerlos, que esto me hacía más temer; porque tratar con ellos, y ser la que era, hacíaseme cosa recia.

En esto anduve algún tiempo, hasta que ya con mucha batería que pasé en mí, y temores, me determiné a tratar con una persona espiritual, para preguntarle qué era la oración que yo tenía, y que me diese luz si iba errada, y hacer todo lo que pudiese por no ofender a Dios; porque la falta, como he dicho, que vía en mi fortaleza, me hacía estar tan tímida. ¡Qué engaño tan grande, válame Dios, que para querer ser buena me apartaba del bien! En esto debe poner mucho el demonio en el principio de la virtud, porque yo no podía acabarlo conmigo. Sabe él que está todo el remedio de un alma en tratar con amigos de Dios y ansí no había término para que yo a esto me determinase. Aguardaba a enmendarme primero, como cuando dejé la oración, y por ventura nunca la hiciera, porque estaba ya tan caída en cosillas de mala costumbre, que no acababa de entender eran malas, que era menester ayuda de otros, y darme la mano para levantarme. Bendito sea el Señor, que en fin la suya fue la primera. Como yo vi iba tan adelante mi temor, porque crecía la oración, parecióme que en esto habría algún gran bien, o grandísimo mal: porque bien entendía ya era cosa sobrenatural lo que tenía porque algunas veces no lo podía resistir: tenerlo cuando yo quería era escusado. Pensé en mí que no tenía remedio, si no procuraba tener limpia conciencia y apartarme de toda ocasión, aunque fuese de pecados veniales, porque, siendo espíritu de Dios, clara estaba la ganancia: si era demonio procurando yo tener contento al Señor y no ofenderle, poco daño me podía hacer, antes él quedaría con pérdida. Determinada en esto, y suplicando siempre a Dios me ayudase, procurando lo dicho algunos días, vi que no tenía fuerza mi alma para salir con tanta perfeción a solas, por algunas aficiones que tenía a cosas que, aunque de suyo no eran muy malas, bastaban para estragarlo todo.

Dijéronme de un clérigo letrado que había en este lugar, que comenzaba el Señor a dar a entender a las gentes su bondad y buena vida: yo procuré por medio de un caballero santo, que hay en este lugar. Es casado, mas de vida tan ejemplar y virtuosa, y de tanta oración y caridad, que en todo él resplandece su bondad y perfeción y con mucha razón; porque gran bien ha venido a muchas almas por su medio, por tener tantos talentos, que aun con no le ayudar su estado, no puede dejar con ellos de obrar: mucho entendimiento, y muy apacible para todos,

su conversación no pesada, tan suave y agraciada, junto con ser reta y santa que da contento grande a los que trata: todo lo ordena para gran bien de las almas que conversa, y no parece traer otro estudio, sino hacer por todos los que él ve se sufre, y contentar a todos. Pues este bendito y santo hombre con su industria, me parece fue principio, para que mi alma se salvase. Su humildad a mí espántame, que con haber, a lo que creo, poco menos de cuarenta años que tiene oración (no sé si son dos o tres menos), y que lleva toda la vida de perfeción, que a lo que parece sufre su estado; porque tiene una mujer tan gran sierva de Dios, y de tanta caridad, que por ella no se pierde; en fin, como mujer de quien Dios sabía había de ser tan grande siervo suyo, la escogió. Estaban deudos suyos casados con parientes míos; y también con otro harto siervo de Dios, que estaba casado con una prima mía, tenía mucha comunicación. Por esta vía procuré viniese a hablarme este clérigo, que digo, tan siervo de Dios, que era muy su amigo, con quien pensé confesarme y tener por maestro. Pues trayéndolo, para que me hablase, y yo con grandísima confusión de verme presente de hombre tan santo, dile parte de mi alma y oración, que confesarme no quiso: dijo que era muy ocupado, y era ansí. Comenzó con determinación santa a llevarme como a fuerte (que de razón había de estar según la oración vio que tenía) para que en ninguna manera ofendiese a Dios. Yo como vi su determinación tan de presto en cosillas, que como digo, yo no tenía fortaleza para salir luego con tanta perfeción, afligirme, y como vi que tomaba las cosas de mi alma, como cosa que en una vez había de acabar con ella, yo vía que había menester mucho más cuidado. En fin entendí no eran por los medios que él me daba por donde yo me había de remediar: porque eran para alma más perfeta; y yo, aunque en las mercedes de Dios estaba adelante, estaba muy en los principios en las virtudes y mortificación. Y cierto, si no hubiera de tratar más de con él, yo creo nunca medrara mi alma, porque de la aflición que me daba, de ver como yo no hacía, ni me parece podía, lo que él me decía, bastaba para perder la esperanza y dejarlo todo. Algunas veces no me maravillo, que siendo persona que tiene gracia particular en comenzar a llevar almas a Dios, cómo no fue servido entendiese la mía, ni se quisiese encargar de ella, y veo fue todo para mayor bien mío, porque yo conociese y tratase gente tan santa, como la de la Compañía de Jesús.

De esta vez quedé concertada con este caballero santo, para que alguna vez me viniese a ver. Aquí se vio su grande humildad, querer tratar persona tan ruin como yo. Comenzóme a visitar y a animarme, y a decirme, que no pensase que en un día me había de apartar de todo, que poco a poco lo haría Dios, que en cosas bien livianas había estado él algunos años, que no las había podido acabar consigo. ¡Oh humildad, qué grandes bienes haces adonde estás, y a los que se llegan a quien la tiene! Decíame este santo (que a mi parecer con razón le puedo poner este nombre) flaquezas, que a él le parecía que lo eran, con su humildad para mi remedio; y mirado conforme a su estado, no era falta ni imperfeción, y conforme al mío era grandísima tenerlas. Yo no digo esto sin propósito, porque parece me alargo en menudencias, y importan tanto para comenzar a aprovechar un alma, y sacarla a volar, que aun no tiene plumas, como dicen, que no lo creerá nadie, sino quien ha pasado por ello. Y porque espero yo en Dios vuesa merced ha de aprovechar mucho, lo digo aquí, que fue toda mi salud saberme curar, y tener humildad y caridad para estar conmigo, y sufrimiento de ver que no en todo me enmendaba. Iba con discreción poco a poco, dando maneras para vencer el demonio. Yo le comencé a tener tan grande amor, que no había para mí mayor descanso, que el día que le veía, aunque eran pocos. Cuando tardaba, luego me fatigaba mucho, pareciéndome que por ser tan ruin no me vía.

Como él fue entendiendo mis imperfeciones tan grandes (y aun serían pecados, aunque después que le traté más enmendada estaba) y como le dije las mercedes que Dios me hacía, para que me diese luz, díjome, que no venía lo uno con lo otro, que aquellos regalos eran de personas que estaban ya muy aprovechadas y mortificadas: que no podía dejar de temer mucho; porque le parecía mal espíritu en algunas cosas, aunque no se determinaba; mas que pensase bien todo lo que entendía de mi oración, y se lo dijese. Y era el trabajo, que yo no sabía poco ni mucho decir lo que era mi oración; porque esta merced de saber entender qué es, y saberlo decir, ha poco que me la dio Dios. Como me dijo esto, con el miedo, que yo traía, fue grande mi aflición y lágrimas: porque cierto yo deseaba contentar a Dios, y no me podía persuadir a que fuese demonio, mas temía por mis grandes pecados me cegase Dios para no le entender. Mirando libros, para ver si sabría decir la oración que tenía hallé en uno que se llamaba *Subida del monte,* en lo que toca a unión del alma con Dios, todas las señales que yo tenía en aquel no pensar nada; que esto era lo que yo más decía que no podía pensar nada cuando tenía aquella oración. Señalé con unas rayas la parte que eran, y dile el libro, para que él y el otro clérigo que he dicho, santo y siervo de Dios, lo mirasen, y me dijesen lo que había de hacer; y que si les pareciese dejaría la oración del todo, que para qué me había yo de meter en esos peligros, pues a cabo de veinte años casi que había que la tenía, no había salido con ganancia, sino con engaños del demonio, que mijor era no lo tener: aunque también esto se me hacía recio, porque ya yo había probado cuál estaba mi alma sin oración. Ansí que todo lo vía trabajoso, como el que está metido en el río, que a cualquiera parte que vaya de él, teme más peligro, y él se está casi ahogando. Es un trabajo muy grande éste, y de éstos he pasado muchos, como diré adelante; que aunque parece no importa, por ventura hará provecho entender, cómo se ha de probar el espíritu.

Y es grande, cierto, el trabajo que se pasa, y es menester tiento, en especial con mujeres, porque es mucha nuestra flaqueza, y podría venir a mucho mal, diciéndoles muy claro es demonio; sino mirarlo muy bien, y apartarlas de los peligros que puede haber, y avisarlas en secreto pongan mucho y le tengan ellos, que conviene. Y en esto hablo como quien le cuesta harto trabajo, no lo tener algunas personas con quien he tratado mi oración, sino preguntando unos y otros por bien, me han hecho harto daño; que se han divulgado cosas, que estuvieran bien secretas, pues no son para todos, y parecía las publicaba yo. Creo sin culpa suya lo ha primitido el Señor, para que yo padeciese. No digo que decían lo que trataba con ellos en confesión, mas, como eran personas a quien yo daba cuenta por mis temores, para que me diesen luz, parecíame a mí habían de callar. Con todo nunca osaba callar cosa a personas semejantes. Pues digo, que se avise con mucha discreción, animándolas y aguardando tiempo, que el Señor las ayudará como ha hecho a mí; que sino grandísimo daño me hiciera, según era temerosa y medrosa. Con el gran mal de corazón que tenía espántome cómo no me hizo mucho mal.

Pues como di el libro, y hecha relación de mi vida y pecados, lo mijor que pude (por junto, que no confesión por ser seglar, más bien di a entender cuán ruin era) los dos siervos de Dios miraron con gran caridad y amor lo que me convenía. Venida la respuesta, que yo harto temor esperaba, y habiendo encomendado a muchas personas que me encomendasen a Dios, y yo con harta oración aquellos días, con harta fatiga vino a mí, y díjome, que a todo su parecer de entrambos era demonio. Que lo que me convenía, era tratar con un padre de la Compañía de Jesús, que como yo le llamase, diciendo que tenía necesidad, vernía; y que le diese cuenta de toda mi vida por una confesión general, y de mi condición, y todo con mucha claridad, que por la virtud del sacramento de la confesión le daría Dios más luz, que eran muy espirimentados en cosas de espíritu. Que no saliese de lo que me dijese en todo, porque estaba en mucho peligro, si no había quien me gobernase. A mí me dio tanto temor y pena, que no sabía qué me hacer, todo era llorar; y estando en un oratorio muy afligida, no sabiendo qué había de ser de mí, leí en un libro, que parece el Señor me lo puso en las manos, que decía san Pablo que era Dios muy fiel, que nunca a los que le amaban consentía ser del demonio engañados. Esto me consoló mucho. Comencé a tratar de mi confesión general, y poner por escrito todos los males y bienes, un discurso de mi vida lo más claramente que yo entendí y supe, sin dejar nada por decir. Acuérdome, que como vi después que lo escribí tantos males y casi ningún bien, que me dio una aflición y fatiga grandísima. También me daba pena, que me viesen en casa tratar con gente tan santa, como los de la Compañía de Jesús, porque temía mi ruindad, y parecíame quedaba obligada más a no lo ser, y quitarme de mis pasatiempos, si esto no lo hacía, que era peor; y ansí procuré con la sacristana y portera no lo dijesen a nadie. Aprovechóse poco, que acertó a estar a la puerta cuando me llamaron, quien lo dijo por todo el convento. Mas, ¡qué de embarazos pone el demonio y qué de

temores a quien se quiere llegar a
Dios!

Tratando con aquel siervo de Dios;
que lo era harto y bien avisado, toda mi alma, como quien bien sabía
este lenguaje, me declaró lo que era,
y me animó mucho. Dijo ser espíritu de Dios muy conocidamente, sino que era menester tornar de nuevo
a la oración, porque no iba bien
fundada, ni había comenzado a entender mortificación: y era ansí, que
aun el nombre no me parece entendía, que en ninguna manera dejase
la oración, sino que me esforzase
mucho, pues Dios me hacía tan particulares mercedes; que qué sabía si
por mis medios quería el Señor hacer bien a muchas personas, y otras
cosas (que parece profetizó lo que
después el Señor ha hecho conmigo)
que ternía mucha culpa, si no respondía a las mercedes, que Dios me
hacía. En esto me parecía hablaba
en él el Espíritu Santo, para curar
mi alma, según se imprimía en ella.

Hízome gran confusión: llevóme por
medios, que parecía del todo me tornaba otra. ¡Qué gran cosa es entender un alma! Díjome, que tuviese
cada día oración en un paso de la
Pasión, y que me aprovechase de él,
y que no pensase sino en la Humanidad, y que aquellos recogimientos y
gustos resistiese cuanto pudiese, de
manera que no les diese lugar, hasta
que él me dijese otra cosa. Dejóme
consolada y esforzada, y el Señor
que me ayudó, y a él para que entendiese mi condición, y cómo me
había de gobernar. Quedé determinada de no salir de lo que él me
mandase en ninguna cosa, y ansí lo
hice hasta hoy. Alabado sea el Señor, que me ha dado gracia para
obedecer a mis confesores, aunque
imperfetamente, y casi siempre han
sido de estos benditos hombres de
la Compañía de Jesús; aunque imperfetamente, como digo, los he seguido. Conocida mejoría comenzó a
tener mi alma, como ahora diré.

CAPITULO XXIV

PROSIGUE LO COMENZADO, Y DICE CÓMO FUE APROVECHÁNDOSE SU
ALMA, DESPUÉS QUE COMENZÓ A OBEDECER, Y LO POCO QUE LE
APROVECHABA EL RESISTIR LAS MERCEDES DE DIOS, Y CÓMO SU
MAJESTAD SE LAS IBA DANDO MÁS CUMPLIDAS

Quedó mi alma de esta confesión tan blanda, que me parecía no hubiera cosa a que no me dispusiera; y ansí comencé a hacer mudanza en muchas cosas, aunque el confesor no me apretaba, antes parecía hacía poco caso de todo: y esto me movía más, porque lo llevaba por modo de amar a Dios, y como que dejaba libertad y no premio, si yo no me lo pusiese por amor. Estuve ansí casi dos meses, haciendo todo mi poder en resistir los regalos y mercedes de Dios. Cuanto a lo exterior víase la mudanza, porque ya el Señor me comenzaba a dar ánimo para pasar por algunas cosas, que decían personas que me conocían, pareciéndoles extremos, y aun en la mesma casa: y de lo que antes hacía, razón tenían, que era extremo; mas de lo que era obligada al hábito y profisión que hacía quedaba corta. Gané de este resistir gustos y regalos de Dios, enseñarme su Majestad, porque antes me parecía, que para darme regalos en la oración, era menester mucho arrinconamiento, y casi no me osaba bullir: después vi lo poco que hacía el caso, porque cuando más procuraba divertirme, más me cubría el Señor de aquella suavidad y gloria, que me parecía toda me rodeaba, y que por ninguna parte podía huir, y ansí era. Yo traía tanto cuidado, que me daba pena. El Señor le traía mayor a hacer mercedes, y a señalarse mucho más que solía en estos dos meses,

para que yo mijor entendiese, que no era más en mi mano. Comencé a tomar de nuevo amor a la sacratísima Humanidad: comenzóse a asentar la oración, como edificio que ya llevaba cimiento, y aficionarme a más penitencia, de que yo estaba descuidada, por ser tan grandes mis enfermedades. Díjome aquel varón santo, que me confesó, que algunas cosas no me podrían dañar, que por ventura me daba Dios tanto mal, porque yo no hacía penitencia me la querría dar su Majestad: Mandábame hacer algunas mortificaciones no muy sabrosas para mí. Todo lo hacía, porque parecíame que me lo mandaba el Señor, y dábale gracia para que me lo mandase, de manera que yo le obedeciese. Iba ya sintiendo mi alma cualquier ofensa que hiciese a Dios, por pequeña que fuese, de manera que si alguna cosa superflua traía, no podía recogerme hasta que me la quitaba. Hacía mucha oración, porque el Señor me tuviese de su mano, pues trataba con sus siervos no primitiese tornarse atrás, que me parecía fuera gran delito, y que habían ellos de perder crédito por mí.

En este tiempo vino el padre Francisco, que era duque de Gandía y había algunos años, que dejándolo todo, había entrado en la Compañía de Jesús. Procuró mi confesor, y el caballero que he dicho también vino a mí, para que le hablase, y diese cuenta de la oración que tenía, porque sabía iba muy adelante en ser muy favorecido y regalado de Dios; que como quien había mucho dejado por Él, aun en esta vida le pagaba. Pues, después que me hubo oído, díjome que era espíritu de Dios, y que le parecía que no era bien ya resistirle más: que hasta entonces estaba bien hecho, sino que siempre comenzase la oración en un paso de la Pasión: y que si después el Señor me llevase el espíritu, que no le resistiese, sino que dejase llevarle su Majestad, no lo procurando yo. Como quien iba bien adelante dio la medicina y consejo; que hace mucho en esto la espiriencia; dijo que era yerro resistir más. Yo quedé muy consolada y el caballero también: holgábase mucho que dijese era de Dios, y siempre me ayudaba, y daba avisos en lo que podía, que era mucho.

En este tiempo mudaron a mi confesor de este lugar a otro, lo que yo sentí muy mucho, porque pensé me había de tornar a ser ruin, y no me parecía posible hallar otro como él. Quedó mi alma como en un desierto, muy desconsolada y temerosa: no sabía qué hacer de mí. Procuróme llevar una parienta mía a su casa, y yo procuré ir luego a procurar otro confesor en los de la Compañía. Fue el Señor servido, que comencé a tomar amistad con una señora viuda de mucha calidad y oración, que trataba con ellos mucho. Hízome confesar a su confesor, y estuve en su casa muchos días: vivía cerca. Yo me holgaba por tratar mucho con ellos, que, de solo entender la santidad de su trato, era grande el provecho que mi alma sentía. Este padre me comenzó a poner en más perfeción. Decíame, que para el todo contentar a Dios, no había de dejar nada por hacer: también con harta maña y blandura, porque no estaba aún mi alma nada fuerte, sino muy tierna, en especial en dejar algunas amistades que tenía, aunque no ofendía a Dios con ellas, era mucha afición, y parecía-

me a mí era ingratitud dejarlas; y ansí le decía, que, no ofendía a Dios, que ¿por qué había de ser desagradecida? Él me dijo, que lo encomendase a Dios unos días, y que rezase el himno de *Veni Creator*, porque me diese luz de cuál era lo mijor. Habiendo estado un día mucho en oración, y suplicando al Señor me ayudase a contentarle en todo, comencé el himno, y estándole diciendo, vínome un arrebatamiento tan súpito, que casi me sacó de mí, cosa que yo no pude dudar, porque fue muy conocido. Fue la primera vez que el Señor me hizo esta merced de arrobamiento. Entendí estas palabras: *Ya no quiero que tengas conversación con hombres, sino con ángeles.* A mí me hizo mucho espanto, porque el movimiento del ánima fue grande, y muy en el espíritu se me dijeron estas palabras. Ansí me hizo temor, aunque por otra parte gran consuelo, que en quitándoseme el temor (que a mi parecer causó la novedad) me quedó.

Ello se ha cumplido bien, que nunca más yo he podido asentar en amistad, ni tener consolación ni amor particular, sino a personas, que entiendo le tienen a Dios, y le procuran servir; ni ha sido en mi mano, ni me hace el caso ser deudos ni amigos. Si no entiendo esto, o es persona que trata de oración, esme cruz penosa tratar con nadie: esto es ansí a todo mi parecer, sin ninguna falta. Desde aquel día yo quedé tan animosa para dejarlo todo por Dios, como quien había querido en aquel momento (que no me parece fue más) dejar otra a su sierva. Ansí que no fue menester mandármelo más, que como me vía el confesor tan asida en esto, no había osado determinadamente decir que lo hiciese. Debía yo aguardar a que el Señor obrase, como lo hizo, ni yo pensé salir con ello: porque ya yo mesma lo había procurado, y era tanta la pena que me daba, que como cosa que me parecía no era inconveniente, la dejaba; y aquí me dio el Señor libertad y fuerza para ponerla por obra. Ansí se lo dije al confesor y lo dejé conforme a como me lo mandó. Hizo harto provecho a quien yo trataba, ver en mí esta determinación. Sea Dios bendito por siempre, que en un punto me dio la libertad, que yo, con todas cuantas diligencias había hecho muchos años había, no pude alcanzar conmigo, haciendo hartas veces tan gran fuerza, que me costaba harto de mi salud. Como fue hecho de quien es poderoso y Señor verdadero de todo, ninguna pena me dio.

CAPITULO XXV

EN QUE TRATA DEL MODO Y MANERA CÓMO SE ENTIENDEN ESTAS HABLAS, QUE HACE DIOS AL ALMA PARA OÍRSE, Y DE ALGUNOS ENGAÑOS, QUE PUEDE HABER EN ELLO; Y EN QUÉ SE CONOCERÁ CUÁNDO LO ES. ES DE MUCHO PROVECHO PARA QUIEN SE VIERE EN ESTE GRADO DE ORACIÓN, PORQUE SE DECLARA MUY BIEN Y DE HARTA DOTRINA

Paréceme será bien declarar, cómo es este hablar que hace Dios a el alma, y lo que ella siente, para que vuesa merced lo entienda; porque desde esta vez que he dicho que el Señor me hizo esta merced, es muy ordinario hasta ahora, como se verá en lo que está por decir. Son unas palabras muy formadas, mas con los oídos corporales no se oyen, sino entiéndese muy mas claro que si se oyesen; y dejarlo de entender, aunque mucho se resista, es por demás. Porque cuando acá no queremos oír, podemos tapar los oídos, u advertir otra cosa, de manera, que aunque se oya, no se entienda. En esta plática que hace Dios a el alma, no hay remedio ninguno, sino que aunque me pese, me hacen escuchar, y estar el entendimiento tan entero para entender lo que Dios quiere entendamos, que no basta querer ni no querer. Porque El que todo lo puede, quiere que entendamos se ha de hacer lo que quiere, y se muestra Señor verdadero de nosotros. Esto tengo muy espirimentado, porque me duró casi dos años el resistir, con el gran miedo que traía; y ahora lo pruebo algunas veces, mas poco me aprovecho.

Yo querría declarar los engaños que puede haber aquí aunque quien tiene mucha espiriencia paréceme será poco o ninguno; mas ha de ser mucha la espiriencia, y la diferencia que hay cuando es espíritu bueno u cuando es malo; u como puede también ser apreensión de el mesmo entendimiento, que podría acaecer, o hablar del mesmo espíritu a sí mesmo; esto no sé yo si puede ser, mas aun hoy me ha parecido que sí. Cuando es de Dios tengo muy probado en muchas cosas, que se me decían dos, y tres años antes, y todas se han cumplido, y hasta ahora ninguna ha salido mentira: y otras cosas adonde se ve claro ser espíritu de Dios, como después se dirá.

Paréceme a mí, que podría una persona, estando encomendando una cosa a Dios con grande afeto y apreensión, parecerle entiende alguna cosa, si se hará o no, y es muy imposible; aunque a quien ha entendido de estotra suerte, verá claro lo que es, porque es mucha la diferencia. Y si es cosa que el entendimiento fabrica, por delgado que vaya, entiende que ordena él algo, y que habla. Que no es otra cosa sino ordenar una la plática o escuchar lo que otro le dice, y verá el entendimiento, que entonces no escucha, pues que obra y las palabras que él fabrica son como cosa sorda, fantaseada y no con la claridad que estotras. Y aquí está en nuestra mano divertirnos, como callar cuando hablamos: en estotro no hay término. Y otra señal, más que todas, que no hace operación, porque estotra que habla el Señor, es palabras y obras: y aunque las palabras no sean de devoción, sino de reprensión, a la primera dispone un alma y la habilita y enternece y da luz que regala y quieta; y si estaba con sequedad u alboroto y desasosiego del alma, como con la mano se le quita; y aun mijor, que parece quiere el Señor se entienda que es poderoso, y que sus palabras son obras. Paréceme, que hay la diferencia, que si nosotros hablásemos u oyésemos, ni más ni menos; porque lo que hablo, como he dicho, voy ordenando con el entendimiento lo que digo; mas si se me hablan, no hago más que oír sin ningún trabajo. Lo uno va como una cosa, que no nos podemos bien determinar, si es uno que está medio dormido; estotro es voz tan clara, que no se pierde una sílaba de lo que se dice: y acaece a tiempos, que está el entendimiento, y alma tan alborotada y distraída, que no acertaría a concertar una buena razón, y halla guisadas grandes sentencias, que le dicen que ella, aun estando muy recogida, no pudiera alcanzar, y a la primera palabra, como digo, la mudan toda: en especial, si está en arrobamiento, que las potencias están suspensas, ¿cómo se entenderán cosas que no habían venido a la memoria aún antes? ¿Cómo vernán entonces, que no obra casi, y la imaginación está como embobada?

Entiéndase, que cuando se ven visiones, u se entienden estas palabras, a mi parecer, nunca es en tiempo que está unida el alma en el mesmo arrobamiento; que en este tiempo (como ya dejo declarado, creo en la sigunda agua) de el todo se pierden todas las potencias, y a mi parecer, allí ni se puede ver ni entender ni oír. Está en otro poder toda, y en este tiempo, que es muy breve no me parece la deja el Señor, para nada libertad. Pasado este breve tiempo, que se queda aun en el arrobamiento el alma, es esto que digo, porque quedan las potencias de manera que aunque no están perdidas, casi nada obran; están como absortas, y no hábiles para concertar razones. Hay tantas para entender la diferencia, que si una vez se engañase, no serán muchas. Y digo, que si es alma ejercitada, y está sobre aviso, lo verá muy claro; porque dejadas otras cosas por donde se ve lo que he dicho, ningún efeto hace, ni el alma lo admite: porque estotro, mal que nos pese, y no se da crédito, antes se entiende que es devanear de el entendimiento casi como no se haría caso de una persona, que sabéis tiene frenesí. Estotro es como si lo oyésemos a una persona muy santa, u letrada, y de gran autoridad, que sabemos no nos ha de mentir; y aun es baja comparación; porque traen algunas veces una majestad consigo estas palabras, que sin acordarnos quién las dice, si son de reprensión, hacen temblar; y si son de amor, hacen deshacerse en amar. Y son cosas como he dicho, que estaban bien lejos de la memoria, y dícense tan de presto sentencias tan grandes, que era menester mucho tiempo para haberlas de ordenar, y en ninguna manera me parece se puede entonces inorar no ser cosa fabricada de nosotros.

Ansí, que en esto no hay que me detener, que por maravilla me parece puede haber engaño en persona ejercitada, si ella mesma de advertencia no se quiere engañar. Acaecídome ha muchas veces, si tengo alguna duda, no creer lo que me dicen, y pensar si se me antojó (esto después de pasado, que entonces es imposible) y verlo cumplido desde ha mucho tiempo; porque hace el Señor, que quede en la memoria, que no se puede olvidar, y lo que es del entendimiento, es como primer movimiento del pensamiento, que pasa y se olvida. Estotro es como obra, que aunque se olvide algo y pase tiempo, no tan del todo, que se pierda la memoria de que en fin se dijo, salvo si no ha mucho tiempo, o son palabras de favor o dotrina; mas de profecía no hay que olvidarse, a mi parecer, al menos a mí, aunque tengo poca memoria. Y torno a decir, que me parece si un alma no fuese tan desalmada que lo quiera fingir, que sería harto mal, y decir que lo entiende no siendo ansí: mas dejar de ver claro, que ella lo ordena, y lo parla entre sí, paréceme no lleva camino, si ha entendido el espíritu de Dios; que si no toda su vida podrá estarse en ese engaño, y parecerle que entiende, aunque yo no sé cómo. U esta alma lo quiere entender, u no: si se está deshaciendo de lo que entiende, y en ninguna manera querría entender nada por mil temores, y otras muchas causas que hay, para tener deseo de estar quieta en su oración, sin estas cosas, ¿cómo da tanto espacio el entendimiento, que ordene razones? Tiempo es menester para esto. Acá sin perder ninguno quedamos enseñadas, y se entienden cosas, que parece era menester un mes para ordenarlas. Y el mesmo entendimiento y alma quedan espantados de algunas cosas que se entienden. Esto es ansí, y quien tuviera espiriencia, verá que es al pie de la letra todo lo que he dicho. Alabo a Dios, porque lo he sabido ansí decir. Y acabo con que me parece siendo del entendimiento, cuando lo quisiésemos lo podríamos entender, y cada vez que tenemos oración nos podría parecer entendemos: mas en estotro no es ansí, sino que estaré muchos días, que aunque quiera entender algo es imposible; e cuando otras veces no quiero, como he dicho, lo tengo de entender. Paréceme, que quien quisiese engañar a los otros, diciendo que entiende de Dios lo que es de sí, que poco le cuesta decir, que lo oye con los oídos corporales: y es ansí cierto con verdad, que jamás pensé había otra manera de oír entender hasta que lo vi por mí; y ansí como he dicho, me cuesta harto trabajo.

Cuando es demonio, no sólo no deja buenos efetos, mas déjalos malos. Esto me ha acaecido no más de dos, o tres veces, y he sido luego avisada del Señor, cómo era demonio. Dejado la gran sequedad que queda, es una inquietud en el alma, a manera de otras muchas veces, que ha permitido el Señor que tenga grandes tentaciones y trabajos de alma de diferentes maneras; y aunque me atormenta hartas veces, como adelante diré, es una inquietud, que no se sabe entender de dónde viene, sino que parece resiste el alma, y se alborota y aflige sin saber de qué; porque lo que él dice no es malo, sino bueno. Pienso si siente un espíritu a otro. El gusto y deleite que él da, a mi parecer, es diferente en gran manera. Podría él engañar con estos gustos a quien no tuviere, u hubiere tenido otros de Dios. De veras digo gustos, una recreación suave, fuerte, impresa, deleitosa, quieta, que unas devoncioncitas de lágrimas, y otros sentimientos pequeños, que al primer airecito de persecución se pierden estas florecitas, no las llamo devociones, aunque son buenos principios y santos sentimientos, mas no para determinar estos efetos de buen espíritu o malo. Y ansí es bien mandar siempre con gran aviso; porque cuando a personas que no están más adelante en oración que hasta esto, fácilmente podrían ser engañadas si tuviesen visiones u revelaciones. Yo nunca tuve cosas de estas postreras, hasta haberme Dios dado por sola su bondad oración de unión, sino fue la primera vez que dije, que ha muchos años, que vi a Cristo, que plugiera a su Majestad entendiera yo era verdadera visión, como después lo he entendido, que no me fuera poco bien. Ninguna blandura queda en el alma, sino como espantada y con gran desgusto.

Tengo por muy cierto que el demonio no engañará, ni lo primitirá Dios, a alma que de ninguna cosa se ría de sí, y está fortalecida en la fe, que entienda ella de sí, que por un punto de ella morirá mil muertes: y con este amor a la fe, que infunde luego Dios, que es una fe viva, fuerte, siempre procura ir conforme a lo que tiene la Ilesia, preguntando a unos y a otros, como quien tiene ya hecho asiento fuerte en estas verdades, que no la moverían cuantas revelaciones pueda imaginar, aunque viese abiertos los cielos, un punto de lo que tiene la Ilesia. Si alguna vez se viese vacilar en su pensamiento contra esto, o detenerse en decir; pues si Dios me dice esto, también puede ser verdad, como lo que decía a los santos (no digo que lo crea, sino que el demonio la comience a tentar, por primero movimiento, que detenerse en ello, ya se ve que es malísimo; mas aun primeros movimientos muchas veces en este caso, creo no vernán si el alma está en esto tan fuerte, como lo hace el Señor a quien da estas cosas, que le parece desmenuzaría los demonios, sobre una verdad de lo que tiene la Ilesia muy pequeña) digo, que si no viene en sí esta fortaleza grande, y que ayude a ella la devoción, o visión, que no la tenga por sigura. Porque aunque no se sienta luego el daño, poco a poco podría hacerse grande, que a lo que yo veo y sé de espiriencia, de tal manera queda el crédito de que es Dios, que vaya conforme a la Sagrada Escritura, y como un tantico torciese de esto, mucha más firmeza sin comparación me parece ternía en que es demonio, que ahora tengo de que es Dios, por grande que la tenga: porque entonces no es menester andar a buscar señales, ni qué espíritu es, pues está tan clara esta señal, para creer que es demonio, que si entonces todo el mundo me asegurase que es Dios, no lo creería. El caso es que cuando es demonio, parece que se asconden todos los bienes y huyen del alma, sigún queda desabrida y alborotada, y sin ningún efeto bueno: porque aunque parece pone deseos, no son fuertes; la humildad que deja es falsa, alborotada y sin suavidad. Paréceme que quien tiene espiriencia del buen espíritu, lo entenderá.

Con todo puede haber muchos embustes el demonio, y ansí no hay cosa en esto tan cierta, que no lo sea más temer, e ir siempre con aviso, y tener maestro que sea letrado, y no le callar nada; y con esto ningún daño puede venir, aunque a mí hartos me han venido por estos temores demasiados, que tienen algunas personas. En especial me acaeció una vez, que se habían juntado muchos, a quien yo daba gran crédito, y era razón se le diese, que aunque yo ya no trataba sino con uno, y cuando él me lo mandaba hablaba a otros, unos con otros trataban mucho de mi remedio, que me tenían mucho amor, y temían no fuese engañada: yo también traía grandísimo temor, cuando no estaba en la oración, que estando en ella, y haciéndome el Señor alguna merced, luego me aseguraba. Creo eran cinco u seis, todos muy siervos de Dios; y díjome mi confesor, que todos se determinaban en que era demonio, que no comulgase tan a menudo, y que procurase distraerme de suerte que no tuviese soledad. Yo era temerosa en extremo, como he dicho, y ayudábame el mal de corazón, que aun en una pieza sola no osaba estar de día muchas veces. Yo como vi que tantos lo afirmaban, y yo no lo podía creer, diome grandísimo escrúpulo, pareciéndome poca humildad; porque todos eran más de la buena vida, sin comparación, que yo, y letrados, que ¿por qué no los había de creer? Forzábame lo que podía para creerlos, y pensaba en mi ruin vida, y que conforme a esto, debían de decir verdad. Fuime de la Ilesia con esta aflición, y entréme en un oratorio, habiéndome quitado muchos días de comulgar, quitada la soledad, que era todo mi consuelo, sin tener persona con quien tratar, porque todos eran contra mí: unos me parecía burlaban de mí, cuando de ello trataba como que se me antojaba; otros avisaban al confesor, que se guardase de mí; otros decían, que era claro demonio: sólo el confesor, que aunque conformaba con ellos (por probarme, según después supe) siempre me consolaba, y me decía, que aunque fuese demonio, no ofendiendo yo a Dios, no me podía hacer nada, que ello se me quitaría, que lo rogase mucho a Dios; y él, y todas las personas que confesaba lo hacían harto, y otras muchas: y yo toda mi oración, y cuantos entendía eran siervos de Dios, porque su Majestad me llevase por otro camino, y esto me duró no sé si dos años, que era contino pedirlo a el Señor.

A mí ningún consuelo me bastaba, cuando pensaba era posible, que tantas veces me había de hablar el demonio. Porque de que no tomaba horas de soledad para oración, en conversación me hacía el Señor recoger, y sin poderlo yo escusar, me decía, lo que era servido; y, aunque me pesaba, lo había de oír. Pues estándome sola, sin tener una persona con quien descansar, ni podía rezar ni leer, sino como persona espantada de tanta tribulación, y temor de si me había de engañar el demonio, toda alborotada y fatigada, sin saber qué hacer de mí (en esta aflición me vi algunas, y muchas veces, aunque no me parece ninguna en tanto extremo) estuve ansí cuatro u cinco horas, que consuelo, ni del cielo ni de la tierra, no había para mí sino que me dejó el Señor padecer, temiendo mil peligros. ¡Oh, Señor mío, como sois vos el amigo verdadero, y como poderoso, cuando queréis podéis, nunca dejáis de querer si os quieren! ¡Alaben os todas las cosas, Señor del mundo! ¡Oh quién diese voces por él, para decir cuán fiel sois a vuestros amigos! Todas las cosas faltan: vos Señor, de todas ellas nunca faltáis. Poco es lo que dejáis padecer a quien os ama. ¡Oh, Señor mío! ¡qué delicada y pulida y sabrosamente los sabéis tratar! ¡Oh, quien nunca se hubiera detenido en amar a nadie, sino a vos! Parece, Señor, que probáis con rigor a quien os ama, para que en el extremo del trabajo se entienda el mayor extremo de vuestro amor. ¡Oh, Dios mío, quien tuviera entendimiento y letras y nuevas palabras, para encarecer vuestras obras, como lo entiende mi alma! Fáltame todo, Señor mío, mas si vos no me desamparáis, no os faltaré yo a vos. Levántense contra mí todos los letrados, persíganme todas las cosas criadas, atorménteme los demonios, no me faltéis vos, Señor, que ya tengo espiriencia de la ganancia con que sacáis a quien en sólo vos confía. Pues estando en esta tan gran fatiga (aun entonces no había comenzado a tener ninguna visión) solas estas palabras bastaban para quitármela, y quietarme del todo: "No hayas miedo, hija, que Yo soy, y no te desampararé; no temas."

Paréceme a mí, sigún estaba, que eran menester muchas horas para persuadirme a que me sosegase, y que no bastara nadie: heme aquí con estas solas palabras sosegada, con fortaleza, con ánimo, con siguridad, con una quietud y luz, que en un punto vi mi alma hecha otra, y me parece que con todo el mundo disputara, que era Dios. ¡Oh qué buen Dios! ¡Oh qué buen Señor, y qué poderoso! No sólo da el consejo, sino el remedio. Sus palabras son obras. ¡Oh válame Dios, y cómo fortalece la fe y se aumenta el amor! Es ansí cierto, que muchas veces me acordaba de cuando el Señor mandó a los vientos, que estuviesen quedos en la mar, cuando se levantó la tempestad; y ansí decía yo: "¿Quién es éste, que ansí le obedecen todas mis potencias, y da luz en tan gran escuridad en un momento, y hace blando un corazón, que parecía piedra, da agua de lágrimas suaves, adonde parecía había de haber mucho tiempo sequedad? ¿Quién pone estos deseos? ¿Quién da este ánimo? Que me acació pensar: ¿de qué temo? ¿Qué es esto? Yo deseo servir a este Señor, no pretendo otra cosa, sino contentarle; no quiero contento, ni descanso ni otro bien, sino hacer su voluntad; que de esto bien cierta estaba a mi parecer, que lo podía afirmar. Pues si este Señor es poderoso, como veo que lo es, y sé que lo es, y que con sus esclavos los demonios, y de esto no hay que dudar, pues es fe, siendo yo sierva de este Señor y rey, ¿qué mal me pueden ellos hacer a mí? ¿Por qué no he de tener yo fortaleza para combatirme con todo el infierno? Tomaba una cruz en la mano, y parecía verdaderamente darme Dios ánimo, que yo me vi otra en breve tiempo, que no temería tomarme con ellos a brazos, que me parecía fácilmente con aquella cruz los venciera a todos; y ansí dije: Ahora venid todos, que siendo sierva del Señor, yo quiero ver qué me podéis hacer.

Es sin duda, que me parecía me habían miedo, porque yo quedé sosegada, y tan sin temor de todos ellos, que se me quitaron todos los miedos, que solía tener, hasta hoy: porque aunque algunas veces los vía, como diré después, no les he habido más casi miedo, antes me parecía ellos me le habían a mí. Quedóme, un señorío contra ellos, bien dado del Señor de todos, que no se me da más de ellos que de moscas. Parécenme tan cobardes, que en viendo que los tienen en poco, no les queda fuerza. No saben estos enemigos de hecho acometer, sino a quien ven que se les rinde, o cuando lo primite Dios, para más bien de sus siervos, que los tienten y atormenten. Pluguiese a su Majestad temiésemos a quien hemos de temer, y entendiésemos nos puede venir mayor daño de un pecado venial, que de todo el infierno junto, pues es ello ansí. Que espantados nos train estos demonios, porque nos queremos nosotros espantar con nuestros asimientos de honra y haciendas y deleites;

que entonces juntos ellos con nosotros mesmos, que nos somos contrarios, amando, y queriendo lo que hemos de aborrecer, mucho daño nos harán; porque con nuestras mesmas armas les hacemos que peleen contra nosotros, puniendo en sus manos con las que nos hemos de defender. Esta es la gran lástima. Mas si todo lo aborrecemos por Dios, y nos abrazamos con la cruz, y tratamos servirle de verdad, huye él de estas verdades, como de pestilencia. Es amigo de mentiras y la mesma mentira. No hará pacto con quien anda en verdad. Cuando él ve escurecido el entendimiento, ayuda lindamente a que se quiebren los ojos, porque si a uno ve ya ciego en poner su descanso en cosas vanas, y tan vanas, que parecen las de este mundo cosa de juego de niño, ya él ve que éste es niño, pues trata como tal, y atrévese a luchar con él una y muchas veces.

Plega a el Señor, que no sea yo de éstos, sino que me favorezca su Majestad, para entender por descanso lo que es descanso, y por honra lo que es honra, y por deleite lo que es deleite, y no todo al revés; y una higa para todos los demonios, que ellos me temerán a mí. No entiendo estos miedos, demonio, demonio, donde podemos decir, Dios, Dios, y hacerle temblar. Sí que ya sabemos que no se puede menear, si el Señor no lo primite. ¿Qué es esto? Es sin duda, que tengo ya más miedo a los que tan grande le tienen al demonio, que a él mesmo; porque él no me puede hacer nada, y estotros, en especial si son confesores, inquietan mucho y he pasado algunos años de tan gran trabajo, que ahora me espanto cómo lo he podido sufrir. Bendito sea el Señor, que tan de veras me ha ayudado.

CAPITULO XXVI

PROSIGUE EN LA MESMA MATERIA. VA DECLARANDO Y DICIENDO COSAS
QUE LE HAN ACAECIDO, QUE LE HACÍAN PERDER EL TEMOR Y AFIRMAR
QUE ERA BUEN ESPÍRITU EL QUE LA HABLABA

Tengo por una de las grandes mercedes, que me ha hecho el Señor, este ánimo que me dio contra los demonios; porque andar un alma acobardada y temerosa de nada, si no de ofender a Dios, es grandísimo inconveniente, pues tenemos Rey todo poderoso y tan gran Señor, que todo lo puede, y a todos sujeta. No hay que temer, andando, como he dicho, en verdad delante de su Majestad y con limpia conciencia. Para esto, como he dicho, querría yo todos los temores, para no ofender en un punto a quien en el mesmo punto nos puede deshacer; que, contento su Majestad, no hay quien sea contra nosotros, que no lleve las manos en la cabeza. Podráse decir que ansí es; mas que, ¿quién será esta alma tan reta, que del todo le contente y que por eso teme? No la mía por cierto, que es muy miserable y sin provecho y llena de mil miserias, mas no ejecuta Dios como las gentes, que entiende nuestras flaquezas; mas por grandes conjeturas siente el alma en sí, si le ama de verdad; porque en las que llegan a este estado no anda el amor disimulado, como a los principios, sino con tan grandes ímpetus y deseo de ver a Dios, como después diré, u queda ya dicho. Todo cansa, todo fatiga, todo atormenta, sino es con Dios u por Dios: no hay descanso que no canse, porque se ve ausente de su verdadero descanso, y ansí es cosa muy clara, que como digo no pasa en disimulación.

Acaecióme otras veces verme con grandes tribulaciones y murmuraciones sobre cierto negocio, que después diré, de casi todo el lugar adonde estoy, y de mi orden, y afligida con muchas ocasiones que había para inquietarme y decirme el Señor: "¿De qué temes? ¿No sabes que soy todo poderoso? Yo cumpliré lo que te he prometido"; y ansí se cumplió bien después; y quedar luego con una fortaleza, que de nuevo me parece me pusiera en emprender otras cosas, aunque me costasen más trabajos para servirle, y me pusiera de nuevo a padecer. Es esto tantas veces, que no lo podría yo contar muchas las que me hacía reprensiones, y hace cuando hago imperfeciones, que bastan a deshacer un alma. Al menos train consigo el enmendarse, porque su Majestad, como he dicho, da el consejo y el remedio. Otras traerme a la memoria mis pecados pasados, en especial cuando el Señor me quiere hacer alguna señalada merced, que parece ya se ve el alma en el verdadero juicio, porque le representan la verdad con conocimiento claro, que no sabe adonde se meter. Otras avisarme de algunos peligros míos, y de otras personas, cosas por venir, tres u cuatro años antes, muchas, y todas se han cumplido: algunas podía ser señalar. Ansí que hay tantas cosas para entender que es Dios, que no se puede inorar, a mi parecer.

Lo más siguro es (yo ansí lo hago, y sin esto no ternía sosiego, ni es bien que mujeres le tengamos, pues no tenemos letras, y aquí no puede haber daño sino muchos provechos) como muchas veces me ha dicho el Señor, que no deje de comunicar toda mi alma, y las mercedes que el Señor me hace, con el confesor, y que sea letrado, y que le obedezca: esto muchas veces. Tenía yo un confesor que me mortificaba mucho, y algunas veces me afligía y daba gran trabajo, porque me inquietaba mucho, y era el que más me aprovechó, a lo que me parece: y aunque le tenía mucho amor, tenía algunas tentaciones por dejarle, y parecíame me estorbaban aquellas penas que me daba, de la oración. Cada vez que estaba determinada a esto, entendía luego que no lo hiciese, y una reprensión, que me deshacía más, que cuanto el confesor hacía: algunas veces me fatigaba, cuestión por un cabo y reprensión por otro; y todo lo había menester, sigún tenía poco doblada la voluntad. Díjome una vez que no era obedecer, si no estaba determinada a padecer; que pusiese los ojos en lo que El había padecido, y todo se me haría fácil.

Aconsejóme una vez un confesor, que a los principios me había confesado, que ya que estaba probado ser buen espíritu, que callase y no diese ya parte a nadie, porque mijor era ya estas cosas callarlas. A mí no me pareció mal, porque yo sentía tanto cada vez que las decía al confesor y era tanta mi afrenta, que mucho más que confesar pecados graves lo sentía algunas veces: en especial, si eran las mercedes grandes, parecíame no me habían de creer y que burlaban de mí. Sentía yo tanto esto, que me parecía era desacato a las maravillas de Dios, que por esto quisiera callar. Entendía entonces, que había sido muy mal aconsejada de aquel confesor, que en ninguna manera callase cosa al que me confesaba, porque en esto había gran siguridad y, haciendo lo contrario, podría ser engañarme alguna vez.

Siempre que el Señor me mandaba una cosa en la oración, si el confesor me decía otra, me tornaba el mesmo Señor a decir que le obedeciese: después su Majestad le volvía, para que me lo tornase a mandar. Cuando se quitaron muchos libros de romance, que no se leyesen, yo sentí mucho, porque algunos me daba recreación leerlos, y yo no podía ya, por dejarlos en latín, me dijo el Señor: "No tengas pena, que yo te daré libro vivo." Yo no podía entender, por qué se me había dicho esto, porque aun no tenía visiones: después desde ha bien pocos días lo entendí muy bien, porque he tenido tanto que pensar; y recogerme en lo que veía presente, ha tenido tanto amor el Señor conmigo para enseñarme de muchas maneras, que muy poca u casi ninguna necesidad he tenido de libros. Su Majestad ha sido el libro verdadero adonde he visto las verdades. Bendito sea tal libro, que deja imprimido lo que se ha de leer y hacer, de manera que no se puede olvidar.

¿Quién ve al Señor cubierto de llagas y afligido con persecuciones, que no las abrace y las ame y las desee? ¿Quién ve algo de la gloria, que da a los que le sirven, que no conozca es todo nada, cuanto se puede hacer y padecer, pues tal premio esperamos? ¿Quién no ve los tormentos que pasan los condenados, que no se le hagan deleites los tormentos de acá en su comparación, y conozcan lo mucho que deben a el Señor en haberlos librado tantas veces de aquel lugar? Porque con el favor de Dios se dirá más de algunas cosas, quiero ir adelante en el proceso de mi vida. Plega a el Señor haya sabido declararme en esto que he dicho: bien creo que quien tuviere espiriencia lo entenderá y verá que he atinado a decir algo: quien no, no me espanto le parezca desatino todo. Basta decirlo yo para quedar disculpado, ni yo culparé a quien lo dijere. El Señor me deje atinar en cumplir su voluntad, amén.

CAPITULO XXVII

EN QUE TRATA OTRO MODO CON QUE ENSEÑA EL SEÑOR AL ALMA, Y SIN
HABLARLA LA DA A ENTENDER SU VOLUNTAD POR UNA MANERA
ADMIRABLE. TRATA TAMBIÉN DE DECLARAR UNA VISIÓN Y GRAN MERCED
QUE LE HIZO EL SEÑOR, NO IMAGINARIA. ES MUCHO DE NOTAR
ESTE CAPÍTULO

Pues tornando a el discurso de mi vida, yo estaba con esta aflición de penas y con grandes oraciones, como he dicho que se hacían, porque el Señor me llevase por otro camino, que fuese más siguro, pues éste me decían era tan sospechoso. Verdad es que aunque yo le suplicaba a Dios, por mucho que quería desear otro camino, como vía tan mijorada mi alma (sino era alguna vez, cuando estaba muy fatigada de las cosas que me decían, y miedos que me ponían) no era en mi mano desearlo, aunque siempre lo pedía. Yo me vía otra en todo: no podía, sino poníame en las manos de Dios, que El sabía lo que me convenía, que cumpliese en mí lo que era su voluntad en todo. Vía que por este camino le llevaba para el cielo, y que antes iba a el infierno: que había de desear esto, ni creer que era demonio, no me podía forzar a mí, aunque hacía cuanto podía por creerlo y desearlo: mas no era en mi mano. Ofrecía lo que hacía, si era alguna buena obra, por eso. Tomaba santos devotos, porque me librasen del demonio. Andaba novenas, encomendábame a san Hilarión, y a san Miguel Angel, con quien por esto tomé nuevamente devoción; y a otros muchos santos importunaba mostrase el Señor la verdad, digo que lo acabasen con su Majestad. A cabo de dos años, que andaba con toda esta oración mía, y de otras personas, para lo dicho, o que el Señor me llevase por otro camino u declarase la verdad (porque eran muy continuas las hablas, que he dicho me hacía el Señor) me acaeció esto.

Estando un día del glorioso san Pedro en oración, vi cabe mí, u sentí, por mijor decir, que con los ojos del cuerpo, ni del alma no vi nada, mas parecióme estaba junto cabe mí Cristo y vía ser Él el que me hablaba a mi parecer. Yo como estaba inorantísima de que podía haber semejante visión, diome gran temor a el principio, u no hacía sino llorar, aunque en diciéndome una palabra sola de asigurarme, quedaba, como solía, quieta y con regalo y sin ningún temor. Parecíame andar siempre al lado Jesucristo; y como no era visión imaginaria, no vía en qué forma: mas estar siempre a mi lado derecho sentíalo muy claro, y que era testigo de todo lo que yo hacía, y que ninguna vez que me recogiese un poco, o no estuviese muy divertida, podía inorar que estaba cabe mí.

Luego fuí a mi confesor harto fatigada a decírselo. Preguntóme, que ¿en qué forma le vía? Yo le dije que no le vía. Díjome, que ¿cómo sabía yo que era Cristo? Yo le dije, que no sabía cómo mas que no podía dejar de entender que estaba cabe mí, y le vía claro, y sentía, y que el recogimiento del alma era muy mayor en oración de quietud y muy contina, y los efetos que eran muy otros que solía tener, y que era cosa muy clara. No hacía sino poner comparaciones para darme a entender; y cierto para esta manera de visión, a mi parecer, no la hay que mucho cuadre: que ansí como es de las más subidas, sigún después me dijo un santo hombre y de gran espíritu, llamado fray Pedro de Alcántara, de quien después haré más mención, y me han dicho otros letrados grandes, y que es adonde menos se puede entremeter el demonio, de todas; ansí no hay términos para decirla acá las que poco sabemos, que los letrados mijor la darán a entender. Porque si digo, que con los ojos del cuerpo ni del alma, no le veo, porque no es imaginaria visión, ¿cómo entiendo y me afirmo con más claridad, que está cabe mí, que si lo viese? Porque parecer que es como una persona que está a escuras, que no ve a otra que está cabe ella, o si es ciega, no va bien: alguna semejanza tiene, mas no mucha, porque siente con los sentidos, u la oye hablar, u menear, u la toca. Acá no hay nada de esto, ni se ve escuridad, sino que se represcnta por una noticia al alma, más clara que el sol. No digo que se ve sol, ni claridad, sino una luz, que sin ver luz alumbra el entendimiento; para que goce el alma tan gran bien. Trai consigo grandes bienes.

No es como una presencia de Dios, que se siente muchas veces, en especial los que tienen oración de unión y quietud; que parece en queriendo comenzar a tener oración, hallamos con quien hablar, y parece entendemos nos oye por los efetos y sentimientos espirituales, que sentimos, de gran amor y fe, y otras determinaciones con ternura. Esta gran merced es de Dios, y téngalo en mucho a quien lo ha dado; porque es muy subida oración, mas no es visión, que entiéndese que está allí Dios, por los efetos que, como digo hace a el alma, que por aquel modo quiere su Majestad darse a

sentir: acá vese claro, que está aquí Jesucristo, Hijo de la Virgen. En esta otra manera de oración represéntame unas influencias de la Divinidad: aquí junto con éstas se ve nos acompaña, y quiere hacer mercedes también la Humanidad sacratísima. Pues preguntóme el confesor, ¿quién dijo que era Jesucristo? —Él me lo dice muchas veces, respondí yo: mas antes que me lo dijese, se emprimió en mi entendimiento que era Él, y antes de esto me lo decía, y no le veía. Si una persona que yo nunca hubiese visto, sino oído nuevas de ella, me viniese a hablar estando ciega, o en gran escuridad, y me dijese quién era, creerlo hía, mas no tan determinantemente lo podría afirmar ser aquella persona, como si la hubiera visto. Acá sí, que sin verse se imprime con una noticia tan clara, que no parece se puede dudar; que quiere el Señor esté tan esculpida en el entendimiento, que no se puede dudar más, que lo que se ve, ni tanto; porque en esto algunas veces nos queda sospecha, si se nos antojó: acá aunque de presto dé esta sospecha, queda por una parte gran certidumbre, que no tiene fuerza la duda. Ansí es también en otra manera, que Dios enseña el alma, y la habla sin hablar, de la manera que queda dicha.

Es un lenguaje tan del cielo, que acá se puede mal dar a entender, aunque más queramos decir, si el Señor por espiriencia no lo enseña. Pone el Señor lo que quiere que el alma entienda, en lo muy interior del alma, y allí lo presenta sin imagen, ni forma de palabras, sino a manera de esta visión que queda dicha. Y nótese mucho esta manera de hacer Dios, que entiende el alma lo que Él quiere, y grandes verdades y misterios; porque muchas veces lo que entiendo, cuando el Señor me declara alguna visión que quiere su Majestad representarme, es ansí; y paréceme que es adonde el demonio se puede entremeter menos, por estas razones: si ellas no son buenas yo me debo engañar. Es una cosa tan de espíritu esta manera de visión y de lenguaje, que ningún bullicio hay en las potencias ni en los sentidos, a mi parecer, por donde el demonio pueda sacar nada. Esto es alguna vez y con brevedad, que otras bien me parece a mí que no están suspendidas las potencias, ni quitados los sentidos, sino muy en sí, que no es siempre esto en contemplación, antes muy pocas veces: mas éstas que son, digo, que no obramos nosotros nada, ni hacemos nada; todo parece obra del Señor. Es como cuando ya está puesto el manjar en el estómago sin comerle, ni saber nosotros cómo se puso allí, mas entiende bien que está. Aunque aquí no se entiende el manjar que es, ni quien lo puso, acá sí; mas cómo se puso no lo sé, que ni se vio, ni se entiende, ni jamás se había movido a desearlo, ni había venido a mí noticia que esto podía ser.

En la habla, que hemos dicho antes, hace Dios al entendimiento que advierta, aunque le pese, a entender lo que se dice; que allá parece tiene el alma otros oídos con que oye, y que la hace escuchar, y que no se divierta; como a uno que oyese bien, y no le consintiesen atapar los oídos, y le hablasen junto a voces, aunque no quisiese lo oiría. Y en fin algo hace, pues está atento a entender lo que le hablan: acá ninguna cosa, que aun este poco que es sólo escuchar, que hacía en lo pasado, se le quita. Todo lo halla guisado y comido, no hay más que hacer de gozar; como uno que sin deprender, ni haber trabajado nada para saber leer, ni tampoco hubiese estudiado nada, hallase toda la ciencia sabida ya en sí, sin saber cómo, ni dónde, pues aun nunca había trabajo, aun para deprender el abecé. Esta comparación postrera me declara algo de este don celestial; porque se ve el alma en un punto sabia, y tan declarado el misterio de la Santísima Trinidad, y de otras cosas muy subidas, que no hay teólogo con quien no se atreviese a disputar la verdad

de estas grandezas. Quédase tan espantada, que basta una merced de éstas para trocar toda un alma y hacerla no amar cosa sino a quien ve, que, sin trabajo ninguno suyo, la hace capaz de tan grandes bienes, y le comunica secretos, y trata con ella con tanta amistad y amor, que no se sufre escribir. Porque hace algunas mercedes, que consigo train la sospecha, por ser de tanta admiración, y hechas a quien tampoco las ha merecido, que si no hay muy viva fe, no se podrán creer; y ansí yo pienso decir pocas de las que el Señor me ha hecho a mí, si no me mandaren otra cosa, sino son algunas visiones, que pueden para alguna cosa aprovechar, o para que, a quien el Señor las diere, no se espante, pareciéndole imposible, como hacía yo; o para declararle el modo u camino por donde el Señor me ha llevado, que es lo que me mandan escribir.

Pues tornando a esta manera de entender, lo que me parece es, que quiere el Señor de todas maneras tenga esta alma alguna noticia de lo que pasa en el cielo: y paréceme a mí, que ansí como allá sin hablar se entiende (lo que yo nunca supe cierto es ansí, hasta que el Señor por ruin que sea, pues ansí lo hace conmigo, trayéndome arrobamiento) ansí es acá, que se entienden Dios y el alma, con sólo querer su Majestad que lo entienda, sin otro artificio, para darse a entender el amor que se tienen estos dos amigos. Como acá si dos personas se quieren mucho, y tienen buen entendimiento, aun sin señas parece que se entienden con sólo mirarse. Esto debe ser aquí, que sin ver nosotros, como de hito en hito se miran estos dos amantes, como lo dice el Esposo a la Esposa en los Cantares: a lo que creo, helo oído que es aquí.

¡Oh benignidad admirable de Dios, que ansí os dejáis mirar de unos ojos, que tan mal han mirado, como los de mi alma! Queden ya, Señor, de esta vista acostumbrados en no mirar cosas bajas, ni que les contenten ninguna, fuera de vos. ¡Oh ingratitud de los mortales! ¿Hasta cuándo ha de llegar? Que sé yo por espiriencia, que es verdad esto que digo, y que es lo menos de lo que vos hacéis con un alma que traéis a tales términos, lo que se puede decir. Oh almas que habéis comenzado a tener oración, y las que tenéis verdadera fe, ¿qué bienes podéis buscar, aun en esta vida (dejemos lo que se gana para sin fin) que sea como el menor de éstos? Mirá, que es ansí cierto, que se da Dios a sí, a los que todo lo dejan por Él. No es acetador de personas, a todas ama: no tiene nadie escusa, por su bondad quiso que lo viese, y me lo mostró en un a tal estado. Mirá, que no es cifra lo que digo de lo que se puede decir, sólo va dicho lo que es menester, para darse a entender esta manera de visión y merced, que hace Dios a el alma; más no puedo decir lo que se siente, cuando el Señor la da a entender secretos y grandezas suyas, el deleite tan sobre cuantos acá se pueden entender, que bien con razón hace aborrecer los deleites de la vida, que son basura todos juntos. Es asco traerlos a ninguna comparación aquí, aunque sea para gozarlos sin fin. Y de éstos, ¿qué da el Señor? sola una gota de agua del gran río caudaloso, que nos está aparejado.

Vergüenza es, y yo cierto la he de mí, y si pudiera haber afrenta en el cielo, con razón estuviera yo allá más afrentada. ¿Por qué hemos de querer tantos bienes, y deleites, y gloria para sin fin, todos a costa del buen Jesús? ¿No lloraremos siquiera con las hijas de Jerusalén, ya que no le ayudemos a llevar la cruz con el Cirineo? Que ¿con placeres y pasatiempos hemos de gozar lo que El nos ganó a costa de tanta sangre? Es imposible. ¿Y con honras vanas pensamos remediar un desprecio, como Él sufrió, para que nosotros reinemos para siempre? No lleva camino. Errado, errado va el camino,

nunca llegaremos allá. Dé voces vuesa merced en decir estas verdades, pues Dios me quitó a mí esta libertad. A mí me las querría dar siempre, y oyóme tan tarde, y entendí a Dios, como se verá por lo escrito, que me es gran confusión hablar en esto, y ansí quiero callar: sólo diré lo que algunas veces considero. Plega al Señor me traiga a términos, que yo pueda gozar de ese bien. ¿Qué gloria acidental será, y qué contento de los bienaventurados, que ya gozan de éstos cuando vieren, que aunque tarde, no les quedó cosa por hacer por Dios de las que les fue posible, ni dejaron cosa por darle de todas las maneras que pudieron, conforme a sus fuerzas y estado, y el que más, más? ¡Qué rico se hallará, el que todas las riquezas dejó por Cristo! ¡Qué honrado, el que no quiso honra por Él, sino que gustaba de verse muy abatido! ¡Qué sabio, el que se holgó que le tuviesen por loco, pues lo llamaron a la mesma Sabiduría! ¡Qué pocos hay ahora por nuestros pecados! ¡Ya, ya parece se acabaron los que las gentes tenían por locos, de verlos hacer obras heroicas de verdaderos amadores de Cristo! ¡Oh mundo, mundo, cómo vas ganando honra en haber pocos que te conozcan! Mas si pensamos se sirve ya más Dios de que nos tengan por sabios y discretos, eso, eso debe ser, según se usa discreción: luego nos parece es poca edificación no andar con mucha compostura de autoridad, cada uno en su estado. Hasta el fraile y el clérigo y monja nos parecerá que traer cosa vieja y remendada es novedad y dar escándalo a los flacos; y aun estar muy recogidos y tener oración, según está el mundo, y tan olvidadas las cosas de perfeción de grandes ímpetus que tenían los santos que pienso hace más daño a las desventuras, que pasan en estos tiempos, que no haría escándalo a nadie dar a entender los religiosos por obras, como lo dicen por palabras, en lo poco que se ha de tener el mundo, que de estos escándalos el Señor saca de ellos grandes provechos; y si unos se escandalizan, otros se remuerden, siquiera que hubiese un debujo de lo que pasó por Cristo y sus Apóstoles, pues ahora más que nunca es menester.

Y qué bueno nos le llevó Dios ahora en el bendito fray Pedro de Alcántara. No está ya el mundo para sufrir tanta perfeción. Dicen que están las saludes más flacas, y que no son los tiempos pasados. Este santo hombre de este tiempo era, estaba grueso el espíritu, como en los otros tiempos, y ansí tenía el mundo debajo de los pies; que aunque no anden desnudos, ni hagan tan áspera penitencia como él, muchas cosas hay, como otras veces he dicho, para repisar el mundo, y el Señor las enseña cuando ve ánimo. Y cuán grande le dio su Majestad a este santo, que digo, para hacer cuarenta y siete años tan áspera penitencia, como todos saben. Quiero decir algo de ella, que sé es toda verdad. Díjome a mí y a otra persona, de quien se guardaba poco; y a mí el amor que me tenía era la causa, porque quiso el Señor le tuviese para volver por mí, y animarme en tiempo de tanta necesidad, como he dicho y diré: Paréceme fueron cuarenta años los que me dijo había dormido sola hora y media entre noche y día, y que éste era el mayor trabajo de penitencia, que había tenido en los principios, de vencer el sueño, y para esto estaba siempre u de rodillas u en pie. Lo que dormía era sentado, la cabeza arrimada a un maderillo que tenía hincado en la pared. Echado, aunque quisiera, no podía, porque su celda, como se sabe, no era más larga que cuatro pies y medio. En todos estos años jamás se puso la capilla, por grandes soles y aguas que hiciese, ni cosa en los pies, ni vestido, sino un hábito de sayal, sin ninguna otra cosa sobre las carnes, y éste tan angosto como se podía sufrir, y un mantillo de lo mesmo encima. Decíame que en los grandes fríos se le quitaba y dejaba la puerta y ventanilla abierta de la celda, para que, con ponerse después el manto y cerrar la puerta, contentaba el cuerpo, para que sosegase con más abrigo. Comer a tercer día era muy ordinario. Y díjome, ¿qué de qué me espantaba? que muy posible era a quien se acostumbraba a ello. Un su compañero me dijo, que le acaecía estar ocho días sin comer. Debía ser estando en oración, porque tenía grandes arrobamientos y ímpetus de amor de Dios, de que una vez yo fuí testigo. Su pobreza era extrema y mortificación en la mocedad, que me dijo, que le había acaecido estar tres años en una casa de su Orden, y no conocer fraile, sino era por la habla; porque no alzaba los ojos jamás, y ansí a las partes que de necesidad había de ir, no sabía, sino íbase tras los frailes: esto le acaecía por los caminos. A mujeres jamás miraba, esto muchos años. Decíame que ya no se le daba más ver, que no ver; mas era muy viejo cuando le vine a conocer, y tan extrema su flaqueza, que no parecía sino hecho de raíces de árboles. Con toda esta santidad era muy afable, aunque de pocas palabras, si no era con preguntarle. En éstas era muy sabroso, porque tenía muy lindo entendimiento. Otras cosas muchas quisiera decir, sino que he miedo dirá vuesa merced para qué me meto en esto; y con él lo he escrito. Y ansí lo dejo con que fue su fin como la vida, predicando y amonestando a sus frailes. Como vio ya se acababa, dijo el salmo de *Laetatus sum in his quae dicta sunt mihi,* e hincado de rodillas murió.

Después ha sido el Señor servido, yo tenga más en él que en la vida, aconsejándome en muchas cosas. Helo visto muchas veces con grandísima gloria. Díjome la primera que me apareció, que bienaventurada penitencia que tanto premio había merecido, y otras muchas cosas. Un año antes que muriese me apareció estando ausente, y supe se había de morir, y se lo avisé, estando algunas leguas de aquí. Cuando espiró, me apareció, y dijo, cómo se iba a descansar. Yo no lo creí; díjelo a algunas personas, y desde a ocho días vino la nueva cómo era muerto, o comenzado a vivir para siempre, por mijor decir. Hela aquí acabada esta aspereza de vida con tan gran gloria: paréceme que mucho más me consuela, que cuando acá estaba. Díjome una vez el Señor, que no le pedirían cosa en su nombre, que no la oyese. Muchas que le he encomendado pida al Señor, las he visto cumplidas. Sea bendito por siempre, amén.

Más qué hablar he hecho para despertar a vuesa merced a no estimar en nada cosa de esta vida, como si no lo supiese, u no estuviera ya determinado a dejarlo todo, y puéstolo por obra. Veo tanta perdición en el mundo, que aunque no aproveche más decirlo yo, de cansarme de escribirlo, me es descanso, que todo es contra mí lo que digo. El Señor me perdone lo que en este caso le he ofendido, y vuesa merced, que le canso sin propósito. Parece que quiero haga penitencia de lo que yo en esto pequé.

CAPITULO XXVIII

EN QUE TRATA LAS GRANDES MERCEDES QUE LA HIZO EL SEÑOR, Y CÓMO
LE APARECIÓ LA PRIMERA VEZ; DECLARA QUE ES VISIÓN IMAGINARIA;
DICE LOS GRANDES EFETOS Y SEÑALES QUE DEJA CUANDO ES DE DIOS.
ES MUY PROVECHOSO CAPÍTULO, Y MUCHO DE NOTAR

Tornando a nuestro propósito, pasé algunos días pocos, con esta visión muy contina, y hacíame tanto provecho que no salía de oración; y aun cuando hacía, procuraba fuese de suerte que no descontentase a el que claramente vía estaba por testigo; y aunque a veces temía con lo mucho que me decían, y durábame poco el temor, porque el Señor me asiguraba. Estando un día en oración, quiso el Señor mostrarme solas las manos con tan grandísima hermosura, que no lo podría yo encarecer. Hízome gran temor, porque cualquier novedad me la hace grande a los principios, de cualquiera merced sobrenatural, que el Señor me haga. Desde a pocos días vi también aquel divino rostro, que de el todo me parece me dejó asorta. No podía yo entender por qué el Señor me mostraba ansí poco a poco, pues después me había de hacer merced, que yo lo viese del todo, hasta después que he entendido que me iba su Majestad llevando conforme a mi flaqueza natural. Sea bendito por siempre, porque tanta gloria junta, tan bajo y ruin sujeto no la pudiera sufrir, y como quien esto sabía, iba el piadoso Señor dispuniendo.

Parecerá a vuesa merced que no era menester mucho esfuerzo para ver unas manos y rostro tan hermoso: sonlo tanto los cuerpos glorificados, que la gloria que train consigo, ver cosa tan sobrenatural y hermosa, desatina; y ansí me hacía tanto temor, que toda me turbaba y alborotaba, aunque después quedaba con certidumbre y siguridad, y con tales efetos, que presto se perdía el temor.

Un día de san Pablo, estando en misa, se me representó toda esta Humanidad sacratísima, como se pinta resucitado, con tanta hermosura y majestad, como particularmente escribí a vuesa merced cuando mucho me lo mandó, y hacíaseme harto de mal, porque no se puede decir que no sea deshacerse; mas lo mijor que supe ya lo dije, y ansí no hay para qué tornarlo a decir aquí: sólo digo que cuando otra cosa no hubiese para deleitar la vista en el cielo, sino la gran hermosura de los cuerpos glorificados, es grandísima gloria; en especial ver la Humanidad de Jesucristo Señor nuestro: aun acá que se muestra su Majestad conforme a lo que puede sufrir nuestra miseria, ¿qué será adonde del todo se goza tal bien? Esta visión, aunque es imaginaria, nunca le vi con los ojos corporales, ni ninguna, sino con los ojos del alma. Dicen los que lo saben mijor que yo, que es más perfeta la pasada que ésta, y ésta más mucho, que las que se ven con los ojos corporales. Ésta, dicen, que es la más baja, y adonde más ilusiones puede hacer el demonio, aunque entonces no podía yo entender tal, sino que deseaba, ya que se me hacía esta merced, que fuese viéndola con los ojos corporales, para que no me dijese el confesor se me antojaba. Y también después de pasada me acaecía (esto era luego, luego) pensar yo también en esto, que se me había antojado, y fatigábame de haberlo dicho al confesor, pensando si le había engañado. Esto era otro llanto, e iba a él, y decíaselo. Preguntábame ¿que si me parecía a mí ansí u si había querido engañar? Yo le decía la verdad, porque a mi parecer no mentía, ni tal había pretendido, ni por cosa del mundo dijera una cosa por otra. Esto bien lo sabía él, y ansí procuraba sosegarme, y yo sentía tanto en irle con estas cosas, que no sé cómo el demonio me ponía lo había de fingir, para atormentarme a mí mesma.

Mas el Señor se dio tanta priesa a hacerme esta merced y declarar esta verdad, que bien presto se me quitó la duda de si era antojo, y después veo muy claro mi bobería; porque, si estuviera muchos años imaginando cómo figurar cosa tan hermosa, no pudiera ni supiera, porque ecede a todo lo que acá se puede imaginar, aun sola la blancura y resplandor. No es resplandor que deslumbre, sino una blancura suave y el resplandor infuso, que da deleite grandísimo a la vista, y no la cansa, ni la claridad que se ve, para ver esta hermosura tan divina. Es una luz tan diferente de la de acá, que parece una cosa tan deslustrada la claridad del sol que vemos, en comparación de aquella claridad y luz, que se representa a la vista, que no se querrían abrir los ojos después.

Es como ver un agua muy clara, que corre sobre cristal, y reverbera en ella el sol, a una muy turbia y con gran nublado, y que corre por encima de la tierra. No porque se le representa sol, ni la luz es como la del sol; parece en fin luz natural, y esta otra cosa artificial. Es luz que no tiene noche, sino que como siempre es luz, no la turba nada. En fin es de suerte, que por grande entendimiento que una persona tuviese, en todos los días de su vida podría imaginar cómo es; y pónela

Dios delante tan presto, que aún no hubiera lugar para abrir los ojos, si fuera menester abrirlos; mas no hace más estar abiertos que cerrados, cuando el Señor quiere, que aunque no queramos se ve. No hay divertimiento que baste, ni hay poder resistir, ni basta diligencia, ni cuidado para ello. Esto tengo yo bien espirimentado, como diré.

Lo que yo ahora querría decir es el modo como el Señor se muestra por estas visiones: no digo que declararé de qué manera puede ser poner esta luz tan fuerte en el sentido interior y en el entendimiento imagen tan clara, que parece verdaderamente está allí, porque esto es de letrados: no ha querido el Señor darme a entender el cómo; y soy tan inorante y de tan rudo entendimiento, que aunque mucho me lo han querido declarar, no he aún acabado de entender el cómo. Y esto es cierto, que aunque a vuesa merced le parezca que tengo vivo entendimiento, que no lo tengo; porque en muchas cosas lo he espirimentado, que no comprende más de lo que le dan a comer, como dicen. Algunas veces se espantaba el que me confesaba de mis inorancias, y jamás me dio a entender, ni aun lo deseaba, cómo Dios hizo esto, o pudo ser esto ni lo preguntaba, aunque como he dicho, de muchos años acá trataba con buenos letrados. Si era una cosa pecado o no, esto sí; en lo demás no era menester más para mí de pensar hízolo Dios todo, y vía que no había de qué me espantar, sino por qué le alabar, y antes me hacen devoción las cosas dificultosas, y mientras más, más.

Diré, pues, lo que he visto por espiriencia, el cómo el Señor lo hace, vuesa merced lo dirá mijor, y declarará todo lo que fuese escuro, y yo no supiere decir. Bien me parecía en algunas cosas, que era imagen lo que vía, mas por otras muchas no, sino que era el mesmo Cristo, conforme a la claridad con que era servido mostrárseme. Unas veces era tan en confuso, que me parecía imagen, no como los debujos de acá, por muy perfetos que sean, que hartos he visto buenos; es disparate pensar que tiene semejanza lo uno con lo otro en ninguna manera no más ni menos, que la tiene una persona viva a su retrato, que por bien que esté sacado, no puede ser tan al natural, que en fin se ve es cosa muerta; mas dejemos esto, que aquí viene bien y muy al pie de la letra. No digo que es comparación, que nunca son tan cabales, sino verdad, que hay la diferencia que de lo vivo a lo pintado, no más ni menos: porque si es imagen, es imagen viva, no hombre muerto, sino Cristo vivo; y da a entender que es hombre y Dios, no como estaba en el sepulcro, sino como salió de él después de resucitado. Y viene a veces con tan grande majestad, que no hay quien pueda dudar, sino que es el mesmo Señor, en especial en acabando de comulgar, que ya sabemos que está allí, que nos lo dice la fe. Represéntase tan Señor de aquella posada, que parece toda deshecha el alma: se ve consumir en Cristo. ¡Oh, Jesús mío, quién pudiese dar a entender la majestad con que os mostráis! ¡Y cuán Señor de todo el mundo y de los cielos, y de otros mil mundos, y sin cuento mundos y cielos que vos criárades!: entiende el alma sigún con la Majestad que os representáis, que no es nada para ser vos Señor de ello.

Aquí se ve claro, Jesús mío, el poco poder de todos los demonios, en comparación del vuestro, y cómo quien os tuviere contento puede repisar el infierno todo. Aquí ve la razón que tuvieron los demonios de temer cuando bajastes a el limbo, y tuvieran de desear otros mil infiernos más bajos para huir de tan gran majestad y veo que queréis dar a entender a el alma cuán grande es, y el poder que tiene esta sacratísima Humanidad, junto con la Divinidad. Aquí se representa bien, qué será el día del juicio ver esta majestad de este Rey, y verle con rigor para los malos. Aquí es la verdadera humildad, que deja en el alma, de ver su miseria, que no la pueden inorar. Aquí la confusión y verdadero arrepentimiento de los pecados, que aun con verle que muestra amor, no sabe adonde se meter, y ansí se deshace toda. Digo, que tiene tan grandísima fuerza esta visión, cuando el Señor quiere mostrara a el alma mucha parte de su grandeza y majestad, que tengo por imposible, si muy sobre natural no la quisiese el Señor ayudar, con quedar puesta en arrobamiento y éstasi (que pierde el ver la visión de aquella divina presencia, con gozar) sería, como digo, imposible sufrirla ningún sugeto. Es verdad que se olvida después. Tan imprimida queda aquella majestad y hermosura, que no hay poderla olvidar, si no es cuando quiere el Señor que padezca el alma una sequedad y soledad grande, que diré adelante; que aun entonces de Dios parece se olvida. Queda el alma otra, siempre embebida: parécele comienza de nuevo amor vivo de Dios en muy alto grado, a mi parecer; que aunque la visión pasada, que dije que representa a Dios sin imagen, es más subida, que para durar la memoria conforme a nuestra flaqueza, para traer bien ocupado el pensamiento, es gran cosa el quedar representada, y puesta en la imaginación tan divina presencia. Y casi vienen juntas estas dos maneras de visión siempre; y aun es ansí que lo vienen, porque con los ojos del alma vese la ecelencia y hermosura y gloria de la santísima Humanidad; y por estotra manera, que queda dicha, se nos da a entender cómo es Dios y poderoso, y que todo lo puede, y todo manda, y todo lo gobierna, y todo lo hinche su amor.

Es muy mucho de estimar esta visión, y sin peligro, a mi parecer; porque en los efetos se conoce no tiene fuerza aquí el demonio. Paréceme, que tres u cuatro veces me ha querido representar de esta suerte al mesmo Señor, en representación falsa: Toma la forma de carne, mas no puede contrahacerla con la gloria, que cuando es de Dios. Hace representaciones para deshacer la verdadera visión, que ha visto el alma, mas ansí la resiste de sí y se alborota y se desabre y inquieta, que pierde la devoción y gusto que antes tenía, y queda sin ninguna oración. A los principios fue esto, como he dicho, tres u cuatro veces. Es cosa tan diferentísima, que aun quien hubiere tenido sola oración de quietud, creo la entenderá por los efetos, que quedan dichos en las hablas. Es cosa muy conocida, y si no se quiere dejar engañar un alma, no me parece la engañará, si anda con humildad y simplicidad. A quien hubiere tenido verdadera visión de Dios, desde luego casi se siente; porque aunque comienza con regalo y gusto, el alma lo lanza de sí; y aun, a mi parecer, debe ser diferente el gusto y no muestra apariencia de amor puro y casto; y muy en breve da a entender quién es.

Ansí, que donde hay espiriencia, a mi parecer, no podrá el demonio hacer daño. Pues ser imaginación esto, es imposible de toda imposibilidad; ningún camino lleva, porque sola la hermosura y blancura de una mano es sobre toda nuestra imaginación. Pues sin acordarnos de ello, ni haberlo jamás pensado, ver en un punto presentes, cosas que en gran tiempo no pudieran concertarse con la imaginación, porque va muy más alto, como ya he dicho, de lo que acá podemos comprender: ansí que esto es imposible, y si pudiésemos algo en esto, aun se ve claro por estotro, que ahora diré. Porque si fuese representado con el entendimiento, dejado que no haría las grandes operaciones que esto hace ni ninguna, porque sería como uno que quisiese hacer que dormía, y estáse despierto, porque no le ha venido el sueño, que él, como si tiene necesidad u flaqueza en la cabeza, lo de-

sea, adormécese en sí, y hace sus diligencias, y a las veces parece hace algo: mas si no es sueño de veras, no le sustentará ni dará fuerza a la cabeza, antes a las veces queda más desvanecida. Ansí sería en parte acá, quedar el alma desvanecida, mas no sustentada y fuerte, antes cansada y desgustada: acá no se puede encarecer la riqueza que queda, aun al cuerpo da salud, y queda conortado.

Esta razón, con otras, daba yo, cuando me decían que era demonio, y que se me antojaba (que fue muchas veces) y ponía comparaciones, como yo podía y el Señor me daba a entender: mas todo aprovechaba poco, porque como había personas muy santas en este lugar, y yo en su comparación una perdición, y no los llevaba Dios por este camino, luego era el temor en ellos; que mis pecados parece lo hacían, que de uno en otro se rodeaba, de manera que yo lo venían a saber, sin decirlo yo sino a mi confesor, o a quien él me mandaba. Yo les dije una vez, que si los que me decían esto me dijeran que una persona que hubiese acabado de hablarme, y la conociese yo mucho, que no era ella, sino que se me antojaba, que ellos lo sabían, que sin duda yo lo creyera más que lo que había visto: mas si esta persona me dejara algunas joyas, y se me quedaban en las manos por prendas de mucho amor, y que antes no tenía ninguna, y me vía rica, siendo pobre, que no podría creerlo, aunque yo quisiese; y que estas joyas las podía yo mostrar, porque todos los que me conocían, vían claro estar otra mi alma, y ansí lo decía mi confesor, porque era muy grande la diferencia en todas las cosas, y no disimulada, sino muy con claridad lo podían todos ver. Porque como antes era tan ruin, decía yo que no podía creer, que si el demonio hacía esto para engañarme y llevarme al infierno, tomase medio tan contrario, como era quitarme los vicios, y poner virtudes y fortaleza; porque vía claro quedar en estas cosas, en una vez, otra.

Mi confesor, como digo, que era un padre bien santo de la Compañía de Jesús, respondía esto mesmo, según yo supe. Era muy discreto y de gran humildad, y esta humildad tan grande me acarreó a mí hartos trabajos, porque, con ser de mucha oración y letrado, no se fiaba de sí, como el Señor no le llevaba por este camino: pasólos harto grandes conmigo de muchas maneras. Supe que le decían que se guardase de mí, no le engañase el demonio con creerme algo de lo que me decía: traínle enjemplos de otras personas. Todo esto me fatigaba a mí. Temía, que no había de haber con quien me confesar, sino que todos habían de huir de mí: no hacía sino llorar. Fue providencia de Dios querer él durar y oírme; sino que era tan gran siervo de Dios, que a todo se pusiera por Él; y ansí me decía, que no hubiese miedo me faltase: siempre me animaba y sosegaba. Mandábame siempre que no le callase ninguna cosa: yo ansí lo hacía. Él me decía, que haciendo yo esto, aunque fuese demonio no me haría daño; antes sacaría el Señor bien de el mal, que él quería hacer a mi alma: procuraba perficionarla en todo lo que podía. Yo, como traía tanto miedo, obedecíale en todo, aunque imperfetamente, que harto pasó conmigo tres años y más que me confesó, con estos trabajos, porque en grandes persecuciones que tuve, y cosas hartas que permitía el Señor me juzgasen mal, y muchas estando él sin niguna culpa, con todo venían a él, y era culpado por mí, estando él sin ninguna culpa. Fuera imposible, si no tuviera tanta santidad, y el Señor que le animaba, poder sufrir tanto porque había de responder a los que les parecía iba perdida, y no le creían: y por otra parte habíame de sosegar a mí, y de curar el miedo que yo traía, puniéndomele mayor: me había por otra parte de asigurar; porque a cada visión, siendo cosa nueva, primitía Dios me quedasen después grandes temores. Todo me procedía de ser tan pecadora yo, y haberlo sido. Él me consolaba con mucha piedad, y si él se creyera a sí mesmo, no padeciera yo tanto, que Dios le daba a entender la verdad en todo, porque el mesmo Sacramento le daba luz, a lo que yo creo.

Los siervos de Dios, que no se asiguraban, tratábanme mucho: yo como hablaba con descuido algunas cosas que ellos tomaban por diferente intención (yo quería mucho al uno de ellos, porque le debía infinito mi alma, y era muy santo, yo sentía infinito de que vía no me entendía y él deseaba en gran manera mi aprovechamiento, y que el Señor me diese luz) y ansí lo que yo decía, como digo, sin mirar en ello, parecíales poca humildad: en viéndome alguna falta, que verían muchas, luego era todo condenado. Preguntábanme algunas cosas, yo respondía con llaneza y descuido: luego les parecía les quería enseñar, y que me tenía por sabia, todo iba a mi confesor, porque cierto ellos deseaban mi provecho: él a reñirme. Duró esto harto tiempo, afligida por muchas partes, y con las mercedes que me hacía el Señor, todo lo pasaba. Digo esto, para que se entienda el gran trabajo que es no haber quien tenga espiriencia en este camino espiritual, que a no me favorecer tanto el Señor, no sé qué fuera de mí. Bastantes cosas había para quitarme el juicio, y algunas veces me vía en términos que no sabía qué hacer, sino alzar los ojos a el Señor; porque contradición de buenos a una mujercilla ruin y flaca, como yo, y temerosa, no parece nada ansí dicho, y con haber yo pasado en la vida grandísimos trabajos, es éste de los mayores. Plega el Señor, que yo haya servido a su Majestad algo en esto, que de que le servían los que me condenaban y argüían, bien cierta estoy, y que era todo por gran bien mío.

CAPÍTULO XXIX

PROSIGUE EN LO COMENZADO, Y DICE ALGUNAS MERCEDES GRANDES QUE
LE HIZO EL SEÑOR, Y LAS COSAS QUE SU MAJESTAD LA DECÍA PARA
ASIGURARLA, Y PARA QUE RESPONDIESE A LOS QUE LA CONTRADECÍAN

Mucho he salido del propósito, porque trataba de decir las causas que hay, para ver que no es imaginación; porque ¿cómo podríamos representar con estudio la Humanidad de Cristo, ordenando con la imaginación su gran hermosura? Y no era menester poco tiempo, si en algo se había de parecer a ella. Bien la puede representar delante de su imaginación, y estarla mirando algún espacio, y las figuras que tiene, y la blancura, y poco a poco irla más perficionando, y encomendando a la memoria aquella imagen; esto, ¿quién se lo quita? pues con el entendimiento la pudo fabricar. En lo que tratamos ningún remedio hay de esto, sino que la hemos de mirar cuando el Señor la quiere representar, y cómo quiere, y lo que quiere; y no hay quitar ni poner ni modo para ello, aunque más hagamos, ni para verlo cuando queremos, ni para dejarlo de ver: en quiriendo mirar alguna cosa particular, luego se pierde Cristo. Dos años y medio me duró, que muy ordinario me hacía Dios esta merced. Habrá más de tres, que tan contino me la quitó de este modo, con otra cosa más subida (como quizá diré después) y con ver que me estaba hablando, y yo mirando aquella gran hermosura, y la suavidad con que hablaba aquellas palabras por aquella hermosísima y divina boca, y otras veces con rigor, y desear yo en extremo entender el color de sus ojos, o del tamaño que eran, para

que lo supiese decir, jamás lo he merecido ver, ni me basta procurarlo, antes se me pierde la visión del todo. Bien que algunas veces veo mirarme con piedad; mas tiene tanta fuerza esta vista, que el alma no la puede sufrir, y queda en tan subido arrobamiento, que para más gozarlo todo, pierde esta hermosa vista.

Ansí, que aquí no hay que querer ni no querer: claro se ve quiere el Señor que no haya sino humildad y confusión, y tomar lo que nos dieren, y alabar a quien lo da. Esto es en todas las visiones, sin quedar ninguna, que ninguna cosa se puede, ni para ver menos ni más hace ni deshace nuestra diligencia. Quiere el Señor que veamos muy claro: no es esta obra nuestra, sino de su Majestad; porque muy menos podemos tener soberbia, antes nos hace estar humildes y temerosos, viendo que como el Señor nos quita el poder, para ver lo que queremos, nos puede quitar estas mercedes y la gracia, y quedar perdidos del todo, y que siempre andemos con miedo, mientras en este destierro vivimos.

Casi siempre se me representa el Señor, ansí resucitado, y en la Hostia lo mesmo; si no eran algunas veces para esforzarme, si estaba en tribulación, que me mostraba las llagas; algunas veces en la cruz y en el huerto, y con la corona de espinas, pocas; y llevando la cruz también algunas veces, para, como digo, necesidades mías y de otras personas; mas siempre la carne glorificada. Hartas afrentas y trabajos he pasado en decirlo, y hartos temores y hartas persecuciones. Tan cierto les parecía que tenía demonio, que me querían conjurar algunas personas. De esto poco se me daba a mí, mas sentía cuando vía yo que temían los confesores de confesarme, o cuando sabía les decían algo. Con todo, jamás me podía pesar de haber visto estas visiones celestiales, y por todos los bienes y deleites del mundo sola una vez no lo trocara: siempre lo tenía por gran merced del Señor, y me parece un grandísimo tesoro; y el mismo Señor me asiguraba muchas veces. Yo me vía crecer en amarle muy mucho: íbame a quejar a Él de todos estos trabajos, siempre salía consolada de la oración, y con nuevas fuerzas. A ellos no los osaba yo contradecir, porque vía era todo peor, que les parecía poca humildad. Con mi confesor trataba: él siempre me consolaba mucho cuando me vía fatigada.

Como las visiones fueron creciendo, uno de ellos, que antes me ayudaba (que era con quien me confesaba algunas veces, que no podía el ministro) comenzó a decir, que claro era demonio. Mandábame, que ya que no había remedio de resistir, que siempre me santiguase cuando alguna visión viese, y diese higas, y que tuviese por cierto era demonio, y con esto no vernía; y que no hubiese miedo, que Dios me guardaría, y me lo quitaría. A mí me era esto grande pena; porque como yo no podía creer sino que era Dios, era cosa terrible para mí; y tan poco podía, como he dicho, desear se me quitase, mas en fin hacía cuanto me mandaba. Suplicaba mucho a Dios me librase de ser engañada, esto siempre lo hacía y con hartas lágrimas; y a san Pedro, y san Pablo, que me dijo el Señor (como fue la primera vez que me apareció en su día) que ellos me guardarían no fuese engañada: y ansí muchas veces los vía al lado

izquierdo muy claramente, aunque no con visión imaginaria. Eran estos gloriosos santos muy mis señores.

Dábame este dar higas grandísima pena, cuando vía esta visión del Señor; porque cuando yo le vía presente, si me hicieran pedazos, no pudiera yo creer que era demonio; y ansí era un género de penitencia grande para mí; y no por andar tanto santiguándome, tomaba una cruz en la mano. Esto hacía casi siempre, las higas no tan contino, porque sentía mucho; acordábame de las injurias que le habían hecho los judíos, y suplicábale me perdonase, pues yo lo hacía por obedecer a el que tenía en su lugar, y que no me culpase, pues eran los ministros que Él tenía puestos en su Ilesia. Decíame, que no se me diese nada, que bien hacía en obedecer, más que Él haría que se entendiese la verdad. Cuando me quitaban la oración, me pareció se había enojado. Díjome, que los dijese que ya aquello era tiranía. Dábame causas para que entendiese que no era demonio; alguna diré después.

Una vez teniendo yo la cruz en la mano, que la traía en un rosario, me la tomó con la suya; y cuando me la tornó a dar, era de cuatro piedras grandes muy más preciosas que diamantes, sin comparación, porque no la hay casi a lo que se ve sobrenatural (diamante parece cosa contrahecha e imperfeta) de las piedras preciosas que se ven allá. Tenían las cinco llagas de muy linda hechura. Díjome que ansí la vería de aquí adelante, y ansí me acaecía, que no vía la madera de que era, sino estas piedras, mas no lo vía nadie, sino yo. En comenzando a mandarme hiciese estas pruebas y resistiese, era muy mayor el crecimiento de las mercedes: en queriéndome divertir, nunca salía de oración, aun durmiéndome parecía estaba en ella, porque aquí era crecer el amor, y las lástimas que yo decía a el Señor, y el no poder sufrir, ni era en mi mano (aunque yo quería y más lo procuraba) de dejar de pensar en Él: con todo obedecía cuanto podía, mas podía poco uno nada en esto. Y el Señor nunca me lo quitó, mas aunque me decía lo hiciese, asigurábame por otro cabo, y enseñábame lo que les había de decir, y ansí lo hace ahora, y dábame tan bastantes razones, que a mí me hacía toda siguridad.

Desde a poco tiempo comenzó su Majestad, como me lo tenía prometido, a señalar más que era Él, creciendo en mí un amor tan grande de Dios, que no sabía quién me lo ponía, porque era muy sobrenatural, ni yo le procuraba. Víame morir con el deseo de ver a Dios, y no sabía adónde había de buscar esta vida, si no era con la muerte. Dábanme unos ímpetus grandes de este amor, que aunque no eran tan insufrideros, como los que ya otra vez he dicho, ni de tanto valor, yo no sabía qué me hacer, porque nada me satisfacía, ni cabía en mí, sino que verdaderamente me parecía se me arrancaba el alma. ¡Oh artificio soberano del Señor, qué industria tan delicada hacíades con vuestra esclava miserable! Ascondíades os de mí, y apretábadesme con vuestro amor, con una muerte tan sabrosa, que nunca el alma querría salir de ella.

Quien no hubiese pasado estos ímpetus tan grandes, es imposible poderlo entender, que no es desasosiego del pecho; ni unas devociones que suelen dar muchas veces, que parece ahogan el espíritu, que no caben en sí. Esta es oración más baja, y hanse de evitar estos aceleramientos, con procurar con suavidad recogerlos dentro de sí, y acallar el alma; que es esto como unos niños que tienen un acelerado llorar, que parece van a ahogarse, y con darles a beber, cesa aquel demasiado sentimiento: ansí acá la razón ataje a encoger la rienda, porque podría ser ayudar el mesmo natural. Vuelva la consideración con temer no es todo perfeto, sino que

puede ser mucha parte sensual, y acalle este niño con un regalo de amor, que le haga mover a amar por vía suave, y no a puñadas, como dicen; que recojan este amor dentro, y no como olla que cuece demasiado, porque se pone la leña sin discreción, y se vierte toda; sino que moderen la causa que tomaron para este fuego y procuren amatar la llama con lágrimas suaves, y no penosas, que lo son de estos sentimientos, y hacen mucho daño. Yo las tuve algunas veces a los principios, y dejábanme perdida la cabeza y cansado el espíritu, de suerte que otro día y más, no estaba para tornar a la oración. Ansí que es menester gran discreción a los principios, para que vaya todo con suavidad, y se muestre el espíritu a obrar interiormente: lo esterior se procure mucho evitar.

Estotros ímpetus son diferentísimos, no ponemos nosotros la leña; sino que parece que, hecho ya el fuego, de presto nos echan dentro, para que nos quememos. No procura el alma que duela esta llaga de la ausencia del Señor, sino que hincan una saeta en lo más vivo de las entrañas y corazón a las veces, que no sabe el alma qué ha, ni qué quiere. Bien entiende que quiere a Dios, y que la saeta parece traía yerba para aborrecerse a sí por amor de este Señor, y perdería de buena gana la vida por Él. No se puede encarecer, ni decir, el modo con qué llaga Dios el alma, y la grandísima pena que da, que la hace no saber de sí, mas es esta pena tan sabrosa, que no hay deleite en la vida que más contento dé. Siempre querría el alma, como he dicho, estar muriendo de este mal.

Esta pena y gloria junta, me traía desatinada, que no podía yo entender cómo podía ser aquello. ¡Oh qué es ver un alma herida! Que digo, que se entiende de manera, que se puede decir herida, que tan ecelente causa, y ve claro que no movió ella, por donde le viniese este amor, sino que de el muy grande, que el Señor la tiene, parece cayó de presto aquella centella en ella que la hace toda arder. Oh cuántas veces me acuerdo, cuando ansí estoy, de aquel verso de David.—*Quemadmodum desiderat Cervus ad fontes aquarum*, que me parece lo veo al pie de la letra en mí. Cuando no da esto muy recio, parece se aplaca algo (al menos busca el alma algún remedio, porque no sabe qué hacer) con algunas penitencias, y no sienten más, ni hace más pena derramar sangre, que si estuviese el cuerpo muerto. Busca modos y maneras para hacer algo que sienta por amor de Dios, mas es tan grande el primer dolor, que no sé yo qué tormento corporal le quitase: como no está allí el remedio, son muy bajas estas medicinas para tan subido mal: alguna cosa se aplaca, y pasa algo con esto, pidiendo a Dios le dé remedio para su mal, y ninguno ve, sino la muerte, que con ésta piensa gozar de el todo a su bien. Otras veces da tan recio, que eso, ni nada no se puede hacer, que corta todo el cuerpo; ni pies ni brazos no puede menear; antes si está en pie se sienta como una cosa transportada, que no puede, ni aun resolgar, sólo da unos gemidos, no grandes, porque no puede más; sonlo en el sentimiento.

Quiso el Señor, que viese aquí algunas veces esta visión: vía un ángel cabe mí hacia el lado izquierdo en forma corporal; lo que no suelo ver sino por maravilla. Aunque muchas veces se me representan ángeles, es sin verlos, sino como la visión pasada, que dije primero. En esta visión quiso el Señor le viese ansí: no era grande, sino pequeño, hermoso mucho, el rostro tan encendido, que parecía de los ángeles muy subidos, que parece todos se abrasan. Deben ser los que llaman cherubines, que los nombres no me los dicen: mas bien veo que en el cielo hay tanta diferencia de unos ángeles a otros, y de otros a otros, que no lo sabría decir. Veíale en las manos un dardo de oro largo, y al fin del hierro me parecía tener un poco de fuego. Éste me parecía meter con el corazón algunas veces, y que me llegaba a las entrañas: al sacarle me parecía las llevaba consigo, y me dejaba toda abrasada en amor grande de Dios. Era tan grande el dolor, que me hacía dar aquellos quejidos, y tan ecesiva la suavidad que me pone este grandísimo dolor, que no hay desear que se quite, ni se contenta el alma con menos que Dios. No es dolor corporal, sino espiritual, aunque no deja de participar el cuerpo algo, y aun harto. Es un requiebro tan suave, que pasa entre el alma y Dios, que suplico yo a su bondad lo dé a gustar a quien pensare que miento.

Los días que duraba esto, andaba como embobada, no quisiera ver ni hablar, sino abrazarme con mi pena, que para mí era mayor gloria que cuantas hay en todo lo criado. Esto tenía algunas veces, cuando quiso el Señor me viniesen estos arrobamientos tan grandes, que aun estando entre gentes, no lo podía resistir, sino que con harta pena mía se comenzaron a publicar. Después que los tengo no siento esta pena tanto, sino la que dije en otra parte antes, no me acuerdo en qué capítulo que es muy diferente en hartas cosas, y de mayor aprecio: antes en comienzando esta pena, de que ahora hablo, parece arrebata el Señor el alma y la pone en éstasi, y ansí no hay lugar de tener pena, ni de padecer, porque viene luego el gozar. Sea bendito por siempre, que tantas mercedes hace a quien tan mal responde a tan grandes beneficios.

CAPITULO XXX

TORNA A CONTAR EL DISCURSO DE SU VIDA, Y CÓMO REMEDIÓ EL SEÑOR MUCHOS DE SUS TRABAJOS CON TRAER A EL LUGAR DONDE ESTABA EL SANTO VARÓN FRAY PEDRO DE ALCÁNTARA, DE LA ORDEN DEL GLORIOSO SAN FRANCISCO. TRATA DE GRANDES TENTACIONES Y TRABAJOS INTERIORES QUE PASABA ALGUNAS VECES

Pues viendo yo lo poco, u no nada que podía hacer para no tener estos ímpetus tan grandes, también temía de tenerlos, porque pena y contento, no podía yo entender cómo podía estar junto; que ya pena corporal y contento espiritual, ya lo sabía que era bien posible, mas tan ecesiva pena espiritual, y con tan grandísimo gusto, esto me desatinaba: aun no cesaba en procurar resistir, mas podía tan poco, que algunas veces me cansaba. Amparábame con la cruz, y queríame defender de el que con ella nos amparó a todos: vía que no me entendía nadie, que esto muy claro lo entendía yo, mas no lo osaba decir sino a mi confesor, porque esto fuera decir bien de verdad que no tenía humildad.

Fue el Señor servido remediar gran parte de mi trabajo, y por entonces todo, con traer a este lugar al bendito fray Pedro de Alcántara, de quien ya hice mención, y dije algo de su penitencia; que entre otras cosas me certificaron, que había traído veinte años cilicio de hoja de lata contino. Es autor de unos libros pequeños de oración, que ahora se tratan mucho, de romance; porque como quien bien lo había ejercitado, escribió harto provechosamente para los que la tienen. Guardó la primera regla del bienaventurado san Francisco con todo rigor, y lo demás que allá queda dicho. Pues como la viuda sierva de Dios, que he dicho, y amiga mía, supo que estaba aquí tan gran varón, y sabía mi necesidad, porque era testigo de mis afliciones, y me consolaba harto; porque era tanta su fe, que no podía sino creer que era espíritu de Dios el que todos los más decían era del demonio; y como es persona de harto buen entendimiento, y de mucho secreto; y a quien el Señor hacía harta merced en la oración, quiso su Majestad darla luz, en lo que los letrados inoraban. Dábanme licencia mis confesores, que descansase con ella algunas cosas, porque por hartas causas cabía en ella. Cabíale parte algunas veces de las mercedes que el Señor me hacía, con avisos harto provechosos para su alma. Pues como lo supo, para que mejor le pudiese tratar, sin decirme nada, recaudó licencia de mi provincial, para que ocho días estuviese en su casa; y en ella, y en algunas ilesias le hablé muchas veces esta primera vez que estuvo aquí, que después en diversos tiempos le comuniqué mucho. Como le di cuenta en suma de mi vida y manera de proceder de oración, con la mayor claridad que yo supe (que esto he tenido siempre, tratar con toda claridad y verdad con los que comunico mi alma, hasta los primeros movimientos querría yo les fuesen públicos, y las cosas más dudosas y de sospecha yo le argüía con razones contra mi), ansí que sin doblez ni encubierta le traté mi alma. Casi a los principios vi que me entendía por espiriencia, que era todo lo que yo había menester; porque entonces no me sabía entender como ahora, para saberlo decir (que después me lo ha dado Dios, que sepa entender y decir las mercedes que su Majestad me hace) y era menester que hubiese pasado por ello quien de el todo me entendiese y declarase lo que era.

Él me dio grandísima luz, porque al menos en las visiones, que no eran imaginarias, no podía yo entender qué podía ser aquello, y parecíame, que en las que vía con los ojos de el alma, tampoco entendía cómo podía ser; que, como he dicho, sólo las que se ven con los ojos corporales eran de las que me parecía a mí había de hacer caso, y éstas no tenía. Este santo hombre me dio luz en todo, y me lo declaró, y dijo que no tuviese pena, sino que alabase a Dios, y estuviese tan cierta que era espíritu suyo, que si no era la fe, cosa más verdadera no podía haber, ni que tanto pudiese creer; y él se consolaba mucho conmigo, y hacíame todo favor y merced, y siempre después tuvo mucha cuenta conmigo, y dábame parte de sus cosas y negocios; y como me vía con los deseos que él ya poseía por obra (que estos dábamelos el Señor muy determinados) y me vía con tanto ánimo, holgábase de tratar conmigo. Que a quien el Señor llega a este estado, no hay placer ni consuelo que se iguale, a topar con quien le parece le ha dado el Señor principios de esto; que entonces no debía yo de tener mucho más, a lo que me parece, y plega al Señor lo tenga ahora. Húbome grandísima lástima: díjome, que uno de los mayores trabajos de la tierra, era el que había padecido que es contradición de buenos, y que todavía me quedaba harto; porque siempre tenía necesidad, y no había en esta ciudad quien me entendiese, mas

que él hablaría al que me confesaba, y a uno de los que me daban más pena, que era este caballero casado, que ya he dicho; porque como quien me tenía mayor voluntad, me hacía toda la guerra, y es alma temerosa y santa; y como me había visto tan poco había tan ruin, no acababa de asigurarse. Y ansí lo hizo el santo varón, que los habló a entramos, les dio causas y razones para que se asigurasen, y no me inquietasen más. El confesor poco había menester; el caballero tanto, que aun no de el todo bastó, mas fue parte para que no tanto me amedrentase.

Quedamos concertados que le escribiese lo que me sucediese más de allí adelante, y de encomendarnos mucho a Dios; que era tanta su humildad, que tenía en algo las oraciones de esta miserable, que era harta mi confusión. Dejóme con grandísimo consuelo y contento, y con que tuviese la oración con siguridad, y de que no dudase que era Dios; y de lo que tuviese alguna duda, y por más siguridad de todo, diese parte a el confesor, y con esto viviese sigura. Mas tampoco podía tener esta siguridad de el todo, porque me llevaba el Señor por camino de temer, como creer que era demonio, cuando me decían que lo era: ansí que temor ni siguridad nadie podía que yo la tuviese, de manera que les pudiese dar más crédito de el que el Señor ponía en mi alma. Ansí, que aunque me consoló y sosegó, no le di tanto crédito, para quedar de el todo sin temor, en especial cuando el Señor me dejaba en los trabajos de alma, que ahora diré: con todo quedé, como digo, muy consolada.

No me hartaba de dar gracias a Dios, y al glorioso padre mío san José, que me pareció le había él traído porque era emisario general de la custodia de san José, a quien yo mucho me encomendaba, y a Nuestra Señora. Acaecíame algunas veces (y aún ahora me acaece, aunque no tantas) estar con tan grandísimos trabajos de alma, juntos con tormentos y dolores de cuerpo, de males tan recios, que no me podía valer. Otras veces tenía males corporales más graves, y como no tenía los de el alma, los pasaba con mucha alegría, mas cuando era todo junto, era tan gran trabajo, que me apretaba muy mucho.

Todas las mercedes que me había hecho el Señor, se me olvidaban: sólo quedaba una memoria, como cosa que se ha soñado, para dar pena; porque se entorpece el entendimiento de suerte, que me hacía andar a mil dudas y sospechas, pareciéndome que yo no lo había sabido entender, y que quizás se me antojaba, y que bastaba que anduviese yo engañada, sin que engañase a los buenos: parecíame yo tan mala, que cuantos males y herejías se habían levantado, me parecía eran por mis pecados. Esta es una humildad falsa, que el demonio inventaba para desasosegarme, y probar si puede traer el alma a desesperación; y tengo ya tanta espiriencia que es cosa del demonio, que como ya ve que lo entiendo, no me atormenta en esto tantas veces como solía. Vese claro en la inquietud y desasosiego con que comienza, y el alboroto que da en el alma todo lo que dura, y la escuridad y aflición que en ella pone, la sequedad y mala disposición para oración ni para ningún bien: parece que ahoga el alma y ata el cuerpo, para que de nada aproveche. Porque la humildad verdadera, aunque se conoce el alma por ruin, y da pena ver lo que somos, y pensamos grandes encarecimientos de nuestra maldad (tan grandes como los dichos, y se sienten con verdad) no viene con alboroto ni desasosiega el alma, ni la escurece ni da sequedad, antes la regala, y es todo al revés, con quietud, con suavidad, con luz. Pena que por otra parte conorta, de ver cuán gran merced le hace Dios en que tenga aquella pena, y cuán bien empleada es. Duélele lo

que ofendió a Dios, por otra parte la ensancha su misericordia: tiene luz para confundirse a sí, y alaba a su Majestad, porque tanto la sufrió. En esta otra humildad, que pone el demonio, no hay luz para ningún bien, todo parece lo pone Dios a fuego y a sangre: represéntale la justicia, y aunque tiene fe que hay misericordia (porque no puede tanto el demonio que la haga perder) es de manera, que no me consuela, antes cuando mira tanta misericordia le ayuda a mayor tormento, porque me parece estaba obligada a más.

Es una invención del demonio de las más penosas y sutiles y disimuladas, que yo he entendido de él; y ansí querría avisar a vuesa merced, para que si por aquí le tentare, tenga alguna luz, y lo conozca, si le dejare el entendimiento para conocerlo, que no piense que va en letras y saber, que aunque a mí todo me falta, después de salida de ello bien entiendo es desatino. Lo que he entendido es que quiere y primite el Señor, y le da licencia, como se la dio para que tentase a Job, aunque a mí como a ruin, no es con aquel rigor. Hame acaecido, y me acuerdo ser un día antes de la víspera de Corpus Christi, fiesta de quien soy devota, aunque no tanto como es razón. Esta vez duróme sólo hasta el día; que otras dúrame ocho y quince días, y aun tres semanas, y no sé si más: y en especial las Semanas Santas, que solía ser mi regalo de oración, me acaece, que coge de presto el entendimiento por cosas tan livianas a las veces, que otras me reiría yo de ellas, y hácele estar trabucado en todo lo que él quiere y el alma aherrojada allí sin ser señora de sí, ni poder pensar otra cosa más que los disbarates que ella representa, que casi ni tiene tomo, ni atan, ni desatan, sólo ata para ahogar de manera el alma, que no cabe en sí: y es ansí, que me ha acaecido parecerme que andan los demonios como jugando

a la pelota con el alma, y ella que
no es parte para librarse de su poder. No se puede decir lo que en
este caso se padece: ella anda a buscar reparo, y primite Dios no le
halle; sólo queda siempre la razón
del libre albedrío, no clara. Digo yo,
que debe ser casi atapados los ojos;
como una persona que muchas veces ha ido por una parte, que aunque sea noche y a escuras, ya por el
tino pasado sabe dónde puede tropezar, porque lo ha visto de día, y
guárdase de aquel peligro: ansí es
para no ofender a Dios, que parece
se va por la costumbre. Dejemos
aparte el tenerla el Señor, que es lo
que hace el caso.

La fe está entonces tan amorti-
guada y dormida como todas las demás virtudes, aunque no perdida,
que bien cree lo que tiene la Ilesia,
mas pronunciado por la boca, que
parece por otro cabo la aprietan y
entorpecen, para que casi como cosa que oyó de lejos le parece que
conoce a Dios. El amor tiene tan ti-
bio, que si oye hablar en Él, escucha, como una cosa que cree ser el
que es, porque lo tiene la Ilesia;
mas no hay memoria de lo que ha
espirimentado en sí. Irse a rezar no
es sino más congoja, u estar en soledad; porque el tormento que en
sí siente, sin saber de qué, es incomportable: a mi parecer, es un
poco de traslado del infierno. Esto
es ansí, según el Señor en una visión me dio a entender, porque el
alma se quema en sí, sin saber
quién, ni por dónde le ponen fuego,
ni cómo huir de él, ni con qué le
matar: pues quererse remediar con
leer, es como si no supiese. Una vez
me acaeció ir a leer una vida de
santo, para ver si me embebería, y
para consolarme de lo que él padeció, y leer cuatro u cinco veces
otros tantos renglones, y, con ser
romance, menos entendía de ellos a
la postre que al principio, y ansí lo
dejé: esto me acaeció muchas veces,
sino que ésta se me acuerda más
en particular.

Tener, pues, conversación con nadie, es peor: porque un espíritu tan
desgustado de ira pone el demonio
que parece a todos me querría comer, sin poder hacer más, y algo
parece se hace en irme a la mano,
o hace el Señor en tener de su mano a quien ansí está, para que no
diga, ni haga contra sus prójimos,
cosa que los perjudique, y en que
ofenda a Dios. Pues ir al confesor,
esto es cierto, que muchas veces
me acaecía lo que diré, que con ser
tan santos, como lo son los que en
este tiempo he tratado y trato, me
decían palabras y me reñían con
una aspereza, que después que se
las decía yo, ellos mesmos se espantaban, y me decían que no era más
en su mano; porque, aunque ponían
muy por sí de no lo hacer otras veces, que se les hacía después lástima,
y aun escrúpulo, cuando tuviese semejantes trabajos de cuerpo y alma,
y se determinaban a consolarme con
piedad, no podían. No decían ellos
malas palabras, digo en que ofendiesen a Dios, mas las más desgus-
tadas que sufrían para confesor:
debían pretender mortificarme, y
aunque otras veces me holgaba y estaba para sufrirlo, entonces todo me
era tormento. Pues dame también
parecer que los engaño: iba a ellos
y avisábalos muy a las veras, que
se guardasen de mí, que podría ser
los engañase. Bien vía yo, que de
advertencia no lo haría, ni les diría
mentira, mas todo me era temor.
Uno me dijo una vez, como entendió la tentación, que no tuviese
pena, que aunque yo quisiese enga-
ñarle, seso tenía él para no dejarse
engañar. Esto me dio mucho consuelo.

Algunas veces, y casi ordinario,
al menos lo más contino, en acabando de comulgar descansaba, y
aun algunas en llegando al Sacramento luego a la hora quedaba tan
buena alma y cuerpo, que yo me
espanto. No me parece sino que en
un punto se deshacen todas las tinieblas del alma, y salido el sol,

conocía las tonterías en que había estado. Otras, con sólo una palabra que me decía el Señor, con solo decir: "No estés fatigada, no hayas miedo" (como ya dejo otra vez dicho) quedaba del todo sana, y con alguna visión, como si no hubiera tenido nada. Regalábame con Dios, quejábame a Él, cómo consentía tantos tormentos que padeciese; mas ello era bien pagado, que casi siempre eran después en gran abundancia las mercedes. No me parece sino que sale el alma del crisol, como el oro, más afinada y glorificada para ver en sí al Señor; y ansí se hacen después pequeños estos trabajos, con parecer incomportables, y se desean tornar a padecer, si el Señor se ha de servir más de ello. Y aunque haya más tribulaciones y persecuciones, como se pasen sin ofender al Señor, sino holgándose de padecerlo por Él, todo es para mayor ganancia: aunque como se han de llevar, no los llevo yo sino harto imperfetamente. Otras veces me venían de otra suerte, y vienen, que de todo punto me parece se me quita la posibilidad de pensar cosa buena, ni desearla hacer, sino un alma y cuerpo del todo inútil, y pesado: mas no tengo con esto estotras tentaciones, y desasosiegos, sino un desgusto, sin entender de qué ni nada contenta a el alma.

Procuraba hacer buenas obras esteriores, para ocuparme, medio por fuerza, y conozco bien lo poco que es un alma cuando se asconde la gracia: no me daba mucha pena, porque este ver mi bajeza me daba alguna satisfación. Otras veces me hallo, que tampoco cosa formada puedo pensar de Dios, ni de bien, que vaya con asiento, ni tener oración, aunque esté en soledad, mas siento que lo conozco. El entendimiento y imaginación entiendo yo es aquí lo que me daña; que la voluntad buena me parece a mí que está, y dispuesta para todo bien; mas este entendimiento está tan perdido, que no parece sino un loco fu-

rioso, que nadie le puede atar, ni soy señora de hacerle estar quedo un Credo. Algunas veces me río y conozco mi miseria, y estoyle mirando, y déjole a ver qué hace; y, gloria a Dios, nunca por maravilla va a cosa mala, sino indiferentes, si algo hay que hacer aquí y allí y acullá. Conozco más entonces la grandísima merced que me hace el Señor cuando tiene atado ese loco en perfeta contemplación. Miro qué sería si me viesen este desvarío las personas que me tienen por buena. He lástima grande a el alma de verla en tan mala compañía. Deseo verla con libertad, y ansí digo al Señor: —¿Cuándo, Dios mío, acabaré ya de ver mi alma junta en vuestra alabanza, que os gocen todas las potencias? No primitáis, Señor, sea ya más despedazada, que no parece sino que cada pedazo anda por su cabo. Esto pasó muchas veces: algunas bien entiendo le hacen harto al caso la poca salud corporal. Acuérdome mucho del daño que nos hizo el primer pecado, que de aquí me parece nos vino ser incapaces de gozar tanto bien, y deben ser los míos, que si yo no hubiera tenido tantos, estuviera más entera en el bien.

Pasé también otro gran trabajo, que como todos los libros que leía, que tratan de oración, me parecía los entendía todos y que ya me había dado aquello el Señor, que no los había menester, y ansí no los leía, sino vidas de santos, que como yo me hallo tan corta en lo que ellos servían a Dios, esto parece me aprovecha y anima. Parecíame muy poca humildad pensar yo había llegado a tener aquella oración; y como no podía acabar conmigo otra cosa, dábame mucha pena; hasta que letrados y el bendito fray Pedro de Alcántara, me dijeron que no se me diese nada. Bien veo yo que en el servir a Dios no he comenzado, aunque en hacerme su Majestad mercedes, es como a muchos buenos, y que estoy hecha una imperfeción, si no es en los deseos, y en amar que en esto bien veo me ha favorecido el Señor para que le pueda en algo servir. Bien me parece a mí que le amo, mas las obras me desconsuelan, y las muchas impefeciones que veo en mí. Otras veces me da una bobería de alma (digo yo que es) que ni bien ni mal me parece que hago, sino andar al hilo de la gente, como dicen: ni con pena ni con gloria; ni la da vida ni muerte, ni placer ni pesar: no parece se siente nada. Paréceme a mí, que anda el alma como un asnillo que pace; que se sustenta porque le dan de comer, y come casi sin sentirlo: porque el alma en este estado no debe estar sin comer algunas grandes mercedes de Dios, pues en vida tan miserable no le pesa de vivir, y lo pasa con igualdad, mas no se sienten movimientos ni efetos para que se entienda el alma.

Paréceme ahora a mí, como un navegar con un aire muy sosegado, que se anda mucho sin entender cómo; porque en estotras maneras son tan grandes los efetos, que casi luego ve el alma su mijoría, porque luego bullen los deseos, y nunca acaba de satisfacerse un alma: esto tienen los grandes ímpetus de amor que he dicho, a quien Dios los da. Es como unas fontecicas que yo he visto manar, que nunca cesa de hacer movimiento el arena hacia arriba. Al natural me parece este ejemplo, y comparación de las almas que aquí llegan: siempre está bullendo el amor, y pensando qué hará; no cabe en sí, como en la tierra parece no cabe aquel agua, sino que la echa de sí. Ansí está el alma muy ordinario, que no sosiega ni cabe en sí, con el amor que tiene: ya la tiene a ella empapada en sí, querría bebiesen los otros, pues a ella no le hace falta, para que le ayudasen a alabar a Dios. Oh qué de veces me acuerdo del agua viva, que dijo el Señor a la Samaritana; y ansí soy muy aficionada a aquel evangelio;

y es ansí cierto; que sin entender, como ahora, esté bien, desde muy niña lo era, y suplicaba muchas veces al Señor me diese aquel agua, y la tenía debujada adonde estaba siempre, con este letrero, cuando el Señor llegó al pozo —*Domine, da mihi aquam.* Parece también como un fuego que es grande, y para que no se aplaque, es menester haya siempre que quemar: ansí son las almas que digo, aunque fuese muy a su costa, que querrían traer leña, para que no cesase este fuego. Yo soy tal, que aun con pajas que pudiese echar en él me contentaría; y ansí me acaece algunas y muchas veces: unas me río y otras me fatigo mucho. El movimiento interior me incita a que sirva en algo, de que no soy para más, en poner ramitos y flores a imágenes, en barrer u en poner un oratorio, u en unas cositas tan bajas, que me hacía confusión. Si hacía algo de penitencia, todo poco, y de manera, que a no tomar el Señor la voluntad, vía yo era sin ningún tomo, y yo mesma burlaba de mí. Pues no tienen poco trabajo a ánimas, que da Dios por su bondad este fuego de amor suyo en abundancia, faltar fuerzas corporales para hacer algo por Él. Es una pena muy bien grande; porque como le faltan fuerzas para echar alguna leña en este fuego y ella muere porque no se mate, paréceme que ella entre sí se consume y hace ceniza, y se deshace en lágrimas, y se quema, y harto tormento aunque es sabroso. Alabe muy mucho al Señor el alma que ha llegado aquí, y le dé fuerzas corporales para hacer penitencia, y le dio letras y talento, y libertad para predicar y confesar y llegar almas a Dios; que no sabe ni entiende el bien que tiene, si no ha pasado por gustar, que es no poder hacer nada en servicio del Señor, y recibir siempre mucho. Sea bendito por todo, y denle gloria los ángeles, amén.

No sé si hago bien de escribir

tantas menudencias. Como vuesa merced me tornó a enviar a mandar, que no se me diese nada de alargarme ni dejase nada, voy tratando con claridad y verdad lo que se me acuerda; y no puede ser menos de dejarse mucho, porque sería gastar mucho más tiempo y tengo tan poco, como he dicho; y por ventura no sacar ningún provecho.

CAPITULO XXXI

TRATA DE ALGUNAS TENTACIONES ESTERIORES, Y REPRESENTACIONES QUE LA HACÍA EL DEMONIO, Y TORMENTOS QUE LA DABA. TRATA TAMBIÉN ALGUNAS COSAS HARTO BUENAS, PARA AVISO DE PERSONAS QUE VAN CAMINO DE PERFECIÓN

Quiero decir, ya que he dicho algunas tentaciones, y turbaciones interiores y secretas, que el demonio me causaba otras que hacía casi públicas, en que no se podía inorar que era él. Estaba una vez en un oratorio, y aparecióme hacia el lado izquierdo de abominable figura: en especial miré la boca, porque me habló, que la tenía espantable. Parecía le salía una gran llama del cuerpo, que estaba toda clara sin sombra. Díjome espantablemente, que bien me había librado de sus manos, mas que él me tornaría a ellas. Yo tuve gran temor, y santigüéme como pude, y desapareció y tornó luego: por dos veces me acaeció esto. Yo no sabía qué me hacer; tenía allí agua bendita y echéla hacia aquella parte, y nunca más tornó. Otra vez me estuvo cinco horas atormentando con tan terribles dolores y desasosiego interior y exterior, que no me parece se podía ya sufrir. Las que estaban conmigo estaban espantadas y no sabían qué se hacer, ni yo cómo valerme. Tengo por costumbre, cuando los dolores y mal corporal es muy intolerable, hacer atos como puedo entre mí, suplicando al Señor, si se sirve de aquello, que me dé su Majestad paciencia y me esté yo ansí hasta el fin del mundo. Pues como esta vez vi el padecer con tanto rigor, remediábame con estos atos para poderlo llevar, y determinaciones. Quiso el Señor entendiese cómo era el demonio, porque vi cabe mí

un negrillo muy abominable, regañando como desesperado de que adonde pretendía ganar, perdía. Yo como le vi, reíme y no hube miedo, porque había allí algunas conmigo, que no se podían valer, ni sabían qué remedio poner a tanto tormento, que eran grandes los golpes que me hacía dar, sin poderme resistir con cuerpo y cabeza y brazos; y lo peor era el desasosiego interior, que de ninguna suerte podía tener sosiego. No osaba pedir agua bendita, por no las poner miedo, y porque no entendiesen lo que era.

De muchas veces tengo espiriencia, que no hay cosa con que huyan más para no tornar: de la cruz también huyen, mas vuelven luego. Debe ser grande la virtud del agua bendita: para mí es particular, y muy conocida consolación que siente mi alma, cuando la tomo. Es cierto, que lo muy ordinario es sentir una recreación, que no sabría yo darla a entender, con un deleite interior, que toda el alma me conorta. Esto no es antojo, ni cosa que me ha acaecido sola una vez, sino muy muchas, y mirando con gran advertencia: digamos como si uno estuviese con mucho calor y sed, y bebiese un jarro de agua fría, que parece todo él sintió el refrigerio. Considero yo, que gran cosa es todo lo que está ordenado por la Ilesia, y regálame mucho ver que tengan tanta fuerza aquellas palabras, que ansí la pongan en el agua, para que sea tan grande la diferencia que hace a lo que no es bendito. Pues como no cesaba el tormento, dije: —Si no se riesen pediría agua bendita. Trajéronmela, echáronmela a mí, y no aprovechaba, echéla hacia donde estaba, y en un punto se fue y se me quitó todo el mal, como si con la mano me lo quitaran, salvo que quedé cansada, como si me hubieran dado muchos palos. Hízome gran provecho ver, que aun no siendo un alma y cuerpo suyo, cuando el Señor le da licencia, hace tanto mal: ¡qué hará cuando él lo posea por suyo! Diome de nuevo gana de librarme de tan ruin compañía. Otra vez, poco ha, me acaeció lo mesmo, aunque no duró tanto, y yo estaba sola. Pedí agua bendita, y las que entraron después que ya se había ido (que eran dos monjas bien de creer, que por ninguna suerte dijeran mentira), olieron un olor muy malo, como de piedra azufre. Yo no lo olí: duró de manera que se pudo advertir a ello. Otra vez estaba en el coro, y diome un gran ímpetu de recogimiento, y fuime de allí, porque no lo entendiesen, aunque cerca oyeron todas dar golpes grandes adonde yo estaba; y yo cabe mí oír hablar, como que concertaban algo, aunque no entendí qué habla fuese, mas estaba tan en oración, que no entendí cosa, ni hube ningún miedo. Casi cada vez era · cuando el Señor me hacía merced, de que por mi persuasión se aprovechase algún alma: y es cierto, que me acaeció lo que ahora diré, y de esto hay muchos testigos, en especial quien ahora me confiesa, que lo vio por escrito en una carta: sin decirlo yo quién era la persona cuya era la carta, bien sabía él quién era.

Vino una persona a mí, que había dos años y medio que estaba en pecado mortal, de los más abominables que yo he oído y en todo este tiempo, ni le confesaba ni se enmendaba y decía misa. Y aunque confesaba otros, éste decía ¿qué cómo él había de confesar cosa tan fea? y

tenía gran deseo de salir de él, y no se podía valer de sí. A mí hízome gran lástima, y ver que se ofendía a Dios de tal manera me dio mucha pena: prometíle de suplicar a Dios le remediase y hacer que otras personas lo hiciesen, que eran mijores que yo, y escribí a cierta persona, que él me dijo podía dar las cartas; y es ansí que a la primera se confesó que quiso Dios nuestro Señor (por las muchas personas muy santas que lo habían suplicado a Dios, que se lo había yo encomendado) hacer con esta alma esta misericordia; y yo aunque miserable, hacía lo que podía con harto cuidado. Escribióme, que estaba ya con tanta mijoría, que había días que no caía en él: mas que era tan grande el tormento que le daba la tentación, que parecía estaba en el infierno, sigún lo que padecía; que le encomendase a Dios. Yo lo torné a encomendar a mis hermanas, por cuyas oraciones debía el Señor hacerme esta merced, que lo tomaron muy a pechos: era persona que no podía nadie atinar en quién era. Yo supliqué a su Majestad se aplacasen aquellos tormentos y tentaciones, y se viniesen aquellos demonios a atormentarme a mí, con que yo no ofendiese en nada al Señor. Es ansí que pasé un mes de grandísimos tormentos: entonces eran estas dos cosas que he dicho. Fue el Señor servido, que le dejaron a él (ansí me lo escribieron) porque yo le dije lo que pasaba en este mes. Tomó fuerza su ánima, y quedó del todo libre, que no se hartaba de dar gracias a el Señor, y a mí, como si yo hubiera hecho algo; sino que ya el crédito que tenía de que el Señor me hacía mercedes, le aprovechaba. Decía que cuando se vía muy apretado, leía mis cartas, y se le quitaba la tentación, y estaba muy espantado de lo que yo había padecido, y cómo se había librado él: y aun yo me espanté, y lo sufriera otros muchos años, por ver aquel alma libre. Sea alabado por todo, que mucho puede la oración de los que sirven al Señor, como yo creo que lo hacen en esta casa estas hermanas; sino que como yo lo procuraba, debían los demonios indignarse más conmigo, y el Señor por mis pecados lo primitía. En este tiempo también una noche pensé me ahogaban, y como echaron mucha agua bendita, vi ir mucha multitud de ellos, como quien se va despeñando. Son tantas veces las que estos malditos me atormentan, y tan poco el miedo que yo les he, con ver que no se pueden menear, si el Señor no les da licencia, que cansaría a vuesa merced, y me cansaría si las dijese.

Lo dicho aproveche, de que el verdadero siervo de Dios se le dé poco de estos espantajos, que éstos ponen para hacer temer: sepan que cada vez que se nos da poco de ellos, quedan con menos fuerza, y el alma muy más señora. Siempre queda algún gran provecho, que por no lo alargar no lo digo. Sólo diré esto que me acaeció una noche de las Ánimas: estando en un oratorio, habiendo rezado un nocturno, y diciendo unas oraciones muy devotas, que están al fin de el que tenemos en nuestro rezado, se me puso sobre el libro, para que no acabase la oración; yo me santigüé, y fuese. Tornando a comenzar, tornóse y hasta que eché agua bendita, no pude acabar: vi que salieron algunas ánimas del purgatorio en el instante, que debía faltarles poco, y pensé si pretendía estorbar esto. Pocas veces lo he visto tomando forma, y muchas sin ninguna forma, como la visión que sin forma se ve claro está allí, como he dicho. Quiero también decir esto, porque me espantó mucho. Estando un día de la Trinidad en cierto monesterio en el coro, y en arrobamiento, vi una gran contienda de demonios contra ángeles. Yo no podía entender qué quería decir aquella visión: antes de quince días se entendió bien en cierta contienda que acaeció entre gente de oración, y muchas que no lo

eran, y vino harto daño a la casa que era. Fue contienda que duró mucho y de harto desasosiego. Otra vez vía mucha multitud de ellos en rededor de mí, y parecíame estar una gran claridad, que me cercaba toda, y ésta no les consentía llegar a mí: entendí que me guardaba Dios, para que no llegasen a mí de manera que me hiciesen ofenderle. En lo que he visto en mí algunas veces entendí que era verdadera visión. El caso es, que yo tengo entendido su poco poder, si yo no soy contra Dios, que casi ningún temor los tengo, porque no son nada sus fuerzas, si no ven almas rendidas a ellos, y cobardes, que aquí muestran ellos su poder. Algunas veces en las tentaciones que ya dije, me parecía que todas las vanidades y flaquezas de tiempos pasados tornaban a despertar en mí, que tenía bien que encomendarme a Dios: luego era el tormento de parecerme, que pues venían aquellos pensamientos, que debía ser todo demonio, hasta que me sosegaba el confesor; porque a un primer movimiento de mal pensamiento me parecía a mí no había de tener quien tantas mercedes recibía del Señor. Otras veces me atormentaba mucho, y aun ahora me atormenta, ver que se hace mucho caso de mí (en especial personas principales) y de que decían mucho bien: en esto he pasado y paso mucho. Miro luego a la vida de Cristo y de los santos, y paréceme que voy al revés, que ellos no iban sino por desprecio e injurias; háceme andar temerosa, y como que no oso alzar la cabeza, ni querría parecer, lo que no hago cuando tengo persecuciones: anda el alma tan señora, aunque el cuerpo lo siente, y por otra parte ando afligida, que yo no sé cómo esto puede ser; mas pasa ansí, que entonces parece esta alma en su reino, y que lo trae todo debajo de los pies. Dábame algunas veces, y duróme hartos días, y parecía era virtud y humildad por una parte, y ahora veo claro era tentación. Un fraile dominico, gran letrado, me lo declaró bien. Cuando pensaba que estas mercedes, que el Señor me hace, se habían de venir a saber en público, era tan ecesivo el tormento, que me inquietaba mucho el alma. Vino a términos, que considerándolo, de mejor gana me parece me determinaba a que me enterraran viva, que por esto; y ansí cuando me comenzaron estos grandes recogimientos, u arrobamientos, a no poder resistirlos aun en público, quedaba yo después tan corrida, que no quisiera parecer adonde nadie me viera.

Estando una vez muy fatigada de esto, me dijo el Señor: —¿Que qué temía? Que en esto no podía sino haber dos cosas: o que murmurasen de mí, u alabarle a Él. Dando a entender, que los que lo creían, le alabarían y los que no, era condenarme sin culpa, y que ambas cosas eran ganancia para mí; que no me fatigase. Mucho me sosegó esto, y me consuela cuando se me acuerda. Vino a términos la tentación, que me quería ir de este lugar, y dotar en otro monesterio muy más encerrado, en el que yo al presente estaba, que había oído decir muchos estremos de él: era también de mi orden, y muy lejos, que esto es lo que a mí me consolara, estar adonde no me conocieran; y nunca mi confesor me dejó. Mucho me quitaban la libertad de el espíritu estos temores, que después vine yo a entender no era buena humildad, pues tanto inquietaba. Y me enseñó el Señor esta verdad; que si yo tan determinada u cierta estuviera, que no era ninguna cosa buena mía, sino de Dios, que ansí como no me pesaba de oír loar a otras personas, antes me holgaba y consolaba mucho, de ver que allí se mostraba Dios, que tampoco me pesaría mostrase en mí sus obras.

También di en otro estremo, que fue suplicar a Dios (y hacía oración particular), que cuando alguna persona le pareciese algo bien en mí, que su Majestad le declarase mis pecados, para que viese cuán sin mérito mío me hacía mercedes, que esto deseo yo siempre mucho. Mi confesor me dijo que no lo hiciese: mas hasta ahora poco ha, si vía yo que una persona pensaba de mí bien mucho, por rodeos, u como podía, le daba a entender mis pecados, y con esto parece descansaba: también me han puesto mucho escrúpulo en esto. Procedía esto no de humildad, a mi parecer, sino de una tentación venían muchas: parecíame que a todos los traía engañados, y (aunque es verdad que andan engañados en pensar que hay algún bien en mí) no era mi deseo engañarlos, ni jamás tal pretendí; sino que el Señor por algún fin lo primite, y ansí aun con los confesores, si no viera era necesario, no tratara ninguna cosa, que se me hiciera gran escrúpulo. Todos estos temorcillos y penas y sombra de humildad entiendo yo ahora era harta imperfeción, y de no estar mortificada; porque un alma dejada en las manos de Dios, no se la da más que digan bien que mal, si ella entiende bien, bien entendido cómo el Señor quiere hacerle merced que lo entienda, que no tiene nada de sí. Fíese de quien se lo da, que sabrá por qué lo descubre, y aparéjese a la persecución, que está cierta en los tiempos de ahora, cuando de alguna persona quiere el Señor se entienda, que la hace semejantes mercedes: porque hay mil ojos para un alma de éstas, adonde para mil almas de otra hechura no hay ninguno. A la verdad que no hay poca razón de temer, y ése debía ser mi temor, y no humildad, sino pusilanimidad; porque bien se puede aparejar un alma, que ansí primite Dios que ande en los ojos del mundo, a ser mártir de el mundo; porque si ella no se quiere morir a él, el mesmo mundo los matará.

No veo, cierto, otra cosa en él que bien me parezca sino no consentir faltas en los buenos, que a poder de mormuraciones no las perfecione. Digo, que es menester más ánimo para, si uno no está perfeto, llevar camino de perfeción, que para ser de presto mártires. Porque la perfeción no se alcanza en breve, si no es a quien el Señor quiere por particular privilegio hacerle esta merced: el mundo en viéndole comenzar le quiere perfeto, y de mil aguas le entiende una falta, que por ventura en él es virtud, y quien le condena usa de aquello mesmo por vicio, y ansí lo juzga en el otro. No ha de comer ni dormir ni, como dicen, resolgar; mientras en más le tienen, más deben olvidar, que aunque se están en el cuerpo, por perfeta que tenga el alma, viven aún en la tierra sujetos a sus miserias, aunque más la tengan debajo de los pies: y ansí, como digo, es menester gran ánimo, porque la pobre alma aun no ha comenzado a andar, y quiérenla que vuele. Aun no tiene vencidas las pasiones, y quieren que en grandes ocasiones estén tan enteras, como ellos leen estaban los santos, después de confirmados en gracia. Es para alabar a el Señor lo que en esto pasa, y aun para lastimar mucho el corazón, porque muy muchas almas tornan atrás, que no saben las pobrecitas valerse: y ansí creo hiciera la mía, si el Señor tan misericordiosamente no lo hiciera todo de su parte; y, hasta que por su bondad lo puso todo, ya verá vuesa merced, que no ha habido en mí sino caer y levantar. Querría saberlo decir, porque creo se engañan aquí muchas almas, que quieren volar antes que Dios les dé alas.

Ya creo he dicho otra vez esta comparación, mas viene bien aquí: trataré esto, porque veo algunas almas muy afligidas por esta causa. Como comienzan con grandes deseos y hervor y determinación de ir delante en la virtud, y algunas, cuanto al esterior, todo lo dejan por Él, como ven en otras personas, que son más crecidas, cosas muy grandes de virtudes, que les da el Señor, qué no nos las podemos nosotros tomar, ven en todos los libros que están escritos de oración y contemplación poner cosas que hemos de hacer subir a esta dinidad, que ellos no las pueden luego acabar consigo, desconsuélanse; como es un no se nos dar que digan mal de nosotros, antes tener mayor contento, que cuando dicen bien, una poca estima de honra, un desasimiento de sus deudos (que si no tienen oración, no los querría tratar, antes le cansan) otras cosas de esta manera muchas, que a mi parecer les ha de dar Dios, porque me parece son ya bienes sobrenaturales, u contra nuestra natural inclinación. No se fatiguen, esperen en el Señor, que lo que ahora tienen en deseos su Majestad hará que lleguen a tenerlo por obra, con oración, y haciendo de su parte lo que es en sí; porque es muy necesario para este nuestro flaco natural tener gran confianza y no desmayar, ni pensar que, si nos esforzamos, dejaremos de salir con vitoria. Y porque tengo mucha espiriencia de esto, diré algo para aviso de vuesa merced, y no piense (aunque le parezca que sí) que está ya ganada la virtud, si no la espirimenta con su contrario, y siempre hemos de estar sospechosos, y no descuidarnos mientras vivimos; porque mucho se nos pega luego, si, como digo, no está ya dada de el todo la gracia, para conocer lo que es todo, y en esta vida nunca hay todo sin muchos peligros. Parecíame a mí, pocos años ha, que no sólo no estaba asida a mis deudos, sino me cansaban; y era cierto ansí, que su conversación no podía llevar. Ofrecióse cierto negocio de harta importancia, y hube de estar con una hermana mía, a quien yo quería muy mucho antes; y puesto que en la conversación, aunque ella es mijor que yo, no me hacía con ella (porque como tiene diferente estado, que es casada, no puede ser la conversación siempre en lo que yo la querría) y lo más que podía me estaba sola; vi que me daban pena sus penas, más harto que de prójimo, y algún cuidado. En fin, entendí de mí, que no estaba tan libre como yo pensaba, y que aun había menester huir la ocasión, para que esta virtud, que el Señor me había comenzado a dar, fuese en crecimiento; y ansí con su favor lo he procurado hacer siempre después acá.

En mucho se ha de tener una virtud, cuando el Señor la comienza a dar, y en ninguna manera ponernos en peligro de perderla: ansí es en cosas de honra, y en otras muchas; que crea vuesa merced, que no todos los que pensamos estamos desasidos del todo, lo están, y es menester nunca descuidar en esto. Y cualquiera persona, que sienta en sí algún punto de honra, si quiere aprovechar, créame, y dé tras este atamiento, que es una cadena, que no hay lima que la quiebre, si no es Dios con oración, y hacer mucho en nuestra parte. Paréceme, que es una ligadura para este camino, que yo me espanto el daño que hace. Veo algunas personas santas, en sus obras, que las hacen tan grandes, que espantan a las gentes. ¡Válame Dios! ¿Por qué está aún en la tierra esta alma? ¿Cómo no está en la cumbre de la perfección? ¿Qué es esto? ¿Quién detiene a quien tanto hace por Dios? ¡Oh, que tiene un punto de honra! Y lo peor que tiene es que no quiere entender que le tiene, y es porque algunas veces le hace entender el demonio que es obligado a tenerle. Pues créanme, crean por amor del Señor a esta hormiguilla, que el Señor quiere que hable, que si no quitan esta oruga, que ya que a todo el árbol no dañe, porque algunas otras virtudes quedarán, mas todas carcomidas. No es árbol hermoso, sino que él no medra, ni aun deja medrar a los que andan cabe él: porque la fruta, que da de buen ejemplo no es nada sana, poco durará. Muchas veces lo digo, que por poco que sea el punto de honra, es como en el canto de órgano, que un punto u compás que se yerre, disuena toda la música. Y es cosa que en todas partes hace harto daño a el alma, mas en este camino de oración es pestilencia.

¿Andas procurando juntarte con Dios por unión, y queremos seguir sus consejos de Cristo, cargado de injurias y testimonios, y queremos muy entera nuestra honra y crédito? No es posible llegar allá, que no van por un camino. Llega el Señor a el alma, esforzándonos nosotros, y procurando perder de nuestro derecho en muchas cosas. Dirán algunos, no tengo en qué, ni se me ofrece: yo creo que quien tuviere esta determinación, que no querrá el Señor pierda tanto bien: su Majestad ordenará tantas cosas en que gane esta virtud, que no quiera tantas. Manos a la obra, quiero decir las naderías y poquedades, que yo hacía cuando comencé, u algunas de ellas: las pajitas, que tengo dichas, pongo en el fuego, que no soy yo para más. Todo lo recibe el Señor: sea bendito por siempre.

Entre mis faltas tenía ésta, que sabía poco de rezado y de lo que había de hacer en el coro, y cómo le regir, de puro descuidada y metida entre otras vanidades; y vía a otras novicias, que me podían enseñar. Acaecíame no les preguntar, porque no entendiesen yo sabía poco: luego se pone delante el buen ejemplo; esto es muy ordinario. Ya que Dios me abrió un poco los ojos, aun sabiéndolo, tantico que estaba en duda lo preguntaba a las niñas: ni perdí honra ni crédito, antes quiso el Señor, a mi parecer, darme después más memoria. Sabía mal cantar, sentía tanto si no tenía estudiado lo que me encomendaban (y no por el hacer falta delante del Señor, que esto fuera virtud, sino por las muchas que me oían) que de puro honrosa me turbaba tanto, que decía muy menos de lo que sabía. Tomé después por mí, cuando no lo sabía. Sentía harto a los principios, y después gustaba de ello: y es ansí, que comencé a no se me dar nada de que se entendiese no lo sabía, que lo decía muy mijor; y que la negra honra me quitaba supiese hacer esto, que yo tenía por honra, que cada uno la pone en lo que quiere. Con estas naderías, que no son nada (y harto nada soy yo, pues esto me daba pena) de poco en poco se van haciendo conatos: y cosas poquitas como éstas (que en ser hechas por Dios les da su Majestad tomo) ayuda su Majestad para cosas mayores. Y ansí en cosas de humildad me acaecía, que de ver que todas se aprovechaban, sino yo (porque nunca fui para nada), de que se iban del coro coger todos los mantos. Parecíame servía a aquellos ángeles que allí alababan a Dios, hasta que, no sé cómo, vinieron a entenderlo, que no me corrí yo poco, porque no llegaba mi virtud a querer que entendiesen estas cosas; y no debía ser por humilde, sino porque no se riesen de mí, como era tan nonada.

¡Oh, Señor mío, qué vergüenza es ver tantas maldades, y contar unas arenitas, que aun no las levantaba de la tierra por vuestro servicio, sino que todo iba envuelto en mil miserias! No manaba aún el agua de vuestra gracia debajo de estas arenas, para que las hiciese levantar. ¡Oh, Criador mío, quién tuviera alguna cosa, que contar entre tantos males, que fuera de tomo, pues cuento las grandes mercedes que he recibido de Vos! Es ansí, Señor mío, que no sé cómo puede sufrirlo mi corazón, ni cómo podrá quien esto leyere dejarme de aborrecer, viendo tan mal servidas tan gandísimas mercedes; y que no he vergüenza de contar estos servicios; ¡en fin como míos! Si tengo, Señor mío, mas el no tener otra cosa, que contar de mi parte, me hace decir tan bajos principios, para que tenga esperanza quien los hiciere grandes, que, pues éstos parece ha tomado el Señor en cuenta, los tomará mijor. Plega a su Majestad me dé gracia, para que no esté siempre en principios. Amén.

CAPITULO XXXII

EN QUE TRATA CÓMO QUISO EL SEÑOR PONERLA EN ESPÍRITU EN UN
LUGAR DEL INFIERNO, QUE TENÍA POR SUS PECADOS MERECIDO. CUENTA
UNA CIFRA DE LO QUE ALLÍ SE LE REPRESENTÓ, PARA LO QUE FUE.
COMIENZA A TRATAR LA MANERA Y MODO CÓMO SE FUNDÓ EL
MONESTERIO, ADONDE AHORA ESTÁ, DE SAN JOSEF

Después de mucho tiempo, que el Señor me había hecho ya muchas de las mercedes que he dicho, y otras muy grandes, estando un día en oración, me hallé en un punto toda, sin saber cómo, que me parecía estar metida en el infierno. Entendí que quería el Señor que viese el lugar que los demonios allá me tenían aparejado, y yo merecido por mis pecados. Ello fue en brevísimo espacio; mas aunque yo viviese muchos años, me parece imposible olvidárseme. Parecíame la entrada a manera de un callejón muy largo y estrecho, a manera de horno muy bajo y escuro y angosto. El suelo me parecía de una agua como lodo muy sucio y de pestilencial olor, y muchas sabandijas malas en él. Al cabo estaba una concavidad metida en una pared, a manera de una alacena, adonde me vi meter en mucho estrecho. Todo esto era deleitoso a la vista en comparación de lo que allí sentí: esto que he dicho va mal encarecido.

Esto otro me parece que a un principio de encarecerse cómo es, no puede haber, ni se puede entender; mas sentí un fuego en el alma, que yo no puedo entender cómo poder decir de la manera que es, los dolores corporales tan incomportables, que con haberlos pasado en esta vida gravísimos, y sigún dicen los médicos, los mayores que se pueden acá pasar; porque fue enco-

gérseme todos los nervios cuando me tullí, sin otros muchos de muchas maneras, que he tenido, y aun algunos, como he dicho, causados del demonio no es todo nada en comparación de lo que allí sentí, y ver que había de ser sin fin y sin jamás cesar. Esto no es, pues, nada en comparación del agonizar del alma, un apretamiento, un ahogamiento, una aflición tan sensible y con tan desesperado y afligido descontento, que yo no sé cómo lo encarecer; porque decir, que es un estarse siempre arrancando el alma, es poco; porque ahí parece que otro os acaba la vida, mas aquí el alma mesma es la que se despedaza. El caso es que yo no sé cómo encarezca aquel fuego interior, y aquel desesperamiento sobre tan gravísimos tormentos y dolores. No vía yo quien me los daba, mas sentíase quemar y desmenuzar, a lo que me parece, y digo, que aquel fuego y desesperación interior es lo peor. Estando en tan pestilencial lugar tan sin poder esperar consuelo, no hay sentarse, ni echarse, ni hay lugar, aunque me pusieron en éste como agujero hecho en la pared, porque estas paredes que son espantosas a la vista, aprietan ellas mesmas, y todo ahoga: no hay luz, sino todo tinieblas escurísimas. Yo no entiendo cómo puede ser esto, que con no haber luz, lo que a la vista ha de dar pena todo se ve. No quiso el Señor entonces viese más de todo el infierno; después he visto otra visión de cosas espantosas, de algunos vicios el castigo: cuanto a la vista muy más espantosos me parecieron; mas como no sentía la pena, no me hicieron tanto temor, que en esta visión quiso el Señor, que verdaderamente yo sintiese aquellos tormentos y aflición en el espíritu, como si el cuerpo lo estuviera padeciendo. Yo no sé cómo ello fue, mas bien entendí ser gran merced, y que quiso el Señor yo viese por vista de ojos de dónde me había librado su misericordia; porque no es nada oírlo decir, ni haber yo otras veces pensado en diferentes tormentos, aunque pocas (que por temor no se llevaba bien mi alma) ni que los demonios atenazan, ni otros diferentes tormentos que he leído, no es nada con esta pena, porque es otra cosa: en fin, como de debujo a la verdad, y el quemarse acá es muy poco en comparación de este fuego de allá. Yo quedé tan espantada, y aun lo estoy ahora escribiéndolo, con que ha casi seis años, y en parte que nos quejamos sin protural me falta del temor, aquí adonde estoy; y así no me acuerdo vez, que tenga trabajo ni dolores, que no me parezca no nada todo de lo que acá se puede pasar; y ansí me parece en parte que nos quejamos sin propósito. Y ansí torno a decir, que fue una de las mayores mercedes, que el Señor me ha hecho; porque me ha aprovechado muy mucho, ansí para perder el miedo a las tribulaciones y contradiciones de esta vida, como para esforzarme a padecerlas, y dar gracias al Señor, que me libró, a lo que ahora me parece, de males tan perpetuos y terribles.

Después acá, como digo, todo me parece fácil, en comparación de un momento que se haya de sufrir lo que yo en él allí padecí. Espántame cómo habiendo leído muchas veces libros, adonde se da algo a entender de las penas de el infierno, cómo no las temía, ni tenía en lo que son. ¿Adónde estaba? ¿cómo me podía dar cosa descanso de lo que me acarreaba ir a tan mal lugar? Seáis bendito, Dios mío, por siempre, y como siempre, y como se ha parecido que me queríades vos mucho más a mí, que yo me quiero. Qué de veces, Señor, me libraste de cárcel tan temerosa, y, cómo me tornaba yo a meter en ella contra vuestra voluntad. De aquí también gané la grandísima pena que me da, las muchas almas que se condenan, de estos luteranos en especial (porque eran ya por el bautismo miembros de la Ilesia), y los ímpetus grandes de aprovechar almas, que me parece cierto a mí, que por librar una sola de tan gravísimos tormentos, pasaría yo muchas muertes muy de buena gana. Miro que si vemos acá una persona, que bien queremos en especial, con un gran trabajo u dolor, parece que nuestro mesmo natural nos convida a compasión, y si es grande nos aprieta a nosotros: pues ver a un alma para sin fin en el sumo trabajo de los trabajos, ¿quién lo ha de poder sufrir? No hay corazón que lo lleve sin gran pena. Pues acá, con saber que en fin se acabará con la vida, mueve a tanta compasión, estotro y que ya tiene término, aun nos mueve a tanta compasión, estotro que no le tiene, no sé cómo podemos sosegar, viendo tantas almas como lleva cada día el demonio consigo.

Esto también me hace desear, que en cosa que tanto importa, no nos contentemos con menos de hacer todo lo que pudiésemos de nuestra parte: no dejemos nada, y plega a el Señor sea servido de darnos gracia para ello. Cuando yo considero, que aunque era tan malísima, traía algún cuidado de servir a Dios, y no hacía algunas cosas, que veo que, como quien no hace nada, se tragan en el mundo, y en fin, pasaba grandes enfermedades y con mucha paciencia (que me la daba el Señor) no era inclinada a mormurar, ni a decir mal de nadie, ni me parece podía querer mal a nadie, ni era codiciosa, ni envidia jamás me acuerdo tener, de manera que fuese ofensa grave del Señor, y otras algunas cosas, que aunque era tan ruin, traía temor de Dios lo más continuo, y veo adónde me tenían ya los demonios aposentada: y es verdad que según mis culpas, aun me parece merecía más castigo. Mas con todo digo, que era terrible tormento, y que es peligrosa cosa contentarnos, ni traer sosiego ni contento el alma, que anda cayendo a cada paso en pecado mortal, sino que por amor de Dios nos quitemos de las ocasiones, que el Señor nos ayudará, como ha hecho a mí. Plega a su Majestad que no me deje de su mano para que yo torne a caer, que ya tengo visto adónde he de ir a parar: no lo primita el Señor por quien su Majestad es, amén.

Andando yo después de haber visto esto, y otras grandes cosas y secretos, que el Señor por quien es me quiso mostrar, de la gloria que se dará a los buenos y pena a los malos, deseando modo y manera en que pudiese hacer penitencia de tanto mal, y merecer algo para ganar tanto bien, deseaba huir de gentes y acabar ya de todo en todo apartarme del mundo. No sosegaba mi espíritu, mas no desasosiego inquieto, sino sabroso: bien se vía que era Dios, y que le había dado su Majestad a el alma calor para digerir otros manjares más gruesos de los que comía. Pensaba qué podría hacer por Dios, y pensé que lo primero era seguir el llamamiento, que su Majestad me había hecho a la Religión, guardando mi regla con la mayor perfeción que pudiese: y aunque en la casa donde estaba había muchas siervas de Dios, y era harto servido en ella, a causa de tener gran necesidad salían las monjas muchas veces a partes, adonde con toda honestidad y religión podíamos estar: y también no estaba fundada en su primer rigor la regla, sino guardá-

base conforme a lo que en toda la Orden, que es con bula de relaxación y también otros inconvenientes, que me parecía a mí tenía mucho regalo, por ser la casa grande y deleitosa. Mas este inconveniente de salir, aunque yo era la que mucho lo usaba, era grande para mí, ya porque algunas personas, a quien los prelados no podían decir de no gustaban estuviese yo en su compañía importunados mandábanmelo: y ansí según se iba ordenando, pudiera poco estar en el monesterio, porque el demonio en parte debía ayudar, para que no estuviese en casa, que todavía, como comunicaba con algunas lo que los que me trataban me enseñaban, hacíase gran provecho. Ofrecióse una vez, estando con una persona, decirme a mí, y a otras, que si seríamos para ser monjas de la manera de las descalzas, que aun posible era poder hacer un monesterio. Yo, como andaba en estos deseos, comencélo a tratar con aquella señora mi compañera viuda, que ya he dicho, que tenía el mesmo deseo: ella comenzó a dar trazas para darle renta, que ahora veo yo que no llevaban mucho camino, y el deseo que de ello teníamos nos hacía parecer que sí. Mas yo por otra parte, como tenía también grandísimo contento en la casa que estaba, porque era muy a mi gusto, y la celda en que estaba, hecha muy a mi propósito, todavía me detenía: con todo concertamos de encomendarlo mucho a Dios.

Habiendo un día comulgado, mandóme mucho su Majestad lo procurase con todas mis fuerzas, haciéndome grandes promesas, de que no se dejaría de hacer el monesterio, y que se serviría mucho en él, y que se llamase san Josef, y que a la una puerta nos guardaría él, y nuestra Señora la otra, y que Cristo andaría con nosotras, y que sería una estrella que diese de sí gran resplandor; y que aunque las relaciones estaban relajadas, que no pensase se servía poco en ellas; que ¿qué sería del mundo, si no fuese por los religiosos? Que dijese a mi confesor esto que mandaba, y que le rogaba Él que no fuese contra ello ni me lo estorbase.

Era esta visión con tan grandes efetos, y de tal manera esta habla, que me hacía el Señor, que yo no podía dudar que era Él. Yo sentí grandísima pena, porque en parte se me representaron los grandes desasosiegos y trabajos que me había de costar; y como estaba tan contentísima en aquella casa, que aunque antes lo trataba, no era con tanta determinación ni certidumbre que sería. Aquí parecía se me ponía premio, y como vía comenzaba cosa de gran desasosiego, estaba en duda de lo que haría, mas fueron muchas veces las que el Señor me tornó a hablar en ello, poniéndome delante tantas causas y razones, que yo vía ser claras, y que era su voluntad, que ya no osé hacer otra cosa, sino decirlo a mi confesor, y dile por escrito todo lo que pasaba. Él no osó determinadamente decirme que lo dejase, mas vía que no llevaba camino conforme a razón natural, por haber poquísima, y casi ninguna posibilidad en mi compañera, que era la que lo había de hacer. Díjome que lo tratase con mi prelado, y que lo que él hiciese, eso hiciese yo: yo no trataba estas visiones con el prelado, sino aquella señora trató con él, que quería hacer este monesterio; y el provincial vino muy bien en ello, que es amigo de toda religión, y diole todo el favor que fue menester, y díjole que él admitiría la casa: trataron de la renta que había de tener, y nunca queríamos fuesen más de trece por muchas causas. Antes que lo comenzásemos a tratar, escribimos al santo fray Pedro de Alcántara todo lo que pasaba, y aconsejónos que no lo dejásemos de hacer, y dionos su parecer en todo. No se hubo comenzado a saber por el lugar, cuando no se podía escribir en breve la gran persecución que vino sobre nosotras,

los dichos, las risas, el decir que era disbarate: a mí, que bien me estaba en mi monesterio, a la mi compañera tanta persecución, que la traían fatigada. Yo no sabía qué me hacer: en parte me parecía que tenían razón. Estando ansí muy fatigada, encomendándome a Dios, comenzó su Majestad a consolarme y animarme: díjome, que aquí vería lo que habían pasado los santos que habían fundado las religiones, que muchas más persecuciones tenía por pasar de las que yo podía pensar, que no se nos diese nada. Decíame algunas cosas que dijese a mi compañera, y lo que más me espantaba yo es que luego quedábamos consoladas de lo pasado, y con ánimo para resistir a todos: y es ansí, que de gente de oración, y todo en fin el lugar, no había casi persona que entonces no fuese contra nosotras, y le pareciese grandísimo disbarate.

Fueron tantos los dichos, y el alboroto de mi mesmo monesterio, que a el provincial le parecía recio ponerse contra todos, y ansí mudó el parecer y no la quiso admitir: dijo, que la renta no era sigura, y que era poca, y que era mucha la contradición; y en todo parece tenía razón, y en fin lo dejó y no lo quiso admitir. Nosotras, que ya parecía teníamos recibidos los primeros golpes, dionos muy gran pena: en especial me la dio a mí de ver a el provincial contrario, que con quererlo él tenía yo disculpa con todos. A la mi compañera ya no la querían absolver, si no lo dejaba; porque decían era obligada a quitar el escándalo.

Ella fue a un gran letrado muy gran siervo de Dios, de la Orden de Santo Domingo a decírselo, y darle cuenta de todo. Esto fue aun antes que el provincial lo tuviese dejado, porque en todo lugar no teníamos quien nos quisiese dar parecer; y ansí decían que sólo era por nuestras cabezas. Dio esta señora relación de todo, y cuenta de la renta que tenía de su mayorazgo a este santo varón, con harto deseo nos ayudase; porque era el mayor letrado que entonces había en el lugar, y pocos más en su Orden. Yo le dije todo lo que pensábamos hacer, y algunas causas: no le dije cosa de revelación ninguna, sino las razones naturales que me movían, porque no quería yo nos diese parecer sino conforme a ellas. Él nos dijo que le diésemos de término ocho días para responder, y que si estábamos determinadas a hacer lo que él dijese. Yo le dije que sí; mas aunque yo esto decía, y me parece lo hiciera, nunca jamás se me quitaba una siguridad de que se había de hacer. Mi compañera tenía más fe, nunca ella por cosa que le dijesen se determinaba a dejarlo; yo (aunque como digo me parecía imposible dejarse de hacer) de tal manera creo ser verdadera la revelación, como no vaya contra lo que está en la Sagrada Escritura, u contra las leyes de la Ilesia, que somos obligados a hacer: porque aunque a mí verdaderamente me parecía era de Dios, si aquel letrado me dijera que no lo podíamos hacer sin ofenderle, y que íbamos contra conciencia, parecióme luego me apartara de ello y buscara otro medio; mas a mí no me daba el Señor sino éste. Decíame después este siervo de Dios, que lo había tomado a cargo con toda determinación, de poner mucho en que nos apartásemos de hacerlo, porque ya había venido a su noticia el clamor del pueblo y también le parecía desatino como a todos, y en sabiendo habíamos ido a él, le envió a avisar un caballero, que mirase lo que hacía; que no nos ayudase; y que, en comenzando a mirar lo que nos había de responder,

y a pensar en el negocio y el intento que llevábamos, y manera de concierto y religión, se le asentó ser muy en servicio de Dios, y que no había de dejar de hacerse; y ansí nos respondió, nos diésemos priesa a concluirlo, y dijo la manera y traza que se había de tener, y aunque la hacienda era poca, que algo se había de fiar de Dios, que quien lo contradijese fuese a él, que él respondería, y ansí siempre nos ayudó, como después diré. Y con esto fuimos muy consolados, y con que algunas personas santas, que nos solían ser contrarias, estaban ya más aplacadas, y algunas nos ayudaban: entre ellas era el caballero santo, de quien ya he hecho mención, que como lo es, y le pareció llevaba camino de tanta perfeción, por ser todo nuestro fundamento, en oración, aunque los medios le parecían muy dificultosos y sin camino, rendía su parecer a que podía ser cosa de Dios, que el mesmo Señor le debía mover: y ansí el maestro, que es el clérigo siervo de Dios, que dije que había hablado primero, que es espejo de todo el lugar, como persona que le tiene Dios en él para remedio y aprovechamiento de muchas almas, y ya venía en ayudarme en el negocio. Y estando en estos términos, y siempre con ayuda de muchas oraciones, y teniendo comprada ya la casa en buena parte, aunque pequeña (mas de esto a mí no se me daba nada, que me había dicho el Señor que entrase como pudiese, que después yo vería lo que su Majestad hacía ¡cuán bien que lo he visto!) y ansí aunque vía ser poca la renta, tenía creído el Señor lo había por otros medios de ordenar y favorecernos.

17

CAPITULO XXXIII

PROCEDE EN LA MESMA MATERIA DE LA FUNDACIÓN DEL GLORIOSO SAN
JOSEF. DICE CÓMO LE MANDARON QUE NO ENTENDIESE EN ELLA, Y EL
TIEMPO QUE LO DEJÓ, Y ALGUNOS TRABAJOS QUE TUVO, Y CÓMO
LA CONSOLABA EN ELLOS EL SEÑOR

Pues estando los negocios en este estado, y tan al punto de acabarse, que otro día se habían de hacer las escrituras, fue cuando el padre provincial nuestro mudó de parecer: creo fue movido por ordenación divina, según después ha parecido; porque las oraciones eran tantas, iba el Señor perfecionando la obra, y ordenando que se hiciese de otra suerte. Como él no lo quiso admitir, luego mi confesor me mandó no entendiese más en ello, con que sabe el Señor los grandes trabajos y afliciones, que hasta traerlo a aquel estado me había costado. Como se dejó y quedó ansí, confirmóse más ser todo disbarate de mujeres, y a crecer la mormuración sobre mí, con habérmelo mandado hasta entonces mi provincial. Estaba muy malquista en todo mi monesterio, porque quería hacer monesterio más encerrado: decían que las afrentaba, que allí podía también servir a Dios, pues había otras mijores que yo, que no tenía amor a la casa, que mejor era procurar renta para ella, que para otra parte. Unas decían que me echasen en la cárcel, otras, bien pocas, tornaban algo por mí: yo bien vía, que en muchas cosas tenían razón, y algunas veces dábales discuento aunque como no había de decir lo principal, que era mandármelo el Señor, no sabía qué hacer, y ansí callaba. Otras hacíame el Señor muy gran merced, que todo esto no me daba inquietud, sino con

tanta facilidad y contento lo dejé, como si no me hubiera costado nada; y esto no lo podía nadie creer, ni aun las mesmas personas de oración que me trataban, sino que pensaban estaba muy penada y corrida; y aun mi mesmo confesor no lo acababa de creer. Yo como me parecía que había hecho todo lo que había podido, parecíame no era más obligada para lo que me había mandado el Señor, y quedábame en la casa, que yo estaba muy contenta y a mi placer. Aunque jamás podía dejar de creer que había de hacerse, yo no había ya medio, ni sabía cómo ni cuándo, mas teníalo muy cierto.

Lo que mucho me fatigó, fue una vez que mi confesor, como si yo hubiera hecho cosa contra su voluntad (también debía el Señor querer que de aquella parte, que más me había de doler, no me dejase de venir trabajo; y ansí en esta multitud de persecuciones, que a mí me parecía había de venirme de él el consuelo) me escribió, que ya vería que era todo sueño en lo que había sucedido, que me enmendase de ahí adelante en no querer salir con nada, ni hablar más en ello, pues vía el escándalo que había sucedido; y otras cosas, todas para dar pena. Esto me dio mayor que todo junto, pareciéndome si había sido yo ocasión y tenido culpa en que se ofendiese; y que si estas visiones eran ilusiones, que toda la oración que tenía era engaño, y que yo andaba muy engañada y perdida. Apretóme esto en tanto extremo, que estaba toda turbada y con grandísima aflición; mas el Señor, que nunca me faltó en todos estos trabajos que he contado, hartas veces me consolaba, y esforzaba, que no hay para qué lo decir aquí. Me dijo entonces, que no me fatigase, que yo había mucho servido a Dios, y no ofendídole en aquel negocio: que hiciese lo que me mandaba el confesor en callar por entonces, hasta que fuese tiempo de tornar a ello. Quedé tan consolada, y contenta, que me parecía todo nada la persecución que había sobre mí.

Aquí me enseñó el Señor el grandísimo bien que es pasar trabajos y persecuciones por Él; porque fue tanto el acrecentamiento que vi en mi alma de amor de Dios, y otras muchas cosas; que yo me espantaba; y esto me hace no poder dejar de desear trabajos: y las otras personas pensaban que estaba muy corrida, y sí estuviera si el Señor no me favoreciera en tanto extremo con merced tan grande. Entonces me comenzaron más grandes los ímpetus de amor de Dios, que tengo dicho, y mayores arrobamientos, aunque yo callaba, y no decía a nadie estas ganancias. El santo varón dominico no dejaba de tener por tan cierto, como yo, que se había de hacer, y como yo no quería entender en ello, por no ir contra la obediencia de mi confesor, negociábalo él con mi compañera, y escribían a Roma, y daban trazas. También comenzó aquí el demonio de una persona en otra, a procurar se entendiese que había yo visto alguna revelación en este negocio, e iban a mí con mucho miedo a decirme, que andaban los tiempos recios, y que podría ser me levantasen algo, y fuesen a los inquisidores. A mí me cayó esto en gracia, y me hizo reír, porque en este caso jamás yo temí, que sabía bien de mí, que en cosa de la fe, contra la menor ceremonia de la Ilesia, que alguien viese yo iba: por ella u por cualquier verdad de la Sagrada Escritura me pornía yo a morir mil muertes. Y dije, que de eso no temiesen, que harto mal sería para mi alma, si en ella hubiese cosa que fuese de suerte, que yo temiese la Inquisición; que si pensase había para qué, yo me la iría a buscar, y que si era levantado, que el Señor me libraría y quedaría con ganancia. Y tratélo con este padre mío dominico, que, como digo, era tan letrado que podía bien asigurar con lo que él me dijese; y díjele entonces todas las visiones y modo de oración y las grandes mercedes que me hacía el Señor, con la mayor claridad que pude, y supliquéle lo mirase muy bien, y me dijese si había algo contra la Sagrada Escritura, y lo que de todo sentía. Él me asiguró mucho, y a mi parecer le hizo provecho; porque aunque él era muy bueno, de allí adelante se dio mucho más a la oración, y se apartó en un monesterio de su Orden, donde hay mucha soledad, para mejor poder ejercitarse en esto, adonde estuvo más de dos años; y sacóle de allí la obediencia, que él sintió harto, porque le hubieron menester, como era persona tal: y yo en parte sentí mucho cuando se fue, aunque no se lo estorbé, por la grande falta que me hacía, más entendí su ganancia; porque estando con harta pena de su ida, me dijo el Señor que me consolase, y no la tuviese, que bien guiado iba. Vino tan aprovechada su alma de allí, y tan adelante en aprovechamiento de espíritu, que me dijo cuando vino, que por ninguna cosa quisiera haber dejado lo que antes me asiguraba y consolaba con solas sus letras, ya que lo hacía también con la espiriencia de espíritu, que tenía hasta de cosas sobrenaturales: y trájole Dios a tiempo, que vio su Majestad había de ser menester para ayudar a su obra de este monesterio, que quería su Majestad se hiciese.

Pues estuve en este silencio, y no entendiendo ni hablando en este negocio, cinco u seis meses, y nunca el Señor me lo mandó. Yo no entendía qué era la causa, mas no se me podía quitar el pensamiento que se había de hacer. Al fin de este tiempo, habiéndose ido de aquí el retor, que estaba en la Compañía de Jesús, trajo su Majestad aquí otro muy espiritual, y de grande ánimo y entendimiento y buenas letras a tiempo que yo estaba con harta necesidad; porque como el que me confesaba tenía superior, y ellos tienen esta virtud en estremo de no se bullir sino conforme a la voluntad de su mayor, aunque él entendía bien mi espíritu, y tenía deseo de que fuese muy adelante, no se osaba en algunas cosas determinar por hartas causas que para ello tenía. Ya mi espíritu iba con ímpetus tan grandes, que sentía mucho tenerle atado, y con todo no salía de lo que él me mandaba.

Estando un día con gran aflición de parecerme el confesor no me creía, díjome el Señor que no me fatigase, que presto se acabaría aquella pena. Yo me alegré mucho, pensando que era que me había morir presto, y traía mucho contento cuando se me acordaba: después vi claro era la venida de este retor, que digo, porque aquella pena nunca más se ofreció en que la tener, a causa de que el retor que vino no iba a la mano al ministro que era mi confesor; antes le decía, que me consolase, y que no había de qué temer, y que no me llevase por camino tan apretado: me dejase obrar el espíritu de el Señor, que a veces parecía con estos grandes ímpetus no le quedaba al alma cómo resolgar. Fueme a ver este retor, y mandóme el confesor tratase con él con toda libertad y claridad. Yo solía sentir grandísima contradición en decirlo, y es ansí que en entrando en el confesonario sentí en mi espíritu un no sé qué, que antes ni después, no me

acuerdo haberlo con nadie sentido, ni yo sabré decir cómo fue, ni por comparaciones podría. Porque fue un gozo espiritual, y un entender mi alma, que aquel alma me había de entender, y que conformaba con ella, aunque como digo, no entiendo cómo; porque si le hubiera hablado, o me hubieran dado grandes nuevas de él, no era mucho darme gozo de entender que había de entenderme, mas ninguna palabra de él a mí ni yo a él nos habíamos hablado; no era persona de quien yo tenía antes ninguna noticia. Después he visto bien que no se engañó mi espíritu, porque de todas maneras ha hecho gran provecho a mí y a mi alma tratarle porque su trato es mucho para personas, que ya parece el Señor tiene ya muy adelante, porque él las hace correr, no ir paso a paso. Y su modo es para desasirlas de todo y mortificarlas, que en esto le dio el Señor grandísimo talento también como en otras muchas cosas. Como le comencé a tratar, luego entendí su estilo, y vi ser un alma pura y santa y con don particular de el Señor, para conocer espíritus; consoléme mucho. Desde ha poco que le trataba comenzó el Señor a tornarme a apretar, que tornase a tratar el negocio del monesterio, y que dijese a mi confesor y a este retor muchas razones y cosas para que no me lo estorbasen; y algunas los hacía temer, porque este padre retor nunca duda en que era espíritu de Dios, porque con mucho estudio y cuidado miraba los efetos. En fin de muchas cosas no se osaron atrever a estorbármelo.

Tornó mi confesor a darme licencia que pusiese en ello todo lo que pudiese. Yo bien vía el trabajo a que me ponía por ser muy sola, y tener poquísima posibilidad. Concertamos se tratase con todo secreto, y ansí procuré que una hermana mía, que vivía fuera de aquí, comprase la casa, y la labrase como que era para sí, con dineros que el Señor dio por algunas vías para comprarla; que sería largo de contar cómo el Señor lo fue proveyendo, porque yo traía gran cuenta en no hacer cosa contra la obediencia, mas sabía que si lo decía a mis perlados, era todo perdido, como la vez pasada, y aun ya fuera peor. En tener los dineros, en procurarlos, en concertarlo, y hacerlo labrar pasé tantos trabajos, y algunos bien a solas; aunque mi compañera hacía lo que podía, mas podía poco y tan poco, que era casi nonada, mas de hacerse en su nombre y con su favor. Todo el más trabajo era mío de tantas maneras, que ahora me espando cómo lo pude sufrir. Algunas veces afligida, decía: —Señor mío, ¿cómo me mandáis cosas que parecen imposibles? Que, aunque fuera mujer ¡si tuviera libertad!, mas atada por tantas partes, sin dineros, ni de adónde los tener, ni para Breve, ni para nada, ¿qué puedo yo hacer, Señor?

Una vez estando en una necesidad que no sabía qué me hacer, ni con qué pagar unos oficiales, me apareció san Josef, mi verdadero padre y señor, y me dio a entender que no me faltarían, que los concertase, y ansí lo hice sin ninguna blanca, y el Señor, por manera que se espantaban los que lo oían, me proveyó. Hacíaseme la casa muy chica, porque lo era tanto, que no parece llevaba camino ser monesterio, y quería comprar otra: ni había con qué, ni había manera para comprarse, ni sabía qué me hacer, que estaba junto a ella otra también harto pequeña para hacer la Ilesia; y acabando un día de comulgar, díjome el Señor: "¡Ya te he dicho que entres como pudieres." Y a manera de exclamación también me dijo: "¡Oh codicia del género humano, que aun tierra piensas que te ha de faltar! ¿Cuántas veces dormí yo al sereno, por no tener adónde me meter?" Yo quedé espantada, y vi que tenía razón, y voy a la casita, y tracéla, y hallé, aunque bien peque-

ño, monesterio cabal y no curé de comprar más sitio, sino procuré se labrase en ella, de manera que se pueda vivir, todo tosco y sin labrar, no más de cómo no fuese dañoso a la salud, y ansí se ha de hacer siempre.

El día de Santa Clara, yendo a comulgar, se me apareció con mucha hermosura, y díjome que me esforzase y fuese adelante en lo comenzado, que ella me ayudaría. Yo la tomé gran devoción, y ha salido tan verdad, que un monesterio de monjas de su Orden, que está cerca de éste, nos ayuda a sustentar; y lo que ha sido más, que poco a poco trajo este deseo mío a tanta perfeción, que en la pobreza, que la bienaventurada santa tenía en su casa, se tiene en ésta y vivimos de limosna; que no me ha costado poco trabajo, que sea con toda firmeza y autoridad del Padre Santo, que no se puede hacer otra cosa, ni jamás haya renta. Y más hace el Señor (y debe por ventura ser por ruego de esta bendita santa) que sin demanda ninguna nos prevee su Majestad muy cumplidamente lo necesario: sea bendito por todo, amén.

Estando en estos mesmos días (el de nuestra Señora de la Asunción) en un monesterio de la Orden del glorioso santo Domingo, estaba considerando los muchos pecados que en tiempos pasados había en aquella casa confesado, y cosas de mi ruin vida: vínome un arrobamiento tan grande, que casi me sacó de mí. Sentéme y aún paréceme que no pude ver alzar, ni oír misa, que después quedé con escrúpulo de esto. Parecióme estando ansí, que me veía vestir una ropa de mucha blancura y claridad; y al principio no vía quién me la vestía; después vi a nuestra Señora hacia el lado derecho, y a mi padre san Josef al izquierdo, que me vestían aquella ropa: dióseme a entender, que estaba ya limpia de mis pecados. Acabada de vestir, y yo con grandísimo deleite y gloria, luego me pareció asirme de las manos nuestra Señora. Díjome, que le daba mucho contento en servir al glorioso san Josef; que creyese, que lo que pretendía el monesterio se haría, y en él serviría mucho el Señor y ellos dos: que no temiese habría quiebra en esto jamás, aunque la obediencia que daba no fuese a mi gusto, porque ellos nos guardarían: que ya su Hijo nos había prometido andar con nosotras; que para señal que sería esto verdad, me daba aquella joya. Parecíame haberme echado al cuello un collar de oro muy hermoso, asida una cruz a él de mucho valor. Este oro y piedras es tan diferente de lo de acá, que no tiene comparación; porque es su hermosura muy diferente de lo que podemos acá imaginar, que no alcanza el entendimiento a entender de qué era la ropa, ni cómo imaginar el blanco, que el Señor quiere que se represente, que parece todo lo de acá dibujo de tizne, a manera de decir. Era grandísima la hermosura que vi en nuestra Señora, aunque por figuras no determiné ninguna particular, sino toda junta la hechura del rostro, vestida de blanco con grandísimo resplandor, no que deslumbra, sino suave. Al glorioso san Josef no vi tan claro, aunque bien vi que estaba allí, como las visiones que he dicho, y que no se ven: parecíame nuestra Señora muy niña. Estando ansí conmigo un poco, y yo con grandísima gloria y contento (más a mi parecer que nunca le había tenido, y nunca quisiera quitarme de él) parecióme que los vía subir a el cielo con mucha multitud de ángeles. Yo quedé con mucha soledad, aunque tan consolada y elevada y recogida en oración, y enternecida, que estuve algún espacio que menearme ni hablar no podía, sino casi fuera de mí. Quedé con un ímpetu grande de deshacerme por Dios, y con tales efetos y todo pasó de suerte, que nunca pude dudar (aunque mucho lo procurase) no ser cosa de Dios. Dejóme consoladísima y con mucha paz. En lo que dijo la Reina de los ángeles de la obediencia, es que a mí se me hacía de mal no darla a la Orden, y habíame dicho el Señor que no convenía dársela a ellos: diome las causas, para que en ninguna manera convenía lo hiciese, sino que enviase a Roma por cierta vía, que también me dijo; que Él haría viniese recaudo por allí; y ansí fue que, se envió por donde el Señor me dijo (que nunca acabábamos de negociarlo) y vino muy bien. Y para las cosas que después han sucedido, convino mucho se diese la obediencia al obispo, mas entonces no le conocía yo, ni aun sabía qué perlado sería; y quiso el Señor fuese tan bueno y favoreciese tanto a esta casa; como ha sido menester, para la gran contradición que ha habido en ella, como después diré, y para ponerla en el estado en que está. Bendito sea el que ansí lo ha hecho todo, amén.

CAPITULO XXXIV

TRATA CÓMO EN ESTE TIEMPO CONVINO QUE SE AUSENTASE DE ESTE LUGAR: DICE LA CAUSA Y CÓMO LE MANDÓ IR SU PERLADO PARA CONSUELO DE UNA SEÑORA MUY PRINCIPAL, QUE ESTABA MUY AFLIGIDA. COMIENZA A TRATAR LO QUE ALLÁ LE SUCEDIÓ, Y LA GRAN MERCED QUE EL SEÑOR LA HIZO DE SER MEDIO, PARA QUE SU MAJESTAD DESPERTASE A UNA PERSONA MUY PRINCIPAL PARA SERVIRLE MUY DE VERAS, Y QUE ELLA TUVIESE FAVOR Y AMPARO DESPUÉS EN ÉL. ES MUCHO DE NOTAR

Pues por mucho cuidado que yo traía, para que no se entendiese, no podía hacerse tan secreta toda esta obra, que no se entendiese mucho en algunas personas: unas lo creían y otras no. Yo temía harto, que venido el provincial, si algo le dijesen de ello, me había de mandar no entender en ello, y luego era todo cesado. Proveyólo el Señor de esta manera, que se ofreció en un lugar grande, más de veinte leguas de este, que estaba una señora muy afligida, a causa de habérsele muerto su marido; estábalo en tanto extremo, que se temía su salud. Tuvo noticia de esta pecadorcilla, que lo ordenó el Señor ansí, que le dijesen bien de mí para otros bienes que de aquí sucedieron. Conocía esta señora mucho a el provincial, y como era persona principal, y supo que yo estaba en monesterio que salían, pónele el Señor tan gran deseo de verme, pareciéndole que no se consolaría conmigo, que no debía ser en su mano; sino luego procuró, por todas las vías que pudo, llevarme allá, enviando a el provincial, que estaba bien lejos. Él me envió un mandamiento con precepto de obediencia, que luego fuese con otra compañera: yo lo supe la noche de Navidad. Hízome algún alboroto, y mucha pena, ver que por pensar que

había en mí algún bien, me querían llevar (que como yo me vía tan ruin, no podía sufrir esto) encomendándome mucho a Dios, estuve todos los maitines o gran parte de ellos, en gran arrobamiento. Díjome el Señor que no dejase de ir, y que no escuchase pareceres, porque pocos me aconsejarían sin temeridad: que, aunque tuviese trabajos, se serviría mucho Dios, y que para este negocio del monesterio convenía ausentarme hasta ser venido el Breve; porque el demonio tenía armada una gran trama venido el provincial, y que no temiese de nada, que Él me ayudaría allá. Yo quedé muy esforzada y consolada. Díjelo al retor; díjome, que en ninguna manera dejase de ir; porque otros me decían que no se sufría, que era invención de el demonio, para que allá me viniese algún mal: que tornase a enviar a el provincial.

Yo obedecí a el retor, y, con lo que en la oración había entendido, iba sin miedo, aunque no sin grandísima confusión de ver el título con que me llevaban y cómo se engañaban tanto: esto me hacía importunar más a el Señor, para que no me dejase. Consolábame mucho que había casa de la Compañía de Jesús en aquel lugar adonde iba, y con estar sujeta a lo que me mandasen, como lo estaba acá, me parecía estaría con alguna siguridad. Fue el Señor servido que aquella señora se consoló tanto, que conocida mijoría comenzó luego a tener, y cada día más se hallaba consolada. Túvose a mucho, porque como he dicho, la pena la tenía en gran aprieto; y debíalo de hacer el Señor, por las muchas oraciones que hacían por mí las personas buenas, que yo conocía, porque me sucediese bien. Era muy temerosa de Dios, y tan buena, que su mucha cristiandad suplió lo que a mí me faltaba. Tomó grande amor conmigo: yo se le tenía harto de ver su bondad, mas casi todo me era cruz, porque los regalos me daban gran tormento, y el hacer tanto caso de mí me traía con gran temor. Andaba mi alma tan encogida, que no me osaba descuidar, ni se descuidaba el Señor, porque estando allí me hizo grandísimas mercedes, y éstas me daban tanta libertad, y tanto me hacían despreciar todo lo que vía (y mientras más eran, más) que no dejaba de tratar con aquellas tan señoras, que muy a mi honra pudiera yo servirlas, con la libertad que si yo fuera su igual. Saqué una ganancia muy grande, y decíaselo. Vi que era mujer, y tan sujeta a pasiones y flaquezas como yo, y en lo poco que se ha de tener el señorío; y cómo, mientras es mayor, tiene más cuidados y trabajos, y un cuidado de tener la compostura conforme a su estado, que no las deja vivir. Comer sin tiempo ni concierto, porque ha de andar todo conforme al estado, y no las complexiones: han de comer muchas veces los manjares, más conforme a su estado que no a su gusto.

Es ansí que de todo aborrecí el desear ser señora. Dios me libre de mala compostura, aunque ésta, con ser de las principales del reino, creo hay pocas más humildes y de mucha llaneza. Yo la había lástima, y se la he de ver cómo va muchas veces no conforme a su inclinación, por cumplir con su estado. Pues con los criados es poco lo poco que hay que fiar, aunque ella los tenía buenos: no se ha de hablar más con uno que con otro, sino al que se favorece ha de ser el malquisto. Ello es una sujeción, que una de las mentiras que dice el mundo, es llamar señores a las personas semejantes, que no me parece son sino esclavos de mil cosas. Fue el Señor servido que el tiempo que estuve en aquella casa, se mijoraban en servir a su Majestad las personas de ella, aunque no estuve libre de trabajos, y algunas envidias que tenían algunas personas del mucho amor, que aquella señora me tenía. Debían por ventura pensar, que pretendía algún interese: debía primitir el Señor me diesen algunos trabajos cosas semejantes, y otras de otras suertes, porque no me embebiese en el regalo, que había por otra parte, y fue servido sacarme de todo con mijoría de mi alma.

Estando allí acertó a venir un religioso, persona muy principal, y con quien yo muchos años había tratado algunas veces: y estando en misa en un monesterio de su Orden (que estaba cerca adonde yo estaba) diome deseo de saber en qué disposición estaba aquella alma (que deseaba yo fuese muy siervo de Dios) y levantéme para irle a hablar. Como yo estaba recogida ya en oración, parecióme después era perder tiempo, que quién me metía a mí en aquello, y tornéme a sentar. Paréceme que fueron tres veces las que esto me aconteció, y en fin pudo más el ángel bueno que el malo, y fuile a llamar, y vino a hablarme a un confisionario. Comencéle a preguntar, y él a mí (porque había muchos años que nos habíamos visto) de nuestras vidas; y lo comencé a decir que había sido la mía de muchos trabajos de alma. Puso muy mucho en que le dijese, qué eran los trabajos: yo le dije, que no eran para saber, ni para que yo los dijese. Él dijo que pues lo sabía el padre dominico que he dicho, que era muy su amigo; que luego se los diría, y que no se me diese nada.

El caso es, que ni fue en su mano dejarme de importunar, ni fue en la mía me parece dejárselo decir, porque con toda la pesadumbre y vergüenza, que solía tener, cuando trataba estas cosas con él y con el retor, que he dicho, no tuve ninguna pena, antes me consoló mucho: díjeselo debajo de confesión. Parecióme más avisado que nunca, aunque siempre le tenía por de gran entendimiento: miré los grandes talentos y partes que tenía para aprovechar mucho, si de el todo se diese a Dios; porque esto tengo yo de unos años acá, que no veo persona que mucho me contente, que luego querría verla del todo dada a Dios, con unas ansias que algunas veces no me puedo valer; y aunque deseo que todos le sirvan, estas personas que me contentan, es con muy gran ímpetu, y ansí importuno mucho al Señor por ellas. Con el religioso que digo, me acaeció ansí. Rogóme le encomendase mucho a Dios (y no había menester decírselo, que ya no estaba de suerte, que no pudiera hacer otra cosa) y voyme adonde solía a solas tener oración, y comienzo a tratar con el Señor, estando muy recogida, con un estilo abobado, que muchas veces sin saber lo que digo trato; que el amor es el que habla, y está el alma tan enajenada, que no miro la diferencia que hay de ella a Dios: porque el amor, que conoce que la tiene su Majestad, la olvida de sí, y le parece está en Él, y como una cosa propia sin división, habla desatinos. Acuérdome que le dije esto, después de pedirle con hartas lágrimas aquella alma pusiese en su servicio muy de veras, que aunque yo la tenía por buena, no me contentaba, que le quería muy bueno; y ansí le dije: —Señor, no me habéis de negar esta merced; mirá que es bueno este sujeto para nuestro amigo.

¡Oh bondad y humanidad grande de Dios, cómo no mira las palabras; sino los deseos y voluntad con que se dicen! ¡Cómo sufre que una como yo hable a su Majestad tan atrevidamente! Sea bendito por siempre jamás. Acuérdome, que me dio en aquellas horas de oración aquella noche un afligimiento grande de pensar si estaba en amistad de Dios, y como no podía yo saber si estaba en gracia o no, no para que yo lo desease saber; mas deseábame morir, por no ver en vida, adonde no estaba sigura si estaba muerta, porque no podía haber muerte más recia para mí que pensar si tenía ofendido a Dios, y apretábame esta pena, suplicábale no lo primitiese, toda regalada y derretida en lágrimas. Entonces entendí, que bien me podía consolar y confiar que estaba en gracia, porque semejante amor de Dios, y hacer su Majestad aquellas mercedes y sentimientos que daba a el alma, que no se compadecía hacerse a alma, que estuviese en pecado mortal. Quedé confiada que había de hacer el Señor lo que le suplicaba de esta persona. Díjome, que le dijese unas palabras. Esto sentí yo mucho, porque no sabía cómo las decir, que esto de dar recaudo a tercera persona, como he dicho, es lo que más siento siempre, en especial a quien no sabía cómo lo tomaría o si burlaría de mí. Púsome en mucha congoja, en fin fui tan persuadida, que a mi parecer prometí a Dios no dejárselas de decir, y por la gran vergüenza que había, las escribí y se las di. Bien pareció ser cosa de Dios en la operación que me hicieron: determinóse muy de veras de darse a oración, aunque no lo hizo desde luego. El Señor, como le quería para sí, por mi medio le enviaba a decir unas verdades que sin entenderlo yo iban tan a su propósito, que él se espantaba; y el Señor, que debía de disponerle para creer que eran de su Majestad, y yo aunque miserable, era mucho lo que le suplicaba a el Señor muy del todo le tornase a sí, y le hiciese aborrecer los contentos y cosas de la vida. Y ansí, sea alabado por siempre, lo hizo tan de hecho, que cada vez que me habla, me tiene como embobada; y si yo no lo hubiera visto lo tuviera por dudoso, en tan breve tiempo hacerle tan crecidas mercedes, y tenerle tan ocupado en sí, que no parece vive ya para cosa de la tierra. Su Majestad le tenga de su mano, que si ansí va delante (lo que espero en el Señor si hará, por ir muy fundado en conocerse) será uno de los muy señalados siervos suyos, y para gran provecho de muchas almas, porque en cosas de espíritu, en poco tiempo tiene mucha espiriencia, que éstos son dones que da Dios cuando quiere y como quiere, y ni va en el tiempo ni en los servicios. No digo que no hace esto mucho, mas que muchas veces no da el Señor en veinte años la contemplación, que a otros da en uno: Su Majestad sabe la causa. Y es el engaño que nos parece, que por los años hemos de entender lo que en ninguna manera se puede alcanzar sin espiriencia: y ansí yerran muchos, como he dicho, en querer conocer espíritu sin tenerle. No digo, que quien no tuviere espíritu, si es letrado, no gobierne a quien le tiene, mas entiéndese en lo esterior e interior, que va conforme a vía natural, por obra del entendimiento, y en lo sobrenatural, que mire vaya conforme a la Sagrada Escritura. En lo demás no se mate, ni piense entender lo que no entiende, ni ahogue los espíritus que ya, cuanto en aquello, otro mayor Señor los gobierna, que no están sin superior.

No se espante, ni le parezcan cosas imposibles (todo es posible a el Señor) sino procure esforzar la fe y humillarse, de que hace el Señor en esta ciencia a una viejecita más sabia por ventura que a él, aunque sea muy letrado; y con esta humildad aprovechará más a las almas y a sí, que por hacerse contemplativo sin serlo. Porque torno a decir, que si no tiene espiriencia, si no tiene

muy mucha humildad en entender que no lo entiende, y que no por eso es imposible, que ganará poco, y dará a ganar menos a quien trata: no haya miedo, si se tiene humildad, primita el Señor que se engañe el uno ni el otro.

Pues a este padre, que digo, como en muchas cosas se la ha dado el Señor, ha procurado estudiar todo lo que por estudio ha podido en este caso, que es bien letrado, y lo que no entiende por espiriencia, infórmase de quien la tiene, y con esto ayúdale el Señor con darle mucha fe, y ansí ha aprovechado mucho a sí, y a algunas almas, y la mía es una de ellas; que como el Señor sabía en los trabajos que me había de ver, parece proveyó su Majestad, que pues había de llevar consigo algunos que me gobernaban, quedasen otros que me han ayudado a hartos trabajos, y hecho gran bien. Hale mudado el Señor casi del todo, de manera que casi él no se conoce, a manera de decir, y dado fuerzas corporales para penitencia, que antes no tenía, sino enfermo, y animoso para todo lo que es bueno, y otras cosas: que se parece bien ser muy particular llamamiento de el Señor; sea bendito por siempre. Creo todo el bien le viene de las mercedes que el Señor le ha hecho en la oración, porque no son postizos; porque ya en algunas cosas ha querido el Señor se haya espirimentado, porque sale de ellas como quien tiene ya conocida la verdad del mérito que se gana en sufrir persecuciones. Espero en la grandeza de el Señor ha de venir mucho bien a algunos de su Orden por él, y a ella mesma. Ya se comienza esto a entender. He visto grandes visiones, y díjome el Señor algunas cosas de él, y del retor de la Compañía de Jesús, que tengo dicho, de grande admiración, y de otros dos religiosos de la Orden de santo Domingo, en especial de uno, que también ha dado a entender ya el Señor por obra de su aprovechamiento, algunas cosas, que antes yo había entendido de él: mas de quien ahora hablo, han sido muchas. Una cosa quiero decir ahora aquí. Estaba yo una vez con él en un locutorio, y era tanto el amor, que mi alma y espíritu entendía que ardía en el suyo, que me tenía a mí casi absorta; porque consideraba las grandezas de Dios, en cuán poco tiempo había subido un alma a tan grande estado. Hacíame gran confusión, porque le vía con tanta humildad escuchar lo que yo le decía en algunas cosas de oración, como yo tenía poca de tratar ansí con persona semejante: debíamelo sufrir el Señor por el gran deseo que yo tenía de verle muy adelante. Hacíame tanto provecho estar con él, que parece dejaba en mi ánima puesto nuevo fuego, para desear servir a el Señor de principio.

¡Oh Jesús mío, qué hace un alma abrasada en vuestro amor! ¡Cómo la habíamos de estimar en mucho, y suplicar al Señor la dejase en esta vida! Quien tiene el mesmo amor tras estas almas se había de andar, si pudiese. Gran cosa es a un enfermo hallar otro herido de aquel mal: mucho se consuela de ver que no es solo, mucho se ayudan a padecer, y aun a merecer. Ecelentes espaldas se hacen ya gente determinada a riscar mil vidas por Dios, y desean que se les ofrezca en qué perderlas. Son como los soldados que por ganar el despojo, de hacerse con él ricos, desean que haya guerras: tienen entendido no lo pueden ser sino por aquí: es éste su oficio, el trabajar. ¡Oh gran cosa es adonde el Señor da esta luz, de entender lo mucho que se gana en padecer por Él! No se entiende esto bien hasta que se deja todo, porque quien en ello se está, señal es que lo tiene en algo; pues si lo tiene en algo, forzado le ha de pesar de dejarlo, y ya va imperfeto todo y perdido. Bien viene aquí, que es perdido quien tras perdido anda, y ¡qué más perdición, que más ceguedad, qué más desventura, que tener en mucho lo que no es nada!

Pues, tornando a lo que decía, estando yo en grandísimo gozo mirando aquel alma, que me parece quería el Señor viese claro los tesoros que había puesto en ella, y viendo la merced que me había hecho en que fuese por medio mío, hallándome indina de ella, en mucho más tenía yo las mercedes que el Señor le había hecho, y más a mi cuenta las tomaba, que si fuera a mí, y alababa mucho al Señor, de ver que su Majestad iba cumpliendo mis deseos, y había oído mi oración, que era despertase el Señor personas semejantes. Estando ya mi alma que no podía sufrir en sí tanto gozo, salió de sí, y perdióse para más ganar: perdió las consideraciones, y de oír aquella lengua divina, en que parece hablaba el Espíritu Santo, diome un gran arrobamiento, que me hizo casi perder el sentido, aunque duró poco tiempo. Vi a Cristo con grandísima majestad y gloria, mostrando gran contento de lo que allí pasaba; y ansí me lo dijo: y quiso que viese claro, que a semejantes pláticas siempre se hallaba presente, y lo mucho que se sirve en que ansí se deleiten en hablar en Él.

Otra vez estando lejos de este lugar, le vi con mucha gloria levantar a los ángeles. Entendí iba su alma muy adelante por esta visión: y ansí fue, que le habían levantado un gran testimonio, bien contra su honra, persona a quien él había hecho mucho bien y remediado la suya y el alma, y habíalo pasado con mucho contento y hecho otras obras muy a servicio de Dios, y pasado otras persecuciones. No me parece conviene ahora declarar más cosas: si después le pareciere a vuesa merced, pues las sabe, se podrán poner para gloria de el Señor. De todas las que le he dicho de profecías de esta casa y otras que diré de ella, y otras cosas, todas se han cumplido: algunas tres años antes que se supiesen, otras más y otras menos, me las decía el Señor; y siempre las decía a el confesor, y a esta mi amiga

viuda, con quien tenía licencia de
hablar, como he dicho: y ella he
sabido que las decía a otras personas
y éstas saben que no miento, ni Dios
me dé tal lugar, que en ninguna cosa
(cuanto más siendo tan graves) tratase yo, sino toda verdad.

Habiéndose muerto un cuñado
mío súpitamente, y estando yo con
mucha pena, por no haber tenido
lugar de confesarse, se me dijo en
la oración, que había ansí de morir
mi hermana, que fuese allá, y procurase se dispusiese para ello. Díjelo
a mi confesor, y como no me dejaba
ir, entendílo otras veces: ya como
esto vio, díjome que fuese allá, que
no se perdía nada. Ella estaba en
un aldea, y como fui sin decirle nada, le fui dando la luz que puede en
todas las cosas: hice se confesase
muy a menudo, y en todo trajese
cuenta con su alma. Ella era muy

buena, y hízolo ansí. Desde ha cuatro, u cinco años que tenía esta costumbre, y muy buena cuenta con
su conciencia, se murió sin verla
nadie, ni poderse confesar. Fue el
bien, que como lo acostumbraba, no
había sino poco más de ocho días
que estaba confesada: a mí me dio
gran alegría cuando supe su muerte.
Estuvo muy poco en el purgatorio.
Serían aun no me parece ocho días,
cuando acabando de comulgar, me
apareció el Señor, y quiso la viese
cómo la llevaba a la gloria. En todos estos años, desde que se me dijo
hasta que murió, no se me olvidaba
lo que se me había dado a antender,
ni a mi compañera, que ansí como
murió, vino a mí muy espantada de
ver cómo se había cumplido. Sea
Dios alabado por siempre, que tanto
cuidado tiene de las almas, para que
no se pierdan.

CAPITULO XXXV

Pues estando con esta señora, que he dicho, adonde estuve más de medio año, ordenó el Señor que tuviese noticia de mí una beata de nuestra Orden, de más de setenta leguas de aquí de este lugar, y acertó a venir por acá y rodeó algunas por hablarme. Habíale el Señor movido, el mesmo año y mes que a mí, para hacer otro monesterio de esta Orden; y como le puso este deseo, vendió todo lo que tenía y fuese a Roma a traer despacho para ello, a pie y descalza. Es mujer de mucha penitencia y oración, y hacíala el Señor muchas mercedes y aparecióle nuestra Señora, y mandóla lo hiciese: hacíame tantas ventajas en servir a el Señor, que yo había vergüenza de estar delante de ella. Mostróme los despachos que traía de Roma, y en quince días que estuvo conmigo, dimos orden en cómo habíamos de hacer estos monesterios. Y hasta que yo la hablé, no había venido a mí noticia, que nuestra regla antes que se relajase, mandaba no se tuviese propio; ni yo estaba en fundarle sin renta, que iba mi intento a que no tuviésemos cuidado de lo que habíamos menester, y no miraba a los muchos cuidados que trae consigo tener propio. Esta bendita mujer, como lo enseñaba el Señor, tenía bien entendido, con no saber leer, lo que yo con tanto haber andado a leer las Constituciones inoraba; y como me lo dijo, parecióme bien, aunque temí que no me lo habían de consentir, sino decir que hacía desatinos, y que no hiciese cosa que padeciesen otras por mí, que a ser yo sola, poco ni mucho me detuviera; antes me era gran regalo pensar de guardar los consejos de Cristo Señor nuestro, porque grandes deseos de pobreza ya me los había dado su Majestad.

Ansí, que para mí no dudaba de ser lo mijor, porque días había que deseaba fuera posible a mi estado andar pidiendo por amor de Dios, y no tener casa ni otra cosa; mas temía, que si a las demás no daba el Señor estos deseos, vivirían descontentas; y también no fuese causa de alguna destraición, porque vía algunos monesterios pobres no muy recogidos, y no miraba que el no serlo era causa de ser pobres, y no la pobreza de la destraición, porque ésta no hace más rica, ni falta Dios jamás a quien le sirve: en fin tenía flaca la fe, lo que no hacía esta sierva de Dios. Como yo en todo tomaba tantos pareceres, casi a nadie hallaba de este parecer, ni confesor ni los letrados que trataba; traíanme tantas razones, que no sabía qué hacer; porque como ya yo sabía era regla, y vía ser más perfeción, no podía persuadirme a tener renta. Y ya que algunas veces me tenían convencida, en tornando a la oración y mirando a Cristo en la cruz tan pobre y desnudo, no podía poner a paciencia ser rica: suplicábale con lágrimas lo ordenase de manera, que yo me viese pobre como Él. Hallaba tantos inconvenientes para tener renta, y vía ser tanta causa de inquietud, y aun destraición, que no hacía sino disputar con los letrados. Escribílo al religioso dominico, que nos ayudaba: envióme escritos dos pliegos de contradición y teulogía, para que no lo hiciese, y ansí me lo decía, que lo había estudiado mucho. Yo le respondí que para no seguir mi llamamiento, y el voto que tenía hecho de pobreza, y los consejos de Cristo con toda perfección, que no quería aprovecharme de teulogía, ni con sus letras en este caso me hiciese merced. Si hallaba alguna persona que me ayudase alegrábame mucho. Aquella señora con quien estaba, para esto me ayudaba mucho: algunos luego al principio decíanme que les parecía bien, después, como más lo miraban, hallaban tantos inconvenientes, que tornaban a poner mucho en que no lo hiciese. Decíales yo, que si ellos tan presto mudaban parecer, que yo al primero me quería llegar.

En este tiempo, por ruegos míos, porque esta señora no había visto a el santo fray Pedro de Alcántara, fue el Señor servido viniese a su casa, y como el que era bien amador de la pobreza, y tantos años la había tenido, sabía bien la riqueza que en ella estaba, y ansí me ayudó mucho, y mandó que en ninguna manera dejase de llevarlo muy adelante. Ya con este parecer y favor, como quien mijor lo podía dar, por tenerlo sabido por larga espiriencia, yo determiné no andar buscando otros.

Estando un día mucho encomendándolo a Dios, me dijo el Señor que en ninguna manera dejase de hacerse pobre, que ésta era la voluntad de su Padre y suya, que Él me ayudaría. Fue con tan grandes efetos en un gran arrobamiento, que en ninguna manera pude tener duda de que era Dios. Otra vez me dijo,

que en la renta estaba la confusión, y otras cosas en loor de la pobreza; y asigurándome que a quien le servía no le faltaba lo necesario para vivir: y esta falta, como digo, nunca yo la temí por mí. También volvió el Señor el corazón del presentado, digo del religioso dominico, de quien he dicho me escribió no lo hiciese sin renta. Yo ya estaba muy contenta con haber entendido esto, y tener tales pareceres: no me parecía, sino que poseía toda la riqueza del mundo, en determinándome a vivir de por amor de Dios.

En este tiempo mi provincial me alzó el mandamiento y obediencia, que me había puesto para estar allí, y dejó en mi voluntad, que si me quisiese ir, que pudiese, y si estar también, por cierto tiempo; y en éste había de haber elección en mi monesterio, y avisáronme que muchas querían darme aquel cuidado de perlada; que para mí sólo pensarlo era tan gran tormento, que a cualquier martirio me determinaba a pensar por Dios con facilidad, a éste en ningún arte me podía persuadir. Porque dejado el trabajo grande, por ser muchas, y otras causas, de que yo nunca fui amiga, ni de ningún oficio, antes siempre los había rehusado, parecíame gran peligro para la conciencia, y ansí alabé a Dios de no me hallar allá. Escribí a mis amigas para que no me diesen voto.

Estando muy contenta de no me hallar en aquel ruido, díjome el Señor que en ninguna manera deje de ir, que pues deseo cruz, que buena se me apareja, que no la deseche, que vaya con ánimo, que Él me ayudará, y que me fuese luego. Yo me fatigué mucho, y no hacía sino llorar, porque pensé que era la cruz ser perlada, y como digo, no podía persuadirme a que estaba bien a mi alma en ninguna manera, ni yo hallaba términos para ello. Contélo a mi confesor, mandóme que luego procurase ir, que claro estaba era más perfección, y que, porque hacía gran calor, bastaba hallarme allá a su eleción, que me estuviese unos días, porque no me hiciese mal el camino. Mas el Señor, que tenía ordenado otra cosa, húbose de hacer; porque era tan grande el desasosiego que traía en mí, y el no poder tener oración, y parecerme faltaba de lo que el Señor me había mandado, y que, como estaba allí a mi placer y con regalo, no quería irme a ofrecer el trabajo, que todo era palabras con Dios, que porque pudiendo estar adonde era más perfección, había de dejarlo, que si me muriese, muriese: y con esto un apretamiento de alma, un quitarme el Señor todo el gusto en la oración. En fin, yo estaba tal, que ya me era tormento tan grande que supliqué a aquella señora tuviese por bien dejarme venir, porque ya mi confesor, como me vio ansí, me dijo que me fuese, que también le movía Dios como a mí. Ella sentía tanto que la dejase, que era otro tormento, que le había costado mucho acabarlo con el provincial, por muchas maneras de importunaciones.

Tuve por grandísima cosa querer venir en ello, según lo que sentía; sino como era muy temerosa de Dios, y como le dije que se le podía hacer gran servicio, y otras hartas cosas, y dile esperanza, que era posible tornarla a ver; y ansí, con harta pena lo tuvo por bien. Ya yo no la tenía de venirme, porque entendiendo yo era más perfección una cosa, y servicio de Dios, con el contento que me da contentarle, pasé la pena de dejar a aquella señora, que tanto la vía sentir y otras personas a quien debía mucho, en especial a mi confesor, que era de la Compañía de Jesús, y hallábame muy bien con él; mas mientras más vía que perdía de consuelo por el Señor, más contento me daba perderlo. No podía entender cómo era esto, porque vía claro estos dos contrarios, holgarme y consolarme, y alegrarme de lo que me pesaba en el alma; porque yo estaba consolada y sosegada, y tenía lugar para tener muchas horas de oración: vía que venía a meterme en un fuego, que ya el Señor me lo había dicho, que venía a pasar gran cruz (aunque nunca yo pensé lo fuera tanto, como después vi) y con todo venía ya alegre, y estaba deshecha de que no me ponía luego en la batalla, pues el Señor quería la tuviese, y ansí enviaba su Majestad el esfuerzo, y le ponía en mi flaqueza.

No podía, como digo, entender cómo podía ser esto: pensé esta comparación; si poseyendo yo una joya, o cosa que me da gran contento, ofréceme saber que la quiere una persona, que yo quiero más que a mí, y deseo más contentarla, que mi mesmo descanso dame gran contento quedarme sin ella, que me daba lo que poseía, por contentar a aquella persona; y como este contento de contentarla ecede a mi mesmo contento, quítase la pena de la falta que me hace la joya, o lo que amo, y de perder el contento que daba, de manera que aunque quería tenerla, de ver que dejaba personas, que tanto sentían apartarse de mí, con ser yo de mi condición tan agradecida, que bastara en otro tiempo a fatigarme mucho, y ahora aunque quisiera tener pena, no podía. Importó tanto el no me tardar un día más, para lo que tocaba a el negocio de esta bendita casa, que yo no sé cómo pudiera concluirse, si entonces me detuviera. ¡Oh grandeza de Dios! muchas veces me espanta cuando lo considero, y veo cuán particularmente quería su Majestad ayudarme, para que se efectuase este rinconcito de Dios, que yo creo lo es, y morada en que su Majestad se deleita; como una vez estando en oración me dijo, que era esta casa paraíso de su deleite; y ansí parece ha su Majestad escogido las almas que ha traído a él, en cuya compañía yo vivo con harta, harta confusión. Porque yo no supiera desearlas tales para este propósito de tanta estrechura y pobreza

v oración, y llévanlo con una alegría y contento, que cada una se
halla indina de haber merecido venir a tal lugar; en especial algunas,
que las llamó el Señor de mucha
vanidad y gala del mundo, adonde
pudieran estar contentas conformes
a sus leyes, y hales dado el Señor
tan doblados los contentos aquí, que
claramente conocen haberles el Señor dado ciento por uno que dejaron, y no se hartan de dar gracias a
su Majestad: otras han mudado de
bien en mijor. A las de poca edad
da fortaleza y conocimiento, para
que no puedan desear otra cosa,
y que entiendan es vivir en mayor
descanso, aun para lo de acá, estar
apartadas de todas las cosas de la
vida. A las que son de más edad y
con poca salud, da fuerzas, y se las
ha dado para poder llevar la aspereza y penitencia que todas.

¡Oh Señor mío, cómo se os parece que sois poderoso! No es menester buscar razones para lo que
Vos queréis, porque sobre toda razón natural hacéis las cosas tan posibles, que dais a entender bien, que
no es menester más de amaros de
veras, y dejarlo de veros todo por
vos, para que vos, Señor mío, lo
hagáis todo fácil. Bien viene aquí
decir que fingís trabajo en vuestra
ley, porque yo no lo veo, Señor, ni
sé cómo es estrecho el camino que
lleva a vos. Camino real veo que es,
que no senda: camino que quien de
verdad se pone en él, va más seguro. Muy lejos están los puertos y
rocas para caer; porque lo están de

las ocasiones. Senda llamo yo, y
ruin senda y angosto camino, el que
de una parte está un valle muy
hondo adonde caer, y de la otra un
despeñadero: no se han descuidado,
cuando se despeñan y se hacen pedazos. El que os ama de verdad,
Bien mío, siguro va, por ancho camino y real; lejos está el despeñadero. No ha tropezado tantico, cuando le dais vos, Señor, la mano. No
basta una caída y muchas, si os tiene amor, y no a las cosas del mundo, para perderse; va por el valle de
la humildad. No puedo entender
qué es lo que temen de ponerse en
el camino de la perfección. El Señor,
por quien es, nos dé a entender cuán
mala es la siguridad en tan manifiestos peligros, como hay en andar
con el hilo de la gente, y cómo está
la verdadera siguridad en procurar ir
muy adelante en el camino de Dios.
Los ojos en Él, y no hayan miedo
se ponga este sol de justicia, ni nos
deje caminar de noche para que
nos perdamos, si primero no le dejamos a Él. No temen andar entre
leones, que cada uno parece que
quiere llevar un pedazo, que son las
honras y deleites y contentos semejantes, que llama el mundo, y acá
parece hace el demonio temer de
musarañas. Mil veces me espanto, y
diez mil querría hartarme de llorar,
y dar voces a todos para decir la
gran ceguedad y maldad mía, por si
aprovechase algo para que ellos
abriesen los ojos. Ábraselos Él, que
puede por su bondad, y no primita
se me tornen a cegar a mí, amén.

CAPITULO XXXVI

PROSIGUE EN LA MATERIA COMENZADA, Y DICE CÓMO SE ACABÓ DE CONCLUIR, Y SE FUNDÓ ESTE MONESTERIO DEL GLORIOSO SAN JOSEF, Y LAS GRANDES CONTRADICIONES Y PERSECUCIONES, QUE, DESPUÉS DE TOMAR HÁBITO LAS RELIGIOSAS, HUBO Y LOS GRANDES TRABAJOS Y TENTACIONES QUE ELLA PASÓ, Y CÓMO DE TODO LA SACÓ EL SEÑOR CON VITORIA, Y EN GLORIA Y ALABANZA SUYA

Partida ya de aquella ciudad, venía muy contenta por el camino, determinándome a pasar todo lo que el Señor fuese servido, muy con toda voluntad. La noche mesma que llegué a esta tierra, llegó nuestro despacho para el monesterio, y Breve de Roma, que yo me espanté, y se espantaron los que sabían la priesa que me había dado el Señor, a la venida, cuando supieron la gran necesidad que había de ello, y a la coyuntura que el Señor me traía; porque hallé aquí al obispo, y al santo fray Pedro de Alcántara, y a otro caballero muy siervo de Dios, en cuya casa este santo hombre posaba, que era persona adonde los siervos de Dios hallaban espaldas y cabida. Entramos a dos acabaron con el obispo admitiese el monesterio; que no fue poco, por ser pobre, sino que era tan amigo de personas, que vía ansí determinadas a servir al Señor, que luego se aficionó a favorecerle; y al aprobarlo este santo viejo, y poner mucho con unos y con otros, en que nos ayudasen, fue el que lo hizo todo. Si no viniera esta coyuntura, como ya he dicho, no puedo entender cómo pudiera hacerse, porque estuvo muy poco aquí este santo hombre (que no creo fueron ocho días, y ésos muy enfermo) y desde ha muy poco le llevó el Señor consigo. Parece que le había aguardado su Majestad hasta acabar este negocio, que había muchos días, no sé si más de dos años que andaba muy malo.

Todo se hizo debajo de gran secreto, porque a no ser ansí, no sé si pudiera hacer nada, sigún el pueblo estaba mal con ello, como se pareció después. Ordenó el Señor que estuviese malo un cuñado mío, y su mujer no aquí, y en tanta necesidad, que me dieron licencia para estar con él, y con esta ocasión no se entendió nada, aunque en algunas personas no dejaba de sosparse algo, mas aun no le creían. Fue cosa para espantar, y que no estuvo más malo de lo que fue menester para el negocio, y, en siendo menester tuviese salud para que yo me desocupase y él dejase desembarazada la casa, se la dio luego el Señor, que él estaba maravillado. Pasé harto trabajo en procurar con unos y con otros que se admitiese, y con el enfermo, y con oficiales, para que se acabase la casa a mucha priesa, para que tuviese forma de monesterio; que faltaba mucho de acabarse; y mi compañera no estaba aquí, que nos pareció era mijor estar ausente, para más disimular, y yo vía que iba todo en la brevedad por muchas causas; y la una era, porque cada hora temía me habían de mandar ir. Fueron tantas las cosas de trabajos que tuve, que me hizo pensar si era ésta la cruz; aunque todavía me parecía era poco para la gran cruz, que yo había entendido de el Señor, había de pasar.

Pues todo concertado, fue el Señor servido, que día de san Bartolomé tomaron hábito algunas, y se puso el Santísimo Sacramento; con toda la autoridad y fuerza quedó hecho nuestro monesterio del gloriosísimo padre nuestro san Josef, año de mil quinientos y sesenta y dos. Estuve yo a darle el hábito, y otras dos monjas de nuestra casa mesma, que acertaron a estar fuera. Como en ésta, que se hizo el monesterio, era la que estaba mi cuñado (que como he dicho, la había él comprado para disimular mijor el negocio) con licencia estaba yo en ella, y no hacía cosa que no fuese con parecer de letrados, para no ir un punto contra obediencia, y como vían ser muy provechoso para toda la Orden, por muchas causas, que aunque iba con secreto y guardándome no lo supiesen mis perlados, me decían lo podía hacer, porque por muy poca imperfeción que me dijeran era, mil monesterios me parece dejara, cuanti más uno. Esto es cierto, porque aunque lo deseara, por apartarme más de todo, y llevar mi profesión y llamamiento con más perfeción y encerramiento, de tal manera lo deseaba que cuando entendiera era más servicio del Señor dejarlo todo, lo hiciera como lo hice la otra vez, con todo sosiego y paz. Pues fue para mí como estar en una gloria, ver poner el Santísimo Sacramento, y que se remediaron cuatro huérfanas pobres, porque no se tomaban con dote, y grandes siervas de Dios; que esto se pretendió al principio, que entrasen personas que con su ejemplo fuesen fundamento, para que se pudiese el intento que llevábamos de mucha perfeción y oración efectuar, y hecha una obra, que tenía entendido era para el servicio de el Señor, y honra del hábito de su gloriosa Madre, que éstas eran mis ansias. Y también me dio gran consuelo de haber hecho lo que tanto el Señor me había mandado, y otra ilesia más, en este lugar, de mi padre glorioso san Josef, que no la había. No porque a mí me pareciese había hecho en ello nada, que nunca me lo parecía ni parece, siempre entiendo lo hacía el Señor; y lo que era de mi parte, iba con tantas imperfeciones, que antes veo había que me culpar, que no me agradecer: más érame gran regalo ver que hubiese su Majestad tomádome por instrumento, siendo tan ruin, para tan grande obra; ansí que estuve con tan gran contento, que estaba como fuera de mí con gran oración.

Acabado todo, sería como desde a tres u cuatro horas, me revolvió el demonio una batalla espiritual, como ahora diré. Púsome delante, si había sido mal hecho lo que había hecho, si iba contra obediencia en haberlo procurado, sin que me lo mandase el provincial, que bien me parecía a mí le había de ser algún disgusto, a causa de sujetarle al ordinario, por no se lo haber primero dicho; aunque como él no le había querido admitir, y yo no la mudaba, también me parecía no se le daría nada por otra parte; y si habían de tener contento las que aquí estaban con tanta estructura, si les había de faltar de comer, si había sido disbarate, que quién me metía en esto, pues yo tenía monesterio. Todo lo que el Señor me había mandado, y los muchos pareceres y oraciones, que había más de dos años que casi no cesaban, todo tan quitado de mi memoria, como si nunca hubiera sido: sólo de mi parecer me acordaba, y todas las virtudes y la fe estaban en mí entonces suspendidas, sin tener yo fuerza para que ninguna obrase, ni me defendiese de tantos golpes. También me ponía el demonio, que cómo me quería encerrar en casa tan estrecha, y con tantas enfermedades, que cómo había de poder sufrir tanta penitencia, y dejaba casa tan grande y deleitosa, y adonde tan contenta siempre había estado, y tantas amigas; que quizá las de acá no serían a mi gusto, que me había obligado a mucho, que quizá estaría desesperada, y que por ventura había pretendido esto el demonio para quitarme la paz y quietud, y que ansí no podría tener oración, estando desasosegada, y perdería el alma. Cosas de esta hechura juntas me ponía delante, que no era en mi mano pensar en otra cosa; y con esto una aflición y escuridad y tinieblas en el alma, que yo no lo sé encarecer. De que me vi ansí, fuime a ver el Santísimo Sacramento, aunque encomendarme a Él no podía: paréceme estaba con una congoja, como quien está en agonía de muerte. Tratarlo con nadie no había de osar, porque aun confesor no tenía señalado.

¡Oh válame Dios, y qué vida esta tan miserable! No hay contento siguro, ni cosa sin mudanza. Había tan poquito, que no me parece trocara mi contento con ninguno de la tierra, y la mesma causa de él me atormentaba ahora de tal suerte, que no sabía qué hacer de mí. ¡Oh si mirásemos con advertencia las cosas de nuestra vida, cada uno vería por espiriencia en lo poco que se ha de tener contento, ni descontento de ella! Es cierto, que me parece que fue uno de los recios ratos que he pasado en mi vida: parece que adivinaba el espíritu lo mucho que estaba por pasar, aunque no llegó a ser tanto como esto durara. Mas no dejó el Señor padecer a su pobre sierva, porque nunca en las tribulaciones me dejó de socorrer; y ansí fue en ésta, que me dio un poco de luz para ver que era demonio, y para que pudiese entender la verdad, y que todo era quererme espantar con mentiras: y ansí comencé a acordarme de mis grandes determinaciones de servir a el Señor, y deseos de padecer por Él, y pensé que si había de cumplirlos, que no había de andar a procurar descanso, y que si tuviese trabajos, que eso era el merecer, y si descontento, como lo

tomase por servir a Dios, me serviría de purgatorio: que ¿de qué temía? que pues deseaba trabajos, que buenos eran éstos, que en la mayor contradición estaba la ganancia, que por qué me había de faltar ánimo para servir a quien tanto debía. Con estas y otras consideraciones, haciéndome gran fuerza, prometí delante del Santísimo Sacramento, de hacer todo lo que pudiese para tener licencia de venirme a esta casa, y en pudiéndolo hacer con buena conciencia, prometer clausura. En haciendo esto, en un instante huyó el demonio, y me dejó sosegada y contenta, y lo quedé y lo he estado siempre, y todo lo que en esta casa se guarda de encerramiento, penitencia y lo demás, se me hace en estremo suave y poco. El contento es tan grandísimo, que pienso yo algunas veces, ¿qué pudiera escoger en la tierra que fuera más sabroso? No sé si es esto parte para tener mucha más salud que nunca, o querer el Señor, por ser menester y razón que haga lo que todas, darme este consuelo, que pueda hacerlo, aunque con trabajo: mas de el poder se espantan todas las personas que saben mis enfermedades. Bendito sea Él que todo lo da y en cuyo poder se puede.

Quedé bien cansada de tal contienda, y riéndome de el demonio, que vi claro ser él. Creo lo primitió el Señor, porque yo nunca supe qué cosa era el descontento de ser monja, ni un momento, en veinte y ocho años y más, que ha lo soy, para que entendiese la merced grande, que en esto me había hecho y de el tormento que me había librado; y también para que si alguna viese lo estaba, no me espantase, y me apiadase de ella, y la supiese consolar. Pues pasado esto, queriendo después de comer descansar un poco (porque en toda la noche no había casi sosegado, ni en otras algunas dejado de tener trabajo y cuidado, y todos los días bien cansada), como se había sabido en mi monesterio y en la ciudad lo que estaba hecho, había en él mucho alboroto, por las causas que ya he dicho, que parecía llevaban algún color. Luego la perlada me envió a mandar, que a la hora me fuese allá. Yo en viendo su mandamiento, dejo mis monjas harto penadas, y voyme luego. Bien vi que se me habían de ofrecer hartos trabajos, mas como ya quedaba hecho, muy poco se me daba. Hice oración, suplicando al Señor me favoreciese, y a mi padre san Josef que me trajese a su casa, y ofrecíle lo que había de pasar; y muy contenta se ofreciese algo en que yo padeciese por Él y le pudiese servir, me fui, con tener creído luego me habían de echar en la cárcel: mas, a mi parecer, me diera mucho contento por no hablar a nadie, y descansar un poco en soledad, de lo que yo estaba bien necesitada, porque me traía molida tanto andar con gente. Como llegué y di mi discuento a la perlada, aplacóse algo, y todas enviaron al provincial, y quedóse la causa para delante de él; y venido, fui a juicio, con harto gran contento de ver que padecía algo por el Señor, porque contra su Majestad, ni la Orden, no hallaba haber ofendido nada en este caso, antes procuraba aumentarla con todas mis fuerzas, y muriera de buena gana por ello, que todo mi deseo era que se cumpliese con toda perfeción. Acordéme del juicio de Cristo, y vi cuán nonada era aquél. Hice mi culpa, como muy culpada, y ansí lo parecía a quien no sabía todas las causas. Después de haberme hecho una grande reprensión, aunque no con tanto rigor como merecía el delito, y lo que muchos decían al provincial, yo no quisiera disculparme, porque iba determinada a ello; antes pedí me perdonase y castigase, y no estuviese desabrido conmigo.

En algunas cosas bien vía yo me condenaban sin culpa, porque me decían lo había hecho porque me tuviesen en algo, y por ser nombrada, y otra semejante; mas en otras claro

entendía, que decían la verdad, en que era yo más ruin que otras, y que pues no había guardado la mucha religión que se llevaba en aquella casa, cómo pensaba guardarla en otra con más rigor, que escandalizaba el pueblo y levantaba cosas nuevas. Todo no me hacía ningún alboroto ni pena, aunque yo mostraba tenerla, porque no pareciese tenía en poco lo que me decían. En fin, me mandó delante de las monjas diese discuento y húbelo de hacer: como yo tenía quietud en mí y me ayudada el Señor, di mi discuento de manera, que no halló el provincial, ni las que allí estaban, por qué me condenar; y después a solas le hablé más claro, y quedó muy satisfecho, y prometiéndome, si fuese adelante, en sosegándose la ciudad, de darme licencia que me fuese a él, porque el alboroto de toda la ciudad era tan grande, como ahora diré.

Desde a dos o tres días, juntáronse algunos de los regidores y corregidor, y de el cabildo, y todos juntos dijeron, que en ninguna manera se había de consentir; que venía conocido daño a la república, y que habían de quitar el Santísimo Sacramento, y que en ninguna manera sufrirían pasase adelante. Hicieron juntar todas las órdenes, para que digan su parecer, de cada una dos letrados. Unos callaban, otros condenaban, en fin concluyeron, que luego se deshiciese. Sólo un presentado de la Orden de Santo Domingo (aunque era contrario, no del monesterio, sino de que fuese pobre) dijo, que no era cosa que ansí se había de deshacer: que se mirase bien, que tiempo había para ello, que éste era el caso del obispo, o cosas de esta arte, que hizo mucho provecho; porque, según la furia, fue dicha no lo poner luego por obra. Era en fin, que había de ser, que era el Señor servido de ello, y pedían todos poco contra su voluntad: daban sus razones y llevaban buen celo, y ansí sin ofender a Dios hacíanme padecer, y a todas las personas que lo favorecían, que eran algunas, y pasaron mucha persecución. Era tanto el alboroto del pueblo, que no se hablaba en otra cosa, y todos condenarme e ir al provincial y a mi monesterio. Yo ninguna pena tenía de cuanto decían de mí, más que si no lo dijeran, sino temor si se había de deshacer: esto me daba gran pena y ver que perdían crédito las personas que me ayudaban, y el mucho trabajo que pasaban, que de lo que decían de mí, antes me parece me holgaba: y, si tuviera alguna fe, ninguna alteración tuviera, sino que faltar algo en una virtud, basta a adormecerlas todas: y ansí estuve muy apenada los dos días que hubo estas juntas, que digo, en el pueblo, y estando bien fatigada, me dijo el Señor: "¿No sabes que soy poderoso?, ¿de qué temes?" y me aseguró que no se desharía: con esto quedé muy consolada. Enviaron al Consejo Real con su información, vino provisión para que se diese relación de cómo se había hecho.

Hele aquí comenzado un gran pleito, porque de la ciudad fueron a la corte, y hubieron de ir de parte del monesterio, y no había dinero, ni yo sabía qué hacer: proveyólo el Señor, que nunca mi padre provincial me mandó dejase de entender, en ello; porque es tan amigo de toda virtud, que aunque no ayudaba, no quería ser contra ello: no me dio licencia, hasta ver en lo que paraba, para venir acá. Estas siervas de Dios estaban solas, y hacían más con sus oraciones, que con cuanto yo andaba negociando, aunque fue menester harta diligencia. Algunas veces parecía que todo faltaba, en especial un día antes que viniese el provincial, que me mandó la priora no tratase en nada y era dejarse todo. Y me fui a Dios y díjele: —Señor, esta casa no es mía, por Vos se ha hecho; ahora, que no hay nadie que negocie, hágalo vuesa Majestad. Quedaba tan descansada y tan sin pena, como si tuviera a todo el mundo

que negociara por mí, y luego tenía por siguro el negocio.

Un muy siervo de Dios, sacerdote, que siempre me había ayudado, amigo de toda perfeción, fue a la corte a entender en el negocio, y trabajaba mucho; y el caballero santo, de quien he hecho mención, hacía en este caso muy mucho, y de todas maneras lo favorecía. Pasó hartos trabajos y persecución, y siempre en todo le tenía por padre, y aun ahora le tengo: y en los que nos ayudaban ponía el Señor tanto hervor, que cada uno lo tomaba por cosa tan propia suya, como si en ello les fuera la vida y la honra, y nos les iba más de ser cosa en que a ellos les parecía se servía el Señor. Pareció claro ayudar a su Majestad al maestro que he dicho, clérigo, que también era de los que mucho me ayudaban, a quien el obispo puso de su parte en una junta grande que se hizo, y él estaba solo contra todos, y en fin los aplacó con decirles ciertos medios, que fue harto para que se entretuviesen: mas ninguno bastaba para que luego no tornasen a poner la vida, como dicen, en deshacerle. Este siervo de Dios, que digo, fue quien dio los hábitos y puso el Santísimo Sacramento, y se vio en harta persecución. Duró esta batería casi medio año, que decir los grandes trabajos que se pasaron, por menudo, sería largo.

Espantábame yo de lo que ponía el demonio contra unas mujercitas, y cómo les parecía a todos era gran daño para el lugar solas doce mujeres y la priora, que no han de ser más (digo a los que lo contradecían) y de vida tan estrecha; que ya que fuera daño o yerro, es para sí mesmas: mas daño a el lugar, no parece llevaba camino, y ellos hallaban tantos, que con buena conciencia lo contradecían. Ya vinieron a decir que como tuviese renta pasarían por ello, y que fuese adelante. Yo estaba ya tan cansada de ver el trabajo de todos los que me ayudaban, más que del mío, que me parecía no sería malo, hasta que se sosegasen, tener renta, y dejarla después. Y otras veces como ruin e imperfeta, me parecía, que por ventura lo quería el Señor, pues sin ella no podíamos salir con ello, y venía ya en este concierto.

Estando la noche antes, que se había de tratar, en oración (y ya se había comenzado el concierto) díjome el Señor, que no hiciese tal, que si comenzásemos a tener renta, que no nos dejarían después que la dejásemos y otras algunas cosas. La mesma noche me apareció el santo fray Pedro de Alcántara, que era ya muerto; y antes que muriese me escribió cómo supo la gran contradición y persecución, que teníamos, se holgaba fuese la fundación con contradición tan grande, que era señal se había el Señor de servir muy mucho en este monesterio, pues el demonio tanto ponía en que no se hiciese, y que en ninguna manera viniese en tener renta. Y aun dos o tres veces me persuadió en la carta, y que, como esto hiciese, ello vernía a hacerse todo como yo quería. Ya yo le había visto otras dos veces después que murió, y la gran gloria que tenía; y ansí no me hizo temor, antes me holgué mucho; porque siempre aparecía como cuerpo glorificado, lleno de mucha gloria, y dábamela muy grandísima verle. Acuérdome que me dijo la primera vez que le vi, entre otras cosas, diciéndome lo mucho que gozaba, ¡qué dichosa penitencia había sido la que había hecho, que tanto premio había alcanzado! Porque ya creo tengo dicho algo de esto, no digo aquí más de cómo esta vez me mostró rigor y sólo me dijo que en ninguna manera tomase renta, y que por qué no quería tomar su consejo, y desapareció luego. Yo quedé espantada, y luego otro día dije al caballero (que era a quien en todo acudía, como el que más en ello hacía) lo que pasaba, y que no se concertase en ninguna manera tener renta, sino que fuese adelante el pleito. Él estaba en

esto mucho más fuerte que yo, y holgóse mucho: después me dijo cuán de mala gana hablaba en el concierto.

Después se tornó a levantar otra persona, y sierva de Dios harto, y con buen celo: ya que estaba en buenos términos, decía se pusiese en manos de letrados. Aquí tuve hartos desasosiegos; porque algunos de los que me ayudaban venían en esto, y fue esta maraña que hizo el demonio, de la más mala digestión de todas. En todo me ayudó el Señor, que ansí dicho en suma no se puede bien dar a entender lo que se pasó en dos años que se estuvo comenzada esta casa, hasta que se acabó: este medio postrero, y lo primero, fue lo más trabajoso. Pues aplacada ya algo la ciudad, diose tan buena maña el padre presentado dominico que nos ayudaba, aunque no estaba presente; mas habíale traído el Señor a un tiempo, que nos hizo harto bien, y pareció haberle su Majestad para solo este fin traído, que me dijo él después, que no había tenido para qué venir, sino que acaso lo había sabido. Estuvo lo que fue menester: tornando a ir, procuró por algunas vías que nos diese licencia nuestro padre provincial para venir yo a esta casa con otras algunas conmigo (que parecía casi imposible darla tan en breve) para hacer el oficio, y enseñar a las que estaban: fue grandísimo consuelo para mí el día que venimos. Estando casi en arrobamiento, vi a Cristo, que con grande amor me pareció me recibía, y ponía una corona, y agradeciéndome lo que había hecho por su Madre.

Otra vez estando todas en el coro en oración, después de Completas, vi a nuestra Señora con grandísima gloria, con manto blanco, y debajo de él parecía ampararnos a todas: entendí cuán alto grado de gloria daría el Señor a las de esta casa. Comenzado a hacer el oficio, era mucha la devoción que el pueblo comenzó a tener con esta casa:

tomáronse más monjas y comenzó el
Señor a mover a los que más nos
habían perseguido, para que mucho
nos favoreciesen, y hiciesen limosna,
y ansí aprobaban lo que tanto habían reprobado, y poco a poco se
dejaron del pleito, y decían que ya
entendían ser obra de Dios, pues con
tanta contradición su Majestad había
querido fuese adelante. Y no hay al
presente nadie que le parezca fuera
acertado dejarse de hacer, y ansí
tienen tanta cuenta con proveernos
de limosna, que sin haber demanda,
ni pedir a nadie, los despierta el Señor, para que nos la envíen y pasamos sin que nos falte lo necesario, y
espero en el Señor será ansí siempre; que, como son pocas, si hacen
lo que deben como su Majestad
ahora les da gracia para hacerlo,
sigura estoy que no les faltará, ni
habrán menester ser cansosas, ni importunar a nadie, que el Señor se
terná cuidado como hasta aquí, que
es para mí grandísimo consuelo de
verme aquí metida con almas tan
desasidas. Su trato es entender cómo irán adelante en el servicio de
Dios. La soledad es su consuelo, y
pensar de ver a nadie, que no sea
para ayudarlas a encender más el
amor de su Esposo, les es trabajo,
aunque sean muy deudos. Y ansí no
viene nadie a esta casa, sino quien
trata de esto, porque ni las contenta, ni los contenta: no es su lenguaje otro sino hablar de Dios, y
ansí no entienden, ni las entiende,
sino quien habla el mesmo. Guardamos la regla de nuestra Señora del
Carmen, y cumplida ésta sin relajación, sino como la ordenó fray
Hugo cardenal de Santa Sabina, que
fue dado a M.CC.XLVIII años, en el
año quinto del pontificado del papa
Innocencio Cuarto. Me parece serán
bien empleados todos los trabajos
que se han pasado. Ahora aunque
tiene algún rigor, porque no se come jamás carne sin necesidad, y
ayuno de ocho meses y otras cosas,
como se ve en la mesma primera
regla, en muchas aun se les hace po-

co a las hermanas, y guardan otras
cosas, que para cumplir ésta con
más perfección nos han parecido necesarias, y espero en el Señor ha de
ir muy adelante lo comenzado, como
su Majestad me lo ha dicho. La otra
casa, que la beata que dije procuraba hacer, también la favoreció el
Señor, y está hecha en Alcalá, y no
le faltó harta contradición, ni dejó
de pasar trabajos grandes. Sé que se
guarda en ella toda religión, conforme a esta primera regla nuestra.
Plega al Señor sea todo para gloria
y alabanza suya y de la gloriosa
Virgen María, cuyo hábito traemos
amén.

Creo se enfadará vuesa merced de
la larga relación que he dado de este monesterio, y va muy corta para
los muchos trabajos y maravillas;
que el Señor en esto ha obrado, que
hay de ello muchos testigos que lo
podrán jurar; y ansí pido yo a vuesa
merced, por amor de Dios, que si le
pareciere romper lo demás que aquí
va escrito, lo que toca a este monesterio vuesa merced le guarde, y
muerta yo lo dé a las hermanas que
aquí estuvieron, que animará mucho
para servir a Dios las que vinieren,
y a procurar no caya lo comenzado,
sino que vaya siempre adelante,
cuando vean lo mucho que puso su
Majestad en hacerla, por medio de
cosa tan ruin y baja como yo. Y
pues el Señor tan particularmente se
ha querido mostrar en favorecer,
para que se hiciese, paréceme a mí
que hará mucho mal y será muy
castigada de Dios, la que comenzare
a relajar la perfeción, que aquí el
Señor ha comenzado y favorecido,
para que se lleve con tanta suavidad, que se ve muy bien es tolera-
ble, y se puede llevar con descanso,
y el gran aparejo que hay para vivir
siempre en él, las que a solas quisieren gozar de su esposo Cristo;
que esto es siempre lo que han de
pretender, y solas con Él solo, y no
ser más de trece: porque esto tengo
por muchos pareceres sabido que

conviene, y visto por espiriencia, que para llevar el espíritu, que se lleva, y vivir de limosna y sin demanda no se sufre más. Y siempre crean más a quien con trabajos muchos, y oración de muchas personas, procuró lo que sería mijor: y en el gran contento y alegría y poco trabajo, que en estos años que ha que estamos en casa, vemos tener todas, y con mucha más salud que solían, se verá ser esto lo que conviene. Y quien le pareciere áspero, eche la culpa a su falta de espíritu, y no a lo que aquí se guarda, pues personas delicadas y no sanas, porque le tienen, con tanta suavidad lo pueden llevar; y váyanse a otro monesterio, adonde se salvarán conforme a su espíritu.

CAPITULO XXXVII

De mal se me hace decir más de las mercedes, que me ha hecho el Señor, de las dichas, y aun son demasiadas, para que se crea haberlas hecho a persona tan ruin; mas por obedecer a el Señor, que me lo ha mandado, y a vuesas mercedes, diré algunas cosas para gloria suya. Plega a su Majestad sea para aprovechar a algún alma, ver que a una cosa tan miserable ha querido el Señor ansí favorecer (¡qué hará a quien le hubiese de verdad servido!) y se animen todos a contentar a su Majestad, pues aun en esta vida da tales prendas. Lo primero, hase de entender, que en estas mercedes, que hace Dios a el alma, hay más o menos gloria, porque en algunas visiones ecede tanto la gloria y gusto, y consuelo a el que da en otras, que yo me espanto de tanta diferencia de gozar, aun en esta vida; porque acaece ser tanta la diferencia que hay de un gusto y regalo, que da Dios en una visión u en un arrobamiento, que parece no es posible poder haber más acá que desear, y ansí el alma no lo desea, ni pediría más contento. Aunque después que el Señor me ha dado a entender la diferencia que hay en el cielo, de lo que gozan unos a los que gozan otros, cuán grande es, bien veo, que también acá no hay tasa en el dar, cuando el Señor es servido, y ansí no querría yo la hubiera en servir ya a su Majestad, y emplear toda mi vida y fuerzas y salud en esto, y no querría por mi culpa perder un tantito de más gozar. Y digo ansí, que si me dijesen cuál quiero más, estar con todos los trabajos del mundo hasta el fin de él, y después subir un poquito más en gloria, o sin ninguno irme a un poco de gloria más baja, que de muy buena gana tomaría todos los trabajos por un tantito de gozar más de entender las grandezas de Dios; pues veo quien más lo entiende, más le ama y le alaba. No digo que me contentaría y ternía por muy venturosa de estar en el cielo, aunque fuese en el más bajo lugar, pues quien tal te tenía en el infierno, harta misericordia me haría en esto el Señor, y plegue a su Majestad vaya yo allá, y no mire a mis grandes pecados. Lo que digo es, que aunque fuese a muy gran costa mía, si pudiese, que el Señor me diese gracia para trabajar mucho, no querría por mi culpa perder nada. ¡Miserable de mí, que con tantas culpas lo tenía perdido todo!

Hase de notar también, que en cada merced que el Señor me hacía, de visión u revelación, quedaba mi alma con alguna gran ganancia; y con algunas visiones quedaba con muy muchas. De ver a Cristo me quedó imprimida su grandísima hermosura, y la tengo hoy día; porque para esto bastaba sola una vez, cuanti más tantas como el Señor me hace esta merced. Quedé con un provecho grandísimo, y fue éste: tenía una grandísima falta, de donde me vinieron grandes daños y era ésta: que como comenzaba a entender que una persona me tenía voluntad, y si me caía en gracia, me aficionaba tanto, que me ataba en gran manera la memoria a pensar en él, aunque no era con intención de ofender a Dios; mas holgábame de verle, y de pensar en él, y en las cosas buenas que le vía: era cosa tan dañosa, que me traía el alma harto perdida. Después que vi la gran hermosura del Señor, no vía a nadie que en su comparación me pareciese bien ni me ocupase, que con poner un poco los ojos de la consideración en la imagen, que tengo en mi alma, he quedado con tanta libertad en esto, que después acá todo lo que veo me parece hace asco en comparación de las ecelencias y gracias, que en este Señor vía: ni hay saber, ni manera de regalo, que yo estime en nada, en comparación del que es oír sola una palabra dicha de aquella divina boca, cuanti más tantas. Y tengo yo por imposible, si el Señor por mis pecados no primite se me quite esta memoria, podérmela nadie ocupar, de suerte que con un poquito de tornarme a acordar de este Señor no quede libre. Acaecióme con algún confesor, que siempre quiero mucho a los que gobiernan mi alma. Como los tomo en lugar de Dios tan de verdad, paréceme que es siempre donde mi voluntad más se emplea, y como yo andaba con siguridad, mostrábales gracias; ellos como temerosos y siervos de Dios, temíanse no me asiese en alguna manera, y me atase a quererlos, aunque santamente, y mostrábanme desgracia. Esto era después que yo estaba tan sujeta a obedecerlos, que antes no los cobraba ese amor. Yo me reía entre mí de ver cuán engañados estaban, aunque no todas veces trataba tan claro lo poco que me ataba a nadie como lo tenía en mí, mas asi-

gurábalos, y tratándome más, conocían lo que debía a el Señor, que estas sospechas que traían de mí, siempre eran a los principios. Comenzóme mucho mayor amor y confianza de este Señor en viéndole, como con quien tenía conversación tan contina. Vía que aunque era Dios, que era hombre, que no se espanta de las flaquezas de los hombres, que entiende nuestra miserable compostura sujeta a muchas caídas, por el primer pecado que él había venido a reparar. Puedo tratar como con amigo, aunque es Señor, porque entiendo no es como los que acá tenemos por señores, que de todo el señorío ponen en autoridades postizas. Ha de haber hora de hablar y señaladas personas que les hablen: si es algún pobrecito, que tiene algún negocio, más rodeos y favores y trabajos le ha de costar tratarlo, u que si es con el rey, aquí no hay tocar gente pobre, y no caballerosa, sino preguntar quién son los más privados; y a buen siguro, que no sean personas que tengan al mundo debajo de los pies, porque éstos hablan verdades, que no temen ni deben: no son para palacio, que allí no se deben usar, sino callar lo que mal les parece, que aun pensarlo no deben osar, por no ser desfavorecidos.

¡Oh Rey de gloria, y Señor de todos los reyes, cómo no es vuestro reino armado de palillos, pues no tiene fin! ¡Cómo no son menester terceros para vos! Con mirar vuestra persona, se ve luego que sois solo el que merecéis que os llamen Señor. Sigún la majestad que mostráis, no es menester gente de acompañamiento, ni de guarda, para que conozcan que sois Rey; porque acá un rey solo, mal se conocerá por sí: aunque él más quiera ser conocido por rey, no lo creerán, que no tiene más que los otros; es menester que se vea por qué lo creer. Y ansí es razón tenga estas autoridades postizas, porque si no las tuviese, no le ternían en nada; porque no sale de sí el parecer poderoso, de otros le ha de venir la autoridad. ¡Oh Señor mío! ¡Oh Rey mío! ¡Quién supiera ahora representar la majestad que tenéis! Es imposible dejar de ver que sois grande Emperador en Vos mesmo, que espanta mirar esta majestad: mas más espanta, Señor mío, mirar con ella vuesa humildad, y el amor que mostráis a una como yo. En todo se puede tratar y hablar con Vos como quisiéremos, perdido el primer espanto, y temor de ver vuestra majestad, con quedar mayor para no ofenderos, mas no por miedo del castigo, Señor mío, porque éste no se tiene en nada, en comparación de no perderos a Vos. Hela aquí los provechos de esta visión, sin otros grandes que deja en el alma, si es de Dios, entiéndese por los efetos, cuando el alma tiene luz, porque como muchas veces he dicho, quiere el Señor que esté en tinieblas, y que no vea esta luz, y ansí no es mucho tema la que se ve tan ruin como yo.

No hay más que ahora que me ha acaecido estar ocho días que no parece había en mí, ni podía tener conocimiento de lo que debo a Dios, ni acuerdo de las mercedes, sino tan embotada el alma, y puesta no sé en qué, ni cómo, no en malos pensamientos, mas para los buenos estaba tan inhábil, que me reía de mí, y gustaba de ver la bajeza de un alma, cuando no anda Dios siempre obrando en ella. Bien se ve que no está sin Él en este estado, que no es como los grandes trabajos que he dicho tengo algunas veces; mas aunque pone leña, y hace eso poco que puede de su parte, no hay arder el fuego de amor de Dios. Harta misericordia suya es, que se ve el humo, para entender que no está del todo muerto: torna el Señor a encender, que entonces un alma, aunque se quiebre la cabeza en soplar, y en concertar los leños, parece que todo lo ahoga más. Creo es lo mejor rendirse del todo a que no puede nada por sí sola, y entender en otras co-

sas, como he dicho, meritorias; porque por ventura la quita el Señor la oración, para que entienda en ella, y conozca por espiriencia lo poco que puede por sí.

Es cierto que yo me he regalado hoy con el Señor, y atrevido a quejarme de su Majestad, y le he dicho: —¿Cómo, Dios mío, que no basta que me tenéis en esta miserable vida y que por amor de Vos paso por ello, y quiero vivir adonde todo es embarazos para no gozaros, sino que he de comer y dormir y negociar y tratar con todos, y todo lo paso por amor de Vos? Pues bien sabéis, Señor mío, que me es tormento grandísimo, y que tan poquitos ratos como me quedan ahora de Vos, os me ascondáis. ¿Cómo se compadece esto en vuestra misericordia? ¿Cómo lo puede sufrir el amor que me tenéis? Creo, Señor, que si fuera posible poderme asconder yo de Vos, como Vos de mí, que pienso, y creo del amor que me tenéis que no lo sufriérades: mas estáis os Vos conmigo, y veisme siempre; no se sufre esto, Señor mío, suplícoos miréis que se hace agravio a quien tanto os ama. Esto, y otras cosas me ha acaecido decir, entendiendo primero cómo era piadoso el lugar que tenía en el infierno para lo que merecía; mas algunas veces desatina tanto el amor, que no me siento, sino que en todo mi seso doy estas quejas, y todo me lo sufre el Señor: alabado sea tan buen Rey. ¿Llegáramos a los de la tierra con estos atrevimientos? Aun ya al rey no me maravillo que no se ose hablar, que es razón se tema, y a los señores que representan ser cabezas; mas está ya el mundo de manera que habían de ser más largas las vidas, para deprender los puntos y novedades y maneras que hay de crianza, si han de gastar algo de ella en servir a Dios: yo me santiguo de ver lo que pasa. El caso es, que ya yo no sabía cómo vivir cuando aquí me metí; porque no se toma de burla cuando hay descuido en tratar con las gentes mucho más que merecen, sino que tan de veras lo toman por afrenta, que es menester hacer satisfaciones de vuestra intención, si hay, como digo, descuido, y aun plega a Dios lo crean.

Torno a decir, que cierto yo no sabía cómo vivir, porque se ve una pobre de alma fatigada. Ve que la mandan que ocupe siempre el pensamiento en Dios, y que es necesario traerle en Él para librarse de muchos peligros. Por otro cabo ve que no cumple perder junto en puntos de mundo, so pena de no dejar de dar ocasión a que se tienten los que tienen su honra puesta en estos puntos. Traíame fatigada, y nunca acabada de hacer satisfaciones, porque no podía, aunque lo estudiaba, dejar de hacer muchas faltas en esto, que, como digo, no se tienen en el mundo por pequeña. Y ¿es verdad que en las religiones (que de razón habíamos en estos casos de estar disculpados) hay disculpa?: no, que dicen que los monesterios ha de ser corte de crianza, y de saberla. Yo cierto que no puedo entender esto. He pensado si dijo algún santo, que había de ser corte para enseñar a los que quisiesen ser cortesanos del cielo, y lo han entendido al revés; porque traer este cuidado, quien es razón lo traya contino en contentar a Dios, y aborrecer el mundo, que le

pueda traer tan grande en contentar a los que viven en él, en estas cosas tantas veces se mudan, no sé cómo. Aun si se pudieran deprender de una vez, pasará, mas aun para títulos de cartas es ya menester haya cátedra adonde se lea cómo se ha de hacer, a manera de decir, porque ya se deja papel de una parte, ya de otra, y, a quien no se solía poner Manífico, hase de poner Ilustre. Yo no sé en qué ha de parar porque aun no he yo cincuenta años, y en lo que he vivido he visto tantas mudanzas, que no sé vivir. Pues los que ahora nacen, y vivieron muchos, ¿qué han de hacer? Por cierto yo he lástima a gente espiritual, que está obligada a estar en el mundo, por algunos santos fines, que es terrible la cruz que en esto llevan. Si se pudiesen concertar todos, y hacerse inorantes, y querer que los tengan por tales en estas ciencias, de mucho trabajo se quitarían. Mas ¡en qué boberías me he metido!: por tratar en las grandezas de Dios, he venido a hablar de las bajezas del mundo. Pues el Señor me ha hecho merced en haberle dejado, quiero ya salir de él: allá se avengan los que sustentan con tanto trabajo estas naderías. Plega a Dios que en la otra vida, que es sin mudanzas, no las paguemos: amén.

CAPITULO XXXVIII

EN QUE TRATA DE ALGUNAS GRANDES MERCEDES QUE EL SEÑOR LA HIZO, ANSI EN MOSTRARLE ALGUNOS SECRETOS DEL CIELO, COMO OTRAS GRANDES VISIONES Y REVELACIONES, QUE SU MAJESTAD TUVO POR BIEN VIESE: DICE LOS EFETOS CON QUE LA DEJABAN, Y EL GRAN APROVECHAMIENTO QUE QUEDABA EN SU ALMA

Estando una noche tan mala, que quería escusarme de tener oración, tomé un rosario por ocuparme vocalmente, procurando no recoger el entendimiento, aunque en lo esterior estaba recogida en un oratorio: cuando el Señor quiere, poco aprovechan estas diligencias. Estuve ansí bien poco, y vínome un arrobamiento de espíritu con tanto ímpetu, que no hubo poder resistir. Parecíame estar metida en el cielo, y las primeras personas que allá vi, fue a mi padre y madre, y tan grandes cosas en tan breve espacio, como se podría decir un Ave María, que yo quedé bien fuera de mí, pareciéndome muy demasiada merced. Esto de en tan breve tiempo, ya puede ser fuese más, sino que se hace muy poco. Temí no fuese alguna ilusión, puesto que no me lo parecía: no sabía qué hacer, porque había gran vergüenza de ir al confesor con esto; y no por humilde a mi parecer, sino porque me parecía había de burlar de mí, y decir que —¡qué san Pablo para ver cosas del cielo, o san Jerónimo! Y por haber tenido estos santos gloriosos cosas de estas, me hacía más temor a mí, y no hacía sino llorar mucho, porque no me parecía llevaba ningún camino. En fin, aunque más sentí, fui a el confesor, porque callar cosa jamás osaba, aunque más sintiese en decirla, por el gran miedo que tenía de ser engañada. Él, como me vio tan fatigada, me consoló mucho, y dijo hartas cosas buenas para quitarme de pena.

Andando más el tiempo me ha acaecido, y acaece esto algunas veces: íbame el Señor mostrando más grandes secretos, porque querer ver el alma más de lo que se le presenta, no hay ningún remedio, ni es posible; y ansí no vía más de lo que cada vez quería el Señor mostrarme. Era tanto, que lo menos bastaba para quedar espantada, y muy aprovechada el alma, para estimar y tener en poco todas las cosas de la vida. Quisiera yo poder dar a entender algo de lo menos que entendía, y pensando como puede ser, hallo que es imposible; porque en solo la diferencia que hay de esta luz que vemos, a la que allá se representa, siendo todo luz, no hay comparación, por que la claridad de el sol parece cosa muy desgustada. En fin, no alcanza la imaginación, por muy sutil que sea, a pintar ni trazar cómo será esta luz, ni ninguna cosa de las que el Señor me daba a entender, con un deleite tan soberano, que no se puede decir; porque todos los sentidos gozan en tan alto grado y suavidad, que ello no se puede encarecer, y ansí es mejor no decir más.

Había una vez estado ansí más de una hora, mostrándome el Señor cosas admirables, que no me parece se quitaba de cabe mí. Díjome:

"Mira, hija, que pierden los que son contra mí, no dejes de decírselo." ¡Ay señor mío, y qué poco aprovecha mi dicho a los que sus hechos los tienen ciegos, si vuestra Majestad no les da luz! A algunas personas, que vos la habéis dado, aprovechando se han de saber vuestras grandezas, mas venlas, Señor mío, mostradas a cosa tan ruin y miserable, que tengo yo en mucho que haya habido nadie que me crea. Bendito sea vuestro nombre y misericordia, que a lo menos yo conocida mijoría he visto en mi alma. Después quisiera ella estarse siempre allí, y no tornar a vivir, porque fue grande el desprecio que me quedó de todo lo de acá: parecíame basura, y veo yo cuán bajamente nos ocupamos los que nos detenemos en ello.

Cuando estaba con aquella señora, que he dicho, me acaeció una vez estando yo mala del corazón (porque como he dicho, le he tenido recio, aunque ya no lo es) como era de mucha caridad, hízome sacar joyas de oro y piedras, que las tenía de gran valor; en especial una de diamantes, que apreciaba en mucho. Ella pensó que me alegraran; yo estaba riéndome entre mí, y habiendo lástima de ver lo que estiman los hombres, acordándome de lo que nos tiene guardado el Señor, y pensaba cuán imposible me sería, aunque yo conmigo mesma lo quisiese procurar, tener en algo aquellas cosas, si el Señor no me quitaba la memoria de otras. Esto es un gran señorío para el alma, tan grande, que no sé si lo entenderá sino quien lo posee; porque es el propio y natural desasimiento, porque es sin trabajo nuestro: todo lo hace Dios, que muestra su Majestad estas verdades de manera que quedan tan imprimidas, que se ve claro, no lo pudiéramos por nosotros de aquella manera en tan breve tiempo adquirir. Quedóme también poco miedo a la muerte, a quien yo siempre temía mucho: ahora paréceme facilí-sima cosa para quien sirve a Dios, porque en un momento se ve el alma libre de esta cárcel, y puesta en descanso. Que este llevar Dios el espíritu, y mostrarle cosas tan ecelentes en estos arrebatamientos, paréceme a mí, conforma mucho a cuando sale un alma del cuerpo, que en un instante se ve en todo este Bien. Dejemos los dolores de cuando se arranca, que hay poco caso que hacer de ellos, y los que de veras amaren a Dios, y hubieren dado de mano, a las cosas de esta vida, más suavemente deben morir.

También me parece me aprovechó mucho para conocer nuestra verdadera tierra, y ver que somos acá peregrinos; y es gran cosa ver lo que hay allá, y saber adónde hemos de vivir: porque si uno ha de ir a vivir de asiento a una tierra, esle gran ayuda para pasar el trabajo del camino, haber visto que es tierra donde ha de estar muy a su descanso, y también para considerar las cosas celestiales, y procurar que nuestra conversación sea allá, hácese con facilidad. Esto es mucha ganancia; porque sólo mirar al cielo recoge el alma; porque como ha querido el Señor mostrar algo de lo que hay allá, estáse pensando, y acaece algunas veces ser los que acompañan, y con los que me consuelo, los que sé que allá estáse pensando, y acáeceme algunas veces ser los que me acompañan, y con los que me consuelo, los que sé que allá viven, y parecerme aquéllos verdaderamente los vivos, y los que acá viven tan muertos, que todo el mundo me parece no me hace compañía, en especial cuando tengo aquellos ímpetus. Todo me parece sueño, y que es burla lo que veo con los ojos del cuerpo: lo que ya he visto con los del alma, es lo que ella desea, y como se ve lejos, éste es el morir. En fin, es grandísima merced, que el Señor hace a quien da semejantes visiones, porque la ayuda mucho y también a llevar un pesada cruz, porque todo no le satisface, todo le da en rostro; y si el Señor no primitiese a veces se olvidase, aunque se torna a acordar, no sé cómo se podría vivir. Bendito sea y alabado por siempre jamás. Plega a su Majestad por la sangre que su Hijo derramó por mí, que ya ha querido entienda algo de tan grandes bienes, y que comience en alguna manera a gozar de ellos, no me acaezca lo que a Lucifer, que por su culpa lo perdió todo. No lo primita por quien Él es, que no tengo temor algunas veces, aunque por otra parte, y lo muy ordinario, la misericordia de Dios me pone siguridad, que pues me ha sacado de tantos pecados, no querrá dejarme de su mano, para que me pierda. Esto suplico yo a vuesa merced, siempre lo supliqué.

Pues no son tan grandes las mercedes dichas, a mi parecer, como ésta que ahora diré, por muchas causas, y grandes bienes que de ella me quedaron, y gran fortaleza en el alma, aunque, mirada cada cosa por sí, es tan grande que no hay que comparar. Estaba un día víspera del Espíritu Santo después de misa: fuime a una parte bien apartada, adonde yo rezaba muchas veces, y comencé a leer en un Cartujano esta fiesta, y leyendo las señales que han de tener los que comienzan, y aprovechan, y los perfetos, para entender está con ellos el Espíriftu Santo: leídos estos tres estados, parecióme por la bondad de Dios, que no dejaba de estar conmigo, a lo que yo podía entender. Estándole alabando, y acordándome de otra vez que lo había leído, que estaba bien falta de todo aquello que lo vía yo muy bien ansí, como ahora entendía lo contrario de mí, y ansí conocí era merced grande lo que el Señor me había hecho; y ansí comencé a considerar el lugar que tenía en el infierno merecido por mis pecados, y daba muchos loores a Dios, porque no me parecía conocía mi alma, según la vía trocada. Estando en esta consideración, diome un ímpetu grande, sin entender yo la ocasión: parecía que

el alma se me quería salir del cuerpo, porque no cabía en ella, ni se hallaba capaz de esperar tanto bien. Era ímpetu tan ecesivo, que no me podía valer, y a mi parecer diferente de otras veces, ni entendía qué había el alma, ni que quería, que tan alterada estaba. Arriméme, que aun sentada no podía estar, porque la fuerza natural me faltaba toda.

Estando en esto, veo sobre mi cabeza una paloma bien diferente de las de acá, porque no tenía estas plumas, sino las alas de unas conchitas, que echaban de sí gran resplandor. Era grande más que paloma: paréceme que oía el ruido que hacía con las alas. Estaría aleando espacio de un Ave María. Ya el alma estaba de tal suerte, que perdiéndose a sí de sí, la perdió de vista. Sosegóse el espíritu con tan buen huésped, que sigún mi parecer, la merced tan maravillosa le debía de desasosegar y espantar, y como comenzó a gozarla, quitósele el miedo, y comenzó la quietud con el gozo, quedando en arrobamiento: quedé lo más de la pascua tan embobada y tonta, que no sabía qué me hacer, ni cómo cabía en mí tan gran favor y merced. No oía ni veía, a manera de decir, con gran gozo interior. Desde aquel día entendí quedar con grandísimo aprovechamiento en más subido amor de Dios, y las virtudes muy más fortalecidas. Sea bendito y alabado por siempre, amén.

Otra vez vi la misma paloma sobre la cabeza de un padre de la Orden de Santo Domingo (salvo que me pareció los rayos y los resplandores de las mesmas alas, que se estendían mucho más) dioseme a entender había de traer almas a Dios.

Otra vez vi estar a nuestra Señora poniendo una capa muy blanca a el Presentado de esta mesma Orden, de quien he tratado algunas veces. Díjome, que por el servicio que le había hecho en ayudar a que se hiciese esta casa, le daba aquel manto, en señal que guardaría su alma en limpieza de ahí adelante, y que no caería en pecado mortal. Yo tengo cierto, que ansí fue, porque desde pocos años murió, y su muerte, y lo que vivió fue con tanta penitencia la vida, y la muerte con tanta santidad, que a cuanto se puede entender, no hay que poner duda. Díjome un fraile, que había estado a su muerte, que antes que espirase, le dijo cómo estaba con él santo Tomás. Murió con gran gozo, y deseo de salir de este destierro. Después me ha aparecido algunas veces con muy gran gloria, y díchome algunas cosas. Tenía tanta oración, que cuando murió, que con la flaqueza la quisiera escusar, no podía, porque tenía muchos arrobamientos. Escribióme poco antes que muriese, que qué medio ternía, porque, como acababa de decir misa, se quedaba con arrobamiento mucho rato, sin poderlo escusar. Diole Dios al fin el premio de lo mucho que había servido en toda su vida.

Del Retor de la Compañía de Jesús, que algunas veces he hecho de él mención, he visto algunas cosas de grandes mercedes, que el Señor le hacía, que por no alargar no las pongo aquí. Acaecióle una vez un gran trabajo, en que fue muy perseguido, y se vio muy aflegido. Estando yo un día oyendo misa, vi a Cristo en la cruz, cuando alzaban la hostia; díjome algunas palabras que le dijese de consuelo, y otras, previniéndole de lo que estaba por venir, y poniéndole delante lo que había padecido por él, y que se aparejase para sufrir. Diole esto mucho consuelo y ánimo; y todo ha pasado después como el Señor me lo dijo.

De los de la Orden de este padre, que es la Compañía de Jesús, de toda la Orden junta he visto grandes cosas: vilos en el cielo con banderas blancas en las manos algunas veces; y como digo otras cosas he visto de ellos de mucha admiración, y ansí tengo esta Orden en gran veneración, porque los he tratado mucho, y veo conforma su vida con lo que el Señor me ha dado de ellos a entender.

Estando una noche en oración, comenzó el Señor a decirme algunas palabras, y trayéndome a la memoria por ellas, cuán mala había sido mi vida, que me hacían harta confusión y pena, porque aunque no van con rigor, hacen un sentimiento y pena que deshacen, y siéntese más aprovechamiento de conocernos con una palabra de éstas, que en muchos días que nosotros consideremos nuestra miseria; porque trai consigo esculpida una verdad, que no la podemos negar. Representóme las voluntades con tanta vanidad que había tenido; y díjome que tuviese en mucho querer que se pusiese en Él voluntad, que tan mal se había gastado, como la mía, y admitirla Él. Otras veces me dijo, que me acordase, cuando parece tenía por honra el ir contra la suya. Otras, que me acordase lo que le debía, que cuando yo le daba mayor golpe, estaba Él haciéndome mercedes. Si tenía algunas faltas, que no son pocas, de manera me las da su Majestad a entender, que toda parece me deshago, y como tengo muchas, es muchas veces. Acaecíame reprenderme el confesor, y quererme consolar en la oración, y hallar allí la reprensión verdadera.

Pues tornando a lo que decía, como comenzó el Señor a traerme a la memoria mi ruin vida, a vueltas de mis lágrimas, como yo entonces no había hecho nada, a mi parecer, pensé si me querían hacer alguna merced; porque es muy ordinario cuando alguna particular merced recibo del Señor, haberme primero deshecho a mí mesma: para que vea más claro cuán fuera de merecerlas soy yo, pienso lo debe de Señor de hacer. Desde ha un poco fue tan arrebatado mi espíritu, que casi me pareció estaba del todo fuera del cuerpo, al menos no se entiende que se viva en él. Vi a la Humanidad sacratísima con más ecesiva gloria, que jamás la había visto. Representóme, por una noticia admirable y clara, estar metido en los pechos del Padre y esto no sabré yo decir cómo es, porque sin ver (me pareció) me vi presente de aquella Divinidad. Quedé tan espantada y de tal manera, que me parece pasaron algunos días, que no podía tornar en mí; y siempre me parecía traía presente a aquella majestad del Hijo de Dios, aunque no era como la primera. Esto bien lo entendía yo, sino que queda tan esculpido en la imaginación, que no lo puede quitar de sí, por en breve que haya pasado, por algún tiempo, y es harto consuelo y aun aprovechamiento.

Esta mesma visión he visto otras veces: es a mi parecer la más subida visión que el Señor me ha hecho merced que vea, y trae consigo grandísimos provechos. Parece que purifica el alma en gran manera, y quita la fuerza casi del todo a nuestra sensualidad. Es una llama grande, que parece que abrasa y aniquila todos los deseos de la vida; porque ya que yo, gloria a Dios, no los tenía en cosas vanas, declaróseme aquí bien cómo era todo vanidad, y cuán vanos son los señoríos de acá, y es un ensañamiento grande para levantar los deseos en la pura verdad. Queda imprimido un acatamiento, que no sabré yo decir cómo, mas es muy diferente de lo que acá podemos adquirir. Hace un espanto a el alma grande de ver cómo osó, ni puede nadie osar, ofender una majestad tan grandísima. Algunas veces habré dicho estos efetos de visiones, y otras cosas: mas ya he dicho, que hay más y menos aprovechamiento: de ésta queda grandísimo. Cuando yo me llegaba a comulgar, y me acordaba de aquella majestad grandísima, que había visto, y miraba que era Él que estaba en el Santísimo Sacramento (y muchas veces quiere el Señor que le vea en la hostia) los cabellos se me espeluzaban, y todo parecía me aniquilaba. ¡Oh Señor mío! Mas si no encubriérades vuestra grandeza,

¿quién osará llegar tantas veces a juntar cosa tan sucia y miserable, con tan gran majestad? Bendito seáis, Señor, alaben os los ángeles y todas las criaturas, que ansí medís las cosas con nuestra flaqueza, para que gozando de tan soberanas mercedes, no nos espante vuestro gran poder, de manera que aun no las osemos gozar, como gente flaca y miserable.

Podríanos acaecer lo que a un labrador, y esto sé cierto que pasó ansí: hallóse un tesoro, y como era más que cabía en su ánimo, que era bajo, en viéndose con él, le dio una tristeza, que poco a poco se vino a morir de puro afligido, y cuidadoso de no saber qué hacer de él. Si no lo hallara junto, sino que poco a poco se lo fueran dando, y sustentando, con ello viviera más contento, que siendo pobre, y no le costara la vida. ¡Oh riqueza de los pobres, y qué admirablemente sabéis sustentar las almas, y sin que vean tan grandes riquezas, poco a poco se las vais mostrando! Cuando yo veo una majestad tan grande, disimulada en cosa tan poca, como es la hostia, es ansí, que después acá a mí me admira sabiduría tan grande, y no sé cómo me da el Señor ánimo y esfuerzo para llegarme a Él, si el que me ha hecho tan grandes mercedes, y hace, no me le diese; ni sería posible poderlo disimular, ni dejar de decir a voces tan grandes maravillas. Pues ¿qué sentirá una miserable como yo, cargada de abominaciones y que con tan poco temor de Dios ha gastado su vida, de verse llegar a este Señor de tan gran majestad, cuando quiere que mi alma le vea? ¿Cómo ha de juntar boca, que tantas palabras ha hablado contra el mesmo Señor, a aquel cuerpo gloriosísimo, lleno de limpieza y de piedad? Que duele mucho más y aflige el alma por no le haber servido, el amor que muestra aquel rostro de tanta hermosura con una ternura y afabilidad, que temor pone la majestad que ve en Él. ¿Mas qué podría yo sentir dos veces que vi esto que dije? Cierto, Señor mío y gloria mía, que estoy por decir, que en alguna manera en estas grandes aficiones que siente mi alma he hecho algo en vuestro servicio. ¡Ay, que no sé qué me digo, que, casi sin hablar yo, escribo ya esto! Porque me hallo turbada, y algo fuera de mí, como he tornado a traer a mi memoria estas cosas. Bien dijera si viniera de mí ese sentimiento, que había hecho algo por Vos, Señor mío; mas pues no puede haber buen pensamiento, si vos no lo dais, no hay que me agradecer, yo soy la deudora, Señor, y vos el ofendido.

Llegando una vez a comulgar vi dos demonios con los ojos del alma, más claro que con los del cuerpo, con muy abominable figura. Paréceme que los cuernos rodeaban la garganta del pobre sacerdote y vi a mi Señor con la majestad que tengo dicha, puesto en aquellas manos, en la forma que me iba a dar, que se veía claro ser ofendedoras suyas, y entendí estar aquel alma en pecado mortal. ¿Qué sería, Señor mío, ver esta vuestra hermosura entre figuras tan abominables? Estaban ellos como amedrentados y espantados delante de vos, que de buena gana parece que huyeran, si vos los dejárades ir. Diome tan gran turbación, que no sé cómo pude comulgar, y quedé con gran temor, pareciéndome que si fuera visión de Dios, que no primitiera su Majestad viera yo el mal que estaba en aquel alma. Díjome el mesmo Señor, que rogase por él, y que lo había primitido, para que entendiese yo la fuerza que tienen las palabras de la consagración, y cómo no dejaba Dios de estar allí por malo que sea el sacerdote que las dice, y para que viese su grande bondad, cómo se pone en aquellas manos de su enemigo, y todo para bien mío y de todos. Entendí bien: cuán más obligados están los sacerdotes a ser buenos que otros, y cuán recia cosa es tomar este Santísimo Sacramento indinamente, y cuán señor es el demonio de el alma que está en pecado mortal. Harto gran provecho me hizo y harto conocimiento me puso de lo que debía a Dios: sea bendito por siempre jamás.

Otra vez me acaeció ansí otra cosa, que me espantó muy mucho. Estaba en una parte, adonde se murió cierta persona, que había vivido harto mal según supe, y muchos años: mas había dos que tenía enfermedad, y en algunas cosas parece estaba con enmienda. Murió sin confesión, mas con todo esto no me parecía a mí que se había de condenar. Estando amortajando el cuerpo, vi muchos demonios tomar aquel cuerpo, y parecía que jugaban con él, y hacían también justicias en él, que a mí me puso gran pavor, que con garfios grandes le traían de uno en otro: como le vi llegar a enterrar con la honra y ceremonias que a todos, yo estaba pensando la bondad de Dios, como no quería fuese infamada aquel alma, sino que fuese encubierto ser su enemiga. Estaba yo medio boba de lo que había visto: en todo el oficio no vi más demonio; después cuando echaron el cuerpo en la sepultura, era tanta la multitud que estaban dentro para tomarle, que yo estaba fuera de mí de verlo; y no era menester poco ánimo para disimularlo. Consideraba qué harían de aquel alma cuando ansí se enseñoreaban del triste cuerpo. Plugiera al Señor que esto que yo vi (cosa tan espantosa) vieran todos los que están en mal estado, que me parece fuera gran cosa para hacerlos vivir bien. Todo esto me hace más conocer lo que debo a Dios, y de lo que me ha librado. Anduve harto temerosa, hasta que lo traté con mi confesor, pensando si era ilusión del demonio, para infamar aquel alma, aunque no estaba tenida por de mucha cristiandad. Verdad es, que aunque no fuese ilusión, siempre que me acuerda me hace temor.

Ya que he comenzado a decir de visiones de difuntos, quiero decir algunas cosas, que el Señor ha sido servido en este caso, que vea de algunas almas. Diré pocas por abreviar, y por no ser necesario, digo, para ningún aprovechamiento. Dijéronme era muerto un nuestro provincial, que había sido (y cuando murió lo era de otra provincia) a quien yo había tratado, y debido algunas buenas obras: era persona de muchas virtudes. Como lo supe que era muerto, diome mucha turbación, porque temí su salvación, que había sido veinte años perlado, cosa que yo temo mucho, cierto, por parecerme cosa de mucho peligro tener cargo de almas: y con mucha fatiga me fui a un oratorio: dile todo el bien que había hecho en mi vida, que sería bien poco, ansí lo dije a el Señor, que supliesen los méritos suyos lo que había menester aquel alma para salir del purgatorio.

Estando pidiendo esto a el Señor, lo mijor que yo podía, parecióme salía del profundo de la tierra a mi lado derecho, y vile subir al cielo con grandísima alegría. Él era ya bien viejo, mas vile de edad de treinta años, y aun menos me pareció, y con resplandor en el rostro. Pasó muy en breve esta visión, mas en tanto extremo quedé consolada, que nunca me pudo dar más pena su muerte, aunque había fatigadas personas hartas por ella, que era muy bien quisto. Era tanto el consuelo, que tenía mi alma, que ninguna cosa se me daba, ni podía dudar en que era buena visión; digo, que no era ilusión. Había no más de quince días que era muerto, con todo no descuidé de procurar le encomendasen a Dios, y hacerlo yo, salvo que no podía con aquella voluntad, que si no hubiera visto esto; porque cuando ansí el Señor me lo muestra, y después las quiero encomendar a su Majestad, paréceme, sin poder más, que es como dar limosna al rico. Después supe (porque murió bien lejos de aquí), la muerte que el Señor le dio, que fue de tan gran edificación, que a todos dejó espantados del conocimiento y lágrimas y humildad con que murió.

Habíase muerto una monja en casa, había poco más de día y medio, harto sierva de Dios, y estando diciendo una lición de difuntos una monja (que se decía por ella en el coro) yo estaba en pie para ayudarla a decir el verso. A la mitad de la lición la vi que me pareció salía el alma de la parte que la pasada, y que se iba al cielo. Ésta no fue visión imaginaria, como la pasada, sino como otras que he dicho, más no se duda más que las que se ven.

Otra monja se murió en mi mesma casa, de hasta dieciocho u veinte años: siempre había sido enferma, y muy sierva de Dios, amiga del coro, y harto virtuosa. Yo cierto pensé no entrara en el purgatorio; porque eran muchas las enfermedades que había pasado, sino que le sobraran méritos. Estando en las Horas, antes que la enterrasen (habría cuatro horas que era muerta) entendí salir del mesmo lugar, e irse al cielo.

Estando en un colegio de la Compañía de Jesús, con los grandes trabajos, que he dicho tenía algunas veces, y tengo, de alma y de cuerpo, estaba de suerte que aun un buen pensamiento a mi parecer, no podía admitir: habíase muerto aquella noche un hermano de aquella casa de la Compañía, y estando, como podía, encomendándole a Dios, y oyendo misa de otro padre de la Compañía, por él, diome un gran recogimiento y vile subir al cielo con mucha gloria, y al Señor con él: por particular favor entendí era ir su Majestad con él.

Otro fraile de nuestra Orden, harto buen fraile, estaba muy malo, y estando yo en misa, me dio un recogimiento, y vi cómo era muerto, y subir al cielo, sin entrar en purgatorio. Murió a aquella hora que yo lo vi, sigún supe después. Yo me espanté de que no había entrado en purgatorio. Entendí que por haber sido fraile, que había guardado bien su profesión, le habían aprovechado las bulas de la Orden, para no entrar en purgatorio. No entiendo por qué entendí esto, paréceme debe ser, porque no está el ser fraile en el hábito, digo en traerle, para gozar del estado de más perfeción, que es ser fraile.

No quiero decir más de estas cosas, porque como he dicho, no hay para qué, aunque son hartas las que el Señor me ha hecho merced que vea, mas no he entendido de todas las que he visto, dejar ningún alma de entrar en purgatorio, si no es la de este padre, y el santo fray Pedro de Alcántara, y el padre dominico, que queda dicho. De algunos ha sido el Señor servido, que vea los grados que tienen de gloria, representándoseme en los lugares que se ponen: es grande la diferencia que hay de unos a otros.

CAPITULO XXXIX

PROSIGUE EN LA MESMA MATERIA DE DECIR LAS GRANDES MERCEDES
QUE LE HA HECHO EL SEÑOR: TRATA DE CÓMO LE PROMETIÓ DE HACER
POR LAS PERSONAS QUE ELLA LE PIDIESE. DICE ALGUNAS COSAS
SEÑALADAS EN QUE LA HA HECHO SU MAJESTAD ESTE FAVOR

Estando yo una vez importunando a el Señor mucho, porque diese vista a una persona que yo tenía obligación, que la había del todo casi perdido: yo teníale gran lástima, y temía por mis pecados no me había el Señor de oír. Aparecióme como otras veces, y comenzóme a mostrar la llaga de la mano izquierda, y con la otra sacaba un clavo grande que en ella tenía metido, parecíame que a vuelta del clavo sacaba la carne: veíase bien el grande dolor que me lastimaba mucho, y díjome que quien aquello había pasado por mí, que no dudase, sino que mejor haría lo que le pidiese, que Él me prometía, que ninguna cosa le pidiese, que no la hiciese, que ya sabía Él que yo no pediría sino conforme a su gloria, y que ansí haría esto, que ahora pedía. Que aun cuando no le servía, mirase yo que no le había pedido cosa que no la hiciese mijor que yo lo sabía pedir; que cuán mijor lo haría ahora, que sabía le amaba: que no dudase de esto. No creo pasaron ocho días, que el Señor no tornó la vista a aquella persona. Esto supo mi confesor luego: ya puede ser no fuese por mi oración, mas yo como había visto esta visión, quedóme una certidumbre, que, por merced hecha a' mí, di a su Majestad las gracias.

Otra vez estaba una persona muy enferma de una enfermedad muy penosa, que por ser no sé de qué hechura, no la señalo aquí. Era cosa incomportable lo que había dos meses que pasaba, y estaba en un tormento que se despedazaba. Fuele a ver mi confesor, que era el Retor que he dicho, y húbole gran lástima, y díjome, que en todo caso le fuese a ver, que era persona que yo lo podía hacer, por ser mi deudo. Yo fui, y movióme a tener de él tanta piedad, que comencé muy importunamente a pedir su salud al Señor: en esto vi claro a todo mi parecer, la merced que me hizo, porque luego a otro día estaba del todo bueno de aquel dolor.

Estaba una vez con grandísima pena, porque sabía que una persona, a quien yo tenía mucha obligación, quería hacer una cosa harto contra Dios y su honra, y estaba ya muy determinada a ello. Era tanta mi fatiga, que no sabía qué remedio hacer para que lo dejase, y aún parecía que no le había. Supliqué a Dios muy de corazón que le pusiese, mas hasta verlo no podía aliviarse mi pena. Fuime, estando ansí, a una ermita bien apartada (que las hay en este monesterio) y estando en una, adonde está Cristo a la coluna, suplicándole me hiciese esta merced, oí que me hablaba una voz muy suave, como metida en un silbo. Yo me espelucé toda, que me hizo temor, y quisiera entender lo que me decía; mas no pude, que pasó muy en breve. Pasado mi temor, que fue presto, quedé con un sosiego y gozo y deleite interior, que yo me espanté, que sólo oír una voz (que esto oído con los oídos corporales) y sin entender palabra, hiciese tanta oración en el alma. En esto vi, que se había de hacer lo que pedía, y ansí fue, que se me quitó del todo la pena, en cosa que aun no era (como si lo viera hecho) como fue después. Díjelo a mis confesores, que tenía entonces dos, harto letrados y siervos de Dios.

Sabía que una persona, que se había determinado a servir muy de veras a Dios, y tenido algunos días oración, y en ella le hacía su Majestad muchas mercedes, que por ciertas ocasiones que había tenido, la había dejado, y aun no se apartaba de ellas, y eran bien peligrosas. A mí me dio grandísima pena, por ser persona a quien quería mucho, y debía: creo fue más de un mes que no hacía sino suplicar a Dios tornase esta alma a sí. Estando un día en oración, vi un demonio cabe mí, que hizo unos papeles que tenía en la mano pedazos con mucho enojo y a mí me dio gran consuelo, que me pareció se había hecho lo que pedía; y ansí fue (que después lo supe) que había hecho una confesión con gran contrición, y tornóse tan de veras a Dios, que espero en su Majestad ha de ir siempre muy adelante: sea bendito por todo, amén.

En esto de sacar nuestro Señor almas de pecados graves, por suplicárselo yo, y otras traídolas a más perfeción, es muchas veces; y de sacar almas de purgatorio, y otras cosas señaladas, son tantas las mercedes, que en esto el Señor me ha hecho, que sería cansarme, y cansar a quien lo leyese, si las hubiese de decir, y mucho más en salud de almas, que de cuerpos. Esto ha sido cosa muy conocida, y que de ello hay hartos testigos. Luego, luego, dábame mucho escrúpulo, porque yo no podía dejar de creer que el Señor lo hacía por mi oración (dejemos ser lo principal por sola su bondad), mas son ya tantas las cosas, y tan vistas de otras personas,

que no me da pena creerlo, y alabo a su Majestad, y háceme confusión, porque veo soy más deudora, y háceme, a mi parecer, crecer el deseo de servirle y avívase el amor. Y lo que más me espanta es que las que el Señor ve no convienen, no puedo, aunque quiero, suplicárselo, sino con tanta poca fuerza y espíritu y cuidado, que aunque más quiero forzarme es imposible, como otras cosas que su Majestad ha de hacer, que veo yo que puedo pedirlo muchas veces, y con gran importunidad, aunque yo no traiga este cuidado, parece que se me representa delante. Es grande la diferencia de estas dos maneras de pedir, que no sé cómo lo declarar; porque aunque lo uno pido (que no dejo de esforzarme a suplicarlo al Señor, aunque no sienta en mí aquel hervor que en otras, aunque mucho me toquen), es como quien tiene trabada la lengua, que aunque quiera hablar no puede, y si habla es de suerte que ve no le entienden, u como quien habla claro y despierto, a quien ve que de buena gana le está oyendo. Lo uno se pide (digamos ahora) como oración vocal; y lo otro en contemplación tan subida, que se representa el Señor de manera, que se entiende que nos entiende, y que se huelga su Majestad de que se lo pidamos, y de hacernos merced. Sea bendito por siempre, que tanto da, y tan poco le doy yo. Porque, ¿qué hace, Señor mío, quien no se deshace todo por vos? ¡Y qué de ello, qué de ello, y otras mil veces lo puedo decir, me falta para esto! Por eso no había de querer vivir (aunque hay otras causas) porque no vivo conforme a lo que os debo. ¡Con qué de imperfeciones me veo! ¡Con qué flojedad en serviros! Es cierto que algunas veces me parece querría estar sin sentido, por no entender tanto mal de mí: el que puede lo remedie.

Estando en casa de aquella señora, que he dicho, adonde había menester estar con cuidado, y considerar siempre la vanidad que consigo traen todas las cosas de la vida; porque estaba muy estimada y era muy loada, y ofrecíanse hartas cosas a que me pudiera bien apegar, si mirara a mí, mas miraba el que tiene verdadera vista a no me dejar de su mano. Ahora que digo de verdadera vista, me acuerdo de los grandes trabajos que se pasan en tratar personas a quien Dios ha llegado a conocer lo que es verdad en estas cosas de la tierra, adonde tanto se encubre. Como una vez el Señor me dijo, que muchas cosas de las que aquí escribo, no son de mi cabeza, sino que me las decía este mi maestro celestial, y porque en las cosas que yo señaladamente digo, esto entendí, o me dijo el Señor, se me hace escrúpulo grande poner u quitar una sola sílaba que sea. Ansí cuando pontualmente no se me acuerda bien todo, va dicho como de mí, o porque algunas cosas también lo serán. No llamo mío lo que es bueno, que ya sé no hay cosa en mí, sino lo que tan sin merecerlo me ha dado el Señor; sino llamo dicho de mí, no ser dado a entender en revelación.

Mas ¡ay Dios mío! ¡y cómo aun en las espirituales queremos muchas veces entender las cosas por nuestro parecer, y muy torcidas de la verdad, también como en las del mundo, y nos parece que hemos de tasar nuestro aprovechamiento por los años que tenemos algún ejercicio de oración y aun parece queremos poner tasa a quien sin ninguna da sus dones cuando quiere, y puede dar en medio año más a uno, que a otro en muchos! Y es cosa ésta que la tengo tan vista por muchas personas, que yo me espanto cómo nos podemos detener en esto. Bien creo no estará en este engaño quien tuviere talento de conocer espíritus, y le hubiere el Señor dado humildad verdadera, que ésta juzga por los efetos y determinaciones y amor, y dale el Señor luz para que lo conozca; y en esto mira el adelanta-

miento y aprovechamiento de las almas, que no en los años, que en medio puede uno haber alcanzado más que otro, en veinte; porque, como digo, dado el Señor a quien quiere y aun a quien mijor se dispone. Porque veo yo venir ahora a esta casa unas doncellas, que son de poca edad, y en tocándolas Dios, y dándoles un poco de luz y amor (digo en un poco de tiempo que les hizo algún regalo) no le aguardaron, ni se les puso cosa delante, sin acordarse del comer, pues se encierran para siempre en casa sin renta, como quien no estima la vida por el que saben que las ama. Dejando todo, ni quieren voluntad, ni se les pone delante que pueden tener descontento en tanto encerramiento y estrechura: todas juntas se ofrecen en sacrificio por Dios. Cuán de buena gana les doy yo aquí la ventaja, y había de andar avergonzada delante de Dios; porque lo que su Majestad no acabó conmigo en tanta multitud de años, como ha que comencé a tener oración, y me comenzó a hacer mercedes, acaba con ellas en tres meses, y aun con alguna en tres días, con hacerlas muchas menos que a mí, aunque bien la paga su Majestad: a buen siguro que no están descontentas por lo que por Él han hecho.

Para esto querría yo se nos acordase de los muchos años (a los que los tenemos de profesión, y las personas que los tienen de oración) y no para fatigar a los que en poco tiempo van más adelante, y con hacerlos tornar atrás, para que anden a nuestro paso, y a los que vuelan como águilas, con las mercedes que les hace Dios, quererlos hacer andar como pollo trabado; sino que pongamos los ojos en su Majestad, y, si los viéremos con humildad darles rienda, que el Señor, que los hace tantas mercedes, no los dejará despeñar. Fíanse ellos mesmos de Dios (que esto les aprovecha la verdad que conocen de la fe) ¿y no los fiaremos nosotros sino que queremos medirlos por nuestra medida, conforme a nuestros bajos ánimos? No ansí, sino que si no alcanzamos sus grandes efetos y determinaciones, porque sin espiriencia se pueden mal entender, humillémonos y no los condenemos, que, con parecer que miramos su provecho, nos le quitamos a nosotros, y perdemos esta ocasión que el Señor pone para humillarnos y para que entendamos lo que nos falta, y cuán más desasidas y llegadas a Dios deben de estar estas almas que las nuestras, pues tanto su Majestad se llega a ellas.

No entiendo otra cosa, ni la querría entender, sino que oración de poco tiempo, que hace efetos muy grandes, que luego se entienden (que es imposible que los haya para dejarlo todo sólo por contentar a Dios sin gran fuerza de amor) yo la querría más, que la de muchos años que nunca acabó de determinarse más a el postrero que a el primero a hacer cosa que sea nada por Dios; salvo sí, unas cositas menudas como sal, que no tienen peso ni tomo, que parece un pájaro se las llevará en el pico, no tenemos por gran efeto y mortificación; que de algunas cosas hacemos caso, aunque se hiciesen muchas: yo soy ésta, y olvidaré las mercedes a cada paso. No digo yo que no las terná su Majestad en mucho sigún es bueno, mas querría yo no hacer caso de ellas, ni ver que las hago, pues no son nada. Mas perdonadme, Señor mío, y no me culpéis, que con algo me tengo de consolar, pues no os sirvo en nada, que si en cosas grandes os sirviera, no hiciera caso de las nonadas. Bienaventuradas las personas que os sirven con obras grandes: si con haberlas yo envidia y desearlo se me toma en cuenta, no quedaría muy atrás en contentaros, mas no valgo nada, Señor mío. Ponedme vos el valor, pues tanto me amáis.

Acaecióme un día de estos, que con traer un Breve de Roma para no poder tener renta este monesterio se acabó del todo, que parece me ha costado algún trabajo, estando consolada de verlo ansí concluído, y pensando los que había tenido, y alabando a el Señor, que en algo se había querido servir de mí, comencé a pensar las cosas que había pasado, y es ansí que en cada una de las que parecía eran algo, que yo había hecho, hallaba tantas faltas e imperfeciones, y a veces poco ánimo, y muchas poca fe; porque hasta ahora, que todo lo veo cumplido, cuanto el Señor me dijo de esta casa se había de hacer, nunca determinadamente lo acababa de creer, ni tampoco lo podía dudar: no sé cómo era esto. Es que muchas veces por una parte me parecía imposible, por otra no lo podía dudar, digo creer, que no se había de hacer. En fin, hallé lo bueno haberlo el Señor hecho todo de su parte, y lo malo yo, y ansí dejé de pensar en ello, y no querría se me acordase, por no tropezar en tantas faltas mías. Bendito sea el que de todas saca bien, cuando es servido; amén.

Pues digo, que es peligroso ir tasando los años que se han tenido oración, que aunque haya humildad, parece puede quedar un no sé qué de parecer se merece algo por lo servido. No digo yo que no lo merecen, y les será bien pagado, mas cualquier espiritual que le parezca, que por muchos años que haya tenido oración merece estos regalos de espíritu, tengo yo por cierto, que no subirá a la cumbre de él. ¿No es harto que haya merecido que le tenga Dios de su mano, para no le hacer las ofensas, que antes que tuviese oración le hacía, sino que le ponga pleito por sus dineros, como dicen? No me parece profunda humildad: ya puede ser lo sea, mas yo por atrevimiento lo tengo; pues yo con tener poca humildad, no me parece jamás he osado. Ya puede ser, que, como nunca he servido, no he podido: por ventura, si no le hubiera hecho, quisiera más que todos me lo pagara el Señor. No digo yo que no va creciendo un alma y que no se lo dará Dios, si la oración ha sido humilde, mas que se olviden estos años, que es todo asco cuanto podemos hacer, en comparación de una gota de sangre de las que el Señor por nosotros derramó: y si con servir más quedamos más deudores, ¿qué es esto que pedimos? ¡Pues, si pagamos un maravedí de la deuda, nos tornan a dar mil ducados, que por amor de Dios dejemos estos juicios, que son suyos! Estas comparaciones siempre son malas, aun en cosas de acá; pues, ¿qué será en lo que sólo Dios sabe? y lo mostró bien su Majestad cuando pagó tanto a los postreros, como a los primeros.

Es en tantas veces las que he escrito estas tres hojas, y en tantos días, porque he tenido y tengo, como he dicho, poco lugar, que se me había olvidado lo que comencé a decir, que era esta visión. Vime estando en oración en un gran campo a solas: en derredor de mí mucha gente de diferentes maneras que me tenían rodeada: todas me parece tenían armas en las manos para ofenderme, unas lanzas, otras espadas, otras dagas y otras estoques muy largos. En fin, yo no podía salir por ninguna parte, sin que me pusiese a peligro de muerte, y sola, sin persona que hallase de mi parte. Estando mi espíritu en esta aflicción, que no sabía qué me hacer, alcé los ojos al cielo, y vi a Cristo (no en el cielo, sino bien alto de mí en el aire) me tendía la mano hacia mí, y desde allí me favorecía, de manera que yo no temía toda la otra gente, ni ellos, aunque querían, me podían hacer daño. Parece sin fruto esta visión y hame hecho grandísimo provecho, porque se me dio a entender lo que se me quitaba, y poco después me vi casi en aquella batería, y conocí ser aquella visión un retrato del mundo, que cuanto hay en él parece tiene armas para ofender a la triste alma. Dejemos

los que no sirven mucho a el Señor y honras y haciendas y deleites y otras cosas semejantes, que está claro, que cuando no se cata se ve enredada, al menos procura todas estas cosas enredar más amigos, parientes, y lo que más espanta, personas muy buenas. De todo me vi después tan apretada pensando ellos que hacían bien, que yo no sabía cómo me defender ni qué hacer.

¡Oh, válame Dios, si dijese de las maneras y diferencias de trabajos que en este tiempo tuve, aun después de lo que atrás queda dicho, cómo sería harto aviso para del todo aborrecerlo todo! Fue la mayor persecución, me parece, de las que he pasado. Digo, que me vi a veces de todas partes tan apretada, que sólo hallaba remedio en alzar los ojos al cielo y llamar a Dios: acordábame bien de lo que había visto en esta visión. Hízome harto provecho para no confiar en mucho de nadie, porque no le hay que sea estable, sino Dios. Siempre en estos trabajos grandes me enviaba el Señor, como me lo mostró, una persona de su parte, que me diese la mano, como me lo había mostrado en esta visión, sin ir asida a nada, mas de contentar al Señor, que ha sido para sustentar esa poquita de virtud, que yo tenía, en desearos en servir: seáis bendito por siempre.

Estando una vez muy inquieta y alborotada, sin poder recogerme, y en batalla y contienda, yéndoseme el pensamiento a cosas que no eran perfetas (aun no me parece estaba con el desasimiento que suelo) como me vi ansí tan ruin, tenía miedo si las mercedes, que el Señor me había hecho, eran ilusiones: estaba en fin con una escuridad grande de alma. Estando con esta pena, comenzóme a hablar el Señor, y díjome que no me fatigase, que en verme ansí entendería la miseria que era si Él se apartaba de mí, y que no había siguridad mientras vivíamos en esta carne. Dióseme a entender cuán bien empleada es esta guerra y contienda, por tal premio, y parecióme tenía lástima el Señor de los que vivimos en el mundo; mas que no pensase yo me tenía olvidada, que jamás me dejaría, mas que era menester hiciese yo lo que es en mí. Esto me dijo el Señor con una piedad y regalo, y con otras palabras en que me hizo harta merced, que no hay para qué decirlas. Éstas me dice su Majestad muchas veces, mostrándome gran amor: "Ya eres mía y yo soy tuyo." ¿Qué se me da, Señor, a mí, de mí, sino de Vos? Son para mí estas palabras y regalos tan grandísima confusión, cuando me acuerdo la que soy, que, como he dicho, creo otras veces y ahora lo digo algunas a mi confesor, más ánimo me parece es menester para recibir estas mercedes, que para pasar grandísimos trabajos. Cuando pasa, estoy casi olvidada de mis obras, sino un representárseme que soy ruin, sin discurso de entendimiento, que también me parece a veces sobrenatural.

Viénenme algunas veces unas ansias de comulgar tan grandes, que no sé si se podría encarecer. Acaecióme una mañana, que llovía tanto, que no parece hacía para salir de casa. Estando yo fuera de ella, yo estaba tan fuera de mí con aquel deseo, que aunque me pusieran lanzas a los pechos, me parece entrara por ellas, cuantimás agua. Como llegué a la ilesia, dióme un arrobamiento grande: parecióme vi abrir los cielos, no una entrada como otras veces he visto. Representóseme el trono, que dije a vuesa merced he visto otras veces, y otro encima de él, adonde, por una noticia que no sé decir, aunque no lo vi, entendí estar la Divinidad. Parecíame sostenerle unos animales, a mí me parece que he oído una figura de estos animales: pensé si eran los Evangelistas, mas como estaba el trono, ni qué estaba en él, no vi sino muy gran multitud de ángeles. Pareciéronme sin comparación con muy mayor hermosura, que los

que en el cielo he visto. He pensado si son serafines, o cherubines, porque son muy diferentes en la gloria, que parecía tener inflamamiento: es grande la diferencia, como he dicho. Y la gloria que entonces en mí sentí, no se puede escribir, ni aun decir, ni la podrá pensar quien no hubiere pasado por esto. Entendí estar allí todo junto lo que se puede desear, y no vi nada. Dijéronme, y no sé quién, que lo que allí podía hacer era entender que no podía entender nada, y mirar la nonada que era todo en comparación de aquello: es ansí, que se afrentaba después mi alma de ver, que pueda parar en ninguna cosa criada, cuantimás aficionarse a ella; porque todo me parecía un hormiguero. Comulgué y estuve en la misa, que no sé cómo pude estar; parecióme había sido muy breve espacio, espantéme cuando dio el relox y vi que eran dos horas las que había estado en aquel arrobamiento y gloria. Espantábame después cómo en llegando a este fuego (que parece vino de arriba de verdadero amor de Dios, porque aunque más le quiera y procure y me deshaga por ello, si no es cuando su Majestad quiere, como he dicho otras veces, no soy parte para tener una centella de él) parece que consume el hombre viejo de faltas y tibieza y miseria, y a manera de como hace el ave fenis (sigún he leído) y de la mesma ceniza, después que se quema sale otra: así queda hecha otra el alma después con diferentes deseos y fortaleza grande. No parece es la que antes, sino que comienza con nueva puridad el camino del Señor. Suplicando yo a su Majestad fuese ansí, y que de nuevo comenzase yo a servirle, me dijo "Buena comparación has hecho: mira no se te olvide para procurar mijorarte siempre."

Estando una vez con la mesma duda, que poco ha dije, si eran estas visiones por Dios, me apareció el Señor y me dijo con rigor: "¡Oh hijos de los hombres, hasta cuándo seréis duros de corazón! Que una cosa esaminase bien en mí, si del todo estaba dada por suya, o no: que si estaba y lo era, que creyese no me dejaría perder." Yo me fatigué mucho en aquella exclamación: con gran ternura y regalo me tornó a decir, que no me fatigase, que ya sabía que por mí no faltaría de ponerme a todo lo que fuese su servicio, que se haría todo lo que yo quería; y ansí, se hizo lo que entonces le suplicaba: que mirase el amor, que se iba en mí aumentando cada día para amarle, que en esto sería no ser demonio, que no pensase que consentía los tuviese tanta parte el demonio en las almas de sus siervos, y que te pudiese dar la claridad de entendimiento y quietud que tienes. Diome a entender que habiéndome dicho tantas personas y tales, que era Dios, que haría mal en no creerlo.

Estando rezando el salmo de *Quicumque vult,* se me dio a entender la manera cómo era un solo Dios y tres personas, tan claro, que yo me espanté y consolé mucho. Hízome grandísimo provecho para conocer más la grandeza de Dios y sus maravillas, y para cuando pienso u se trata en la Santísima Trinidad, parece entiendo cómo puede ser y es mucho contento.

Un día de la Asunción de la Reina de los ángeles y señora nuestra, me quiso el Señor hacer esta merced, que en un arrobamiento se me presentó su subida al cielo, y el alegría y solemnidad con que fue recibida, y el lugar adonde está. Decir cómo fue esto, yo no sabría. Fue grandísima la gloria, que mi espíritu tuvo de ver tanta gloria: quedé con grandes efetos y aprovechóme para desear más pasar grandes trabajos, y quedóme grande deseo de servir a esta Señora, pues tanto mereció.

Estando en un colegio de la Compañía de Jesús, y estando comulgando los hermanos de aquella casa, vi un palio muy rico sobre sus cabezas; esto vi dos veces: cuando otras personas comulgaban no lo vía.

CAPITULO XL

PROSIGUE EN LA MESMA MATERIA DE DECIR LAS GRANDES MERCEDES QUE EL SEÑOR LE HA HECHO. DE ALGUNAS SE PUEDE TOMAR HARTO BUENA DOTRINA, QUE ESTE HA SIDO, SIGÚN HA DICHO, SU PRINCIPAL INTENTO DESPUÉS DE OBEDECER, PONER LAS QUE SON PARA PROVECHO DE LAS ALMAS. CON ESTE CAPÍTULO SE ACABA EL DISCURSO DE SU VIDA, QUE ESCRIBIÓ. SEA PARA GLORIA DE EL SEÑOR: AMÉN.

Estando una vez en oración, era tanto el deleite que en mi sentía, que como indina de tal bien, comencé a pensar en cómo merecía mijor estar en el lugar, que yo había visto estar para mí en el infierno, que, como he dicho, nunca olvido de la manera que allí me vi. Comenzóse con esta consideración a inflamar más mi alma, y vínome un arrobamiento de espíritu, de suerte, que yo no lo sé decir. Parecióme estar metido, y lleno de aquella majestad, que he entendido otras veces. En esta majestad se me dio a entender una verdad, que es cumplimiento de todas las verdades: no sé yo decir cómo, porque no vi nada. Dijéronme, sin ver quién, mas bien entendí ser la mesma verdad. "No es poco esto que hago por ti, que una de las cosas es que en mucho me debes, porque todo el daño que viene al mundo, es de no conocer las verdades de la Escritura con clara verdad: no faltará una tilde de ella." A mí me pareció que siempre yo había creído esto, y que todos los fieles lo creían. Díjome: "¡Ay hija, qué pocos me aman con verdad, que si me amasen, no les encubriría yo mis secretos! ¿Sabes qué es amarme con verdad? Entender que todo es mentira lo que no es agradable a mí: con claridad verás esto, que ahora no entiendes, en lo que aprovecha a tu alma." Y ansí lo he visto, sea el Señor alabado, que después acá tanta vanidad y mentira me parece lo que yo no veo va guiado al servicio de Dios, que no lo sabría yo decir cómo lo entiendo, y la lástima que me hacen los que veo con la escuridad que están en esta verdad, y con esto otras ganancias que aquí diré, y muchas no sabré decir. Díjome aquí el Señor una particular palabra de grandísimo favor. Yo no sé cómo esto fue, porque no vi nada, mas quedé de una suerte, que tampoco sé decir, con grandísima fortaleza, y muy de veras para cumplir con todas mis fuerzas la más pequeña parte de la Escritura divina. Paréceme que ninguna cosa se me ponía delante, que no pasase por esto.

Quedóme una verdad de esta divina verdad, que se me representó sin saber cómo ni qué esculpida, que me hace tener un nuevo acatamiento a Dios, porque da noticia de su Majestad y poder, de una manera, que no se puede decir: sé entender que es una gran cosa. Quedóme muy gran gana de no hablar, sino cosas muy verdaderas, que vayan delante de lo que acá se trata en el mundo, y ansí comencé a tener pena de vivir en él. Dejóme con gran ternura y regalo y humildad. Paréceme que, sin entender cómo, me dio el Señor aquí mucho: no me quedó ninguna sospecha de que era ilusión. No vi nada, mas entendí el gran bien que hay en no hacer caso de cosa, que no sea para llegarnos más a Dios; y ansí entendí qué cosa es andar un alma en verdad, delante de la mesma verdad. Esto que entendí es darme el Señor a entender que es la mesma verdad.

Todo lo que he dicho entendí hablándome algunas veces, y otras sin hablarme, con más claridad algunas cosas, que las que por palabras se me decían. Entendí grandísimas verdades sobre esta verdad, más que si muchos letrados me lo hubieran enseñado. Paréceme que en ninguna manera me pudieran imprimir ansí, ni tan claramente se me diera a entender la vanidad de este mundo. Esta verdad, que digo se me dio a entender, es en sí mesma verdad, y es sin principio ni fin, y todas las demás verdades de esta grandeza, aunque esto va dicho escuro, para la claridad con que a mí el Señor quiso se me diese a entender. ¡Y cómo se parece el poder de esta majestad, pues en tan breve tiempo deja tan gran ganancia y tales cosas imprimidas en el alma! ¡Oh Grandeza y Majestad mía! ¿Qué hacéis, Señor mío, todo poderoso? ¡Mirad a quién hacéis tan soberanas mercedes! No os acordáis que ha sido esta alma un abismo de mentiras y piélago de vanidades, y todo por mi culpa; que con haberme Vos dado natural de aborrecer el mentir, yo mesma me hice tratar en muchas cosas mentira. ¿Cómo se sufre, Dios mío, cómo se compadece tan gran favor y merced, a quien tan mal os lo ha merecido?

Estando una vez en las Horas con todas, de presto se recogió mi alma, y parecióme ser como un espejo claro toda, sin haber espaldas ni lados ni alto ni bajo, que no estuviese toda clara, y en el centro de ella se me representó Cristo nuestro Señor como le suelo ver. Parecíame en todas las partes de mi alma le vía claro, como en un espejo, y también este espejo, yo no sé decir cómo, se esculpía todo en el mesmo Señor por una comunicación, que yo no sabré decir, muy amorosa. Sé que me fue esta visión de gran provecho, cada vez que se me acuerda, en especial cuando acabo de comulgar. Dióseme a entender, que estar un alma en pecado mortal, es cubrirse este espejo de gran tiniebla y quedar muy negro, y ansí no se puede representar, ni ver este Señor, aunque esté siempre presente dándonos el ser; y que los herejes es como si el espejo fuese quebrado, que es muy peor que escurecido. Es muy diferente el cómo se ve, a decirse, porque se puede mal dar a entender. Mas hame hecho mucho provecho, y gran lástima de las veces, que con mis culpas escurecí mi alma para no ver este Señor.

Paréceme provechosa esta visión para personas de recogimiento, para enseñarse a considerar a el Señor en lo muy interior de su alma; que es consideración que más se apega, y muy más frutuosa, que fuera de sí, como otras veces he dicho; y en algunos libros de oración está escrito, adonde se ha de buscar a Dios: en especial lo dice el glorioso san Agustín, que ni en las plazas ni los conventos ni por ninguna parte que le buscaba, le hallaba como dentro de sí. Y esto es muy claro ser mijor: y no es menester ir al cielo, ni más lejos, que a nosotros mesmos, porque es cansar el espíritu y distraer el alma y no con tanto fruto. Una cosa quiero avisar aquí, por si alguno la tuviere, que acaece en gran arrobamiento; que pasado aquel rato que el alma está en unión, que del todo tiene absortas las potencias (y esto dura poco, como he dicho) quedarse el alma recogida, y aun en lo esterior no poder tornar en sí, mas quedan las dos potencias memoria y entendimiento casi con frenesí muy desatinadas. Esto digo que acaece alguna vez, en especial a los principios. Pienso si procede de que no puede sufrir nuestra flaqueza natural tanta fuerza de espíritu, y enflaquece la imaginación. Sé que les acaece a algunas personas. Tenía por bueno, que se forzasen a dejar por entonces la oración, y la cobrasen en otro tiempo: aquél que pierden, que no sea junto, porque podrá venir a mucho mal. Y de esto hay espiriencia, y de cuán acertado es mirar lo que puede nuestra salud.

En todo es menester espiriencia y maestro, porque, llegada el alma a estos términos, muchas cosas se ofrecen, que es menester con quien tratarlo: y si buscado no le hallare, el Señor no le faltará, pues no me ha faltado a mí, siendo la que soy; porque creo hay pocos que hayan llegado a la espiriencia de tantas cosas; y si no la hay, es por demás dar remedio sin inquietar y afligir. Mas esto también tomará el Señor en cuenta, y por esto es mejor tratarlo, como ya he dicho otras veces (y aun todo lo que ahora digo, sino que no se me acuerda bien, y veo importa mucho, en especial si son mujeres), con su confesor, y que sea tal. Y hay muchas más que hombres a quien el Señor hace estas mercedes, y esto oí al santo fray Pedro de Alcántara, y también lo he visto yo, que decía, aprovechaban mucho más en este camino que hombres, y daba de ello ecelentes razones, que no hay para qué las decir aquí, todas en favor de las mujeres.

Estando una vez en oración, se me representó muy en breve, sin ver cosa formada, mas fue una representación con toda claridad, como se ven en Dios todas las cosas, y como las tiene todas en sí. Saber escribir esto yo no lo sé; mas quedó muy imprimido en mi alma, y es una de las grandes mercedes que el Señor me ha hecho, y de las que más me han hecho confundir y avergonzar, acordándome de los pecados que he hecho. Creo, si el Señor fuera servido, viera esto en otro tiempo, y si lo viesen los que le ofenden, que no ternían corazón ni atrevimiento para hacerlo. Parecióme, ya digo sin poder afirmarme en que vi nada; mas algo se debe ver, pues yo podré poner esta comparación, sino que es por modo tan sutil y delicado, que el entendimiento no lo debe alcanzar, y yo no me sé entender en estas visiones, que no parecen imaginarias, y en algunas algo de esto debe haber, sino que como son en arrobamiento las potencias, no lo saben después formar, como allí el Señor se lo representa, y quiere que lo gocen. Digamos ser la Divinidad como un muy claro diamante, muy mayor que todo el mundo, o espejo, a manera de lo que dije del alma en estotra visión, salvo que es por tan subida manera, que yo no lo sabré encarecer, y que todo lo que hacemos se ve en este diamante, siendo de manera que él encierra todo en sí, porque no hay nada que salga fuera de esta grandeza. Cosa espantosa me fue en tan breve espacio ver tantas cosas juntas aquí en este claro diamante, y lastimosísima cada vez que se me acuerda, ver qué cosas tan feas se representaban en aquella limpieza de claridad, como eran mis pecados. Y es ansí, que cuando se me acuerda, yo no sé cómo lo puedo llevar y ansí quedé entonces tan avergonzada, que no sabía me parece adonde me meter. ¡Oh, quién pudiese dar a entender esto a los que muy deshonestos y feos pecados hacen, para que se acuerden que no son ocultos, y que con razón los siente Dios, pues tan presentes a su Majestad pasan, y tan desacatadamente nos habemos delante de Él! Vi cuán bien se merece el infierno por una sola culpa mortal, porque no se puede entender cuán gravísima cosa de hacerla delante de tan gran Majestad, y qué tan fuera de quien Él es son cosas semejantes: y ansí se ve más su misericordia, pues entendiendo nosotros todo nos sufre. Hame hecho considerar, si una cosa como ésta ansí deja espantada el alma, ¿qué será el día del juicio, cuando esta majestad claramente se nos mostrará, y veremos las ofensas que hemos hecho? ¡Oh, válame Dios, qué ceguedad es ésta que yo he traído! Muchas veces me he espantado en esto que he escrito, y no se espante vuesa merced sino cómo vivo viendo estas cosas, y mirándome a mí. Sea bendito por siempre quien tanto me ha sufrido.

Estando una vez en oración con mucho recogimiento, suavidad y quietud, parecíame estar rodeada de ángeles, y muy cerca de Dios; comencé a suplicar a su Majestad por la Ilesia. Dióseme a entender el gran provecho que había de hacer una Orden en los tiempos postreros, y con la fortaleza que los de ella han de sustentar la fe.

Estando una vez rezando cerca del Santísimo Sacramento, aparecióme un santo, cuya Orden ha estado algo caída: tenía en las manos un libro grande, abrióle y díjome que leyese unas letras, que eran grandes, y muy legibles, y decían así: «En los tiempos advenideros florecerá esta Orden, habrá muchos mártires».

Otra vez estando en Maitines en el coro, se me representaron, y pusieron delante seis u siete, me parecen serían de esta misma Orden, con espadas en las manos. Pienso que se da en esto a entender han de defender la fe; porque otra vez estando en oración, se arrebató mi espíritu, parecióme estar en un gran campo, adonde se combatían muchos, y estos de esta Orden peleaban con gran hervor. Tenían los rostros hermosos y muy encendidos, y echaban muchos en el suelo vencidos, otros mataban: parecíame esta batalla contra los herejes. A este glorioso santo he visto algunas veces, y me ha dicho algunas cosas, y agradecídome la oración que hago por su Orden; y prometido de encomendarme a el Señor. No señalo las Ordenes si el Señor es servido se sepa las declarará, porque no se agravien otras, mas cada Orden había de procurar, u cada una de ellas por sí, que por sus medios hiciese el Señor

tan dichosa su Orden, que en tan gran necesidad, como ahora tiene la Ilesia, le sirviesen: dichosas vidas, que en esto se acabaren.

Rogóme una persona una vez, que suplicase a Dios le diese a entender si sería servicio suyo tomar un obispado. Díjome el Señor acabando de comulgar: "Cuando entendiere con toda verdad y claridad, que el verdadero señorío es no poseer nada, entonces le podrá tomar"; dando a entender que ha de estar muy fuera de desearlo ni quererlo quien hubiere de tener perlacias, u al menos de procurarlas.

Estas mercedes y otras muchas ha hecho el Señor, y hace muy contino a esta pecadora, que me parece no hay para qué las decir, pues por lo dicho se puede entender mi alma, y el espíritu que me ha dado el Señor. Sea bendito por siempre, que tanto cuidado ha tenido de mí.

Díjome una vez consolándome, que no me fatigase (esto con mucho amor), que en esta vida no podíamos estar siempre en un ser, que unas veces tenía hervor, y otras estaría sin él; unas con desasosiegos, y otras con quietud y tentaciones, mas que esperase en Él y no temiese.

Estaba un día pensando, si era asimiento darme contento estar con las personas que trato mi alma, y tenerlas amor, y a los que yo veo muy siervos de Dios, que me consolaba con ellos, me dijo: "que si a un enfermo, que estaba en peligro de muerte, le parece le da salud un médico, que no era virtud dejárselo de agradecer, y no le amar. Que, ¿qué hubiera hecho, si no fuera por estas personas? Que la conversación de los buenos no dañaba, mas que siempre fuesen mis palabras pesadas y santas, y que no los dejase de tratar, que antes sería provecho que daño." Consolóme mucho esto, porque algunas veces, pareciéndome asimiento, quería del todo no tratarlos. Siempre en todas las cosas me aconsejaba este Señor, hasta decirme cómo me había de haber con los flacos, y con algunas personas. Jamás se descuida de mí; algunas veces estoy fatigada de verme para tan poco en su servicio, y de ver que por fuerza he de ocupar el tiempo en cuerpo tan flaco y ruin como el mío, más de lo que yo querría.

Estaba una vez en oración y vino la hora de ir a dormir, y yo estaba con hartos dolores, y había de tener el vómito ordinario. Como me vi tan atada de mí, y el espíritu por otra parte queriendo tiempo para sí, vime tan fatigada, que comencé a llorar mucho y a afligirme. Esto no es sola una vez, sino como digo, muchas, que me parece me daba un enojo contra mí mesma, que en forma por entonces me aborrezco; mas lo contino es entender de mí, que no me tengo aborrecida, ni falto a lo que veo me es necesario; plega al Señor que no tome muchas más de lo que es menester, que si debo hacer. Esta que digo, estando en esta pena, me apareció el Señor y regaló mucho, y me dijo que hiciese yo estas cosas por amor de Él, y lo pasase, que era menester ahora mi vida. Y ansí me parece que nunca me vi en pena, después que estoy determinada a servir con todas mis fuerzas a este Señor y consolador mío, que aunque me dejaba un poco padecer, me consolaba de manera, que no hago nada en desear trabajos; y ansí ahora no me parece hay para qué vivir, sino para esto, y lo que más de voluntad pido a Dios. Dígole algunas veces con toda ella: —Señor, u morir u padecer; no os pido otra cosa para mí. Dame consuelo oír el relox, porque me parece me allego un poquito más para ver a Dios, de que veo ser pasada aquella hora de la vida.

Otras veces estoy de manera que ni siento vivir, ni me parece he gana de morir, sino con una tibieza y escuridad en todo, como he dicho que tengo muchas veces de grandes trabajos. Y con haber querido el Se-

ñór se sepan en público estas mercedes que su Majestad me hace (como me lo dijo algunos años ha que lo habían de ser, que me fatigué yo harto, y hasta ahora no he pasado poco, como vuesa merced sabe, porque cada uno lo toma como le parece), consuelo me ha sido no ser por mi culpa, porque en no lo decir sino a mis confesores o a personas, que sabía de ellos los sabían, he tenido gran aviso y estremo; y no por humildad, sino porque como he dicho, aun a los mesmos confesores me daba pena decirlo. Ahora ya, gloria a Dios, aunque mucho me mormuran, y con buen celo, y otros temen tratar conmigo y aun confesarme, y otros me dicen hartas cosas: como entiendo, que por este medio ha querido al Señor remediar algunas almas (porque lo he visto claro, y me acuerdo de lo mucho que por una sola pasara el Señor), muy poco se me da todo. No sé si es parte para esto, haberme su Majestad metido en este rinconcito tan encerrado, y adonde ya, como cosa muerta, pensé no hubiera más memoria de mí, mas no ha sido tanto como yo quisiera, que forzado he de hablar a algunas personas; mas como no estoy adonde me vean, parece ya fue el Señor servido echarme a un puerto, que espero en su Majestad será siguro. Por estar ya fuera de mundo, y entre poca y santa compañía, miro como desde lo alto, y dáseme ya bien poco de que digan ni se sepa: en más ternía se aprovechase un tantito un alma, que todo lo que de mí se puede decir, que después que estoy aquí, ha sido el Señor servido que todos mis deseos paren en esto. Y hame dado una manera de sueño en la vida que casi siempre me parece estoy soñando lo que veo, ni contento ni pena, que sea mucha, no la veo en mí. Si alguna me dan algunas cosas, pasa con tanta brevedad que yo me maravillo, y deja el sentimiento, como una cosa que soñó: y esto es entera verdad, que aunque después yo quiera holgarme de aquel contento, u pesarme de aquella pena, no es en mi mano, sino como lo sería a una persona discreta tener pena u gloria de un sueño que soñó, porque ya mi alma la despertó el Señor de aquello, que por no estar yo mortificada, ni muerta a las cosas del mundo, me había hecho sentimiento y no quiere su Majestad que se torne a cegar.

De esta manera vivo ahora, Señor y Padre mío: suplique vuesa merced a Dios u me lleve consigo, u me dé como le sirva. Plega a su Majestad esto, que aquí va escrito, haga a vuesa merced algún provecho, que por el poco lugar ha sido con trabajo: más dichoso sería el trabajo si he acertado a decir algo que sola una vez se alabe por ello el Señor, que con esto me daría por pagada, aunque vuesa merced luego lo queme. No quería fuese sin que lo viesen las tres personas que vuesa merced sabe, pues son y han sido confesores míos, porque si va mal, es bien pierdan la buena opinión que tienen de mí; y, si va bien, son buenos y letrados; sé que verán de dónde viene, y alabarán a quien lo ha dicho por mí. Su Majestad tenga siempre a vuesa merced de su mano, y le haga tan gran santo, que con su espíritu y luz alumbre a esta miserable, poco humilde y mucho atrevida, que se ha osado determinar a escribir en cosas tan subidas. Plega el Señor no haya en ello errado, tiniendo intención y deseo de acertar y obedecer, y que por mí se alabase en algo el Señor (que es lo que ha muchos años que le suplico) y como me faltan para esto las obras, heme atrevido a concertar esta mi disbaratada vida; aunque no gastando en ello más cuidado ni tiempo de lo que ha sido menester para escribirla, sino poniendo lo que ha pasado por mí, con toda la llaneza y verdad que yo he podido. Plega al Señor, pues es poderoso, y si quiere puede, quiera en todo acierte yo a hacer su voluntad, y no primita se pierda esta alma, que con tantos artificios y maneras, y tantas veces, ha sacado su Majestad de el infierno y traído a sí. Amén.

JHS

El Espíritu Santo sea siempre con vuesa merced, amén. No sería malo encarecer a vuesa merced este servicio, por obligarle a tener mucho cuidado de encomendarme a nuestro Señor, que sigún lo que he pasado en verme escrita, y traer a la memoria tantas miserias mías, bien podría; aunque con verdad puedo decir que he sentido más en escribir las mercedes que el Señor me ha hecho, que las ofensas que yo a su Majestad. Yo he hecho lo que vuesa merced me mandó en alargarme, a condición que vuesa merced haga lo que me prometió, en romper lo que mal le pareciere. No había acabado de leerlo después de escrito, cuando vuesa merced envía por él. Puede ser vayan algunas cosas mal declaradas, y otras puestas dos veces, porque ha sido tan poco el tiempo que he tenido, que no podía tornar a ver lo que escribía: suplico a vuesa merced lo enmiende, y mande trasladar, si se ha de llevar a el P. maestro Ávila, porque podría ser conocer alguien la letra. Yo deseo harto se dé orden en cómo lo vea, pues con ese intento lo comencé a escribir; porque como a él le parezca voy por buen camino, quedaré muy consolada, que ya no me queda más para hacer lo que es en mí. En todo haga vuesa merced como le pareciere; y vea está obligado a quien ansí le fía su alma. La de vuesa merced encomendaré yo toda mi vida a nuestro Señor: por eso dése priesa a servir a su Majestad, para hacerme a mí merced, pues verá vuesa merced por lo que aquí va cuán bien se emplea en darse todo, como vuesa merced lo ha comenzado, a quien tan sin tasa se nos da. Sea bendito por siempre, que yo espero en su misericordia nos veremos adonde más claramente vuesa merced y yo veamos las grandes, que ha hecho con nosotros, y para siempre jamás le alabemos. Amén. Acabóse este libro en junio, año de MDLXII.

«*Esta fecha se entiende de la primera vez que le escribió la madre* TERESA DE JESÚS, *sin distinción de capítulos. Después hizo este treslado, y añadió muchas cosas, que acontecieron después desta fecha. Como es la fundación del monesterio de san Joseph de Avila. Como en la oja 169 pareze. Fray D.º Bañes.*»

INDICE

SE TERMINÓ DE IMPRIMIR ESTA OBRA EL
26 DE JULIO DE 1983, EN LOS TALLERES DE

IMPRENTA ALDINA
ROSELL Y SORDO NORIEGA, S. DE R. L.

Obrero Mundial 201 – 03100 México, D. F.

LA EDICIÓN CONSTA DE 5 000 EJEMPLARES,
MÁS SOBRANTES PARA REPOSICIÓN.

№ 2497

COLECCIÓN "SEPAN CUANTOS..." *

* Los números que aparecen a la izquierda corresponden a la numeración de la Colección.

341. CONAN DOYLE, Arthur: *Aventuras de Sherlock Holmes:* Un crimen extraño. El intérprete griego. Triunfos de Sherlock Holmes. Los tres estudiantes. El mendigo de la cicatriz. K.K.K. La muerte del coronel. Un protector original. El novio de Miss Sutherland. Las aventuras de una ciclista. El misterio de Boscombe. Policía fina. El casado sin mujer. La diadema de Berilos. El carbunclo azul. "Silver Blaze". Un empleo extraño. El ritual de los musgrave. El Gloria Scott. El documento robado. Prólogo de María Elvira Bermúdez ...... $ 195.00

343. CONAN DOYLE, Arthur: *Aventuras de Sherlock Holmes:* El perro de Baskerville. La marca de los cuatro. El pulgar del ingeniero. La banda moteada. Nuevos triunfos de Sherlock Holmes. El enemigo de Napoleón. El campeón de Foot-Ball. El cordón de la campanilla. Los Cunningham's. Las dos manchas de Sangre 175.00

345. CONAN DOYLE, Arthur: *Aventuras de Sherlock Holmes:* La resurrección de Sherlock Holmes. Nuevas y últimas aventuras de Sherlock Holmes. La caja de laca. El embudo de cuero, etc. 205.00

7. CORTÉS, Hernán: *Cartas de relación.* Nota preliminar de Manuel Alcalá. Ilustraciones. Un mapa plegado. *Rústica* 155.00

313. CORTINA, Martín: *Un Rosillo Inmortal.* (Leyenda de los llanos.) *Un tlacuache Vagabundo. Maravillas de Altepepan.* (Leyendas Mexicanas.) Introducción de Andrés Henestrosa. *Rústica* 155.00

181. COULANGES, Fustel de: *La ciudad antigua. (Estudio sobre el culto, el derecho y las instituciones de Grecia y Roma.)* Estudio preliminar de Daniel Moreno. *Rústica* 200.00

100. CRUZ, Sor Juana Inés de la: *Obras completas.* Prólogo de Francisco Monterde. *Rústica* 500.00

342. CUENTOS RUSOS: *Gógol - Turguéñev - Dostoievski - Tolstoi - Garín - Chéjov - Gorki - Andréiev - Kuprin - Artsibachev - Dimov - Tasin - Surguchov - Korolenko - Goncharov - Sholojov.* Introducción de Rosa María Phillips 190.00

256. CUYAS ARMENGOL, Arturo: *Hace falta un muchacho.* Libro de orientación en la vida para los adolescentes. Ilustrada por Juez. *Rústica* 125.00

382. CHATEAUBRIAND: *El genio del cristianismo.* Introducción de Arturo Souto. *Rústica* 300.00

148. CHÁVEZ, Ezequiel A.: *Sor Juana Inés de la Cruz.* Ensayo de Psicología y de estimación del sentido de su vida para la historia de la cultura y de la formación de México. *Rústica* 190.00

42. DARIO, Rubén: *Azul... El Salmo de la pluma. Cantos de vida y esperanza. Otros poemas.* Edición de Antonio Oliver. *Rústica* 125.00

385. DARWIN, Carlos: *El origen de las especies.* Introducción de Richard E. Leakey. *Rústica* 300.00

377. DAUDET, Alfonso: *Tartarín de Tarascón. Tartarín en los Alpes. Port-Tarascón.* Prólogo de Juan Antonio Guerrero. *Rústica* 170.00

140. DEFOE, Daniel: *Aventuras de Robinson Crusoe.* Prologo de Salvador Reyes Nevares. *Rústica* 160.00

154. DELGADO, Rafael: *La Calandria.* Prólogo de Salvador Cruz. *Rústica* 155.00

280. DEMÓSTENES: *Discursos.* Estudio preliminar de Francisco Montes de Oca. *Rústica* 140.00

177. DESCARTES: *Discurso del método. Meditaciones metafísicas. Reglas para la dirección del espíritu. Principios de la filosofía.* Estudio introductivo, análisis de las obras y notas al texto por Francisco Larroyo. *Rústica* 135.00

5. DIAZ DEL CASTILLO, Bernal: *Historia verdadera de la conquista de la Nueva España.* Introducción y notas de Joaquín Ramírez Cabañas. Con un mapa. *Rústica* 265.00

127. DICKENS, Carlos: *David Copperfield.* Introducción de Sergio Pitol. *Rústica* . 230.00

310. DICKENS, Carlos: *Canción de Navidad. El grillo del hogar. Historia de dos Ciudades.* Estudio preliminar de María Edmée Álvarez. *Rústica* 190.00

362. DICKENS, Carlos: *Oliver Twist.* Prólogo de Rafael Solana. *Rústica* 220.00

28. DON JUAN MANUEL: *El conde Lucanor.* Versión antigua y moderna e introducción de Amancio Bolaño e Isla. *Rústica* 120.00

84. DOSTOIEVSKI, Fedor M.: *El príncipe idiota. El sepulcro de los vivos.* Notas preliminares de Rosa María Phillips. *Rústica* 155.00

106. DOSTOIEVSKI, Fedor M.: *Los hermanos Karamazov.* Prólogo de Rosa María Phillips. *Rústica* 190.00

PRECIOS SUJETOS A VARIACIÓN SIN PREVIO AVISO

EDITORIAL PORRÚA, S. A.